ARMORIAL DES LANDES

ARMORIAL
DES LANDES

PRÉCÉDÉ

DES ASSEMBLÉES de la NOBLESSE et du CLERGÉ DE DAX

(2ᵐᵉ édition)

ET DES

CAHIERS DE LA NOBLESSE D'ALBRET

PAR LE Bᵒⁿ DE CAUNA

TOME II.

PARIS
CHEZ DUMOULIN, LIBRAIRE DE LA SOCIÉTÉ DES ANTIQUAIRES DE FRANCE
Quai des Augustins, 13.

BORDEAUX
TYPOGRAPHIE Vᵉ JUSTIN DUPUY ET COMP.
Rue Gouvion, 20

1865

PRÉFACE

L'ouvrage qui est offert au public est la réalisation *in extenso* du plan tracé le 8 août 1864 [*] : compléter la revue de la Noblesse des Landes, de 1600 à 1700 ; ajouter quelques noms à cette évocation des gentilhommes du noble pays dont la souveraineté se partageait entre les ducs de Guienne, les comtes de Foix et les sires d'Albret, tel est le début du livre. Les assemblées du Clergé et de la Noblesse de Dax y sont rééditées dans un nouvel ordre et suivant la succession paginale et chronologique du manuscrit de Mormès. Convocations et assignations des ecclésiastiques et des nobles. Comparution des deux classes ; vérification de leurs pouvoirs et examen de leurs titres ; prestation du serment ; rédaction des Cahiers et nomination des députés. Après les Landes, une assemblée du Labourd, avec la signature des nobles qui y prirent part ; et enfin, la réimpression d'un opuscule très important, publié en 1820 par le baron de Batz, ayant pour titre *Cahiers de l'ordre de la Noblesse du pays et duché d'Albret*. On admirera le sentiment monarchique et le dévouement éclairé aux intérêts

---

[*] Clergé et Noblesse des Landes, 2ᵉ édition, 1ʳᵉ livraison.

de leur patrie des électeurs du duché d'Albret, et dans les éloquentes harangues du grand sénéchal on lira l'annonce des malheurs et des crimes de la révolution de 1793.

Le Catalogue des gentilhommes de Tartas, Nérac et Castelmoron présentait quelques inexactitudes, nous les avons relevées par des notes, et complété et rectifié les noms propres au moyen du travail de M. L. de Laroque sur les assemblées de Guienne en 1789.

La première partie du volume se termine par un essai géographique sur le pays de Labourd et la vicomté d'Orthe. Le tome II de l'Armorial et tout ce qui précède étaient définitivement imprimés, lorsque le Catalogue des gentilhommes de Béarn et Gascogne, de M. de Laroque, est parvenu à l'auteur. Le verbal de Dax s'est trouvé en double aux Archives impériales, de même que l'assemblée de Tartas. Nos lecteurs pourront juger laquelle des deux listes est la plus correcte et la plus complète[*]. Cinq ou six noms qui sont en plus dans la copie des Archives sont ajoutés à la fin des tables de l'Armorial comme additions et errata, et ne concernant que les Landes et le Marsan.

L'Armorial des Landes renferme trois éléments distincts :

1º L'histoire et la filiation des familles nobles qui ont voté en 1651 ou 1789; de celles qui ont figuré aux rôles du ban et arrière-ban au XVIIe siècle, ou dont les noms ont jeté quelque éclat sur les annales du pays. C'est, en un mot, le répertoire de toutes les noblesses prouvées par titres, jugements de maintenue, arrêts du Conseil d'Etat,

---

[*] La copie du verbal de Dax, transcrite aux Archives de l'Empire, est très fautive, et il y avait pour les auteurs l'obligation de la reproduire fidèlement, jointe à la difficulté des corrections et rectifications qui ne peuvent se passer d'un contrôle et d'indications locales.

faits militaires, productions devant les juges d'armes et admission aux corps d'élite ou dans la garde du roi.

2° Les noms et armes de tous les nobles qui n'ont point de notices étendues et des autres personnes du clergé ou de la bourgeoisie qui possédaient un blason.

3° Un extrait considérable de l'Armorial général de Guienne, Béarn et Languedoc, d'après les manuscrits de la Bibliothèque impériale.

Un supplément de vingt-cinq pages complète et éclaircit la filiation des familles des Landes et leurs attributs héraldiques.

L'auteur aurait eu parfaitement le droit d'intituler son œuvre *Nobiliaire des Landes,* puisqu'elle remplit toutes les difficiles conditions d'authenticité, et que les généalogies sont fondées sur des titres originaux et des preuves légales ; il restera néanmoins fidèle au titre d'*Armorial* précédemment adopté et employé par d'Hozier, J. d'Eschavannes et autres auteurs, et par MM. Matagrin et de Froidefond dans leur étude sur le Périgord.

Le point de départ le plus universellement accepté d'une preuve de noblesse étant le vote de 1789, et chaque famille pouvant se passer à la rigueur de tout autre titre, nous avons conçu l'idée première de notre Armorial sur le modèle des écrits de M. de la Morinerie sur la Saintonge, et de M. le Vte de Bastard sur l'Armagnac ; aussi nous n'avons fait remonter qu'au XVIIe et au XVIIIe siècle l'échelle filiative de plusieurs maisons nobles vivantes, sur lesquelles la critique historique aura toujours le temps de dire son dernier mot. Généralement, nous nous sommes étendu davantage et avons pris un plus libre essor en touchant aux annales des races éteintes. L'auteur ne pouvait pas se passer du secours des sources bibliographiques; les principaux emprunts sont faits à Lachesnaye des Bois. Pour Biaudos et Castaignos, à Lainé, le *Nobiliaire de Guienne* et l'excellent travail de M. Paul Raymond sur les archives des Basses-Pyrénées, de Froidefond et son *Périgord*, et Martin Viscay. C'est ainsi que l'arrière-ban de Marsan, en 1690, est heureusement accompagné des hommages et dénombrements du même pays en 1538, comme aussi on trouvera dans l'ouvrage de 1865 des noms corrigés, des blasons décrits se rapportant aux gentilhommes de la revue de Langon.

En finissant, un mot de gratitude pour nos amis et collaborateurs dont les recherches et le concours nous ont utilement aidé et encouragé, en 1865 comme en 1864.

Cauna, le 8 septembre 1865.

B°ⁿ DE CAUNA.

REVUE DE LA NOBLESSE DES LANDES

de 1600 à 1700.

(*Suite*).

B

Jean-Marie de Bordeñave sieur de Noncareilles, 1640 (*Archives de Pausader*).

Messire Joseph de Saint-Ovide de Bourouillan, seigneur dudit lieu, capitaine de frégate, chevalier de St-Louis en 1700, gouverneur de l'Ile royale et du fort Louis de Plaisance, en Canada et Terre-Neuve, capitaine de vaisseau, etc., etc., 1702, 1755, à St-Sever cap. — (*Histoire des chevaliers de St-Louis*, Th. Anne. — *Etat de la France*, 1702. — *Archives de St-Sever*. — *Histoire de Louis XIV*, par de Larrey).

C

Noble Raymond de Cabannes, homme d'armes, sieur de Pitrot, 1640, 1643, 1664.

Daniel de Cabannes de Cauna, homme d'armes à Cauna, 1630, 1643, 1648.

Noble Raymond de Cabannes de Cauna, écuyer, homme d'armes, seigneur de Luzan et de Luzanet en Condomois, habitant de Cauna, 1638, 1648, 1669, 1699, 1708.

Noble Louis de Cabannes, écuyer à Cauna (Arrière-ban), 1676, 1702, 1727.

Noble Pierre de Cabannes sieur des Videaux, avocat au Parlement, 1675, 1682, 1696, 1700,

Messire Christophe de Cabannes, écuyer, lieutenant-général d'épée au sénéchal de St-Sever, chevalier, seigneur baron de Cauna et Mauco, lieutenant au régiment de Guiche-Coëtquen, 1679, 1708, 1720.

Messire Jean-Baptiste de Cabannes, docteur en théologie, curé d'Aurice et de Ste-Eulalie, 1678, 1705, 1727.

Noble Jean-Jacques de Cabannes, seigneur de Pecomère et Bost en Lesgo, 1630, 1682, 1687.

Noble Jean-Jacques de Cabannes, capitaine au régiment de Gramond-Louvigny, 1670, 1687.

Noble Paul-Calixte de Cabannes, écuyer, chevalier de St-Louis, lieutenant-colonel du régiment de Gramond, brigadier des armées du roi et son lieutenant au gouvernement de la ville et citadelle de Charlemont, 1660, 1670, 1687, 1691, 1697, 1703 (*Archives de la guerre*).

Noble Jean de Cabannes (le jeune) sieur de Gabouillat, avocat au Parlement, 1619, 1640, 1675, 1691.

Noble Jacques de Cabannes, écuyer, seigneur de Lanneplan à St-Sever, 1659, 1667, 1692.

Noble Ramon de Cabannes, homme d'armes, à Lamothe, 1627, 1628, 1655.

Noble Guy de Cabannes, écuyer, homme d'armes de la compagnie du seigneur de Poyanne, seigneur de Pecomère en Albret, habitant de Lamothe, 1617, 1620, 1622.

Noble Raymond de Cabannes, homme d'armes de la compagnie du seigneur de Poyanne, et lieutenant-général de robe courte au duché d'Albret, 1610, 1617.

Noble André de Campet, écuyer, seigneur d'Arthos, 1695, 1698, 1704.

Messire Jean de Candalle de Foix, écuyer, baron du Lau et autres lieux, 1650, 1669.

Noble Jean-François de Candale de Foix, écuyer, baron de Doazit, 1650, 1666.

Noble Léon de Candale de Foix, capitaine, écuyer, baron de Doazit et d'Issan.

Noble Bernard de Candale de Foix, chevalier, seigneur du Lau et de Duhort, lieutenant de carabiniers, 1671, 1701.

Noble Antoine de Capdeville, écuyer, baron de Brassempouy et de Poy, habitant de St-Cricq-Chalosse, 1646, 1702 (Arrière-ban).

Noble François-Antoine de Capdeville, seigneur de Poy, 1690.

Noble Antonin de Capdeville, écuyer, seigneur d'Arricau, 1673, 1693, 1697, 1702.

Noble Etienne de Captan, écuyer, brigadier des armées du roi, cavalerie, chevalier de l'ordre militaire de St-Louis, seigneur de Monneins, 1679, 1717, 1758.

Noble Joseph-Adam de Captan, écuyer, seigneur de Monneins, 1680.

Noble Antoine de Captan, écuyer, chevalier, capitaine de cavalerie au régiment de Condé, chevalier de l'ordre royal et militaire de St-Louis, 1674, 1680, 1702, 1708, 1730.

Noble Jean de Captan seigneur de Monneins, habitant de St-Sever, 1635, 1640, 1642, 1657.

Noble Pierre de Captan sieur de Ladoüe, lieutenant-général en la prévôté, 1657, 1673, 1690.

Noble Pierre de Captan, écuyer, conseiller du roi, maire

perpétuel de la ville de St-Sever, 1680, 1698.

Noble Jean-Michel de Carmentran, à Labastide, 1699.

Noble Jean-Joseph de Carrère, écuyer, sieur de Loubère, lieutenant au régiment de Piémont, 1680, 1693, 1702, 1708 (arrière-ban).

Noble Alexandre de Carrère seigneur de Loubère, écuyer, 1698 (*Armorial*).

Noble Amanieu de Carrère, écuyer, seigneur de Loubère, 1660, 1673.

Noble Joseph de Castaignos, 1674, 1696.

Noble Pierre de Castaignos, écuyer, 1683.

Noble Jean-Charles de Castelnau, écuyer, seigneur de Brocas et Jupoy, 1657, 1680.

Noble Bertrand de Castelnau, baron de Brocas, seigneur de Jupoy, 1680, 1693, 1702, 1713 (arrière-ban).

Noble Bernard-François de Castelnau, écuyer, baron de Brocas, 1690, 1724.

Bernard de Castelbajac, chevalier, seigneur en sa partie de Mugron, Benac, Poyallé, Lorquen et autres places, habitant du bourg de Mugron, 1634.

Noble Jean de Castera sieur de Lacase, 1677.

Noble Louis de Castets, seigneur de la maison noble du Tey, à Saubrigues, 1683.

Noble Jean-Joseph de Caucabanes, écuyer à St-Sever, 1691, 1700.

Noble Jean-Pierre de Caucabanes, écuyer, 1675, 1698, 1700 (*Armorial*).

Noble Jean-Jacques de Caucabanes, écuyer, seigneur de Baudignan, 1698.

Noble Pierre de Caucabanes de Baudignan, écuyer, 1698.

Noble Léonard de Caupenne d'Amou, écuyer, marquis dudit lieu et lieutenant du roi en Guienne, 1654, 1698.

Noble Jean de Caupenne d'Amou, baron dudit lieu et de St-Pée, bailli de Labourd, 1650, 1656. (*Obiit*).

Noble Bernard de Cès, écuyer, vice-sénéchal des Lannes, seigneur baron de Caupenne et autres places, 1680, 1698, 1706.

Noble Jean de Chambre, écuyer homme d'armes, capitaine au régiment d'infanterie de M. le colonel Balthazar, à Tartas, 1651, 1652.

Noble Pierre de Chambre, écuyer, ancien lieutenant-général à Tartas, 1630, 1660, 1670.

Messire Nicolas de Chambre, écuyer, conseiller du roi, lieutenant-général au siége de Tartas, baron d'Urgons, 1630, 1660, 1692.

M. Bertrand de Chambre, écuyer, chevalier, conseiller du roi et lieutenant-général criminel au siége de Tartas, 1650, 1691.

Messire Pierre-Joseph Chambre, écuyer, lieutenant-général au siége de Tartas, 1670, 1692.

Noble Pierre de Chambre, prêtre et prébendier à Tartas, 1688.

Noble Joseph de Chambre, sous-diacre à Tartas, 1640, 1683.

Messire Jean de Chambre, écuyer, chevalier de l'ordre royal et militaire de St-Louis, lieutenant des vaisseaux de sa Majesté, baron d'Urgons, 1664, 1700, 1714.

Noble Alex[dre] de Chambre, écuyer à Tartas, 1670, 1716.

Noble Guillaume de Chely, capitaine dans le régiment des Irlandais, 1653, à Tartas.

Noble Jean de Chèze sieur de la Fauquille, 1680.

M. maître Matthieu de Cloche, lieutenant en la prévôté royale de St-Sever, 1614, 1620.

Bernard de Cloche, homme d'armes de la compagnie de

monseigneur de Poyanne, habitant de St-Sever, 1599, 1611 (*Archives d'Auch*).

Noble Daniel de Cloche sieur de Mauléon, 1692.

Noble Jean de Cloche, écuyer, seigneur de Fargues, 1680, 1698, arrière-ban. (*Armorial de Guienne*).

Messire Matthieu de Cloche de Fargues, prêtre, docteur en théologie, curé de Fargues, 1698.

Noble Matthieu de Cloche, docteur en théologie, curé de la ville de St-Sever, 1650, 1675, 1695.

Noble Pierre de Cloche, écuyer, seigneur baron d'Arthos et de Lahouse, 1657, 1683.

Noble Pierre de Cloche, jurat à St-Sever, 1680.

Noble Joseph de Cloche-Fargues seigneur de Cadrieu, 1673, 1693, 1702.

Noble Gabriel de Cloche-Fargues seigneur de Cadrieu, 1690, 1702, 1720. (*Trésor de Pau*).

M. Germain de Corados seigneur de Marsillac et Arengosse, 1689, 1696, 1712 (arrière-ban).

M. Louis de Corados seigneur de Marsillac, avocat en la Cour, 1660, 1681.

Noble Antoine de Coudroy, 1650, 1680.

Noble Jean-Antoine de Coudroy, capitaine au régiment de Navarre.

Antoine-Hector de Cours, chevalier, seigneur du Vigneau et de Lussagnet, 1698 (*Armorial*).

Noble Jean de Cours, écuyer, seigneur du Vigneau et de Lussagnet, 1700, 1720.

François Carbon de Cours, écuyer, seigneur de la Trille (arrière-ban), 1693, 1698.

L

Antoine de Laas, écuyer, seigneur de Gestède, 1615.

Dominique de Laas de Gestède, écuyer, 1680, 1715.

, Noble Gilles de Laas, major de la garnison de la ville de Navarreinx, 1651.

, Noble Léonard de Laas seigneur de Lataulade, capitaine de grenadiers au régiment de Navarre, 1680, 1720.

• Messire Pierre Labeylie, avocat en la Cour (Dax, 1688).

Noble Odet de Laborde (St-Sever, 1703).

Noble Victor de Laborde, écuyer, co-seigneur de Saint-Loubouér, capitaine au régiment de Picardie, 1660, 1720.

Jean-Urbain Laborde seigneur de Lacassaigne, capitaine au régiment de Picardie, 1698.

Noble Jean-Marie de Laborde, écuyer, seigneur de Pedeboulan, capitaine au régiment de Sommery-dragons et chevalier de St-Louis, 1675, 1704, 1720.

Noble Jean-Jacques de Laborde, écuyer, capitaine, seigneur de Pedeboulan, 1657, 1693.

Noble Joseph de Laborde, écuyer, seigneur de Meignos et d'Arcet, 1680, 1702.

Noble Bertrand de Laborde, 1690.

Noble Jean-Charles de Laborde-Lassalle, 1680.

Noble Joseph de Laborde, écuyer, seigneur de Pedeboulan, 1660, 1688 (*Obiit*).

Noble Armand de Laborde-Pedeboulan, écuyer, chevalier de St-Louis, capitaine et major des dragons d'Asfeld, 1660, 1696, 1704.

Noble Pierre de Laborde-Belher sieur de Laroque et d'Abany, 1682.

Noble Jean de Laborde sieur du Roux, 1682.

M. Joseph de Laborde-Lassalle, écuyer, 1675, 1702.

Noble Bernard de Laborde sieur du Casau, 1686.

Noble Bernard de Laborde, écuyer et capitaine de cavalerie, 1655.

Noble Jean-Jacques de Laborde, écuyer, co-seigneur de

St-Loubouer, capitaine au régiment de Lamothe-Houdancourt, 1613, 1655, 1695, 1698.

Noble Henry de Laborde, écuyer, seigneur de Pilo, 1657, 1670, 1680.

Noble Jean de Laborde seigneur de Meignos et d'Arcet, 1660, 1680.

Messire Thomas de Laborde-d'Arbrun, écuyer, capitaine de grenadiers au régiment de Gondrin et commandant du deuxième bataillon au régiment de Montboissier, chevalier de St-Louis, 1680, 1700.

Noble Jean de Laborde, écuyer, conseiller du roi, major de la ville de St-Sever, 1630, 1652, 1660.

Noble Jean de Laborde-d'Arbrun, écuyer, 1680, 1720.

Noble Sever de Laborde, écuyer, seigneur d'Arbrun et d'Escoubès, 1670, 1693, 1702.

Messire Léonard de Lacamoire, écuyer, seigneur d'Ancos, lieutenant de milice dans Labastide, 1693, lieutenant en la grande prévôté de Guienne, 1709, et prévôt général d'Auch, 1727.

Noble Jean-Pierre de Ladoue, écuyer, 1660.

Noble Jean de Ladoue, écuyer, seigneur de Mirando, 1655.

Jean de Ladour, capitaine le 18 mai 1622.

Noble Jean-Pierre de Ladoue, chevalier de St-Louis, major au régiment de Luxembourg et gouverneur pour le roi de Sabionnette, 1670, 1733.

Noble Bernard de Ladoue sieur de Trabays, à Audignon, 1650, 1673, 1704.

Noble Pierre de Lafaysse seigneur de Lafaysse, 1669, 1697.

Noble Louis de Lafaysse sieur de Perode, 1644, 1672.

Noble Louis de Lafitte, écuyer, chevalier de St-Louis, capitaine au régiment royal, 1643, 1698.

Noble Christ^{phe} de Lafitte, capit. au régiment royal, 1683.
Noble Bertrand de Lafitte, 1691.
Messire Blaise de Lagoeyte, prieur de Sindères, 1660.
Noble Jean de Lagoeyte sieur des Agreaux, 1660.
Monsieur Jean de Lagoeyte, juge royal de Lespéron, 1670.
Noble Nicolas de Lagoeyte, 1697.

Noble Pierre de Lalande, écuyer, seigneur baron de Montaut, St-Cricq, Favas et Labatut, capitaine et gouverneur pour le roi du château neuf de Bayonne, 1614, 1662.

Noble Jean de Lalande seigneur de Favas, chevalier de St-Louis et lieutenant-colonel du régiment d'infanterie de Chambo, 1670, 1752.

Noble Etienne de Lalande de Montaut, 1664.

Noble Etienne de Lalande de Favas, écuyer, seigneur du dit lieu, gouverneur pour le roi au château neuf de Bayonne, 1658, 1664.

Noble Jean Antoine de Lalande-Lamothe, écuyer, seigneur de Labatut, baron de Montaut, capitaine au régiment de Lansacq, 1664, 1666, 1692, 1693, 1710, arrière-ban (*Armorial*).

Noble François de Lalande, écuyer, seigneur de Lassalle, Favars et St-Cricq, garde du roi, 1670, 1696, 1704.

Noble Jean de Lalande, écuyer, lieutenant-général en l'amirauté de Bayonne, 1619, 1634, 1666.

Noble Pierre de Lalande, lieutenant-général en l'amirauté de Bayonne, 1678, 1686.

Noble Bernard de La Lande, écuyer, baron de Magescq, 1634, 1658, 1700.

Noble Pierre de La Lande, écuyer, baron d'Olce, 1660, 1680, 1710.

Jean-Bertrand de Lalande, écuyer, seigneur d'Escanebaque, 1698

Maître André de Lalande sieur de Luc et de Berriots, conseiller du roi, maître des ports, ponts et passages de Guienne, 1640 (*Archives de Six de Goalard*).

Jean de Lalande seigneur de Luc et de Berriots, 1698 (*Armorial de Guienne*).

Noble Bernard de La Lande de Magescq, écuyer, capitaine de dragons, 1670, 1700.

Monsieur Paul de Lalande sieur d'Arcondau, en Albret, lieutenant du château neuf de Bayonne, 1650, 1671, 1693.

Noble Jean de Lalande, écuyer, seigneur d'Escanebaque, 1675, 1716.

Noble Jean-Jacques de Lalande, écuyer, seigneur d'Escanebaque, 1688, 1722.

Noble André de Lalande sieur d'Arcondau, 1675, 1698.

Noble Matthieu de Lalande, conseiller du roi et lieutenant-général du pays de Labourd, 29 octobre 1702, Labatut, 1698 (*Armorial*).

Noble Raymond de Lalande, écuyer, baron de Hinx, lieutenant-général du sénéchal de Guienne, 1693, et vice-sénéchal des Lannes, à Dax, 1690, 1700.

Noble Isaac de Lalanne du Bousquet, écuyer, seigneur de Tauzièdé, capitaine d'infanterie dans le régiment royal (Royal la marine), 1673, 1693 (*Archives de Bordeaux*).

Noble Jean de Lalanne, seigneur baron de Castelnau et de Donzacq, 1671, 1702.

Jacques de Laminsans, seigneur de Bruilhet, 1643, 1680.

Noble Denis de Lamothe, écuyer, habitant de Cauneille, 1678.

Noble Jean de Lanebère, 1673, à St-Sever.

Noble Pierre de Lanebère, 1683.

Monsieur Pierre Langlois, capitaine dans le régiment de Périgord, 1657.

Noble Charles de Larralde, écuyer, 1698 (*Arm. d'Hozier*).

Noble Marc-Antoine de Larrhède, écuyer, 1680, 1703.

Monsieur Jean de Larrhède, écuyer, lieutenant du maire de St-Sever, 1670, 1720.

Noble Joseph de Lartigue, écuyer, capitaine au régiment royal, chevalier de St-Louis et lieutenant-colonel au régiment de Ponthieu, 1675, 1702.

Noble Armand de Lartigue seig^r de Pelesté et de Maupas, écuyer, lieuten^t de dragons au régiment royal, 1674, 1695.

Noble Christophe de Lartigue seigneur de Bordenave, 1657, 1670, 1680, 1686.

Noble Joseph de Lartigue, prêtre, docteur en théologie, chanoine de St-Girons, 1695.

Noble Jean-Jacques de Lartigue sieur du Coïton, 1676, 1687, 1689.

Noble Pierre de Lartigue, écuyer, seigneur de Pelesté, baron de Montaut et autres places, 1650, 1670, 1675.

Noble Jean de Lassalle, 1631.

Jean-Martin de Lassalle, écuyer, baron de Roquefort, seigneur de Canenx, Saint-Go et Castelmerle, conseiller au Parlement de Bordeaux, 1698.

Noble Pierre de Lassalle, écuyer, seigneur de Caseaux.

Bernard de Lassalle, écuyer, seigneur de Bordes, Sarraziet, Balasin, 1605, 1667.

Bernard-François de Lassalle de Bordes, écuyer, seigneur baron de Sarraziet, 1630, 1667.

Noble Jean-François de Lassalle de Bordes baron de Sarraziet, 1657, 1670.

François de Lassalle, écuyer, seigneur de Canenx, Castelmerle, St-Go et Roquefort, 1679, 1681.

Noble Antonin de Lassalle de Bordes, écuyer, baron d'Ossages, habitant de Coudures, 1665, 1670, 1690.

Noble Jean-Joseph de Lassalle de Bordes, écuyer, baron de Sarraziet, 1670, 1702.

Noble Bernard de Lasserre, écuyer, seigneur de Cantiran, 1693, 1698, 1702.

Charles de Lataulade, écuyer, seigneur d'Issor, 1681.

Noble Marc-Antoine de Lataulade, écuyer, seigneur d'Issor et Laas, 1681, 1702.

Noble Charles de Lataulade seigneur et baron dudit lieu, Laas et autres places, et lieutenant pour le roi au gouvernement de Navarreinx, en Béarn, 1617, 1636.

Noble Charles de Latheulade, prêtre et curé de Cerbert (*Goudosse*, 1617).

Noble Bertrand de Lataulade seigneur dudit lieu, 1600, 1617, 1640.

Noble Pierre de Lataulade, capitaine au régiment de Navarre, 1686, 1723.

Noble François de Lataulade sieur baron d'Urgons ou Urgosse, 1632.

Noble François de Laurens, seigneur de Hercular, 1660, 1684.

Noble Fabien de Laurens, écuyer, seigneur de Hercular, mousquetaire du roi, 1677, 1704.

Noble Christophe de Laval, 1683.

Noble Jean-Marie Leblanc, écuyer, seigneur de Labatut, 1698.

Messire Henry Leblanc, écuyer, vicomte d'Argelouze, 1660, 1703.

Noble Jean Leblanc seigneur de Norton, 1684.

Noble Jean Leblanc seigneur de Meés, 1649, 1661.

Jean de Léon, écuyer, seigneur de Biscordau, demeurant au Boucau, en Marensin, 1666, 1694.

Noble Alcibiade Leblanc seigneur de Labatut, 1632.

Noble Jean de Lespès, écuyer, 1657.

Noble Jean-Jacques de Lespès, écuyer, 1657, 1698.

Noble Christophe de Lespès, 1655, à St-Sever.

Noble Bernard-François de Lespès, écuyer, seigneur de Prous, 1680.

Jean-Cristophe de Leugue-Brux, écuyer, 1698.

Noble Jean-Cyprien de Liè d'Agès seigneur de Besaudun et de Lassalle d'Agès, 1662.

Noble Bernard de Liè, écuyer, seigneur d'Agès et autres placés, 1670, 1699.

Noble Isaac de Liè de Tauziède, écuyer, seigneur d'Agès, 1632.

Noble Jean de Liè, écuyer, seigneur baron de Couhin et Tauziède, 1632, 1640.

Noble Paul de Liè seigneur de Tauziède, 1610, 1630.

Noble Henry de Lobit sieur de Boaret, 1660.

Jean-Louis de Lucmau-Classun, écuyer, seigneur dudit lieu, 1680, 1693, 1714.

Noble Firmin de Lupé sieur de Lamothe, 1620.

Bernard de Lupé, écuyer, seigneur de Lamothe et autres lieux, 1660, 1698.

Claude-Honoré de Lur, chevalier, comte de Uza, 1698 (*Armorial*).

Noble Jean-Jacques du Lyon de Campet, 1660, 1699.

Noble Mathieu du Lyon, écuyer, sieur de Campet, habitant de St-Sever, 1657, 1681.

Noble Alexandre du Lyon seigneur de Campet et de Geloux, 1655.

Pierre du Lyon, écuyer, baron de Campet et Geloux, seigneur de St-Martin et de Garein, 1690.

Alexandre du Lyon, écuyer, seigneur de Campet et Garein, 1699.

Jean-Pierre du Lyon de Campet, écuyer, 1699.

Noble Jean du Lyon ou de Lion, écuyer, habitant de St-Sever, 1655.

M

Monsieur Joseph de Marreing, écuyer, 1657.

Noble Jean de Marsan, écuyer, seigneur de Ste-Croix, 1681.

Noble Mathieu de Marsan, prêtre, docteur en théologie et curé d'Audignon, 1680.

Noble Gabriel de Marsan, chevalier, seigneur de la caverie de Laborde, à Audignon, 1691, 1693. St-Sever.

Noble Joseph de Marsan seigneur de Ste-Croix, 1657.

Noble Pierre de Marsan, écuyer, seigneur d'Igos, 1695.

Noble Jean de Marsan, habitant de St-Sever, 1675, à Toulouse.

Noble François de Marsan seigneur de Hauriet, écuyer, 1690, 1730.

Noble Pierre de Marsan, écuyer, seigneur de Campagne, 1698.

Noble Timothée de Maurian sieur de Carsen, 1654, 1661.

Noble Bertrand de Maurian sieur de Carsen, lieutenant-général de robe courte au siége de Tartas, 1631, 1649, 1661.

Messire Matthieu de Maurian, curé de Begaa, 1644, et Audon, 1660.

Noble Jean de Mellet, écuyer, seigneur de Labarthe, 1686, 1702.

Noble Jean-Jacques de Melet, écuyer, seigneur de Labarthe et de Segas, 1630, 1650, 1675.

Noble Joseph de Mérignac, écuyer, 1651, 1663.

Noble Pierre de Mérignac sieur de Malet et d'Armentieu,

1652, 1660.

Noble Pierre de Mérignac, écuyer, baron de Tercis, 1630, 1638.

Noble Alcibiade de Mesmes, écuyer, seigneur de Ravignan, 1650, 1677.

Noble Joseph de Mesmes seigneur de Patience, 1677, 1682.

Noble Alcibiade de Mesmes baron de Ravignan, gouverneur et sénéchal de Mont-de-Marsan, Landes et pays circonvoisins, 1667, 1687.

Noble Joseph de Mesmes-Ravignan marquis de Ravignan, lieutenant-général des armées du roi, chevalier de St-Louis, 1670, 1742.

Noble Pierre de Mesmes chevalier de Ravignan, colonel d'infanterie, 1672, 1720.

Noble Joseph de Moisset, chevalier de St-Louis, capitaine des vaisseaux du roi, seigneur de Norton, 1709.

Noble Bertrand de Momaas, écuyer, seigneur dudit lieu, Cazalon et Soulenx, 1640, 1670.

Noble Jean de Montausés ou Montauzer, seigneur dudit lieu et de Saurey, 1631.

Noble Dominique de Monda, écuyer, seigneur d'Ort en Vic-Bigorre, 1688 (*Archives de St-Sever*).

Noble Christophe de Monval, écuyer, habitant de Bretagne, 1680, 1710.

N

Gratian de Narbey, écuyer, sieur du Port de Tilh, 1640, 1650.

Noble Henry de Navailles-Labatut, écuyer, 1600, 1673.

Noble Zacharie de Navailles, seigneur baron de Banos

et de Dume, 1632, 1644.

Noble Joseph de Navailles, écuyer, baron de Banos, 1671.

Noble François de Navailles, chevalier, baron de Banos et de Dume, 1680, 1700.

Noble Jean dé Navailles seigneur de Baure et autres places, 1632.

O

Jean-Bertrand-Alexandre d'Oro, chevalier, seigneur dudit lieu et de Léon, 1698.

Noble Jean-Louis d'Oro, écuyer, seigneur de St-Martin et de Rion.

Noble Charles d'Orthès, 1640, 1660.

Noble Philibert d'Ortès, écuyer, seigneur d'Onival, capitaine au régiment royal, 1660, 1690, 1698.

P

Pierre de Parabère, écuyer, à Geaune, 1698 (*Armorial*).

Noble Charles de Pausader, écuyer, seigneur de Bachen, 1688.

Noble Bernard de Pausader, écuyer et capitaine, 1656, 1676, 1687, St-Sever.

Noble Daniel de Pausader, 12 juin 1692.

Noble Gratian de Perissaut, capitaine de cavalerie, seigneur de Payros, 1693, 1695, 1702.

Noble Ramon Pémolier-Peinton seigneur de St-Martin et de Bedorède, habitant de Pouillon, 1675, 1681.

Noble Bernard de Peyrecave-Lamarque, écuyer, seigneur de la maison noble de Bessabat, 1713.

Noble Matthieu de Pic de Blays, 1708 (Tartas).

Monsieur noble Raymond de Pic de Blays, 1700.

Noble Bernard de Pommiers, écuyer, seigneur de Rimbles, Gardens et autres lieux, 1680 (*Trésor de Pau*).

Noble Etienne-François de Pons, lieutenant au régiment royal des vaisseaux, 1700.

Messire Etienne de Pons, docteur en théologie, curé de Labatut, 1698, 1700.

Noble Jean de Pons, habitant de Labatut, 1703.

Noble Guy-Pierre de Ponsan, écuyer, seigneur de Lartet, 1650, 1677 (St-Sever).

Noble François de Ponteils, écuyer, 7 mars 1637.

Jean-Jacques de Ponteils, écuyer, homme d'armes du seigneur comte de Gramont, 1625.

Noble Henry de Poudenx, colonel, vicomte de Poudenx, seigneur de Castillon, 1689.

Messire Henry de Poudenx, brigadier des armées du roi, chevalier de l'ordre royal de Saint-Louis, 6 octobre 1707 (Tartas).

Noble Bernard de Poudenx, écuyer, seigneur baron dudit lieu, 1652, 1660.

Noble Bernard de Pouloaut seigneur de Boscamels, à Tartas, 22 novembre, 1631.

Noble François de Poursicamp, écuyer, habitant de Pomarès, 1657.

Messire Bernard de Poyanne, seigneur baron du présent lieu, et Montfort, Gamarde, Onard et autres places, capitaine de cinquante hommes d'armes des Ordonnances du roi, gouverneur des villes et châteaux d'Acqs, St-Sever, Navarreinx et pays adjacents, 1630.

Noble Jean de Poyferré seigneur de Benauges, Cère, Serè en Marsan et Tursan, 1655, 1680.

Noble Antoine-Augustin de Poyferré, écuyer, seigneur de Varenne, baron d'Arricau et Maignos, enseigne au régiment de Navarre, 1670, 1680, 1720.

Monsieur noble Augustin de Poyferré seigneur de Varenne, capitaine d'une compagnie au régiment de Champagne, 1650, 1673.

Noble Charles de Poyferré sieur de Varenne, à Audignon, 1620.

Monsieur François de Poyferré-Benauges, écuyer, seigneur de Cère, lieutenant-général criminel au sénéchal de Mont-de-Marsan, 1680.

Noble Antoine de Pratferré sieur de Mau, 1680, 1701.

Noble Etienne de Pratferré sieur de Las Maneautes, 1650, 1663 (Le Houga).

Noble Arnaud de Prouères sieur de Theaux et Varenne, habitant de Pimbo, 1645, 1648, 1670.

Noble Jacques de Prouères, écuyer, seigneur de Varenne, capitaine de dragons au régiment de Lassalle, habitant de Louvigny-Arzacq, 1672, 1693, 1702.

Noble Adam de Prugue, écuyer, conseiller du roi, seigneur de Micarrère, 1640, 1675.

Noble Joseph de Prugue, écuyer, seigneur du Baquera, 1660, 1677, 1698.

Noble Pierre de Prugue, écuyer, seigneur de Cezeron, Mont-de-Marsan, 1690.

François de Prugue, écuyer, seigneur de Cezeron, 1698, 1714.

François-Marie de Prugue, écuyer, seigneur de Vacara, 1680, 1714 (maintenue).

Henry de Prugues, écuyer, commandant le régiment de Guitaud, 1653 (Balthasar).

Adam de Prugue-Micarrère, écuyer, seigneur de Vacquera à Baustens, 1653.

Noble Bertrand de Prugues, 1694.

Noble Jean-Marie de Prugues, chevalier, 1694.

Noble Jean-Marie de Prugue abbé de St-Loubouer, 1705.

Noble Augustin de Prugue Cailleau fils, écuyer à St-Sever, 1683, 1698, 1720.

Noble Jean de Prugue sieur de Cailhau, capitaine d'une compagnie au régiment de Béarn, le 14 novembre 1640 (*Archives de Pausader*).

Messire Jean-Marie de Prugue, prêtre, docteur en théologie, chanoine théologal et syndic du chapitre d'Aire, 1698.

Noble Augustin de Prugue père, écuyer, 1698.

François-Adam de Prugue, écuyer, seigneur de Cezeron et de Lazarinx, conseiller du roi et maire perpétuel de la ville de Mont-de-Marsan, 1698.

Noble Joseph de Prugue, écuyer, seigneur de Baquera, 1698.

Monsieur Jean-Marie de Prugue-Cezeron, écuyer, conseiller du roi, maire perpétuel de la ville du Mont-de-Marsan, 1680, 1712.

Noble Henry de Prugue, écuyer, 1660.

Messire Jean-Marie de Prugue-Micarrère, prêtre, 1686.

Noble Jean-Marie de Prugue, écuyer, colonel, maréchal des logis général de la cavalerie, 1680, 1698.

Noble Zacharie de Pruret seigneur de Rimbles, 1660, 1702.

R

Noble Jean de Ravignan seigneur de Maïgnos, 1677 (*Titres de Compaigne*).

Noble Jean de Lacroix seigneur baron de Ravignan, 1690, 1720, 1735.

S

Noble Bernard de St-Genez, lieutenant-colonel du régiment de Labastide, 1699.

Etienne de St-Julien, écuyer, seigneur de Momuy, 1660, 1698.

Messire Jean-Pierre de St-Julien, prêtre, docteur en théologie, chanoine, grand archidiacre et vicaire général d'Aire, 1660, 1698.

Jean-François de St-Martin, chevalier, seigneur marquis de Pontonx, 1680, 1698.

Bernard de St-Martin, écuyer, seigneur de Bastère, habitant de Garrey au diocèse d'Acqs, 28 février 1645.

Noble Jean de St-Martin, écuyer, sieur de Luc, 1640.

Noble Firmin de St-Martin seigneur de Beteuil à St-Geours, 1690, 1729.

Noble Jean de St-Martin, écuyer, seigneur de Beteuil et de Barraute, 1680, 1719.

Noble Fermy de St-Martin seigneur de St-Martin dan Pouillon, 1642, 1670.

Noble César de St-Martin, écuyer, seigneur de Rostaing, 24 septembre 1677.

Noble Jean-Jacques de St-Martin sieur de Castagnos, 1645, 1651.

Noble Jean de St-Martin, chanoine de la cathédrale d'Acqs, 1651.

Monsieur Jean-Jacques de St-Martin, écuyer, sieur de Betuy, 1711.

Noble Alexandre de St-Martin, écuyer, seigneur de Lesgo, baron de Poy, Vic, Gousse, les Liers, Pontons et Rion, 1651, 1660 (Tartas).

Noble Henry de Salier, gouverneur de la ville de Tartas, 22 juillet 1635.

Noble Jean de St-Paul, écuyer à St-Sever, 1687.

Bernard de St-Paul, vice-sénéchal du pays des Lannes, 1625, 1673.

David de St-Paul, conseiller du roi et son sénéchal aux Lannes, 1661.

Monsieur Raymond de St-Paul, écuyer, seigneur de Soubrieulle, 1700.

Noble Pierre de Samadet, garde du roi, baron de Benquet, 1660, 1690, 1702.

Noble Pierre de Sanguinet, seigneur de Buros en Marsan (*Archives de Jullien de Lassalle*).

Noble Jacques de Sanguinet seigneur de Buros, 1654.

Noble Guillaume de Sanguinet seigneur de la Debvie, en Marsan, 11 février 1620.

Noble Antoine de Sanguinet, écuyer, avocat au parlement, 1690 (Tartas).

Monsieur Alexandre de Sanguinet, écuyer, avocat au parlement de La Réole, 1682, 1690, 1698 (*Archives de Borda, Tartas et Armorial de Guienne*).

Noble Pierre de Sanguinet, à Tartas, 1685, 1710.

Jean-Pierre de Sarraute, écuyer, seigneur de Lassalle, 1698, 1702.

Arnaud de Sarraute, écuyer, baron du Vigneau, seigneur de Lahitte, 1617.

Noble Pierre de Sarraute, jadis sieur de Laminsans, le Vigneau et St-Julian, 1624.

Noble Henry de Sarraute fils sieur du Vigneau, 1624.

Noble Philibert-Archambault du Sault de Poyloaut, écuyer, seigneur baron de Pouilloaut, Hinx, Magesq, Laluque et Lahontan, 1658, 1659.

Monsieur du Sault sieur de Lesperon, baron de Hinx, conseiller du roi et lieutenant-général au siége d'Acqs, 1619.

Noble Antoine de Sis de Goalard, écuyer, 1640, 1667, 1693.

Noble Saubat de Six, écuyer, 1655.

Etienne de Six, écuyer à Saint-Lon, 1675.

Monsieur Nicolas de Sort, écuyer, habitant de Ste-Colombe, 1647.

Noble Pierre de Sort, écuyer, à St-Sever, 1657, 1702.

Noble Jean de Sort, écuyer, 1660, 1680, St-Sever.

Gratian du Soustra, écuyer, seigneur de Bedaurède, Mees, Montbrun, Rivière, 1645, 1655, à Labatut.

Noble Jean-Jacques de Spens seigneur d'Estignols, 1680.

Noble Jean de Spens seigneur d'Estignols, 1694.

Noble Joseph de Spens d'Estignols seigneur d'Onnesse, 1692.

Noble Renaud de Spens, écuyer, 1671.

Noble Jean-Pierre de Spens d'Estignols, 1687.

T

Noble Jean de Tausin seigneur de La Feürère, 1678, 1720.

Noble Pierre Daniel de Tausin, écuyer, seigneur de Bonnehé, lieutenant-colonel commandant le troisième bataillon du régiment royal, chevalier de St-Louis, 1663, 1720.

Noble Pierre de Tausin Bonnehé, prêtre, docteur en théologie, 1661, 1694.

Noble Pierre de Tausin seigneur de Bonnehé, 1680.

Noble Gabriel de Tausin seigneur de Bonnehé, 1629, 1673.

Noble Jean-Christophe de Tuquoy, écuyer, seigneur

baron de Poy et Tingon, baron de Montaut, 1669, 1692, 1703.

Noble Jean-Jacques de Tuquoy, écuyer, seigneur de Poy et Tingon, baron de Montaut, 1662, 1689.

Messire Christophe de Tuquoy seigneur abbé de Pimbo, 1660, 1687.

Messire Chistophe de Tuquoy, chanoine de Bazas, 1680.

Messire Christophe de Tuquoy, prêtre, abbé de Pimbo, seigneur de Toulouzette, Miremont, Poy, Patin, et de la moitié de la terre de Montaut, 31 décembre 1705.

Noble Matthieu de Trubessé, capitaine au régiment de Béarn, 1638 (St-Sever).

U

Messire André d'Urtubie baron de Garro (Tartas 1714).

V

Noble Pierre du Vacquier, écuyer, seigneur d'Aubagnan, capitaine de dragons, 1695.

Noble Jean Blaise de Valier, écuyer, 1650, 1667.

Noble Iesbaham de Valier, écuyer, capitaine d'infanterie, baron de La Crauste, 1660, 1676, 1693.

Noble Louis de Valier, écuyer, 1681.

Noble Joseph de Valier, prêtre, à Cauna, 1663.

Noble Jean-Jacques de Valier, 1684, seigneur de Bourg, 1709.

Noble Pierre de Vergès, écuyer, lieutenant, capitaine au régiment de Gramont, habitant d'Urt en Labourd, 1689.

Noble Jean de Viau, capitaine au régiment de Poyanne, 1654 (Mugron).

Guillaume de Vidart, écuyer, seigneur de Soys en Albret, 1673, 1698 (*Armorial*).

Noble Louis de Vidart d'Estibes, écuyer, 1698 (*Armorial*).

Noble Jean-Pierre de Vidou, capitaine au régiment de Piémont, 1689, 1696.

Noble Arnaud de Vios, à St-Yaguen et Tartas, 1608, 1678.

Y

Noble Jacques-Joseph d'Ysard (Izarn) de Monthieu sieur de Villefort, gentilhomme de Languedoc, à présent major de Mons. (*Armorial de Flandres*, p. 306. Borel d'Hauterive), 1698, 1699.

ASSEMBLÉE

DE LA

NOBLESSE ET DU CLERGÉ

DES LANNES

EN 1789.

L'an mil sept cent quatre-vingt-neuf et le seize mars, à huit heures du matin, nous, Pierre-François de Neurisse, conseiller du Roy, lieutenant-général de la Sénéchaussée des Lannes et siège présidial de la ville de Dax, commissaire du Roy pour la convocation des trois Etats de la Sénéchaussée des Lannes, nous sommes rendus avec le procureur du Roy et le greffier en chef du siège, vêtus de nos robes et précédés de deux huissiers, aussi en robe, dans l'église des RR. PP. Carmes de la ville de Dax, par nous choisie pour l'assemblée des trois Ordres de la Sénéchaussées des Lannes.

Où étant entré, nous avons trouvé un grand nombre de personnages des trois Ordres assemblés, et après avoir pris notre place sur la droite du bureau du greffier, et le procureur du Roy sur la gauche dudit bureau, nous avons invité les personnes assemblées de prendre aussi place sur les sièges qui avaient été préparés dans ladite église.

En conséquence, tous les membres de l'ordre du Clergé se sont assis sur différentes lignes du côté droit ; ceux de l'ordre de la Noblesse aussi sur différentes lignes, du côté gauche ; et enfin, toutes les personnes représentant le Tiers-Etat ont pris leurs places sur les sièges placés en face dudit bureau.

Et étant à présumer que ladite assemblée serait interrompue dans les opérations importantes auxquelles elle doit s'occuper et donner toute l'attention par le concours de personnes curieuses de l'éclat de l'assemblée de tous les notables du pays, nous avons demandé au prévôt de la maréchaussée de faire rendre ses cavaliers dans ladite église, et aux échevins de cette ville d'y faire rendre les sergens de ville. A quoy ayant adhéré, lesdits cavaliers et sergens de ville ont été placés aux différentes portes qui donnent entrée dans ladite église, afin de contenir le public et d'empêcher que par son affluence tumultueuse il ne portât obstacle à la rédaction du verbal actuel.

Et régnant dans ladite assemblée un silence respectueux, le procureur du Roy a dit qu'en exécution du règlement annexé à la lettre du Roy, pour la convocation des Etats-Généraux du 24 janvier dernier, en vertu de notre ordonnance du 20 du mois de février dernier, il a fait assigner :

Messieurs : l'évêque de Dax, les abbés commendataires de Sordes, d'Arthous, de la Cagnotte, le chapitre de Dax, les Dames de Sainte-Claire de Dax, de Sainte-Ursule de Dax, les religieux Carmes de Dax, les religieux Barnabites de Dax, les Bénédictins de Sordes, les Prémontrés d'Arthous, les Messieurs de la Congrégation de la Mission de Buglose ; Messieurs les curés de Dax, Yzosse, Narrosse et Candresse, Cambran, Saint-Vincent de Xaintes, de Meez, de Rivière, de Josse, de Capbreton, de la Benne de Magescq, de Gourbera, d'Herm, de Saint-Paul, de Pouy, de Téthieu, de Montfort, de Nousse et Gibret, d'Ozourt, de Garrey, de Sort, de Hinx, de Saugnacq et Arzet, de Tilh, de Mouscardès, d'Ossages, d'Estibeaux, de Habas de Misson, de Labatut, d'Oeyreluy, de Seyresse, de Tercis, de Gaas, de Heugas, de Saint-Pandelon, de Benesse, de Pouillon, de Peyrehorade, de Caunéille, d'Oeyregave, d'Orthevielle, de Saint-Etienne, de Lanne, de Pey, d'Orist, de Siest, de Belus, de Caignotte, de Saint-Lon, de Lahontang, de Saint-Cirq du Gave, de Sordes, de Came, de Sames, de Saint-Pée de Leren, de Saint-Vincent de Leren, d'Autarive, d'Arancou, de Hastingues, de Belhade, de Biganon, de Saugnacq et Muret, de Moustey, de Poyartin, prébendier de Maulo.

Messieurs les prébendiers de Soustra, de Jean-Paillé, de Moinegran, de Batz, de Meez; les diacres de Nousse, de Montfort, d'Orist, de Pey; les prébendiers de Sainte-Catherine, de Sorte, de Galba, de Belin; les prébendiers de Momuy, de Saint-Piq, de Couçouron, de Camon, de Miremont, de la Bernède, des Sept-Haus; le-benoît de Pey, le benoît de Montfort, le sous-diacre de Pey, le sous-diacre de Josse, le prébendier de Mentes, diacre de Peyrous, le diacre de Pardies et le prébendier de Bigmau.

Messieurs : le duc de Gramond, seigneur de Tilh; le marquis de Tercis; le comte de Belhade; le comte de Montréal ; Madame la vicomtesse d'Orthe; les héritiers du marquis de Poyanne seigneur de Nousse ; le baron de Laur; le comte de Lupé; de Saint-Martin baron de Capbreton; de Pemolier seigneur de Saint-Martin ; le baron d'Olce seigneur de Magescq; de Fortisson seigneur cavier de Habas;

d'Estandeau seigneur d'Eesleitgs; de Borda d'Oro ; de Borda seigneur de Josse, Abbesse et Gourby ; de Borda seigneur de Labatut ; de Bedorède seigneur de Meez et Montbrun ; de Lataulade seigneur d'Ossages ; de Bachelier seigneur de Rostaing, Misson et Talamon ; de Bachelier de Talamon seigneur de Benesse ; de Bachelier d'Agès seigneur de Heugas ; Dargoubet seigneur de Lesserres ; Laurens seigneur d'Hercular ; de Laas seigneur de Gestède ; de Six seigneur de Montbet ; de Belbeder Ducros seigneur cavier de Pey ; Desperiers seigneur de Menthe, et le baron de Hinx, à comparoir en personne ou par procureur de leurs fondés de pouvoir suffisants, cejourd'huy, heure actuelle, dans le présent lieu, par devant nous, pour concourir avec les autres députés de leur Ordre, des Sénéchaussées de Saint-Sever et Bayonne, à la rédaction du cahier des doléances, plaintes et remontrances, et autres objets exprimés en ladite ordonnance, et ensuite procéder à la nomination des députés qui seront envoyés aux Etats-Généraux, ainsy que du tout il résulte dans les verbaux des 23, 27 et 28 février dernier, 1er, 2, 5, 13 et 15 du présent mois de mars, faits par Castaignet, Lubet, Puyo, Nège, Surlane, Magendie, Lespiau, Barthouilh, Marimajour, Ducasse, Lartigue, Gayon, Marchal et Saubeau, huissiers royaux.

Qu'il lui a été envoyé par Monsieur le procureur du Roy de la Sénéchaussée de Saint-Sever plusieurs relations des assignations qu'il a fait donner à Messieurs : l'évêque d'Aire, les abbés commendataires de Saint-Sever, de Pontault, les chapitres d'Aire, Saint-Loubouer, Saint-Girons, Pimbo ; les religieux Bénédictins de Saint-Sever, Bernardins de Pontault, Dominicains de Saint-Sever, Augustins de Geaune ; les dames Ursulines de Saint-Sever, Clairistes de Mont-de-

Marsan, dames de Lacqui; Messieurs les curés de Saint-Sever, d'Aire, du Mas-d'Aire, d'Aurice, de Coudures, de Lacajunte, de Batz, Aubagnan et Serres-Gaston, d'Arboucave, de Samadet, d'Eyres, de Peyros, d'Urgons, de Castelnau et Pecourade, de Vielle, de Saint-Loubouer, de Geaune, de Geloux, de Campet, de Lamothe, de Lheuy, de Gouts, de Souprosse, de Goudosse, de Cauna, de La Trille, de Sarron, de Boueilh, de Lasques et Roquefort, de Saint-Cricq, de Montgaillard, de Sainte-Colombe, de Maurin, de Saint-Gor, du Plan, de Saint-Geins, de Puyol, de Castandet, de Saint-Julien, de Lacquy, de Mauvezin, de Créon, d'Arrouille, de Betbezer, de Montagut, de Bourdalat, de Benquet, de Saint-Maurice, de Buanes, de Fargues, de Bahus, d'Arzacq, de Malausane, de Louvigny, de Phillondens, de Fichous, de Sebies, de Coublucq, de Mialos, de Meyrac, de Cabidos, de Pomarès, de Castetsarrazin, de Bonnegarde, de Nassiet, de Marpats, de Sainte-Marie-de-Bonnut, de Saint-Martin-de-Bonnut, de Puyo, de Boucöue, de Poursiugues, de Sansacq, de Pimbo, de Lacadée, de Bassercles, de Montségur, de Mant, de Monget et Burgaux, de Poudenx, de Saint-Médart, de Casteyde, d'Arsague, de Tilh, de Serres, de Hagetmau, de Horsarrieu, d'Amou, de la Crabe, de Miremon, de Castaignos, de Sault, d'Argelos, de Beyries; l'archiprêtre de Sault, de Momuy, de Baitgs, de Bastennes, de Gaujacq, de Saint-Cricq, de Doazit, de Cazalon, d'Arricau, de Saint-Sevret, de Peyre, de Donzacq, de la Hosse, d'Audignon, de Larbey, de Cazalis, de Caupenne, de Brassempouy, de Mugron et Nerbis, de Saint-Aubin, de Toulouzette, de Couchen (Couhin ?) de Hauriet, de Montaut.

Messieurs les prébendiers et bénéficiers de Lestourun, d'Espagne, de Larrezet, de Busquet, de Guiat, d'Autarive, de Peyran, de la Magdelaine, de Basies, de Saint-Espées, de Castetsarrazin, de la dime royale de Nassiet et Marpats, de Lasserre, de Broustaut, de Toujouse, de Montgaillard, le prébendier de Sainte-Croix, de Laborde, de Hayrre, de la Magdeleine à Saint-Girons, de Bonloq; le sacristain de Saint-Girons, escolin de Saint-Gors, le sacristain d'Aire, le bénéficier de l'aumônerie d'Aire, le grand archidiacre d'Aire, l'archidiacre de Chalosse, le bénéficier de Pantaignan à Aire, de Saint-Bernard à Aire, d'Anguin à Aire, de Sainte-Catherine à Aire, de la Portaine à Aire, de Notre-Dame-de-Prélat à Aire, de Langlade, de Cazenave, le scholain de Geloux, le prébendier de Campaigne, de Parrabère, de la Ville à Geaune, de Lespitau, de Saint-Blaize, de Sainte-Catherine, de Poudio et Berdolles, de Saint-Orens, de Pitoch, Dabadie, de Lacadée, de Saint-Julien, le scholain d'Aire, le prébendier de Saint-Georges, le commandeur de Malthe de Pécorade, le commandeur de Malthe de Golony à Batz, le prébendier de Lescun, de Picamis, de Marianne, de Sainte-Anne, de Tortigues, d'Arrimbles, de la Villerou, de Laneboucoue, du seigneur de Saint-Jacques, le scholin d'Audignon, de Lataulade, de Nozeilles, de Saint-Jean-Baptiste, de Saint-Joseph, de Justes et de Peyronnet, de Lourquen et Laurède, le prébendier de Saint-Benoît à Saint-Sever, le bénéficier de Hillon, le prébendier de Domecq, et le scholain de Momuy.

Messieurs le duc de Gramont; le marquis de Roquefort; la vicomtesse d'Ambrux; vicomte de Juliacq; le baron de Spens seigneur d'Estignols; le vicomte d'Aurice; le marquis du Lyon; la princesse de Chalais et la demoiselle de Sully dames du marquisat de Geaune et de Castelnau; le marquis de Caupenne seigneur d'Amou; le chevalier de Caupenne seigneur de Castelsarrazin et Pomarès; de Diusse seigneur de Buanes; Dabadie seigneur de Peyre et Arboucave; le marquis de Foix et de Candale seigneur de Doazit; le vicomte de Caupenne seigneur de Castelnau; la dame de Castelnau dame de Gaujacq et de Bastennes; la dame de Banos et de Dumes; Portets seigneur de Bellocq; Brethous seigneur de Lannemas; Prugues seigneur de Marin; Castaignos seigneur de Mirando; Perès seigneur d'Artassens; demoiselle de Cours dame d'Arricau; le comte de Poudens; Lassalle seigneur de Puyol; Lassalle seigneur de Castandet; Lubet seigneur; le baron de Benquet; le vicomte de Fortisson seigneur de St-Maurice; de Pouy seigneur de Pouy; Laborde seigneur de Meignos; du Rou seigneur de Lanneplan; de Borrit seigneur de St-Germain; la vicomtesse de Diusse dame d'Onnès; le vicomte Diusse seigneur d'Onnès; le baron de Lahouze; Castaignos-Cloche-Projean; Marsan seigneur de Cucurin; dame de Labarrère dame de Cazalon; de Captan seigneur de Couhin et Labos; de Bourdeau seigneur de Castera; le baron de Toulouzette père; Toulouzette fils seigneur de Montaut; le baron de Laluque seigneur de Tauzièdé; Basquiat fils seigneur de Montaut; Barbotan seigneur d'Arcet; demoiselles de Cours dames de Varennes; du Souil seigneur d'Aubagnan; Beaufort seigneur d'Ancos; Claverie seigneur de Cantiran; Dupouy seigneur de Maunicanne; Dupin seigneur de Juncarot; Dizès seigneur de Samadet; Dabadie de Saint-Germain seigneur de Saint-Germain; Mora seigneur d'Artiguenave; Chambre baron d'Urgons; d'Antin-d'Ars seigneur de Vielle; Perissault seigneur de Payros; Laborde seigneur de St-Loubouer ; le baron de Noguès seigneur de St-Loubouer ; l'Abadie seigneur d'Aydrin ; de Batz seigneur de Ste-Croix ; d'Aurice seigneur de Lamothe ; le baron de Cauna ; Mayrac seigneur de Leren ; Ducousso seigneur de Baure ; la dame de Montlezun dame de Pantaignan ; de Fortisson baron de Laurique et de Roquefort ; de Lucmau seigneur de Classun ; de Capdeville seigneur en partie de Buanes ; de Roquefort seigneur de Sarraziet.

La dame de Bachen dame d'Arthos ; de Labernède seigneur de Massicoulet et Vignolles ; de Peich seigneur de Gondrain ; d'Abadie seigneur de Monget ; de Bachen seigneur en partie de Malausanne ; Peyron seigneur de Trubessé ; de Mesplet seigneur de Dousluyaux ; le baron de Laur seigneur de Bonnegarde ; Busquet seigneur d'Arrimbles ; de Marsan seigneur de Cucurein ; de Barry seigneur de Puyo ; le chevalier de Portets seigneur en partie de Poursiugues ; de Bruix seigneur en partie de Poursiugues ; de Fanjet seigneur en partie de Poursiugues ; le baron de Caplane seigneur de Sansacq ; Madame la baronne de Montget ; de Ladoüe seigneur de Laffitau ; le baron de Morlanne seigneur de Lacadée (Lacayre) ; de Laborde seigneur de Lassalle ; le seigneur d'Argelos et Beyries ; de Cès baron de Caupenne ; Capdeville seigneur d'Arricau ; de Saint-Julien baron de Momuy ; d'Antin-d'Ars seigneur de Boucosse ; Candale seigneur de Pedepeyran ; Mellet seigneur de Labarthe ; Castaignos seigneur de Projean ; Basquiat seigneur de Toulouzette ; de Mesplès seigneur de Nerbis ; le duc de Lauzun seigneur de Mugron ; Du Moulin seigneur de Loustau ; de Prugues seigneur de Cezeron ; de Monval seigneur de son fief ; le baron de Sorbets ; le baron de Brux ; le baron de Bahus ; Basquiat fils seigneur de Maltoua en Sainte-Eulalie, et Dandieu seigneur de Cazalis.

Lesdites relations, au nombre de deux cent quatre-vingt-deux, datées du 26 février, 1er, 2, 3, 4, 5, 6, 7, 8, 9, 11 et 12 du présent mois de mars, signées Lailheugue, Minvielle, Lacome, Daudigeos, Poublanc, Minbielle, Duvigneau, Mericamp, Dumartin, Souberle, Lamarque, Capdeville, Gassie, Lattapy, Capdeville, Lesbazeilles, Dubroca et Lamazère, huissiers royaux, pour se rendre cejourd'huy devant nous, en la présente assemblée, pour y procéder conformément à notre ordonnance; comme aussi M. le procureur du Roy de la Sénéchaussée de Bayonne lui a adressé cinquante-neuf relations datées du 28 février dernier, 1er, 2, 3, 4, 5, 6, 10 et 12 du présent mois de mars, signées Dasteretche, Duhalde, Dardamboure, Justes, Cassoulet, Faure, Dabadie, de Hissalde et Doyenard, huissiers royaux, des assignations qu'il a fait donner à Messieurs l'évêque de Bayonne, l'abbé commendataire de Lahonce, le chapitre de Bayonne, les prébendiers, les religieux Carmes, les Jacobins, les Augustins de ladite ville de Bayonne, les dames religieuses de la Visitation, les dames de Sainte-Claire, les dames de la Foi de ladite ville, les prieurs de Lahonce et de Soubernoa, Messieurs les curés de Bayonne, de Hasparren, de Bonloq, de Guerciette, de Mendionde, de Macaye, de Louhoussoa, d'Itsatsou, de Cambo, de Halsou, de Jatsou et Villefranque, de Sarre, de Ascain, d'Ustarits, de Larressorre, d'Espelette, de Sourraïde, d'Ainhoa, de Saint-Pée, de Urrugue, de Biriatou, de Soubernoa, de Handaye, d'Arbonne, d'Ahetse, de Guetary, de Siboure, d'Anglet, de Biarrits, de Bidard, de Bassussary, d'Arcangues, d'Urcuit, de Saint-Pierre d'Iruby, de Mouguerre, de Bardos, de Guiche, d'Urt, de Saint-Jean-de-Luz et de Lahonce.

Messieurs le duc de Gramont comte de Guiche, le vicomte d'Urtubie, la dame de Garro, le marquis de Salha seigneur Dabadie, le marquis de Caupenne seigneur d'Arbonne, la demoiselle Vanduffel dame de Belay, et enfin, Monsieur Laborde de Lissalde seigneur du Saudan. — Requérant ledit sieur procureur du Roy, qu'il soit donné défaut contre ceux qui ne se présenteront pas; pour le profit et utilité duquel qu'il soit par nous procédé au verbal ordonné par ledit règlement et conformément à iceluy, et a signé : de Monsieur Dousse, avocat du Roy.

Sur ce, se sont présentés : Charles-Auguste Lequien de la Neufville, évêque de Dax; Sébastien-Charles-Philibert Roger de Cahusacq de Caux, évêque seigneur d'Ayre; l'abbé Dalincourt, chanoine de l'église cathédrale de Bayonne, comme procureur constitué d'Etienne-Joseph de Villevieillé, évêque de Bayonne, suivant la procuration du 12 de ce mois, retenue par Lesseps, notaire royal; Dominique de Haraneder, chanoine de Bayonne et abbé commendataire d'Arthous, et encore comme procureur constitué du chapitre de Bayonne et de Jean Darralde, curé major de ladite ville, suivant les procurations des 9 et 10 de ce mois, retenues par Lesseps, notaire royal. Claude-François Lallemand, comme député du chapitre de l'église cathédrale d'Acqs, et encore comme procureur constitué de Jean Labeyrie, prébendé de la prébende de Casenave de Cauna et de François Lubet, chanoine, en qualité d'ouvrier de l'église cathédrale d'Aire, suivant les procurations du 11 de mois, retenues par Papin et Labeyrie, notaires royaux. Gabriel-Marie Poyolat, religieux Cordelier, comme procureur constitué des dames religieuses Sainte-Claire de cette ville, suivant la procuration du 9 de ce mois prise en assemblée de communauté. Michel Vigneau, chanoine de l'église cathédrale de Dax, procureur constitué des dames religieuses de Sainte-Ursule de cette ville, suivant l'acte capitulaire du 9 de ce mois. Théodore Mesplède, prieur des Carmes de cette ville, procureur constitué de la communauté des Carmes, suivant l'acte capitulaire du 6 de ce mois. Placide Bergoing, religieux Barnabite de cette ville, procureur fondé des autres religieux Barnabites, suivant l'acte capitulaire du 12 de ce mois. Dominique Duthil, religieux Bénédictin de l'abbaye de Sordes, comme procureur constitué de ladite abbaye, suivant l'acte du 5 de ce mois. François Desperiers, prieur de l'abbaye d'Arthous, fondé de procuration de ladite abbaye, suivant l'acte du 14 de ce mois. Celières, curé de la paroisse de Pouy, seigneur baron haut justicier de Poy, Gourbera, Herm et Tethieu. Jean-François-Volusien Lafont, procureur fondé de la communauté de la Congrégation de Buglose, suivant l'acte du 11 de ce mois. Silvain Bergey, chanoine théologal, vicaire-général, curé major de la ville de Dax, tant en son nom que comme député des prêtres domiciliés de ladite ville, suivant l'acte du 10 de ce mois.

Pierre Biraben, curé d'Izosse et Saint-Pierre-de-Vicq. Jean-Baptiste de Vergès, chanoine de l'église cathédrale d'Acqs, comme titulaire de la prébende de Sartou, située à Pouillon. Joseph de Borda, chanoine de l'église cathédrale d'Acqs, comme procureur constitué de François Seguey, curé de Tethieu, suivant l'acte du 14 de ce mois, retenu par Déleon, et encore comme titulaire de la prébende de Soustra, située à Labatut. Jean Belacq, prieur de Sainte-Eutrope et curé de Narosse et Candresse. Pierre-Léon Tachoires, curé de Saint-Vincent-de-Xaintes les Dax, et encore comme fondé de procuration de Jean Bedora, curé de Mielles et de Pierre Mauvoizin, curé d'Ozourt, suivant les actes des 12 et 14 de ce mois, retenus par Bouin et Déléon, notaires. Jean Darracq, curé de la paroisse de Meez, et comme titulaire de la prébende de Lataulade, située à Castelnau. Antoine Mauvezin, curé de la paroisse de Rivière. Jean-Baptiste de Vios-Lasserre, curé de Josse. Martin Samanos, prieur-curé de Capbreton et Labenne. Guillaume Marjouan, comme procureur constitué de Daunat-Castets, curé de Magesq, et encore de Jean-Pierre Camy, curé de Biganon, et enfin de Charles Cassajus, curé de Beyrie, diocèse de Lescar et dans la sénéchaussée de Saint-Sever, suivant les procurations des 7, 10 et 11 de ce mois, retenues par Bonat, officier public, et Desbiey, notaire. Jean Sescousse, curé de Gourbera. Jacques de Salles, curé de la paroisse d'Herm et procureur fondé de Jean Cazaubon, prébendé de la prébende de Joalub dans l'église de Saint-Girons; d'Ignace du Soulé, pourvu de la prébende de Gourgues, fondée dans l'église de Lacqui, et encore de la prébende de Bechet, fondée dans l'église de Candède-de-Boutges, et enfin de Pierre-Ignace du Souil, prébendé de la prébende de Gourgues, fondée dans l'église de Lacqui, suivant la procuration des 11 et 13 de ce mois, retenue par Papin. Jean-Joseph Lagrace, curé de la paroisse de Saint-Paul, et comme procureur constitué d'Arnaud Lapeyre, curé de Cely, suivant l'acte du 11 de ce mois, retenu par Bouin ; Jean-Louis Turon, curé de Monfort et archiprêtre de Chalosse, et encore procureur constitué de Jean-Baptiste de Pons, curé des paroisses de Castaignos et Souslenx, suivant l'acte du 14 de ce mois, retenu par Lafitte, notaire.

François Larrey, curé de Nousse et Gibret. François Soustra, curé de Garrey, tant en son nom que comme procureur fondé de Guil.-Thomas Planté, archiprêtre d'Auribat, curé de Laurède et Lourquen, et encore de Jean Morlane, curé de Poursiugues et Boucoüe, suivant les procurations des 11 et 12 de ce mois, retenues par Dartigoeyte et Bouin, notaires. Etienne Mauvezin, curé de Sort, et procureur fondé d'Isaacq Danglade, curé de Hinx et de St-André, suivant la procuration du 13 de ce mois, retenue par Peyman. Pierre Domecq, curé de Saugnacq, syndic du clergé du diocèse d'Acqs. Jean-Pierre Laborde, curé de Tilh et d'Arsague, et procureur fondé de Pierre Berterot, curé de Castets-Sarrazin, et titulaire du benoîtage de St-Martin-de-Hinx, suivant l'acte du 13 de ce mois, retenu par Beyries, notaire. Jean-Jacques Vergès, curé de Mouscardès, et procureur fondé d'Antoine d'Arbins, curé de Cazalis, suivant l'acte du 11 de ce mois, retenu par Lalaude, notaire. Jean-Baptiste Laborde, curé d'Ossages, et comme procureur fondé d'Etienne d'Estrade, curé de Habas, suivant le pouvoir du 13 de ce mois, contrôlé à Habas par Lanusse. Nicolas Darrabieilh, curé d'Estibeaux, et comme procureur fondé de Matthieu Baqué, aussi curé de Louvigny, siège de St-Sever, et de Pierre Laurens, curé de Coubluc, aussi du même siège, suivant les actes du 14 de mois, retenus par Bouin, notaire. Jean-Baptiste Dumessié, curé de Misson. Pierre-François Dupouy, curé de Labatut, et comme procureur fondé de Joseph Sourdois, curé de la paroisse de St-Gor en St-Sever, et de Vielle-Soubiran, en Marsan ; et de François du Boué, titulaire du bénéfice appelé du Vigneau, situé à St-Lon, suivant les actes des 13 et 14 de ce mois, retenus par Soubiran et Moncaup, notaires. Pierre Lanne, curé de Sames, comme procureur constitué de Martin Lafourcade, curé de Came, et de Pierre Rouby, curé d'Oeyregave, suivant les procurations des 5 et 13 de ce mois, retenues par Vergès et Dulom, notaires royaux. Jean Massie, curé de Tercis. Jean Goze, curé de Gaas, et comme fondé de procuration de Pierre Lalanne, curé de Puyo en St-Sever, suivant l'acte du 11 de ce mois, retenu par Cabaré, notaire. Bernard Dubroca, curé de Heugas, et comme fondé de procuration de Barthélemy Labrouche, curé de St-Lon, suivant l'acte du 3 de ce mois, retenu par Bordenave. Bernard Burguerieu, curé de St-Pandelon et Benesse, et procureur constitué de Sever Ducasse, curé de Philondenx et de Pierre Laborde, curé de Benquet, suivant les procuration des 11 et 14 de ce mois, retenues par Perigu et Bustarret, notaires. B.-J. Desbordes, curé de Pouillon. Jean-Erasme Isotte, curé de Peyrehorade et archiprêtre d'Orthe et procureur constitué de Jean-Baptiste Desperiers, ancien curé de Moliets, suivant l'acte du 15 de ce mois, retenu par Dautaribe, notaire. Arnaud Lartigau, curé de Cauneille. Jean-Baptiste Hiriard, curé de St-Etienne-d'Orthe et comme procureur fondé de Guillaume Planté, curé d'Orthevielle et de Pierre Vivès, curé de Lanne, suivant les procurations du 6 de ce mois, retenues par Bordenave, notaire. Pierre-François Dupouy, prêtre, comme procureur constitué de Mathieu Dupouy, curé de Pey, suivant la procuration du 5 de ce mois, retenue par Bordenave, notaire. Arnaud Dupouy, curé d'Orist. Jean Montauzié, curé de Siest et comme procureur constitué de Jean Descors, curé d'Ustarits, sénéchaussée de Bayonne, suivant la procuration du 9 de ce mois, retenue par Duhalde notaire. Jean Dufourcet, curé de Belus et comme procureur constitué de Jean Estarracq, curé de Leren, et de Jean-Pierre Brethous, curé de Caignotte et Cazourditte, suivant les procurations du 9 de ce mois, retenues par Labernède et Bordenave, notaires. Pierre-Vincent Lartigau, curé de Lahontang. Jean Lapierre-Moro, curé de Sorde et comme procureur constitué de Bernard Segas, curé de St-Cricq-du-Gave, et de Thomas, curé de St-Péo-de-Leren, suivant la procuration du 9 de ce mois, retenue par Vergès et Labernède, notaires. François Desperiers, curé de Hastingues, et comme procureur constitué de Jean Lacassaigne, prébendier des Sept-Haux à Cauneille, suivant l'acte du 12 de ce mois, retenu par Dulau, notaire. Jean-Baptiste Brusse, curé de Pissos, chargé de pouvoir de Monsieur de Thiacq, curé de Saugnacq et Muret, suivant l'acte du 12 de ce mois, contrôlé cejourd'huy par Duclos-Lange. Jean-Marie Dousse, curé de Poyartin et St-Sevret et prébendier de la prébende de Manso, fondée dans l'église catédrale d'Acqs. Pierre Lannevère, comme prébendier de la prébende de Jean-Paillé, fondé dans les paroisses de Baigts et Montfort. Pierre Ducos, comme prébendier des prébendes de Batz, situées à Capbreton et à Poy. Antoine Leclercq, titulaire du diaconé de Nousse et comme procureur constitué de Jean-Baptiste Darcet, curé de Cazalon, et de Pierre Marimpoy, curé de Serreslous, sénéchaussée de Saint-Sever, suivant les procurations des 11 et 12 de ce mois retenues par Dutron et Lalaude, notaires. Laurens Borda, comme procureur constitué de Jean-Baptiste Dupuy, vicaire de Lahontang, prébendier des prébendes du Grand-Patar, situées à Ossages, et de Méez, située à Dax, suivant la procuration du 13 de ce mois, retenue par Montcaup, notaire. Bernard Nogué, prieur de Gourby; Jean Cantin, titulaire du diaconé d'Orist, situé à Orist, et de la prébende de la Bernède, située à Hastingues, et encore de la prébende du Luc, située dans l'église cathédrale de cette ville, et comme procureur fondé de l'abbé de Captan, bénéficier de Baurie, suivant les pouvoirs du 12 de ce mois, et du sieur Portets, prébendier de la prébende de la Magdelaine, située à Pimbo, suivant son pouvoir du 12. François Chabo, titulaire du benoîtage de

Poy et du sous-diaconat de Josse, et comme procureur constitué de Bernard de Larroque, curé de Lahosse, et de Léonard Dussierre, syndic des Augustins de la ville de Geaune, suivant les pouvoirs des 9 et 12 de ce mois, retenus par Bragade et Carenne, notaires. Jean-Louis Rambot de Maillon, vicaire-général du diocèse de Dax, comme procureur constitué de Pierre Forgères, curé de Belhade, et de Jean Poyusan, archiprêtre et curé d'Amou, suivant les procurations des 5 et 12 de ce mois, retenues par Lafitte et Beyries, notaires. Jean Mauléon, curé de Pontonx, comme benoît de Montfort, situé au dit Montfort. Jean Lagardère, benoît de la paroisse de Sort. Michel Vignau, chanoine de l'église cathédrale de Notre-Dame d'Acqs, comme procureur constitué de Jean-Louis Duviella, abbé commandataire de Pontaut, diocèse d'Aire, suivant la procuration du 14 de ce mois, retenue par Pommiers, notaire. Laurens Borda, comme procureur constitué d'Antoine Soret, bénéficier des diaconnés de Lahosse et Lesgo, en la présente sénéchaussée, suivant les procurations du 10 de ce mois, retenues par Duprat et Noville, notaires. Christophe Capdeville, prébendier de Capdeville, ladite prébende située dans ladite église cathédrale de cette ville. Jean-Baptiste Planter, benoît de Pouillon et diacre de Donzacq. — Et attendu qu'il est midy sonné, nous, lieutenant-général, commissaire susdit, avons renvoyé la continuation de la comparution du présent verbal à deux heures de relevée de ce jour, et avons signé avec l'avocat du Roy et le greffier. Ainsi signé de Monsieur de Neurisse, lieutenant-général; Dousse, avocat du Roy et Labarthe, greffier.

Et advenu les deux heures de relevée de ce jour seize mars mil sept cent quatre-vingt-neuf, nous, lieutenant-général et commissaire susdit, avons continué de procéder à la comparution des trois ordres de la sénéchaussée d'Acqz, St-Sever et Bayonne. — En conséquence, sont comparus : Arnaud Lacoste, prieur, curé d'Oeyreluy ; Pierre Tuquoy, comme procureur constitué de Philip. Fillot, sous-diacre, prébendier de la prébende de Montpribat, et de Jean-Jacques Paradé, titulaire du bénéfice et dixme royale de Nassiet de Chalosse, sénéchaussée de St-Sever, suivant les procurations des 10 et 13 de ce mois, retenues par Pommiers, Duprat et Norsille, notaires. Fabien-Marie Dousse, curé de Poyartin, comme procureur constitué du sieur Hontarrède, curé de Gaujac, suivant la lettre du 7 de ce mois, contrôlée cejourd'huy par Duclos-Lange. André Lesbarbes, prébendier de la prébende de Lesbays à Gaas, présente sénéchaussée. Jean-Jacques Gros, prieur de l'abbaye de St-Sever et comme procureur constitué d'Henry-Charles Dulau d'Allemans, abbé commendataire de l'abbaye royale de St-Sever et de Jean Labat, curé de la paroisse de Souprosse, suivant les procurations des 2 et 13 de ce mois, retenues par Trugon, Denis et Mericamp, notaires. Bernard Lacouture, chanoine député du chapitre de l'église cathédrale d'Aire et comme procureur constitué de Bernard de Basquiat de Mugriet, chanoine théologal, grand archidiacre du chapitre de l'église d'Aire, et de Jean-Baptiste Lacouture, comme prébendier de la prébende du Sacristain, fondée et desservie dans l'église de St-Girons, suivant les procurations des 11 et 12 de ce mois, retenue par Papin, notaire, et la délibération dudit chapitre retenues aussi par Papin, datée du 12 de ce mois. Arnaud Labbée, chanoine du chapitre collégial de St-Louboué, comme député du dit chapitre, suivant l'acte capitulaire du 12 de ce mois, et aussi comme titulaire de la prébende de Poudiobourdo, et enfin comme procureur constitué de Jean-Baptiste Dugarry, titulaire des prébendes appelées Laville, Campagne, Parrabère, situées à Geaune, et Larragé située à Horsarrieu ; et Pierre Dubasque, titulaire d'un bénéfice appelé du Colomé, situé à Audignon, et de Dominique Dubasque, titulaire du bénéfice de Pietat, situé à Aire, suivant les procurations des 13 de ce mois, signées Seby, notaire.

Arnaud Faussats, chanoine, syndic de l'église collégiale de Saint-Girons, député du chapitre dudit Saint-Girons, suivant l'acte capitulaire du 9 de ce mois, signé Lalaude, greffier, secrétaire dudit chapitre, et comme fondé de procuration de Joseph Rèches, prébendier de la prébende de la Magdeleine, située à Saint-Girons, et encore de Jean-Jacques de Mellet, comme titulaire de la prébende de Sainte-Catherine, située à Geaune, suivant les procurations des 11 et 12 de ce mois, retenues par Lalaude et Duperet, notaires royaux. Jean-Baptiste Dusseré, chanoine et syndic du chapitre de Pimbo, comme député dudit chapitre suivant délibération dudit chapitre du 9 de ce mois, comme procureur constitué de Charles de Barry, curé de Puyo et Bruix, prébendier de la prébende de St-Espès ; de Jean-Baptiste Saint-Marc, curé de la paroisse de Saint-Maurice, suivant les procurations des 10 et 12 de ce mois, retenues par Dulucq et Lannelongue, notaires.

Jean-Baptiste Miquel, syndicq de l'abbaye de Pontaut, comme député des religieux de ladite abbaye, suivant la délibération du 10 de ce mois. Pierre Dussaut, prieur des Dominicains de Bayonne, comme leur député et comme procureur constitué des Dominicains de St-Sever, suivant la procuration du 13 février 1789, retenue par Bustarret, notaire, et l'acte capitulaire de la communauté desdits Dominicains de Bayonne du 4 de ce mois. Jean-Jacques de Laur, grand vicaire d'Aire, comme titulaire de la prébende de Saint-

Blaize, fondée dans la paroisse de Geaune, et comme procureur constitué des dames Ursulines de Saint-Sever, suivant l'acte capitulaire desdites dames du 6 de ce mois, et de Christophe de Capdeville, sacristain de l'église cathédrale d'Aire, suivant la procuration du 11 de ce mois retenue par Papin, notaire.

Jean-Marie Ducournau de Pebarthe, curé de Saint-Sever, grand vicaire d'Oloron, comme curé de ladite ville de Saint-Sever et comme procureur constitué de Joseph de Tauzin, titulaire de la prébende de Tortigues, située à Saint-Sever, et de Jean-Marie de Lavergne, curé de Betbeser, vicomté de Juliac, suivant les procurations des 8 et 14 de ce mois, retenues par Soubiran et Darnaud, notaires. Florent Lamagnère, curé de la ville d'Aire; Pierre Costedoat, comme curé du Mas-d'Aire et comme fondé de procuration de Vital, curé de Sarron, suivant l'acte du 10 de ce mois, retenue par Lamazère, notaire. Jean Casaux, curé de Cauna et comme procureur constitué de Jean-Arnaud de Cabannes, curé d'Aurice, suivant la procuration du 8 de ce mois, retenue par Mericamp, notaire; comme procureur constitué du sieur Cadillon, prébendier de Lautrecq, situé dans l'archiprêtré de Doazit, suivant la lettre du sieur Cadillon du 13 de ce mois, contrôlée par Duclos-Lange cejourd'hui. Etienne de Laburthe, curé de la paroisse de Nerbis, et procureur fondé de Jean de Castaignos, curé de la paroisse de Coudures, et de Jean-Pierre de Montferrant, curé de la ville de Mugron, suivant les procurations des 12 et 14 de ce mois, retenues par Darnaud et Dartigoeyte, notaires. Thomas-Félix Dupin de Juncarot, vicaire de Serres, comme procureur fondé de Jean-Joseph Dupin de Juncarot, curé de Samadet, et de Paul Dupouy, curé de Lacajunte, suivant les procurations des 9 et 14 de ce mois, retenues par Dupuy et Dulucq, notaires. François Lafosse, curé de Saint-Etienne-d'Artiguebande et Goudosse, tant en ladite qualité que comme procureur constitué de Joseph-Dominique Dupin de Juncarot, curé d'Arboucave, suivant l'acte du 14 de ce mois, retenu par Dupoy, notaire. Joseph Dupoy, curé d'Aire, syndic du clergé du diocèse d'Aire, et comme procureur constitué de Siméon de Mora, archiprêtre et curé de Doazit et de Jean Baisecourt, curé de Dume et prébendier de la prébende de Lespitau, suivant les procurations des 6 et 11 de ce mois, retenues par Duplantier et Dulaur, notaires. Jean-Pierre Bayron, curé de la ville de Geaune, tant comme curé de Geaune que comme procureur constitué de Jean-Marie de Langon, curé de Peyraux (ou Payros) et Clèdes, et de Dominique Tauzièdе de Beyron, curé de la Trille, suivant les actes des 6 et 10 de ce mois, retenus par Carenne et Lamazères, notaires. Pierre Dupoy, tant comme curé de Vielle que comme procureur constitué de Jean-François Malluqué, curé d'Arzet et de Jean Dubosq, curé de Saint-Médart, suivant les procurations des 9 et 12 de ce mois, retenues par Boennes et Bustarret, notaires.

Bernard Duvigneau, tant comme curé de Buannes que comme procureur constitué de François Cadillon, curé de Saint Louboué, et de Bernard Labat, curé de Sainte-Colombe et prébendier de Talebar au diocèse d'Aire, suivant les procurations des 10 et 12 de ce mois, retenues par Sebie et Troupenat de Maurin, notaires. Jean-François Dutertre, curé de Campagne, comme procureur fondé de Bernard Lafitte, curé de Geloux, et de Joseph Dulin-Dutaret, prébendier de la prébende de Lailheroun dans la paroisse de Hagetmau, suivant les procurations des 13 et 14 de ce mois, retenues par Salles, notaire. Jean Brunet, tant comme curé de Lamothe que comme fondé de procuration de Jean Daugareil, curé du Leuy et Ronsac, suivant l'acte du 14 de ce mois, retenu par Daugareil. Raymond Labeyrie, tant comme curé de Boueilh-Bouillo que comme procureur fondé d'Henry Labernade, curé de Meyrac et Mondabat, suivant la procuration du 14 de ce mois, signée du sieur Labernade. Jacques Lanefranque, tant comme curé de Bonnegarde que comme procureur constitué de Jean-Baptiste de Joanin, curé de Saint-Cyrq en Chalosse, prébendier de la prébende d'Espagne, située à Hagetmau, et de Pierre Léglise, curé de Toujouse, chapelain de la chapellenie d'Audignon, située en Saint-Sever, suivant les procurations des 11 et 16 de ce mois, retenues par Lamarquette et Déleon, notaires. Jean-Pierre Ducournau de Poy, tant comme curé de Montgaillard que comme fondé de procuration de Dominique Goziette Beyron, curé de Sarraziet et Bahus, et de Pierre Cloche de Cadrieu, curé de Fargues, suivant les actes du 13 de ce mois, retenus par Durieux, notaire. Pierre Nautery, tant comme curé de Castandet et Maurin que comme procureur fondé de Joseph Nautery, prébendier de la prébende du seigneur de Benquet, située audit Benquet, et de Philippe Coudroy, curé d'Arricau, suivant les actes des 9 et 11 de ce mois, retenues par Lamarquette et Bustarret, notaires. André Ducasse, tant comme curé du Plaa de Saint-Geyn que comme procureur constitué d'Etienne St-Genez, curé de Saint-Cricq-de-Marsan, et assigné comme prébendier de la prébende de Bordes en Saint-Sever; de Jean-Marie Esteffen, assigné scholain de Saint-Gor en Saint-Sever, suivant les procurations des 10 et 11 de ce mois, retenues par Lapeyre et Cabaré, notaires.

Michel de Castellan, curé de Pomarès; Jean-Léon Bernède, tant comme curé de Poudenx que comme procureur constitué de Siméon-Pierre de Soler, curé de Nassiet et

Marpats, et Louis d'Argelos baron d'Argelos et Beyrie, curé dudit Argelos, suivant les procurations des 9 et 12 de ce mois, retenues par Dutrog et Lafitte, notaires. Jean-Joseph Mérignacq, tant comme curé de Sainte-Marie-de-Bonnut que comme fondé de procuration de Pierre Loustaunau, curé de Saint-Martin-de-Bonnut, suivant l'acte du 12 de ce mois, retenu par Beyrie, notaire. Matthieu Broustet, tant comme curé de Pimbo que comme procureur constitué de François Laborde, curé de Miremont et Mauries, et de Jean Dupiellet, curé de Sansacq, suivant les actes du 14 de ce mois, retenus par Lafenestre, notaire. Jean Messin, tant comme curé de Castelnau en Chalosse, que comme fondé de procuration du sieur Mongez, curé de Peyre, et de Vincent de Laragnet, curé de Lacadée et Labeyrie, suivant les procurations des 10 et 12 de ce mois, retenues par Lafitte, notaire; celle dudit sieur Mongez signée de lui seulement. Etienne Naudy, tant comme curé archiprêtre de Sault que comme procureur constitué de Pierre Castaignet, curé du Bourgneuf de Sault, et de Jacques Portes, curé de Bassercles et Domenjun, suivant les actes du 14 de ce mois, retenus par Lafitte, notaire. Pierre Ducournau de Placiat, prébendier de Peyran, situé à Peyre, que comme fondé de procuration de Bertrand et Pierre Ducournau frères, curés des paroisses de Monségur et de Mant, diocèse d'Aire, suivant l'acte du 14 de ce mois, retenu par Saint-Martin, notaire. Pierre-Ignace de Capdeville, tant comme curé de la ville de Hagetmau que comme procureur constitué de Jean Diris, curé de Momuy, et de François Salcour, curé de Lacrabe et Morgans, suivant les actes du 10 de ce mois, retenus par Dutroy, notaire. Bernard Fossats, tant comme curé de Saint-Aubin que comme procureur constitué de Jean-Baptiste Despouys, curé de Horsarrieu, et de François

Lalanne, curé d'Audignon, suivant les actes du 7 de ce mois, retenus par Bustarret, notaire. Antoine-Nicolas Barbé, tant comme curé de Batz en Chalosse que comme procureur constitué de Michel Arismendy, curé de Saint-Jean-de-Luz, sénéchausée de Bayonne, et de Jean-Louis-Xavier de Saint-Esteben, curé de Cibourre, de cette sénéchaussée; suivant les actes de cejourd'huy, retenus par Déleon, notaire. Henry de Sault, vicaire-général du diocèse d'Acqs, comme prébendier de Maumen à Monfort et Cocut à Castel-Sarrazin, et Navailles à Sault.

Et attendu qu'il est six heures de relevée sonnées, nous lieutenant-général et commissaire susdit, avons renvoyé la continuation du présent verbal et la comparution ci-dessus à demain, dix-sept du présent mois, à huit heures du matin, et avons signé avec le procureur du Roy et le greffier. Ainsi signé de Messieurs de Neurisse, lieutenant-général; Dousse, avocat du Roy, et Labarthe, greffier.

Et advenu le lendemain dix-sept mars mil sept cent quatre-vingt-neuf, à huit heures du matin, dans ladite église des RR. PP. Carmes de la ville de Dax, nous, lieutenant-général et commissaire susdit, avons continué de procéder à la comparution des trois ordres des Sénéchaussées de Dax, St-Sever et Bayonne. En conséquence, sont comparus Messieurs : François Desbazeilles, curé de Ste-Croix ; Jacques Tauzia, tant comme curé de Donzacq que comme fondé du sieur Darrigan, curé de Bastennes, suivant la lettre de ce dernier du 14 de ce mois, contrôlée le 16 par Duclos-Lange. François Decès, tant comme curé de Caupenne, St-Laurent et Bergouey, que comme procureur constitué de Jean Lacoste, curé de Larbey et Maylis, suivant l'acte du 14 de ce mois, signé Domenger, notaire. Bernard Bergoignan, tant comme curé de Montaut que comme procureur constitué dé Joseph Bordenave, curé de Brassempouy, et de Jean-Pierre de Caillé, prébendier de la prébende de Cuyat, située à Horsarrieu, suivant les procurations des 9 et 14 de ce mois, retenues par Bustarret et Lafaurie, notaires. Matthieu Baron, tant comme curé de Toulouzette que comme procureur constitué du sieur Duhaut, bénéficier du bénéfice de Rimbles, et de Jean-Jacques Lamarque, archidiacre de Chalosse, suivant les procurations des 10 et 12 de ce mois, retenues par Bustarret, notaire. Les tous membres de la sénéchaussée de St-Sever.

Raymond Dolhabeyriague, prébendé et pensionnaire du Roy, comme député des prébendiers de Bayonne, suivant leur délibération du 6 de ce mois, que comme procureur constitué des Sœurs de la communauté de la Visitation de Bayonne, suivant leur acte capitulaire du 11 de ce mois. Jacques Bimejou Lagrave, religieux définitif des Augustins de Bayonne, comme député des autres religieux Augustins de ladite ville, suivant leur acte capitulaire du 4 de ce mois. Théodose, prieur des Carmes de Dax, comme procureur constitué des religieux Carmes de la ville de Bayonne, suivant leur acte capitulaire du 13 de ce mois. Robert Dalincourt, vicaire-général du diocèse de Bayonne, procureur constitué de la communauté des Dames de la foi de ladite ville, suivant la procuration du 12 de ce mois, retenue par Duhalde, notaire. Bernard Darrigol, prieur de l'abbaye de Lahonce et curé de la paroisse de Lahonce, tant en cette qualité que comme procureur constitué de Pierre Despens d'Estignols, abbé de Lahonce, suivant la procuration du 12 de ce mois, retenue par Duhalde, notaire, et encore comme fondé de pouvoir du sieur Goueytiacq, curé de Mouguerre, suivant son écrit privé du 12 de ce mois. Jean-Baptiste Darrigol, prieur, curé des paroisses de Soubernoua et Biriatou (f° 26) son annexe. Joseph-Léon Dubrocq, tant comme curé d'Anglet que comme procureur constitué de Michel Behola, curé de Louhoussoa; de Gasparn, curé d'Arcangues, suivant la procuration du 9 de ce mois, retenue par Duhalde, notaire. Robert Dalincourt, vicaire-général du diocèse de la ville de Bayonne, procureur fondé de Jean Daguerre, curé de Villefranque, suivant la procuration du 13 de ce mois, retenue par Lambert, notaire. Joseph-Vincent Tuhary, tant comme curé de Sarre que comme procureur constitué des prébendiers des prébendes de Mendionde et de Lexclouberat, suivant la procuration du 11 de ce mois, retenue par Lesca, notaire, dans laquelle il lui est encore donné pouvoir pour Jean Lelchechepy, titulaire de la prébende de Diburdidiat et de Pierre Mitchelana, titulaire de la prébende d'Arrossa, et de François de Lelchechepy, titulaire de la prébende d'Abessanchat, et encore comme fondé de pouvoir de Dominique de Lahitc Jusanx, titulaire de la prébende de Barebelchat, suivant son écrit privé du 13 de ce mois.

Gouchen-Rivière, curé d'Ascaing; Bernard Dubroca, curé de Heugas au présent diocèse et comme fondé de procuration du sieur abbé Darbins, curé de Gouts, dans la sénéchaussée de St-Sever, suivant la procuration du 15 de ce mois, retenue par Bruguière, notaire. Martin Tegary, curé d'Urrugne et prébendier (f° 27) de la prébende de Sopiterenea; Martin Samanos, prieur curé de Capbreton et Labenne au diocèse d'Acqs, comme fondé de pouvoirs du sieur Gelos, curé de St-Pierre-d'Iruby, et du sieur Gabaret, curé de Hendaye, suivant leurs écrits privés des 8 et 13 de ce mois. Pierre Darensette, curé de Biarrits; Martin de Lissalde, tant comme curé de Bardos que comme procureur constitué de Pierre Diparraguerre, curé d'Urt, et de Jean Castineau, curé de Guiche, suivant les procurations des 9 et 12 de ce mois, retenues par Duhalde et Guitard, notaires; lesquels dits sieurs curés et bénéficiers du pays de Labourt ont déclaré ne s'être présentés que pour obéir aux ordres du Roy et sans entendre en rien nuire ny préjudicier aux droits du pays de Labourt; de laquelle déclaration ils ont requis acte, que nous, lieutenant-général et commissaire susdit leur octroyons.

S'est encore présenté Bernard Noguès, prieur de la paroisse de Gourby, comme fondé de procuration des prêtres séculiers de la ville de St-Jean-de-Luz, suivant l'acte du jour d'hier, retenu par Deléon, notaire, et des prêtres habitués de ladite ville de St-Jean-de-Luz, suivant leur acte capitulaire du 4 de ce mois; lequel comparant a fait la même déclaration et la même réserve que les précédents.

Jean-Louis Turon, curé de Montfort, comme procureur constitué de Guillaume Audé, titulaire de la prébende appelée de Français, fondée dans l'église cathédrale de cette ville, suivant l'acte du 15 de ce mois, retenu par Bragade, notaire. Pierre Domec, curé de Saugnacq, comme procureur constitué de Jean-Joseph Vidard, titulaire du benoîtage de l'église Ste-Magdeleine de Castelnau au diocèse d'Acqs, suivant la procuration du 10 de ce mois, retenue par Cassoulet, notaire.

F° 28. NOBLESSE. Comme aussi sont comparus Messieurs : Jean-Charles chevalier de Bachelier; de Bachelier chevalier seigneur de Misson, Rostaing et Talamon, chevalier de l'ordre royal et militaire de St-Louis, tant en sa dite qualité que comme procureur constitué de Jean-Baptiste-Maurice de Verthamon, chevalier, marquis de Tercis, baron de Chalucet, seigneur des terres d'Ambloy, St-Germain, Boyentran, des châtellenies de Romefort, Ferran, Varaise et autres lieux, président à mortier au Parlement de Bordeaux, suivant la procuration du 27 février dernier, retenue par Chalu et Novite, notaires.

Jean-François comte de Caumia-Baillenx, seigneur haut moyen et bas justicier de Castaignos et Souslenx et du quartier de Capdebuch, paroisse d'Ossages, tant en sa dite qualité que comme fondé de procuration de Jean comte de Montréal, maréchal des camps et armées du Roy, colonel propriétaire des chasseurs de Cantabre, seigneur patrimonial et direct, moyen et bas justicier du lieu d'Autaribe du Gave, suivant la procuration du 12 de ce mois, retenue par Haget, notaire.

Henry-Nicolas de Caupenne, aide de camp du marquis de Caupenne, seigneur de Pomarès et de Castelsarrasin, tant en sa dite qualité que comme procureur constitué de haute et puissante dame Luce-Antoinette d'Aspremont comtesse de Montréal vicomtesse d'Orthe baronne de Peyrehorade, Cauneille (1), Goeyregave et autres lieux, et de haut et puissant (f° 29) seigneur Anne-Henry-Louis de Caupenne, seigneur haut justicier du marquisat d'Amou et de la baronnie de Bonnut et d'Arsague en Chalosse, sénéchaussée de St-Sever, seigneur du château noble de St-Pée et d'Arbonne en Labourt, maréchal des camps et armées du Roy, commandant à Bayonne et pays adjacents, suivant les procurations des 5 et 6 de ce mois, retenues par Alleneuve et Thion, notaires au Châtelet de Paris, et par Bordenave, notaire.

Jean-Baptiste de Borda, écuyer, seigneur de Labatut, chevalier de l'ordre royal et militaire de St-Louis, tant en sa dite qualité que comme fondé de procuration d'Alexandre baron de Laur, seigneur de Bonnegarde et cavier des caveries de Laur, Tastet, Cazaux et Carchen, ladite seigneurie dans la sénéchaussée de St-Sever, et lesdites caveries dans celle de Dax ; et de dame Salvade Daguerre, veuve

(1) *Alias*, Oeyregave, Hourgave.

de Bernard Darreguy, écuyer, possesseur de la baronnie de St-Criq du Gave, procédant comme mère, tutrice et administreresse de Bernard-Léandre Darreguy, son fils, suivant les procurations des 10 et 12 de ce mois, retenues par Camassou et Duhalde, notaires.

Jean-Gabriel Cazenave de Labarrère, écuyer, chevalier de l'ordre royal et militaire de St-Louis, prévôt général de la maréchaussée d'Auch, Navarre et Béarn, tant en son nom que comme procureur fondé de Paul-Marie-Arnaud de Lavie, chevalier, seigneur comte de Belhade et autres lieux, président à mortier au Parlement de Bordeaux, suivant la procuration du 2 de ce mois, retenue par Galetet et Baron, notaires à Bordeaux.

Louis de Saint-Martin, chevalier, baron de Capbreton et de Labenne. Louis-Marie Pemolier de Saint-Martin, écuyer, capitaine (f° 30) au régiment de la Fère, seigneur cavier de St-Martin de Pouillon et de Bedorède, situé à St-Laurens (1). Pierre de Lalande baron de Hinx, chevalier de l'ordre royal et militaire de St-Louis, major du régiment des dragons de Monseigneur le comte d'Artois, tant en cette qualité que comme procureur constitué de Jean-Nicolas de Lalande baron d'Olce et Magesq, chevalier de l'ordre royal de St-Louis, colonel d'infanterie, capitaine aux gardes françaises, suivant la procuration du 14 de ce mois, retenue par Lamothe, notaire.

Jean-Louis-Auguste de Fortisson, chevalier, seigneur de Habas, tant en cette qualité qu'en celle de procureur constitué de Pierre Fortisson, chevalier, baron de Roquefort, colonel d'infanterie, et de noble Louis d'Argelos baron d'Argelos et Beyries et curé dudit d'Argelos, suivant les procurations des 9 et 12 de ce mois, retenues par Dutroy et Bouet, notaires.

(1) Ou Saint-Laurent.

Jean-Marie d'Estandau, conseiller au Parlement de Navarre, seigneur d'Esleich à Habas, tant en sa dite qualité que comme procureur fondé de Pierre Peich, conseiller au Parlement de Navarre, seigneur de Monbrin (*alias* Gondrain), Lagouardenne, Cadillon, Lavigne, et abbé d'Aussavielle, et de dame Marie Dabadie dame de Monget, de Jean-Pierre de Dombidau baron de Crouseilles, conseiller au Parlement de Navarre, suivant les procurations du 12 de ce mois, retenues par Pommiers et Legros, notaires.

Jacques-François de Borda, écuyer, seigneur de Sort et d'Oro ; François de Borda, écuyer, lieutenant de carabiniers, tant en son nom que comme procureur fondé de Jean-Louis de Borda son père, écuyer, seigneur d'Abesse, Josse (f° 31) et de Gourby, suivant la procuration du 14 de ce mois, retenue par Senjean, notaire.

Bertrand Bachelier de Maupas, écuyer, chevalier de l'ordre royal et militaire de St-Louis, ancien major d'infanterie, tant en son nom que comme procureur fondé de Jacques-Michel de Bedorède, chevalier seigneur de Meez et Montbrun, chevalier de l'ordre royal et militaire de St-Louis, suivant la procuration du 15 de ce mois, retenue par Senjean, notaire.

Bernard Lataulade, chevalier, baron de Laas, seigneur d'Ossages et Larrigan, seigneur haut justicier de Lataulade, Bergouey, Marquevielle, Agès et autres lieux, tant en cette qualité que comme procureur fondé de François-Henry de Foix marquis de Candalle, seigneur baron de Doazit en Chalosse, seigneur de la terre d'Issan, Canténac et Labarthe en Médoc, suivant la procuration du 2 de ce mois, retenue par Fauché, notaire.

Henri de Bachelier de Talamon, chevalier, seigneur de Benesse, chevalier de l'ordre royal et militaire de St-Louis;

Pierre Jean de Bachelier d'Agès, chevalier, seigneur de Heugas; Fabien Dargoubet, seigneur de Lesserres à St-Paul, ancien capitaine dans le régiment de l'île de France, chevalier de l'ordre royal et militaire de St-Louis; Dominique-Nicolas de Laas, chevalier, seigneur cavier de Gestède, chevalier de l'ordre royal et militaire de St-Louis, major de la citadelle de Bayonne; Jean-Matthieu chevalier Dupuy, capitaine d'infanterie, tant en son nom que comme procureur fondé de Jean-Baptiste Dupuy, écuyer, seigneur de Sauvescure, maire de la présente ville, possédant fiefs dans la paroisse de Candresse, et de Pierre-François du Martin seigneur baron de Benquet, suivant (f° 32) les procurations des 13 et 15 de ce mois, retenues par Bustarret et Deléon, notaires.

Jean-Baptiste de Laurens, écuyer, seigneur du fief d'Hercular; Jacques-Gabriel d'Armana, seigneur d'Oeyreluy; Jean-Jacques Ducros, écuyer, maréchal des camps et armées du Roy, chevalier de l'ordre royal et militaire de St-Louis, tant en son nom que comme procureur fondé de Jean Ducros de Belbéder, mestre de camp de cavalerie, ancien sous-lieutenant des gardes du corps du Roy, chevalier de l'ordre royal et militaire de St-Louis, seigneur de la caverie de Camiade à Pey, suivant la procuration du 23 février dernier, retenue par Techer et Ducos, notaires au Châtelet.

Et attendu qu'il est midy sonné, nous, lieutenant-général et commissaire susdit avons renvoyé la continuation de la comparution du présent verbal à deux heures de relevée de ce jour, et avons signé avec le procureur du Roy et le greffier. Ainsi signé de Monsieur de Neurisse, lieutenant-général; Dousse, avocat du Roy, et Labarthe, greffier.

Et advenu les deux heures de relevée dudit jour dix-sept mars mil sept cent quatre-vingt-neuf, nous, lieutenant-général et commissaire susdit avons continué de procéder à la comparution des trois ordres des Sénéchaussées de Dax, Saint-Sever et Bayonne, dans l'église des RR. PP. Carmes de cette ville, ainsi qu'il suit. En conséquence, sont comparus : Jacques Lalanne, écuyer, seigneur de Six et Montbet; François de Lertère, écuyer, seigneur de Villemayan et d'Ordos; Jean-Joseph de Borda, écuyer, capitaine au régiment de Vivarais (f° 33), tant en son nom que comme procureur fondé de Jean-Baptiste de Borda, écuyer, seigneur du quartier de Labaigt-Jusanx à Pomarès, suivant la procuration du 13 de ce mois, retenue par Gramont, notaire; Jean-Joseph de Borda, écuyer, chevalier de l'ordre royal et militaire de Saint-Louis; Jean-Joseph de Saint-Cristau, écuyer, ancien garde du corps du Roy; Jean-Jacques du Cros de Bellepeyre, écuyer, ancien brigadier des gardes du corps du Roy, chevalier de l'ordre royal et militaire de Saint-Louis; Jean-Jacques-François de Saint-Paul, écuyer, ancien capitaine d'infanterie, seigneur de la maison Nave de Castetcrabe à Saint-Paul; Jean-Pierre d'Abbadie vicomte de Saint-Germain, chevalier, seigneur de Saint-Germain-Labeyrie, tant en son nom que comme procureur fondé de dame Thérèse-Eulalie d'Abbadie de Saint-Germain, veuve de Noble Jean de Castellan, administreresse de leurs enfants et biens, en cette qualité propriétaire et jouissante de la caverie et fiefs de Siest; et de Joseph de Laborde, chevalier, seigneur de Lassalle, ancien lieutenant des vaisseaux du Roy, chevalier de l'ordre royal et militaire de Saint-Louis, suivant les procurations des 7 et 15 de ce mois, retenues par Bustarret et Deléon, notaires. François-Henri-Léonard comte de Poudenx, maréchal des camps et armées du Roy, commandeur de l'ordre de Saint-Lazare, notable de Notre-Dame du Mont-Carmel, chevalier de Cincinnatus, tant en son nom que comme procureur fondé de dame Jeanne de Laville, veuve de Charles-Arnaud Lequien de la Neufville, chevalier, pensionnaire de l'ordre royal et militaire de St-Louis, seigneur baron de Lahontang, suivant la procuration du 6 de ce mois, retenue par Tremoula (f° 34) et Duprat, notaires à Bordeaux, lequel dit sieur de Poudenx nous aurait demandé que les articles 13, 16 et 42 du règlement fait pour l'exécution des lettres de convocation soient exécutés suivant leur forme et teneur.

Adrien de Soustra, écuyer, ancien officier major de la ville de Strasbourg, chevalier de l'ordre royal et militaire de Saint-Louis ; Jacques Pinsun, écuyer, lieutenant des vaisseaux du Roy ; André Lobit de Monval, écuyer (chevalier) de l'ordre royal et militaire de Saint-Louis, seigneur des fiefs de Monval et de Maillères, tant en son nom que comme fondé de procuration de Joseph de Lassalle, seigneur marquis de Roquefort, Saint-Gor, Cachens, Canenx, baron de Sarraziet; et de Pierre-Paul de Pommiers seigneur baron de Puyo et le Ton, en cette qualité seigneur haut moyen bas justicier direct et des fiefs desdits lieux de Puyo et le Ton, suivant les procurations des 10 et 11 de ce mois, retenues par Salles et Mauriet, notaires. Joseph de Barbotan, chevalier seigneur de Barbotan, tant en son nom que comme curateur de haut et puissant seigneur le comte de Juliaq, grand sénéchal des Lannes, vicomte de Juliaq, baron de Seignans, ce dernier absent à raison de son service au régiment du Roy-infanterie. Jean de Spens baron haut et puissant seigneur d'Estignols, haut justicier de Lagastet, maréchal des camps et armées du Roy, tant en sadite qualité que comme fondé de procuration de Pierre-Charles-Henry de Bourdeau, seigneur de Castera et autres lieux, assisté de dame Marthe-Josèphe de Commarrieu, veuve de Pierre-Martin-Charles de (f° 35) Bourdeau, écuyer, quand vivait seigneur de Castera, Balazin et autres lieux, suivant la procuration du 14 de ce mois, retenue par Bustarret, notaire. Raymond de Batz vicomte d'Aurice, haut et puissant seigneur de Lamothe et autres lieux ; Laurent-Marc-Antoine du Lyon marquis de Campet, officier au régiment des gardes françaises, tant en cette qualité que comme procureur fondé de Joseph de Carrère, chevalier de l'ordre royal et militaire de Saint-Louis, capitaine commandant au régiment de royal-Auvergne, seigneur gros décimateur d'une partie de la paroisse de Saint-Martin d'Oney ; et de François de Prugue, écuyer, seigneur de Cezeron, seigneur de son fief en Benquet, au principal manoir de ses biens situés audit Benquet, suivant les procurations des 11 et 13 de ce mois, retenues par Lamaison et Salles, notaires.

Martin-Antoine de Capdeville, chevalier, ancien capitaine commandant au régiment de Flandres-infanterie, chevalier de l'ordre royal et militaire de St-Louis, tant en son nom que comme procureur fondé de très haute et très illustre demoiselle Maximilienne-Augustine-Henriette de Béthune-Sully dame des marquisats de Poyanne, de Geaune et de Castelnau, des baronnies de Gamarde, Poyartin, de Clermont, de Garrey, Minbaste, Préchacq, Montegut et Bourdalat, Toujouse et Montguilhem, des seigneuries d'Onard, Baylenx, Nousse, Montfort, d'Ozourt, d'Ourdize, (f° 36) Castelmerle, Cazaubon, Sengresse, Maurin et Balié, et de plusieurs autres terres et seigneuries ; et de Pierre d'Antin-d'Ars, chevalier, ancien capitaine au régiment de Belsunce, baron de Sauveterre, Ars et Montfaucon, baron et patron de Vielle, seigneur direct bas et moyen justicier de Boucosse, suivant les procurations du 28 février dernier et du 12 présent mois, retenues par Boular et Puyol, notaires au Châtelet de Paris, et de Dartigoèyte, notaire.

Jean-Baptiste de Batz vicomte de Diusse, lieutenant-colonel d'infanterie, seigneur haut justicier de Buanes, tant en son nom que comme fondé de procuration de haute et puissante dame Suzanne de Castelnau baronne de Gaujacq, Bastennes et autres lieux ; de dame Françoise Cazenave de Labarrère vicomtesse de Diusse, dame seigneuresse d'Onnesse, son épouse, suivant la procuration des 26 février dernier et 11 de ce mois, retenue par Lavide et Dufau, notaires à Bordeaux, et par Bustarret, aussi notaire ; Messire François d'Abbadie, chevalier seigneur baron haut justicier de la terre d'Arboucave, de la Cagnotte et de Peyre (1) et autres terres, ancien chef d'escadron de carabiniers avec rang de major de cavalerie, chevalier de l'ordre royal et militaire de St-Louis, qui a requis l'exécution des articles 12, 16 et 42 du règlement fait pour l'exécution des lettres de convocation. Raymond de Saint-Julien baron de Momuy et de Cazalon, tant en son nom que (f° 37) comme procureur fondé de Pierre Grat Chambre d'Urgons, chevalier seigneur baron haut justicier foncier et direct d'Urgons et autres lieux, et de dame Jeanne-Marie de Frise (de Garric) d'Uzech Navailles, veuve d'Alphonse de Navailles, quand vivait seigneur baron de Dume et Banos, agissant en qualité de mère tutrice des enfants et biens délaissés par ledit feu seigneur de Navailles, suivant les procurations des 9 et 12 de ce mois, retenues par Dupoy et Dulau, notaires, requérant ledit comparant l'exécution des articles 12, 16 et 42 du règlement du Roy.

Noble Pierre de Ladoüe seigneur de Lafitau, tant en son nom que comme procureur fondé de Jean de Portets, écuyer seigneur de Belloq, et d'Antoine de Captan, écuyer seigneur

(1) Pey, à l'*Original*.

de Couchen (Couhin), suivant les procurations des 7 et 12 de ce mois, retenues par Bustarret, notaire ; Jean-Baptiste chevalier de Prugue, écuyer, seigneur de Marin, lieutenant-colonel du régiment, colonel-général de l'infanterie française et étrangère, chevalier de l'ordre royal et militaire de St-Louis, tant en son nom que comme procureur fondé de Jean-Baptiste de Talazacq, écuyer, chevalier seigneur baron de Bahus, Damoulens et Lucpeyrou, et de dame Marie-Louise de Talazacq, veuve de Jean-Pierre de Barry seigneur de Puyol et vicomte de Lanux, comme tutrice et administreresse de Jean-Baptiste de Barry, officier au régiment, colonel-général d'infanterie française et étrangère, suivant les procurations des 9 et 11 de ce mois, retenues par Papin et Dulucq, notaires ; Pierre d'Ortès, haut et puissant seigneur, maréchal des camps et armées du Roy, chevalier de l'ordre royal et militaire de St-Louis, tant en son nom que comme procureur fondé de Fortanié de Castaignos, chevalier seigneur de Mirando et de Murailles, ancien capitaine de grenadiers au régiment d'Auvergne (f° 38) et major d'infanterie, chevalier de l'ordre royal et militaire de St-Louis, suivant la procuration du 10 de ce mois, retenue par Darnaud, notaire.

Jean-Alexandre de Capdeville d'Arricau, tant en son nom que comme procureur fondé de Bertrand d'Antin seigneur de Hon, major des vaisseaux du Roy, et de Marguerite-Alexandrine de Cours, Catherine-Marie, Catherine-Henriette et Françoise, vicomtesse de Cours, sœurs, dame de la baronnie d'Arricau en St-Sever, suivant les procurations des 6 et 11 de ce mois, retenues par Libéral et Marsan, notaires ; François de Brux, haut et puissant seigneur, maréchal des camps et armées du Roy, seigneur en sa partie de Poursiugues, avec haute basse et moyenne justice, chevalier de l'ordre royal et militaire de Saint-Louis, tant en son nom que comme procureur fondé de Françoise de Sarraute-Lassalle, veuve seigneuresse et propriétaire des fiefs de la terre et seigneurie de Cazautets, avec haute basse et moyenne justice, baronnie de Lassalle, suivant la procuration du 13 de ce mois, retenue par Perique, notaire; et encore d'Antoine-Vincent de Noguès, chevalier baron de Gerderest, conseiller au Parlement de Navarre, suivant la procuration du 11 de ce mois, retenue par Lafargue, notaire.

Jacques-David-Léonard comte de Caupenne marquis de Mirambau, major en second du régiment de la reine-dragons, chevalier de l'ordre royal et militaire de Saint-Louis, tant en son nom que comme procureur fondé de Jean-Baptiste-Nicolas de Caupenne, vicomte de (f° 39) Caupenne, sous-lieutenant des gardes du corps du Roy, seigneur haut justicier des paroisses de Castelnau et Donzacq ; et de Pierre de Salha, prêtre, chanoine de l'église cathédrale de Bayonne, agissant comme curateur réel de Joseph marquis de Salha, son neveu, suivant les procuration des 10 et 17 de ce mois, retenues par Duhalde et Seniean, notaires ; le comparant réclamant l'exécution des articles 12, 16 et 42 du règlement. Philippe-Louis vicomte de Fortisson, bon gentilhomme, offrant de le prouver à l'instant qu'il en sera requis, suivant le vœu du règlement, faisant tant pour lui que comme procureur fondé de Catherine et autre Catherine de Cours seigneuresses de Varenne en Audignon, suivant la procuration du 9 de ce mois, retenue par Lannelongue, notaire. Jean de Pratferré seigneur de Mau et Gé, écuyer, tant en son nom que comme procureur fondé de Guillaume Ducournau, écuyer, seigneur de Poy, et d'André de Brux seigneur baron de Brux, suivant les procurations des 9 et 13 de ce mois, retenues par Lannelongue et Lafenestre, notaires.

Antoine de Batz, écuyer, chevalier de l'ordre royal et militaire de St-Louis, lieutenant-colonel d'infanterie, tant en son nom que comme procureur fondé de dame Claire Francisqui, veuve de Jean-Baptiste Cazenave de Labarrère, dame seigneuresse de Cazalon et Labastide, suivant la procuration du 11 de ce mois, retenue par Bustarret, notaire. François de Spens d'Estignols, chevalier, ancien capitaine de dragons (f° 40), tant en son nom que comme procureur fondé de Christophe Durou, écuyer seigneur de Lanneplan, suivant la procuration du 14 de ce mois, retenue par Daugareil, notaire. Benoît-Clément Basquiat, chevalier baron de Toulouzette, Miremont, Poy, Patin et Montaut, chevalier de l'ordre royal et militaire de Saint-Louis, faisant tant pour lui que comme procureur fondé de dame Louise-Elizabeth Fabre, épouse et procuratrice de Mathieu des anciens chevaliers de Basquiat, de la province de Guipuscoa en Espagne (baron) de Lahouse, de Sainte-Eulalie, Sainte-Arailles et de Larbey, seigneur d'Espagne et de la Mirande, commandeur des ordres royaux et militaires d'hospitalité de Saint-Lazare de Jérusalem et de Notre-Dame du Mont-Carmel, chevalier honoraire de l'ordre de Malte, conseiller d'Etat, gouverneur pour le roy de la ville de Grenade en Marsan, et ministre plénipotentiaire de Sa Majesté près le roy de Danemarck et de Norwège ; et de Bernard Basquiat, chevalier seigneur de Toulouzette et autres lieux, suivant les procurations du 10 de ce mois, retenues par Bustarret, notaire.

Et attendu qu'il est six heures de relevée sonnées, nous, lieutenant-général et commissaire susdit avons renvoyé la continuation de la comparution ci-dessus et du présent verbal à demain matin, dix-huit du présent mois, huit heures du matin, et avons signé avec le procureur (f° 41) du Roy et le greffier. Ainsi signé de Monsieur de Neurisse, lieutenant-général; Dousse, avocat du Roy, et Labarthe, greffier.

Et advenu le lendemain dix-huit mars mil sept cent quatre-vingt-neuf, à huit heures du matin, dans ladite église des RR. PP. Carmes de ladite ville de Dax, nous, lieutenant-général et commissaire susdit avons continué de procéder à la comparution des trois ordres des Sénécheussées de Dax, Saint-Sever et Bayonne. En conséquence sont comparus, Messieurs : Noble Jean de Castaignos, chevalier, ancien capitaine d'infanterie, chevalier de l'ordre royal et militaire de Saint-Louis, tant en son nom que comme procureur fondé de Joseph de Castaignos, écuyer, seigneur de Projean, ancien lieutenant au régiment royal de la marine; et de dame Marthe de Lavie, veuve de Matthieu de Pauzader, écuyer, seigneur de Bachen, ladite dame propriétaire de la terre baronnie d'Artos, suivant les procurations des 10 et 12 du présent mois, retenues par Darnaud et Bustarret, notaires. Martin-Antoine Marsan, chevalier, abbé séculier de l'abbaye d'Audignon, seigneur du Hauriet et Cucurain, ancien capitaine au régiment d'Auvergne et chevalier de l'ordre royal et militaire de Saint-Louis.

Pierre-Vincent baron de Capdeville, chevalier, ancien major du régiment royal Navarre-cavalerie, chevalier de l'ordre royal et militaire de Saint-Louis, tant en son nom que comme procureur fondé de Pierre-Laurent Du Souilh, (f° 42) chevalier, lieutenant-colonel de cavalerie, chevalier de l'ordre royal et militaire de St-Louis, ancien sous-lieutenant des gardes du corps, seigneur baron Daubate et seigneur d'Aubagnan; et de Barthélemy Du Moulin, seigneur de Labarthète et Loustau, ancien capitaine au régiment d'Auvergne, chevalier de l'ordre royal et militaire de Saint-Louis, suivant les procurations du 31 décembre dernier et 11 de ce mois, retenues par Clanet et Picques, notaires à Paris, et par Laborde, notaire. Jean-Joseph d'Heurtault comte de Beaufort, lieutenant au régiment de Brie, seigneur d'Ancos. Matthieu comte de Castelnau fils, officier au régiment des gardes françaises, chevalier, tant en son nom que comme procureur fondé de haut et puissant seigneur Pierre-François marquis de Castelnau de Tursan, chevalier, comte de Puymiélan, baron de Jupoy, Montgaillard, Larrivière, Dadou, Montfort, seigneur de Poy, Pomiro, Terrerouge, Marseriet et autres lieux, suivant la procuration du 13 de ce mois, retenue par Durieu, notaire. Noble Etienne de Basquiat, écuyer, ancien officier au régiment de royal-infanterie, tant en son nom que comme procureur fondé de Jean de Perissaut, écuyer, seigneur de Payros et Cazalet, chevalier de l'ordre royal et militaire de Saint-Louis, suivant la procuration du 6 de ce mois, retenue par Carenne, notaire. Jean-Pierre de Laborde, chevalier seigneur d'Arbrun et Saint-Louboué, ancien capitaine au régiment d'Auvergne. Jean-Bernard de Labadie Gauzies fils aîné, chevalier, garde du corps du Roy avec brevet de lieutenant de cavalerie, tant en son nom que comme (f° 43) procureur fondé de Jean-Pierre de Labadie Gauzies son père, écuyer, seigneur d'Aydren, suivant la procuration du 11 de ce mois, retenue par Sebie, notaire. Clair-Joseph de Cabannes, écuyer, seigneur baron de Cauna, ancien mousquetaire noir. Paul de Mesplès chevalier d'Aren, ancien capitaine au régiment de Beauce, tant en son nom que comme procureur fondé de Paul-Alexis Labernade seigneur de Marjoulet et Vignottes, et de Jacques Fanget seigneur abbé lay de Bellun, conseiller au Parlement de Navarre, suivant les procurations des 11 et 12 de ce mois, retenes par Borsun, notaire.

Pierre chevalier d'Arbo de Casaubon, chevalier de l'ordre

royal et militaire de Saint-Louis, ancien capitaine au régiment de Blaisois, haut seigneur de Castera, tant en son nom que comme procureur fondé de Bernard-Joseph de Foix de Candalle, chevalier seigneur direct foncier moyen et bas justicier de Pedepeyran, suivant la procuration du 14 de ce mois, retenue par Dartigoueyte. Joseph Tauzin de Bonnehé, écuyer, tant en son nom que comme procureur fondé de Bernard Ducoussoo seigneur de Baure et de La Trille, et de Bernard Dupin, écuyer, seigneur de Juncarot, foncier et direct des fiefs de Begué, suivant les procurations des 12 et 13 de ce mois, retenues par Carenne et Saint-Martin, notaires. Raymond-Joseph de Cès baron de Caupenne, écuyer, ancien mousquetaire de la première compagnie de la garde du Roy, tant en son nom que comme procureur fondé (f° 44) de Jean-Marie Peyronne de Trubessé, suivant la procuration du 13 de ce mois, retenue par Bouin, notaire. Noble Thomas chevalier de Melet, écuyer, ancien capitaine au régiment de Bourbonnais, pensionnaire du Roy, tant en son nom que comme procureur fondé de Bernard de Melet, son frère, écuyer, seigneur direct foncier moyen et bas justicier de Labarthe; et de Jean-Baptiste seigneur baron de Diusse, Mascaras et Buanes, suivant les procurations des 7 et 14 de ce mois, retenues par Lasserre et Dartigoeyte, notaires. Messire Jean d'Artigues d'Ossaux, écuyer, capitaine de cavalerie, garde du corps du Roy, chevalier de l'ordre royal et militaire de Saint-Louis, tant en son nom que comme procureur fondé de Jean-Pierre de Lartigue seigneur baron de Sorbets, Bordos et Miramont, suivant la procuration du 12 de ce mois, retenue par Carenne, notaire. Charles-Daniel Darracq de Vignes, chevalier, capitaine des vaisseaux du Roy et chevalier de l'ordre royal et militaire de St-Louis, tant en son nom que comme procureur fondé de Joseph d'Arracq de Vignes, chevalier, seigneur de Sault de Navailles, Nassiet et Marpats, possédant les fiefs desdits lieux, père du comparant, suivant la procuration du 12 de ce mois, retenue par Lafitte, notaire. Noble Bertrand de Sarraute Bertranot seigneur du Hillan. Noble Antoine de Reynal, ancien gendarme de la garde ordinaire du Roy. Jean-Joseph chevalier Basquiat de Mugriet, officier (f° 45) au régiment d'Aunis-infanterie. Pierre de Cloche, chevalier, seigneur de Fargues. Jean-Baptiste de Pinsun, haut et puissant seigneur, maréchal des camps et armées du Roy, directeur des fortifications de la Guienne, Saintonge, Pays d'Aunis, Poitou, Touraine. Jean-Marie Du Courneau de Pébarthe, seigneur haut justicier de Hauriet, vicaire-général du diocèse d'Oloron et curé de la ville de St-Sever. Bernard de Vios, archiprêtre d'Urgons, tant en son nom que comme procureur fondé de Bydarey, curé de Castelnau et Pécorade et de Jean Dupoy, curé de Batz en Tursan, d'Aubagnan et de Serresgaston, suivant les procurations des 11 et 12 de ce mois, retenues par Dupoy et Carenne, notaires. Noble Barthélemy Cernin du Moulin de La Barthète, officier au régiment de Touraine, seigneur de Suberhargues et de Rivière.

Sont aussi comparus, Messieurs : Joseph Laborde-Lissalde, écuyer, seigneur du Saudan, lieutenant-général de l'amirauté de Bayonne, tant en son nom que comme procureur fondé de demoiselle Marie-Josèphe de Vandufel, fille majeure, noble propriétaire de la maison de Belay, paroisse d'Anglet, suivant la procuration du 11 de ce mois, retenue par Lesseps, notaire, lequel comparant a représenté un mandat à lui donné le 10 de ce mois en sa qualité de seigneur du fief de Saudan situé en Labourd, et en celle de procureur constitué du seigneur (f° 46) vicomte d'Urtubie, par les gentilshommes dudit pays de Labourd, savoir : MM. le vicomte de Macaye, tant pour lui que pour M. son père ; d'Arcangues, de Haitze, baron de Hinx, de Laas, par procuration de M. de Lassalle Harrader, Roll-Montpellier, pour lui et par procuration pour la dame baronne de Lalanne, et M. l'abbé de Salha, tuteur de M. le marquis de Salha, son neveu, seigneur d'Abadie-Bellegrain ; de Sorhoette fils, Vergès, du Gac, Dibarrart-Hirigoyen, Van-Ostrum (Van Osterom), Larralde, portant qu'ils protestent contre les assignations qui leur ont été données en la présente sénéchaussée des Lannes, comme ne leur étant pas parvenues par la voie du bailly d'épée de leur pays de Labourd, ainsy que cela s'est pratiqué lors des autres convocations pour les Etats-généraux, notamment en 1651, et comme espérant des bontés du Roy une députation directe des Etats-Généraux, attendu que le pays de Labourd la lui a demandée, par les motifs qui le différencient de tous les pays voisins, tels que celui de son langage et de l'ingratitude de son sol, etc., etc. Ledit sieur Laborde de Lissalde requérant acte pour lesdits gentilshommes de Labourd des protestations ci-dessus, et de ce qu'il déclare que néanmoins comme gentilhomme Bayonnais et procureur fondé de la demoiselle Vandufel, qu'il entend se présenter et a signé. Ainsy signé : de Laborde Lissalde, (f° 47) Jean Gueheneuc de Lanno aîné, écuyer ; François Gueheneuc de Lanno cadet, écuyer ; les deux habitans de la ville de Bayonne.

Et ouy le procureur du Roy dans ses conclusions, nous, lieutenant-général et commissaire susdit déclarons n'y avoir lieu de statuer sur les protestations ci-dessus faites par le sieur Laborde Lissalde, au nom de ses constituants absents.

Et attendu qu'il est midi, nous avons renvoyé la continuation de la comparution des trois Etats desdites sénéchaussées à deux heures de relevée de ce jour, et avons signé avec le procureur du Roy et le greffier. Ainsi signé de Monsieur de Neurisse, lieutenant-général ; Dousse, avocat du Roy, et Labarthe greffier. (47)

F° 54. Et advenu le lendemain dix-neuvième dudit mois de mars mil sept cent quatre-vingt-neuf, à huit heures du matin, dans l'église des RR. PP. Carmes de cette ville, par devant nous, lieutenant-général et commissaire susdit, est enfin comparu : Alexandre-Louis Bazin de Bezons, haut et puissant seigneur, chevalier de l'ordre royal et militaire de St-Louis. (54)

F° 57. Sur ce est également comparu Jacques Sansoube, prébendier d'Agoussas, ladite prébende fondée dans l'église cathédrale de cette ville.

Ce fait, nous, lieutenant-général et commissaire susdit, octroyant acte à tous les comparants ci-dessus dénommés de leur comparution, ainsi que des déclarations, réserves et réquisitions faites par certains d'entre eux, avons procédé à l'instant à la vérification des pouvoirs des membres du clergé, de la noblesse et députés du Tiers-Etat desdites trois sénéchaussées.

F° 59. Ouy le procureur du Roy, qui a requis qu'attendu qu'il s'est élevé des contestations dans l'ordre du clergé sur le choix et la nomination de quatre ecclésiastiques qui doivent assister Monsieur le commissaire dans la vérification de leurs titres et pouvoirs, qu'il soit ordonné qu'il sera nommé dans ledit ordre du clergé à la pluralité des suffrages, deux ecclésiastiques de la Sénéchaussée d'Acqs, un de la Sénéchaussée de Saint-Sever et un de la Sénéchaussée de Bayonne, et a signé. Ainsi signé : Dousse, avocat du Roy.

Sur quoy par nous, lieutenant-général et commissaire susdit, faisant droit sur les conclusions du procureur du Roy, ordonnons que l'ordre du clergé nommera à l'instant à haute voix, devant nous, deux d'entre eux de la présente Sénéchaussée, un de celle de Saint-Sever et un de celle de Bayonne, pour nous assister à la vérification des titres et qualités des ecclésiastiques qui se sont présentés, et sera le présent appointement exécuté nonobstant oppositions ou appellations quelconques; et avons signé avec le greffier. Ainsi signé de Monsieur de Neurisse, lieutenant-général, et Labarthe, greffier.

Et attendu qu'il est midi sonné, nous, lieutenant-général et commissaire (f° 60), avons renvoyé la continuation du présent verbal à deux heures de relevée de ce jour, et avons signé avec le procureur du Roy et le greffier. Ainsi signé de Monsieur de Neurisse, lieutenant-général; Dousse, avocat du Roy, et Labarthe, greffier.

Et advenu les deux heures de relevée de ce jour, dix-neuvième mars mil sept cent quatre-vingt-neuf, dans-ladite église des RR. PP. Carmes de ladite ville, nous, lieutenant-général et commissaire susdit avons continué de procéder à la nomination de quatre ecclésiastiques pour nous assister à décider les difficultés qui se sont élevées et qui pourront s'élever sur la justification des titres et qualités de quelques-uns d'entre eux; et y ayant vaqué en conséquence, tous lesdits ecclésiastiques ayant procédé à la nomination de quatre d'entre eux, en donnant chacun sa voix en particulier, les suffrages se sont réunis en faveur de Pierre Lanevère, curé de Mimbaste; Pierre Domec, curé de Saugnacq; Jean-Marie du Cournau de Pebarthe, curé de Saint-Sever, et Martin de Lissalde, curé de Bardos, qui ont été élus dans ledit ordre pour nos assistants. En conséquence, nous, lieutenant-général et commissaire susdit, avons procédé avec leur assistance à la vérification des titres et qualités des membres dudit ordre ecclésiastique, qui se sont présentés ainsi qu'il suit. Attendu qu'il sont six heures sonnées, nous avons renvoyé la continuation du présent verbal à demain, vingtième jour du présent mois, à huit heures du matin, et avons signé avec nos quatre assistants, le procureur du Roy et le greffier. Ainsi signé de Monsieur de (f° 61) Neurisse, lieutenant-général ; Dousse, avocat du Roy ; Lanevère, curé ; Pebarthe, curé ; Domec, curé ; et Lissalde, curé ; Labarthe, greffier.

Et advenu les huit heures du matin dudit jour, vingtième mars mil sept cent quatre-vingt-neuf, dans ladite église des RR. PP. Carmes de cette ville, écrivant le greffier du siège, nous, lieutenant-général et commissaire susdit, assisté desdits sieurs Lanevère, Domec, Pebarthe et de Lissalde, avons continué de procéder à la vérification des titres et qualités de l'ordre du clergé des trois Sénéchaussées ; laquelle finie, nous, lieutenant-général et commissaire susdit décidons, assisté desdits sieurs quatre ecclésiastiques, et dans l'assemblée dudit ordre, pour la nomination de leurs députés aux Etats-Généraux :

Le sieur Haraneder n'aura qu'un suffrage comme député du chapitre de Bayonne, attendu que le curé de Bayonne se trouve aussi chanoine.

Le sieur abbé Lallemand n'aura aussi qu'un suffrage comme député du chapitre d'Acqs, ses constituants se trouvant d'ailleurs représentés.

Le sieur Cellières n'aura point de suffrage comme curé de Poy, attendu que la cure de Poy est attachée à la maison de la Congrégation de Buglose, qui se trouve représentée par un député.

Le sieur Bergey n'aura qu'un suffrage comme député des prêtres domiciliés, étant chanoine et représenté par les députés du chapitre.

F° 62. Le sieur abbé Borda n'aura que deux suffrages en vertu de ses procurations, étant représenté par le député comme prêtre domicilié.

Le sieur Darracq, curé de Meez, n'aura qu'un suffrage.

Le sieur Marjouan n'aura que deux suffrages en vertu de ses procurations, étant représenté par le député des prêtres domiciliés.

Le sieur de Salles, curé d'Herm, n'aura qu'un suffrage en vertu de sa dite cure, ses constituants se trouvant représentés.

Le dit sieur Desperiers, curé de Hastingues, n'aura qu'un suffrage comme député des religieux d'Arthous et curé de Hastingues.

Le sieur abbé Cantin n'aura qu'un suffrage comme procureur constitué de l'abbé de Caplanne, étant lui-même représenté par les députés des prêtres domiciliés.

Le sieur Rambot de Maillon n'aura que deux suffrages comme procureur constitué, étant lui-même représenté par les députés des prêtres domiciliés.

Le sieur Lagardère n'aura point de suffrages, se trouvant représenté par le sieur Berbey, député des prêtres domiciliés.

Le sieur Planter n'aura point de suffrage, étant représenté par le sieur abbé Lallemand, député du chapitre.

Le sieur abbé Tuquoy n'aura que deux suffrages comme procureur constitué, étant lui-même représenté par les députés des prêtres domiciliés.

Le sieur Lacouture, député du chapitre d'Aire, n'aura qu'un suffrage en qualité de (f° 63) procureur fondé du sacristain de St-Girons, et un autre suffrage comme député de son chapitre, la troisième procuration étant donnée par un bénéficier déjà représenté.

Le sieur Labbée n'aura qu'un suffrage comme député du chapitre de Saint-Louboué, des procurations dont il est porteur lui ayant été données par des chanoines dudit chapitre, qui sont représentés par leurs députés.

Le sieur Fossats n'aura qu'un suffrage comme député de son chapitre de St-Girons, les procurations dont il est porteur regardent des bénéficiers qui sont représentés par leurs députés.

Le sieur Dulau n'aura que deux suffrages, l'un personnel et l'autre comme député des dames Ursulines de St-Sever, l'autre procuration regardant un bénéficier représenté.

Le sieur Cazaux, curé de Cauna, n'aura, outre son suffrage personnel, qu'un autre suffrage comme procureur constitué du sieur curé d'Orist, et non comme bénéficier, la procuration sous-seing-privé du sieur Cadillon, curé de St-Louboué et prébendier de l'autre, ne l'autorisant pas de les représenter, l'étant déjà comme curé par le sieur curé de Buannes.

Le sieur Dutertre n'aura point de suffrage personnel, son bénéfice étant hors de la sénéchaussée, mais il aura deux suffrages comme procureur constitué.

Le sieur Dolhaberiague, prébendier, n'aura que deux suffrages comme député des prébendiers de Bayonne et des sœurs de la Visitation. (f° 64)

Le sieur Bernard Darrigol n'aura que deux suffrages comme prieur de Lahonce et procureur fondé de l'abbé de Lahonce, les pouvoirs du curé de Mouguerre n'étant point avérés.

Le sieur abbé Dalincourt, chanoine et procureur fondé de l'évêque de Bayonne, des dames de la Foy et du curé de Villefranque, n'aura que deux suffrages, étant lui-même représenté par les députés du chapitre de Bayonne.

Le sieur Tellary, curé de Sarre, outre son suffrage comme curé n'en aura qu'un comme fondé de pouvoirs dudit Sarre.

Le sieur curé de Gourby n'aura point de suffrage comme procureur fondé du sieur Saint-Martin, député des prébendiers de St-Jean-de-Luz, qui, étant délégué, ne pouvait point déléguer, mais seulement son suffrage personnel.

De quoy nous avons dressé le présent verbal et ordonnons que la présente décision sera exécutée nonobstant oppositions ou appellations quelconques, et avons signé avec lesdits sieurs ecclésiastiques assistants, le procureur du Roy et le greffier. Ainsi signé de Monsieur de Neurisse, lieutenant-général; Dousse, avocat du Roy; Domec, Pebarthe, Lannevère, de Lissalde, et Labarthe, greffier.

Après quoy s'est présenté Arnaud Lartigau, curé de Cauneille, comme fondé de pouvoir du sieur Lartigau, curé de Seyresse, suivant son écrit privé du 14 de ce mois, contrôlé par Duclos-Lange et par nous légalisé; de laquelle comparution nous octroyons acte.

Et attendu qu'il est midi sonné, que la vérification des pouvoirs et titres des membres du clergé est finie, nous, lieutenant-général et commissaire susdit avons renvoyé à deux heures de relevée de ce jour la vérification des titres et pouvoirs de la noblesse, et avons signé avec le procureur du Roy et le greffier. Ainsi signé de Monsieur de Neurisse, lieutenant-général; Dousse, avocat du Roy, et Labarthe, greffier.

F° 65. Et advenu les deux heures de relevée de ce jour vingt mars mil sept cent quatre-vingt-neuf, dans l'église des RR.

PP. Carmes, nous, lieutenant-général et commissaire susdit, étant à même de procéder à la vérification des titres et pouvoirs de l'ordre de la noblesse des trois sénéchaussées des Lannes, conformément à notre ordonnance de ce jour, nous avons invité ledit ordre à procéder à la nomination de quatre d'entre eux pour nous assister à ladite vérification. En conséquence, tous les membres de la noblesse ayant procédé à la nomination de quatre d'entre eux en donnant chacun sa voix séparément, les suffrages se sont réunis en faveur de Jacques-François de Borda, écuyer, seigneur de Sort et d'Oro ; Joseph de Barbotan, chevalier, seigneur de Barbotan ; Pierre d'Ortès, maréchal des camps et armées du Roy, chevalier de l'ordre royal et militaire de St-Louis, et François de Bruix, maréchal des camps et armées du Roy. Et avant de procéder à ladite vérification, sont comparus : Frère César de Lussagnet, prêtre de l'ordre des Prémontrés de la Grange de Juliacq, tant en son nom que comme procureur fondé de Frère Guillaume Candau, prêtre de l'ordre desdits Prémontrés, suivant la procuration du 7 de ce mois, retenue par Soubiran, notaire.

Louis Odet, Gabriel Dandieu (f° 66) de Labarrère, écuyer, ancien mousquetaire du Roy, chevalier de l'ordre chapitral d'Arrouare, noblesse de l'Empire, seigneur baron de Cazalis, tant en son nom que comme procureur fondé de Bernard de Busquet seigneur d'Arrimbles et autres lieux, suivant la procuration du 14 de ce mois, retenue par Bustarret, notaire. Jacques Lalanne de Six, écuyer, seigneur de Six et Montbet, comme procureur constitué de François Lertère, écuyer, seigneur de Villemayan et d'Ordosse, suivant la procuration du 19 de ce mois, retenue par Senjean, notaire. Haut et puissant seigneur Pierre d'Ortès, chevalier, maréchal des camps et armées du Roy, comme procureur constitué de Gabriel-Marie-François de Caplanne, chevalier, baron de Mondebat, seigneur de Garlède, Lalonquette, Sansac et autres lieux, suivant la procuration du 5 de ce mois, retenue par Maillère et Rozan, notaires ; desquelles comparutions ci-dessus nous avons octroyé acte.

Et après quoy, nous, lieutenant-général et commissaire susdit avons procédé, avec l'assistance desdits sieurs de Borda, de Barbotan, d'Ortès et de Bruix, à la vérification des titres et pouvoirs de l'Ordre de la noblesse des trois sénéchaussées. Et attendu qu'il est huit heures de la nuit, nous avons renvoyé la continuation de ladite vérification à demain, vingt-un de ce mois, à huit heures du matin, et avons signé avec le procureur du Roy, lesdits sieurs assistants et le greffier. Ainsi signé de Monsieur de Neurisse, lieutenant-général; Dousse, avocat du Roy ; de Borda, Barbotan, le chevalier d'Ortès, Bruix, et Labarthe, greffier.

Et advenu le lendemain vingt-unième mars mil sept cent quatre-vingt-neuf, à huit heures du matin, dans l'église des RR. PP. Carmes de ladite ville, écrivant les greffiers du siège, nous (f° 67), lieutenant-général et commissaire susdit, assisté des sieurs de Borda, de Barbotan, d'Ortès et de Bruix, avons continué de procéder à la vérification des titres et pouvoirs dudit Ordre de la noblesse, ainsi qu'aux difficultés qui se sont élevées sur lesdits titres et pouvoirs ; et attendu qu'il est midi sonné, avons renvoyé la continuation du présent verbal à deux heures de relevée de ce jour, et avons signé avec le procureur du Roy, lesdits sieurs assistants et le greffier. Ainsi signé de Monsieur de Neurisse, lieutenant-général; Dousse, avocat du Roy ; Barbotan, le chevalier d'Ortès, Bruix, Borda, et Labarthe, greffier.

Et advenu les deux heures de relevée de ce jour, vingt-un mars mil sept cent quatre-vingt-neuf, dans ladite église des

RR. PP. Carmes, écrivant le greffier du siège, nous, lieutenant-général et commissaire susdit, assisté desdits sieurs de Borda, Barbotan, d'Ortès et de Bruix; après avoir vaqué pendant la matinée de ce jour à la vérification des pouvoirs des procureurs fondés dudit Ordre de la noblesse qui avaient été assignés, nous avons prévenu ledit Ordre qu'on allait s'occuper à la vérification des titres de ceux d'entre eux qui n'avaient point été assignés et qui s'étaient présentés comme possesseurs de fiefs, en les invitant à se présenter devant nous pour déclarer les difficultés qu'ils avaient à proposer sur lesdits titres. Comme aussi, nous avons invité les membres de la noblesse de nous proposer les difficultés qu'ils pourraient avoir contre les qualités des nobles non possédant fiefs qui s'étaient présentés sans avoir été assignés.

F° 68. Ce fait, nous, lieutenant-général et commissaire susdit avons décidé, assisté desdits sieurs de Borda, Barbotan, le chevalier d'Ortès et de Bruix, que la procuration donnée au sieur chevalier Dupuy par le sieur baron de Benquet, demeurera rejetée sur sa demande; que celle donnée au sieur marquis du Lyon soit déclarée inutile à raison du prochain départ dudit sieur procureur fondé pour la ville de Paris; que celle donnée au sieur Toulouzette fils par la dame de Lahouse ne peut être admise, à raison de ce que ledit sieur de Lahouse ne l'a point donnée lui-même, étant absent dans le Danemarck, comme ministre plénipotentiaire de Sa Majesté, et que ladite dame n'étant que procuratrice du sieur son mari, n'a pu en cette qualité déléguer le dit de Toulouzette.

Que celle donnée au sieur de Capdeville Darricau par le sieur d'Antin de Hon ne peut avoir lieu, attendu que la caverie de Hon est située dans la sénéchaussée de Tartas.

Et enfin, que le sieur Monval ne se présentera point

que comme membre de la noblesse et non comme possédant fiefs, le titre par lui exhibé ne lui donnant point ce droit, et qu'il se présentera encore comme procureur fondé du sieur marquis de Roquefort et du sieur de Pommiez seigneur de Puyo.

Au surplus, décidons que les autres pouvoirs et qualités des membres dudit Ordre de la noblesse ont été trouvés suffisants à l'effet de concourir à la rédaction du cahier de doléances, plaintes et remontrances et à la nomination des députés aux Etats-Généraux ; et sera la présente décision exécutée, nonobstant oppositions ou appellations quelconques, et avons signé avec le procureur du Roy et nos susdits assistants. Ainsi signé de Monsieur de Neurisse, lieutenant-général; Dousse, avocat du Roy; de Borda, Barbotan, le chevalier d'Ortès, Bruix, et Labarthe, greffier.

F° 78. Ce fait, il a été annoncé aux trois Ordres que nous procéderions dans la séance de cette après-midy, dans la forme prescrite par le règlement et par notre ordonnance, desquels nous avons fait faire lecture par notre greffier (à la prestation du serment), et d'autant que la multitude des personnes des trois Etats ne nous permettait point de distinguer ceux qui feraient ledit serment avec ceux qui pourraient s'en dispenser, nous avons jugé à propos de recevoir ledit serment de chacun des membres des trois Ordres séparément, en observant de les appeler dans le même ordre qu'ils ont comparus, en commençant par les membres du Clergé, ensuite par ceux de la Noblesse, et enfin par ceux du Tiers-Etat. Et attendu qu'il est près de midy, nous avons renvoyé la continuation du présent procès-verbal à deux heures de relevée de ce jour ; et avons signé avec le procureur du Roy et le greffier. Ainsi signé de Monsieur de

Neurisse, lieutenant-général ; Dousse, avocat du Roy et Labarthe, greffier.

Et advenu les deux heures de relevée de ce jour vingt-trois mars mil sept cent quatre-vingt-neuf, dans l'église des RR. PP. Carmes, écrivant le greffier ordinaire du siège, nous, lieutenant-général et commissaire susdit avons procédé à la réception du serment des membres des trois Ordres des sénéchaussées de Dax, St-Sever et Bayonne, ainsy de la manière par nous annoncée dans la séance de ce matin.

Sur ce, s'est présenté Mgr l'évêque d'Acqs, lequel après avoir mis la main au pectus, a promis et juré de procéder avec fidélité d'abord à la rédaction d'un seul cahier s'il est ainsy convenu par les trois Ordres, ou séparément à celui de chacun (f° 79) desdits trois Ordres, et ensuite à l'élection par la voie du scrutin d'un député dans l'Ordre du clergé, et a signé. Ainsi signé † Ch. Aug., év. d'Ax.

S'est aussy présenté Monseigneur l'évêque d'Aire, lequel après avoir mis la main au pectus, a promis et juré de bien et fidèlement procéder à la rédaction du cahier et à l'élection des députés qui seront élus pour les Etats-Généraux, et a signé. Ainsi signé † Seb., év. d'Aire.

S'est aussy présenté Robert Dalincourt, vicaire-général et official du diocèse de Bayonne, procureur constitué de Monseigneur l'évêque, lequel après avoir mis la main au pectus, a promis et juré de bien et fidèlement procéder à la rédaction du cahier général et à la nomination des députés, et a signé. Ainsy signé Dalincourt.

S'est aussi présenté Dominique de Haraneder, chanoine, député du chapitre de Bayonne et procureur fondé du curé du dit lieu, lequel après avoir mis la main au pectus, a promis et juré de procéder fidèlement à la rédaction du cahier et à la nomination du député ou des députés aux

Etats-Généraux, si les trois Ordres s'accordent, et a signé. Ainsy signé Haraneder, chanoine, abbé d'Arthous.

Sur ce, par nous, lieutenant-général et commissaire susdit, a été représenté aux membres du clergé qui ont déjà prêté leur serment et à ceux qui sont à même de le prêter, que les serments ci-dessus prêtés ne sont conformes ni à l'esprit du règlement (f° 80) ny à la disposition de la lettre du Roy du 24 janvier dernier ni à l'article 9 de notre ordonnance du 20 février dernier, en vertu de laquelle il a été ordonné que tous les ecclésiastiques prêteront serment de procéder fidèlement, d'abord à la rédaction d'un seul cahier, s'il est ainsy convenu par les trois Ordres, ou séparément à celui de chacun desdits trois Ordres, ensuite à l'élection par la voie du scrutin de notables personnages, au nombre et dans la proportion déterminée par la lettre de Sa Majesté, pour représenter aux Etats-Généraux les trois états de cette sénéchaussée; que ledit article 9 de notre ordonnance a été lu à différentes reprises à ladite assemblée; que, néanmoins, les membres du clergé qui se sont déjà présentés pour prêter leur serment n'ont point tenu compte de se conformer à la forme prescrite par ladite ordonnance pour la prestation dudit serment, ce qui nous engage à exhorter de nouveau les membres du clergé qui n'ont point encore prêté leur serment à se conformer à l'esprit de la lettre du Roy et du règlement y annexé et à l'article 9 de notre dite ordonnance du 20 février dernier; et après que lecture a été faite à la présente assemblée de ce dessus, s'est présenté :

Claude-François Lallemand, chanoine de l'église cathédrale d'Acqs, député du chapitre de ladite église, lequel après avoir mis la main au pectus, a promis et juré de procéder fidèlement à la rédaction du cahier général, dudit cahier particulier de l'Ordre du clergé, et de procéder fidèlement à l'élection du député dudit Ordre ou des députés des trois Ordres, s'ils se réunissent (f° 81), et a signé. Ainsi signé l'abbé Lallemand, député.

Se sont aussy présentés : le Père Poyaler, cordelier; le Père Mesplède, carme; le Père Bergoing, barnabite; le Père Dutilh, bénédictin; les sieurs Desperiers et Vigneau, chanoines; Vodusien Lafon, prêtre de la mission de Buglose; Bergey, chanoine; Biraben, curé; Beylacq, curé; Tachoires, curé; Darracq, curé; Mauvezin, curé; de Vios, curé; Samanos, curé; Marjouan, prêtre; Sescousse, curé; Salles, curé; Lagrace, curé; Turon, curé; Larreyre, curé; Soustra, curé; Mauvezin, curé de Sort; Domec, curé; Laborde, curé; Vergès, curé; Laborde, curé d'Ossages; Dousse, curé; Massie, curé; Goze, curé; Dubroca, curé; Burguerieu, curé; Desbordes, curé; Izotte, curé; Hiriart, curé; Lanevère, curé. Lesquels, après avoir mis la main au pectus, ont promis et juré de procéder fidèlement à la rédaction du cahier général ou du cahier particulier de l'Ordre du clergé et de procéder aussy fidèlement à l'élection du député aussy dudit Ordre du clergé ou des députés des trois Ordres s'ils se réunissent; et ont signé. Ainsi signés : Poyaler; Mesplède, député; Bergoing; Dutilh; les sieurs Desperiers, Vigneau, Lafon, Bergey, Biraben, Beylacq, Tachoires, Darracq, Mauvezin, de Vios, Samanos, Marjouan, prêtre, Sescousse, Salles, Lagrace, Turon, Larreyre, Soustra, Domec, Mauvezin, Laborde, Vergès, Laborde, Dousse, Massie, Dubroca, Burguerieu, Desbordes, Izotte, Hiriart et Lanevère.

S'est aussi présenté le sieur Darracqbieilh, curé d'Estibeaux, lequel après avoir mis la main au pectus, a promis et juré de procéder fidèlement à la rédaction du cahier et à la nomination du député, conformément à la volonté du

Roy, et a signé. Ainsi signé Darracqbieilh,

F° 82. S'est encore présenté l'abbé Dupouy, prêtre, directeur au séminaire d'Acqs, et fondé de procuration du sieur de Poy, curé de Pey; les sieurs Dupoy curé; de Poy curé d'Orist; Montauzié, curé; Dufourcet, curé; Lartigau, curé de Lahontang; Moreau, curé de Sordes et Leclerq, prêtre; lesquels après avoir mis la main au pectus ont promis et juré de bien et fidèlement procéder d'abord à la rédaction d'un seul cahier, s'il est ainsi convenu par les trois Ordres, ou séparément à celui de leur Ordre, ensuite à l'élection par la voie du scrutin de notables personnes, au nombre et dans la proportion déterminés par la lettre de Sa Majesté, pour représenter aux États-Généraux les trois états de cette Sénéchaussée; et ont signé. Ainsy signés : Dupoy, prêtre; Dupoy, curé d'Orist; Montauzié; Dufourcet; Lartigau; Moreau; Leclerq, prêtre.

Se sont aussy présentés : Pierre Lanne, curé de Sames; Jean-Baptiste Dumintié, curé de Misson, et Pierre-François Dupoy, curé de Labatut; lesquels après avoir mis la main au pectus, ont promis et juré de procéder fidèlement à la rédaction du cahier général ou du cahier particulier de l'Ordre du clergé, et de procéder fidèlement à l'élection d'un député dudit Ordre du clergé ou des députés des trois Ordres s'ils se réunissaient; et ont signé. Ainsy signé Lanne, Dumintié et Dupoy.

Et attendu qu'il est six heures et demie de relevée passées, nous, lieutenant-général et commissaire susdit avons renvoyé la continuation du présent verbal à demain vingt-quatre du présent mois, à huit heures du matin, et avons signé avec le procureur du Roy et le greffier. Ainsi signé de Monsieur de Neurisse, lieutenant-général; Dousse, avocat du Roy, et Labarthe, greffier.

F° 83. Et advenu ledit jour vingt-quatre mars mil sept cent quatre-vingt-neuf, à huit heures du matin, dans ladite église des RR. PP. Carmes de cette ville, écrivant le greffier du siège, par devant nous, lieutenant-général et commissaire susdit, se sont présentés : Bernard Noguès, prieur de Gourby; Cantin, diaconé; Chabeau, benoît de Poy; Rambaut de Maillon; Tuquoy; Lartigau, curé de Cauneille; Desbarbès, prébendier; et Gros, prieur de l'abbaye de St-Sever; Lacouture, chanoine d'Aire; Laurens Borda, vicaire de Dax; Labbée, chanoine de St-Louboué; Fossats, chanoine de St-Girons; D. Miquel, syndic de l'abbaye de Pontaut; Dussault, dominicain; Dulau, prébendier; du Courneau de Pebarthe, curé de Saint-Sever; Lamaignère, curé d'Aire; Costedoat, curé du Mas-d'Aire; Cazaux, curé de Cauna; Laburthe, curé de Nerbis; Dupin de Juncarot, vicaire; Lafosse, curé de Saint-Etienne; Dupoy, curé d'Eyres; Bayron, curé de Geaune; Dupoy, curé de Vielle; Duvignau, curé de Buannes; Dutertre, curé de Campagne; Brunet, curé de Lamothe; Labeyrie, curé de Boueilh; Lannefranque, curé de Bonnegarde; du Cournau de Poy, curé de Montgaillard; Notery, curé de Castandet; Ducasse, curé du Plan; de Castellan, curé de Pomarès; Bernède, curé de Poudenx; Mérignacq, écuyer, curé de Bonnut; Broustet, curé de Pimbo; Mesin, curé de Castelnau; Naury, archiprêtre de Sault; du Cournau du Plassiat, prébendier; de Capdeville, curé de Hagetmau; Faussats, curé de Saint-Aubin; Barbè, curé de Baigts; Dussault, prébendier; Lesbazeille, curé de Ste-Croix; Tauzia, curé de Donzacq; Décès, curé de Caupenne; Bergoignan, curé de Montaut; Baron, curé de Toulouzette; Dolhabeyriague, prébendier, pensionnaire du Roy; Rimejou-Lagrave, augustin; Dubrocq, curé d'Anglet; Tellary, curé de Sames;

Riviere, curé d'Ascain; Tellary, curé d'Urrugne; (f° 84) Darancette, curé de Biarritz; de Lissalde, curé de Bardos; de Viòs, archiprêtre d'Urgons; lesquels, après avoir mis la main au pectus, ont promis et juré de bien et fidèlement procéder à la rédaction du cahier général, si cela est ainsi convenu par les trois Ordres, ou à celle du cahier du clergé et à la nomination des députés aux Etats-Généraux, si les trois Ordres en conviennent, ou à celle du député du clergé, et ont signé : Ainsi signés : Noguès, Cantin, Chabeau, Rambaut de Maillon, Tuquoy, Lartigau, Desbarbés, Lacouture, Labbée, Fossats, Dussault, Dulau, du Courneau de Pebarthe, Lamaignère, Costedoat, Cazaux, Labarthe, Dupin de Juncarot, Lafosse, Dupoy, Bayron, Dutertre, Brunet, Labeyrie, Lannefranque, du Cournau de Poy, Notery, Ducasse, de Castellan, Bernède, Mérignacq, Broustet, Bezin, Naurey, archiprêtre; du Cournau du Plassiat, Capdeville, Fossats, Barbe, Dussault, Lesbazeilles, Tauzia, Décès, Bergoignan, Baron, Dolhabeyriague, Vernejou-Lagrave, Dubrocq, Tellary, curé de Sames, Rivière, Tellary, curé d'Urrugne, Darancette, Lissalde, de Viòs et Borda.

Ont enfin comparus Jean-Baptiste Dusseré, chanoine et député du chapitre de Pimbo, après avoir mis la main au pectus, a promis et juré de bien et fidèlement procéder à la rédaction des cahiers ou à la nomination des députés aux Etats-Généraux, et a signé. Ainsi signé Dusseré, chanoine et député.

Desquels serments ci-dessus, nous, lieutenant-général et commissaire susdit, du consentement du procureur du Roy, avons octroyé acte. Et attendu que les sieurs Ducos, prébendier; Brusse, curé de Pissos; Borda, chanoine; Mauléon (f° 85), curé; Lacoste, aussi curé; Capdeville, prébendier; Darrigol de Lahonce; Darrigol, prieur de Soubernoa; Sansoube, curé, et Candau, prémontré, ne se sont point présentés pour prêter leur serment, nous avons contre eux donné défaut, et avons signé avec le procureur du Roy et le greffier. Ainsi signé de Monsieur de Neurisse, lieutenant-général ; Dousse, avocat du Roy, et Labarthe, greffier. (85)

Ce fait, nous, lieutenant-général et commissaire susdit avons procédé à la réception du serment des membres de la noblesse présents. En conséquence se sont présentés : Jean-Charles, chevalier de Bachelier, chevalier, seigneur de Misson, Rostaing et Talamon, fondé de procuration du sieur de Verthamon marquis de Tercis ; Jacques-David-Léonard de Caupenne, chevalier de l'ordre royal et militaire de Saint-Louis, major en second du régiment de la Reine-dragons, procureur fondé de Monsieur le vicomte de Caupenne, sous-lieutenant des gardes du corps du Roy, et du marquis de Salha ; Henri-Nicolas de Caupenne, procureur fondé de M. le marquis de Caupenne, maréchal des camps, et de la dame comtesse de Montréal; Alexandre-Louis Bazin comte de Bezons, chevalier de l'ordre royal et militaire de Saint-Louis; Pierre-Jean Bachelier d'Agès, chevalier seigneur de Heugas ; Philippe-Louis vicomte de Fortisson Saint-Maurice, procureur fondé des demoiselles de Cours ; Jean-Louis-Auguste baron de Fortisson Habas, fondé de procuration de Monsieur le baron de Fortisson Roquefort et de Monsieur le baron d'Argelos ; Bernard de Lataulade, chevalier baron de Laas, fondé de procuration (f° 86) de François-Henri de Foix marquis de Candalle ; Bertrand Bachelier de Maupas, seigneur haut justicier des paroisses de Mimizan, Aureillan, Bias, et seigneur cavier de Mezos et autres lieux, ancien major d'infanterie et chevalier de l'ordre royal et militaire de Saint-Louis, fondé de procuration de Michel de

Bedorède, seigneur de Meez, Rivière et Montbrun; Adrien de Soustra, écuyer, chevalier de l'ordre royal et militaire de Saint-Louis; Pierre de Lalande baron de Hinx, fondé de procuration de Monsieur de Lalande d'Olce, seigneur de Magescq; François d'Abadie baron d'Arboucave, chevalier, ancien chef d'escadron de carabiniers avec rang de major de cavalerie, chevalier de l'ordre royal et militaire de Saint-Louis; Henri Bachelier de Talamon, écuyer, chevalier seigneur de Benesse, chevalier de l'ordre royal et militaire de Saint-Louis; Louis-Jacques chevalier de Pinsun, lieutenant des vaisseaux du Roy; François de Borda-Josse, écuyer, fondé de procuration de Jean-Louis de Borda, son père, écuyer, seigneur de Josse, Abesse et autres lieux; Jean Gueheneuc de Lanno aîné, écuyer; François Gueheneuc de Lanno, son frère, aussi écuyer; lesquels ont déclaré qu'avant de prononcer le serment requis par le règlement de Sa Majesté, ils protestent, tant pour ce qui les concerne qu'au nom de leurs constituants, contre tout ce qui a été fait jusqu'à ce jour relativement à l'Ordre de la noblesse et notamment contre les formes observées pour sa convocation; qu'il est de notoriété publique que les assignations ont été données contre le vœu du règlement à tous les possesseurs des fiefs indistinctement, et que par une suite nécessaire de cette contravention, ceux qui ne possédaient point de fiefs ont cru pouvoir être admis dans leur Ordre sans aucun (f° 87) examen préalable de la noblesse acquise et transmissible; qu'il résulte de cette réformation arbitraire de leur Ordre des doutes offensants sur l'état de chacun des membres qui le composent et même l'illégalité des opérations prescrites pour la députation aux Etats-Généraux; que par ces différentes considérations, ils croient se devoir à eux-mêmes comme à toute la noblesse du royaume de réclamer l'exécution du règlement de Sa Majesté en ce qui concerne la noblesse acquise et transmissible de chacun d'eux, se réservant expressément de ne passer à aucune opération subséquente que ce préalable ne soit rempli, conformément aux intentions de Sa Majesté. C'est pourquoi ils demandent qu'il leur soit donné acte de la présente protestation comme de la réserve qu'ils font de se pourvoir devers le Roy, et ont signé. Ainsi signés : Chevalier de Bachelier ; le comte de Caupenne, en persistant dans mes protestations et réserves ; le comte de Bezons ; chevalier de Caupenne, en persistant dans mes protestations et réserves ; chevalier de Caupenne ; le comte de Fortisson Saint-Maurice, persistant dans mes protestations et réserves ; Brux ; Caplane ; Lataulade, persistant dans mes protestations et réserves ; baron de Fortisson Habas, en persistant dans mes protestations et réserves ; Bachelier Maupas ; Soustra, en persistant dans mes protestations et réserves ; Soustra ; baron de Hinx, persistant dans mes protestations et réserves ; le baron d'Arboucave ; Bachelier de Talamon ; le chevalier de Pinsun ; Borda-Josse. Et dans le moment que les sieurs de (fº 88) Lanno frères se sont présentés pour signer, ils ont déclaré qu'ils adhèrent à la protestation ci-dessus, à condition que les présentes opérations ne seront point interrompues, sous l'offre qu'ils font de justifier de leurs titres et qualités s'ils en sont requis, et ont signé. Ainsi signés : François Gueheneuc de Lanno cadet, écuyer ; Jean Gueheneuc de Lanno aîné, écuyer.

Se sont aussi présentés : Charles-Daniel Darracq de Vignes, capitaine des vaisseaux du Roy, fondé de procuration de Monsieur le baron de Sault son père, seigneur haut justicier de ladite baronnie de Sault, Nassiet et Marpats ; Pierre-Vincent de Capdeville, chevalier, fondé de procuration de Pierre Laurent du Souilh, chevalier, lieutenant-colonel de cavalerie; de Barthélemy du Moulin, seigneur de Labarthète et Loustau; Raymond de Saint-Julien baron de Momuy, fondé de procuration de Pierre Grat Chambre d'Urgons, et de dame de Frise (de Garric d'Uzech), veuve Alphonse de Navailles; Jean-Matthieu le chevalier Dupuy, capitaine d'infanterie, fondé de procuration de Jean-Baptiste Dupuy, écuyer, son frère, seigneur de Sauvescure; Jean-Pierre d'Abbadie de Saint-Germain vicomte et seigneur de Saint-Germain, fondé de procuration de la dame d'Abbadie, veuve Castellan, jouissante de la caverie et fiefs de Siest, et de Joseph de Laborde, chevalier seigneur de Lassalle; Jean-Baptiste de Batz vicomte de Diusse, lieutenant-colonel d'infanterie, seigneur de Buannes, fondé de procuration de la dame de Castelnau de Gaujacq et de la dame vicomtesse Diusse dame d'Onnès; Jean d'Artigues d'Ossaux, écuyer, fondé de procuration du seigneur de Sorbets; Barthélemy Cernin du Moulin de Montlezun de Labarthète, officier au régiment de Touraine, seigneur de Subehargues et de Rivière; Jean-Bernard de (f° 89) Labadie Gauzies fils ainé, chevalier, fondé de procuration du seigneur de Labadie son père, seigneur d'Aydrin; Joseph de Barbotan; seigneur de Barbotan et autres places; Louis de Saint-Martin, chevalier, baron de Capbreton et de Labenne; Jean-François comte de Caumia-Baillenx, fondé de procuration du comte de Montréal seigneur d'Autaribe; Jacques de Pratferré seigneur de Mau, écuyer, fondé de procuration du sieur du Cournau seigneur de Poy, et du sieur baron de Bruix; Martin-Antoine de Capdeville, chevalier, fondé de procuration de la demoiselle de Bethune-Sully et du sieur d'Antin-d'Ars; Pierre d'Ortès, maréchal de camp, fondé de procuration du sieur de Castaignos seigneur de Mirando ; Henri-André de Lobit de Monval, fondé de procuration du sieur de Lassalle seigneur de Roquefort, et du sieur baron de Puyo ; Martin-Antoine de Marsan, chevalier abbé d'Audignon et seigneur du Hauriet ; Antoine de Batz, écuyer, fondé de procuration de la dame Cazenave de Labarrère ; Jean-Baptiste de Laürens, écuyer, seigneur d'Hercular ; Jean-Jacques du Cros, maréchal de camp, fondé de procuration de Jean du Cros de Belbeder ; Jean-Joseph de Basquiat de Mugriet, officier au régiment d'Aunis-infanterie ; Jean-Joseph de Saint-Cristau, écuyer ; Raymond de Batz vicomte d'Aurice, et Jacques-François de Saint-Paul, seigneur de Castetcrabe. Lesquels ont déclaré qu'avant de prononcer le serment requis par le règlement de Sa Majesté, ils protestent comme les membres de la noblesse ci-dessus à condition que les présentes opérations ne seront point interrompues, sous l'offre qu'ils font de justifier de leurs titres et qualités s'ils en sont requis, et ont signé, ainsi que François de Bruix (f° 90), maréchal de camp, fondé de procuration de M. le baron de Noguès, conseiller au Parlement de Navarre, seigneur en sa partie de Saint-Louboué, et de dame de Sarraute, seigneuresse de Casautets et baronne de Lassalle :

J'adhère à la protestation tant à ce qui a rapport à l'illégalité de l'assignation seulement, persistant dans l'offre de justifier de mes titres et mes qualités, tant pour mes commettants que pour moy. Ainsy signés : le chevalier d'Arracq de Vignes ; *idem* de Capdeville ; chevalier de Capdeville ; le baron de Mommuy ; chevalier Dupuy ; d'Abbadie de Saint-Germain ; vicomte Diusse ; d'Artigues d'Ossaux ; du Moulin de Monlezun ; Barbotan ; de Saint-Martin ; de Labadie Gauzies ; de Pratferré de Mau ; de Lobit de Monval ; le chevalier d'Ortès ; de Marsan ; de Batz ; du Cros.

Je n'adhère point à aucune protestation, offrant de faire mes preuves lorsqu'on me le demandera. Signés : chevalier de Basquiat Mugriet, officier au régiment d'Aunis-infanterie ; de Saint-Cristau ; de Batz vicomte d'Aurice ; Laurens Hercular ; Saint-Paul ; Bruix ; le comte de Baillenx.

Se sont encore présentés les cy soussignés, qui ont déclaré adhérer à la dernière protestation ci-dessus, sous les réserves y exprimées. Ainsi signés : *idem* comme le chevalier de Mugriet : Bonnehé ; le baron de Spens ; chevalier de Prugue ; Despans d'Estignols ; le comte de Beaufort ; le chevalier de Castaignos ; *idem* le chevalier de Mugriet ; Basquiat, de Cloche de Fargues : de Reynal ; Laborde-Lissalde, et comme procureur fondé de Mademoiselle Vandufel ; Cabannes de Cauna ; Laborde d'Arbrun de Saint-Louboué ; le baron de Six : au présent de l'avis de Monsieur de Vignes, le chevalier d'Arbo de Cazaubon ; Basquiat de Toulouzette ; le baron de Cazalis ; Mesplès chevalier d'Aren ; de l'avis de Monsieur de Vignes : le chevalier de Mellet, et de Laas.

(F° 91) S'est aussi présenté Henri-François-Léonard comte de Poudenx, maréchal des camps et armées du Roy, commandeur de Saint-Lazare et de Cincinnatus ; lequel a déclaré adhérer à la première protestation ci-dessus, dont la motion a été faite par Monsieur de Bachelier, le comte de Caupenne et autres, et a signé. Ainsi signé de Poudenx, persistant dans mes protestations et réserves.

S'est enfin présenté Noble-Pierre de Ladoüe, seigneur de Lafittau, lequel a déclaré que, pour obéir aux ordres du Roy, il est tout prêt à faire le serment prescrit par l'article 40 du règlement et les opérations à ce relatives, sous la réserve de se pourvoir devers ledit seigneur Roy sur l'illégalité des assignations données et des actes subséquents, en conformité de l'article 51 dudit règlement, et a signé. Ainsi signé Ladoüe.

Nous, lieutenant-général et commissaire susdit, déclarons que nous n'avons pu clore ce matin notre verbal de la comparution des membres de l'Ordre de la noblesse ni le faire signer par les comparants, attendu qu'il était déjà midi sonné, et que nous avons annoncé que nous continuerions de nous occuper de la comparution des autres membres dudit Ordre, après laquelle nous statuerions sur les protestations déjà faites et sur celles qui pourraient encore être faites; et ce fait nous nous sommes rendus dans ladite église des RR. PP. Carmes, à deux heures de relevée, où nous avons continué notre opération; et ne s'étant présentés d'autres membres de la noblesse aux fins des susdittes (f° 92) protestations; ouy le procureur du Roy dans ses conclusions : nous, lieutenant-général et commissaire susdit octroyons acte de ce dessus.

Et attendu que nous avons ci-devant procédé avec l'assistance des sieurs de Borda, le chevalier d'Ortès, de Bruix et de Barbotan, à la vérification des titres et pouvoirs des membres dudit Ordre, ainsi qu'aux difficultés qui se sont élevées sur lesdits titres et pouvoirs; et attendu encore que, dans la séance du 21 de ce mois, ledit Ordre de la noblesse a été invité à se présenter pour déclarer les difficultés qu'il aurait à proposer sur les titres de ceux d'entre eux qui s'étaient présentés comme possédant des fiefs sans avoir été assignés, et de nous proposer aussi les difficultés qu'ils pourraient avoir contre les titres et qualités des nobles non possédant fiefs qui s'étaient aussi présentés, et qu'il fût statué sur les difficultés proposées ainsi que sur les titres et pouvoirs, et que pour décider les difficultés ci-dessus proposées nous avons cru devoir appeler lesdits sieurs de Borda, chevalier d'Ortès, de Barbotan et de Bruix; lesquels s'étant présentés nous ont déclaré qu'ayant déjà décidé sur les difficultés qui s'étaient élevées à raison des titres et pouvoirs dudit Ordre de la noblesse, leur mission avait pris fin et qu'ils ne pouvaient prendre part à la décision que nous devions donner sur lesdites nouvelles difficultés qui s'élevaient. Attendu ce, nous avons déclaré et déclarons n'y avoir lieu de statuer sur les protestations ci-dessus énoncées; au surplus, ordonnons que, conformément au règlement du Roy et à notre ordonnance du 20 février dernier, les membres de la noblesse feront le (f° 93) serment de bien et fidèlement procéder à la rédaction d'un seul cahier général, s'il est ainsi convenu par les trois Ordres, ou séparément à celui de leur Ordre, et à l'élection, par la voie du scrutin, de notables personnages au nombre et dans la proportion déterminés par la lettre de Sa Majesté, pour représenter aux Etats-Généraux les trois ordres de cette Sénéchaussée. Et attendu qu'il est six heures et demie de relevée, nous avons renvoyé la continuation du présent procès-verbal à demain vingt-cinq du présent mois, à trois heures de relevée, et avons signé avec le procureur du Roy et le greffier. Ainsi signé de Monsieur de Neurisse, lieutenant-général; Dousse, avocat du Roy, et Labarthe, greffier.

Et advenu ledit jour vingt-cinq dudit mois de mars mil sept cent quatre-vingt-neuf, à trois heures de relevée, dans ladite église des RR. PP. Carmes, écrivant le greffier du siège, nous, lieutenant-général et commissaire susdit, avant de procéder à la réception du serment des membres de la noblesse, leur avons fait réitérer la lecture tant de la lettre du Roy, de notre ordonnance du 20 février dernier, que de celle par nous aussi rendue le jour d'hier, qui fixe la forme dans laquelle le serment des membres des trois Ordres doit être fait et les termes qu'on doit y employer, leur ayant déclaré que, chargé par le Roy de l'exécution de ses ordres, nous ne pourrions nous en écarter en aucune manière ; que n'ayant d'autre désir que de seconder les vœux bienfaisants de Sa Majesté et de procéder avec (f° 94) la régularité qu'exige l'importance de toutes les opérations actuelles, nous nous croyons obligé d'annoncer aux membres des deux Ordres qui n'ont pas encore fait leur serment que nous ne pouvions recevoir personne à le faire que dans la forme et dans les termes portés par l'article 9 de notre ordonnance du 20 février dernier, et qu'à raison de la longueur des opérations commencées et occasionnées par les protestations réitérées de certains membres de cette assemblée, et pour en accélérer la fin, nous ne recevrons aucune espèce de protestations sans préjudice à ceux qui prétendraient en faire de se pourvoir par les voies indiquées par le règlement ; en conséquence, ayant fait inviter par le greffier, à haute voix, les membres dudit Ordre de la noblesse de se présenter devant nous pour faire leur serment, se sont présentés : le chevalier de Borda-d'Oro, de Bachelier de Maupas ; le comte de Caumia ; de Saint-Martin baron de Capbreton ; de Saint-Martin seigneur de Pouillon ; de Borda, lieutenant de carabiniers ; d'Agès ; de Laas de Gestède ; du Cros, maréchal des camps ; de Lalanne seigneur de Six ; de Saint-Cristau, écuyer et de Saint-Paul ; lesquels, après serment par eux fait à Dieu, ont promis de bien et fidèlement procéder à la rédaction d'un seul cahier, s'il en est ainsi convenu par les trois Ordres, ou séparément à celui de leur Ordre, ensuite à l'élection par la voie du scrutin du député de leur Ordre ou des députés des trois Ordres, desquels serments, nous, lieutenant-général et commissaire susdit, du consentement du procureur du Roy, avons octroyé acte et avons signé avec le procureur du Roy, lesdits sieurs comparants et le greffier. Ainsi signés : de Borda, chevalier Maupas (f° 95), en persistant dans mes protestations et réserves : Bachelier-d'Agès, Lalanne de Six, de Saint-Cristau, de St-Paul, de Baillenx, de St-Martin, Borda-Josse.

Se sont aussy présentés : le chevalier de Bachelier seigneur de Misson ; Casenave de Labarrère ; de Lalande baron de Hinx ; de Fortisson seigneur de Habas ; de Lataulade ; Bachelier de Talamon ; de Laurens Hercular ; de Borda, capitaine au régiment de Vivarais ; de Borda, écuyer, chevalier de l'ordre royal et militaire de Saint-Louis ; d'Abbadie vicomte de Saint-Germain ; le comte de Poudenx ; Soustra, écuyer ; Pinsun, lieutenant des vaisseaux du Roy ; lesquels ont déclaré et offert de jurer qu'ils procèderont fidèlement à la rédaction du cahier général et à la nomination des députés aux Etats-Généraux. Et ledit sieur de Fortisson seigneur de Habas a aussi offert de promettre et de jurer de procéder fidèlement à la rédaction du cahier de son Ordre ou du cahier général, si les trois Ordres sont d'accord, et à la nomination d'un député ou députés de son Ordre, se réservant ses protestations faites et la liberté d'en faire de nouvelles ; et ayant interpellé les comparants de signer, ce qu'ils ont fait. Ainsi signés : le chevalier de Bachelier, de Labarrère, baron de Fortisson de Habas, Bachelier de Talamon, Laurens Hercular, de Borda, capitaine au régiment de Vivarais, d'Abbadie de Saint-Germain, de Lataulade, persistant dans mes protestations ; de Poudenx, persistant dans mes protestations faites et à faire ; le chevalier Pinsun ; Soustra, persistant dans mes protestations ; chevalier de Borda, baron de Hinx.

Et attendu qu'il est sept heures de relevée, nous, lieutenant général et commissaire susdit (f° 96) avons renvoyé la continuation du présent verbal à demain vingt-six du présent mois, huit heures du matin, et avons signé avec le procureur du Roy et le greffier. Ainsi signé de Monsieur de Neurisse, lieutenant-général; Dousse, avocat du Roy, et Labarthe, greffier.

Et advenu ledit jour vingt-six mars mil sept cent quatre-vingt-neuf, huit heures du matin, dans ladite église des RR. PP. Carmes de cette ville, écrivant le greffier du siège, nous, lieutenant-général et commissaire susdit avons continué de procéder à la réception du serment de l'Ordre de la noblesse. En conséquence, se sont présentés : les sieurs de Barbotan; le chevalier de Basquiat-Mugriet; de Bonnehé; de Marsan; d'Ortès; de Ladoue; de Laborde-Arbrun; le baron de Cauna; de Cazalis; le chevalier d'Arbo de Casaubon; le baron de Spens; le chevalier de Prugue; de Batz; de Monval; le chevalier de Bruix; le chevalier de Mesplès; Decès de Caupenne; d'Armana; le baron de Capdeville; le vicomte de Diusse; d'Artigues-d'Ossaux; le chevalier de Mellet; d'Arracq de Vignes; Despens d'Estignols; du Moulin de Monlezun; Basquiat; de Cloche; chevalier de Capdeville-d'Arricau; Capdeville-d'Arricau; de Reynal; le baron de Momuy; le chevalier de Castaignos; Gueheneuc de Lanno aîné; Gueheneuc de Lanno cadet; Laborde de Lissalde; comte de Beaufort; Basquiat de Toulouzette; vicomte de Saint-Maurice; de Mau; comte de Bezons; le comte de Caupenne; chevalier de Caupenne. Lesquels, après avoir levé la main, ont promis et juré de bien et fidèlement procéder à la rédaction (f° 97) d'un seul cahier, s'il est ainsy convenu par les trois Ordres, ou séparément à celui de leur Ordre, ensuite à l'élection, par la voie du scrutin, du député de leur Ordre ou des députés des trois Ordres ; desquels serments nous, lieutenant-général et commissaire susdit, du consentement du procureur du Roy, avons octroyé acte et avons signé avec le procureur du Roy, les comparans et le greffier.

Et dans le moment se sont aussi présentés : les sieurs de Borda seigneur de Labatut ; de Batz vicomte d'Aurice ; le chevalier Dupuy ; lesquels ont également promis et juré à Dieu de fidèlement procéder à la rédaction d'un seul cahier, s'il est ainsi convenu par les trois Ordres, ou séparément à celui de leur Ordre, ensuite à l'élection, par la voie du scrutin, du député de leur Ordre ; desquels serments nous octroyons également acte du consentement du procureur du Roy, et ont signé avec nous, le procureur du Roy et le greffier. Ainsi signés : Barbotan ; chevalier de Basquiat-Mugriet ; de Bonnéhé ; de Marsan ; d'Ortès ; de Ladoüe ; Laborde-Arbrun ; Cabannes de Cauna ; le baron de Cazalis ; le chevalier d'Arbo de Cazaubon ; le baron de Spens ; de Batz ; Monval ; Bruix ; Prugues, Mesplès ; Decès de Caupenne ; d'Armana ; Capdeville ; Diusse ; d'Artigues d'Ossaux ; chevalier de Mellet ; d'Arracq de Vignes ; Despens d'Estignols ; Dumoulin de Monlezun ; Basquiat ; Cloche ; Capdeville-d'Arricau ; chevalier de Capdeville ; de Reynal ; le baron de Momey ; chevalier de Castaignos ; Gueheneuc de Lanno aîné ; Gueheneuc de Lanno cadet ; Laborde-Lissalde ; comte de Beaufort ; (f° 98) Basquiat de Toulouzette ; le vicomte de Saint-Maurice, persistant dans mes protestations et me réservant d'en faire de nouvelles ; de Mau ; comte de Caupenne, en persistant dans mes protestations et réserves et de les réitérer si le cas le requiert ; chevalier de Caupenne ; Borda-Labatut ; de Batz vicomte d'Aurice ; le chevalier Dupuy ; de Bezons, persistant dans mes protestations et réserves. Signé de Messieurs de Neurisse, lieutenant-général; Dousse, avocat du Roy, et Labarthe, greffier.

Ce fait, nous, lieutenant-général et commissaire susdit, après avoir reçu le serment de certains membres de la noblesse dans la forme et dans les termes prescrits par le règlement du Roy et notre ordonnance du 20 février dernier, et le serment offert par certains membres de la noblesse ne remplissant point le vœu et l'esprit du règlement et de notre ordonnance, nous avons jugé à propos, afin de réunir tous lesdits membres à concourir d'un commun accord aux opérations indispensables pour parvenir à la tenue des États-Généraux tant désirée par Sa Majesté et par la nation entière, d'inviter de nouveau ces derniers membres de la noblesse à se présenter pour faire le serment ordonné tant par le règlement du Roy que par notre dite ordonnance, leur ayant déclaré que notre devoir nous imposait la loy de prononcer contre eux l'exclusion pour concourir avec lesdits membres qui avaient fait le serment requis à la rédaction du cahier de leur Ordre ou du cahier général, et à la nomination d'un député de leur Ordre ou des députés des trois Ordres, supposé que les trois Ordres voulussent y procéder conjointement; que leur résistance à ne point se conformer (f° 99) à la volonté du Roy ne pourrait leur être que préjudiciable et marquerait de leur part une insubordination contraire à la qualité de bon gentilhomme et de fidèle sujet du Roy.

Et sur ladite invitation se sont présentés Messieurs : le baron d'Arboucave; de Labarrère; le baron de Hinx; de Laurens Hercular; de Borda, capitaine au régiment de Vivarais; de Borda, chevalier de Saint-Louis, écuyer; d'Abbadie vicomte de Saint-Germain; Pinsun, lieutenant des vaisseaux du Roy ; de Fortisson seigneur de Habas ; de Lataulade baron de Laas; de Soustra; Bachelier de Talamon; Bachelier seigneur de Misson ; lesquels, après avoir levé leurs mains, ont promis et juré de bien et fidèlement procéder à la rédaction d'un seul cahier, s'il est ainsy convenu par les trois Ordres, ou séparément à celui de leur Ordre, ensuite à l'élection, par la voie du scrutin, du député de leur Ordre ou des députés des trois Ordres; desquels serments nous, lieutenant-général et commissaire susdit, octroyons acte du consentement du procureur du Roy et du greffier. Ainsy signé : le baron d'Arboucave ; de Labarrère; le baron de Hinx ; Laurens Hercular ; de Borda, capitaine au régiment de Vivarais ; de Borda, chevalier de Saint-Louis ; d'Abbadie de Saint-Germain ; le chevalier de Pinsun ; Lataulade ; Soustra ; Bachelier de Talamon ; chevalier de Bachelier ; de Messieurs de Neurisse, lieutenant-général; Dousse, avocat du Roy, et Labarthe, greffier.

Et attendu qu'il est midi sonné, nous, lieutenant-général et commissaire susdit (f° 100), avons renvoyé la continuation de présent verbal à deux heures et demie de relevée, et avons signé avec le procureur du Roy et le greffier. Ainsi signé de Messieurs de Neurisse, lieutenant-général; Dousse, avocat du Roy, et Labarthe, greffier.

Et advenu les deux heures et demie de cedit jour vingt-six mars mil sept cent quatre-vingt-neuf, dans ladite église des RR. PP. Carmes, écrivant le greffier du siège, nous, lieutenant-général et commissaire susdit avons continué de procéder à la réception du serment des membres de l'Ordre de la noblesse. En conséquence, se sont présentés : le sieur comte de Poudenx ; du Cros de Bellepeyre ; lesquels, après avoir levé leurs mains, ont promis et juré de bien et fidèlement procéder à la rédaction d'un seul cahier, s'il est ainsi convenu par les trois Ordres, ou séparément à celui de leur Ordre, ensuite à l'élection, par voie de scrutin, du député de leur Ordre ou des députés des trois Ordres; desquels serments, nous, lieutenant-général et commissaire susdit, du consentement du procureur du Roy avons octroyé acte, et ont, les sieurs comparants, signé avec nous, le procureur du Roy et le greffier. Ainsi signés : de Poudenx, Ducros-Bellepeyre; de Messieurs de Neurisse, lieutenant-général; Dousse, avocat du Roy, et Labarthe, greffier.

Et attendu que certains membres de la noblesse ne se sont point présentés pour faire leur serment; ouy le procureur du Roy dans ses conclusions (f° 101), nous, lieutenant-général et commissaire susdit avons contre eux donné défaut pour le profit et utilité duquel ordonnons qu'ils ne concourront pas avec les autres membres dudit Ordre qui ont fait le serment requis, à la rédaction du cahier ni à la nomination des députés, et avons signé avec le procureur du Roy et le greffier. Signé de Monsieur de Neurisse, lieutenant-général; Dousse, avocat du Roy, et Labarthe, greffier.

F° 103. S'est enfin présenté le sieur de Borda, chanoine, lequel après avoir mis la main au pectus, a promis et juré de bien et fidèlement procéder à la rédaction d'un seul cahier, si les trois Ordres en conviennent, ou à la rédaction du cahier de son Ordre, ainsy qu'à la nomination du député du clergé ou des députés des trois Ordres, s'ils en conviennent.

F° 105. 26 mars. Ce fait, nous, lieutenant-général et commissaire susdit avons indiqué aux membres de l'Ordre du clergé l'église des Barnabites de cette ville pour, sous la présidence de celui à qui l'ordre hiérarchique l'a déféré, y tenir leur assemblée particulière; avons également indiqué à l'Ordre de la noblesse la salle d'audience du Palais royal de cette ville pour y tenir son assemblée particulière, sous la présidence du plus avancé en âge dudit Ordre (f° 106) jusqu'à ce que les membres dudit Ordre ayant fait choix dans leur dite assemblée d'un président, ordonnons comme autrefois que le clergé et la noblesse procèderont, chacun dans son assemblée, d'abord à haute voix, à l'élection d'un secrétaire, ensuite à la délibération pour décider s'ils entendent procéder conjointement ou séparément à la rédaction de leur cahier et à l'élection des députés aux Etats-Généraux.

Et attendu qu'il est huit heures de relevée sonnées, nous, lieutenant-général et commissaire susdit avons renvoyé la continuation du présent procès-verbal à demain vingt-sept du présent mois, à huit heures du matin, et avons signé avec le procureur du Roy et le greffier. Ainsy signé de Monsieur de Neurisse, lieutenant-général; Dousse, avocat du Roy et Labarthe, greffier. — F° 108. Et les membres du clergé et de la noblesse s'étant rendus dans le lieu qui leur a été par nous désigné le jour d'hier, les membres et députés du Tiers-Etat ont ensuite délibéré.

F° 110. 27 *mars*. Un instant après, le sieur Cantin, secrétaire de l'Ordre du clergé, s'est présenté, et nous a remis une expédition en forme de la délibération prise cejourd'hui par ledit Ordre, signée † Ch. Aug., év. d'Acqs, président dans l'assemblée du clergé, et Cantin, secrétaire; par laquelle ledit clergé a délibéré qu'il voulait rédiger son cahier et nommer son député aux Etats-Généraux séparément; et l'Ordre de la noblesse ne nous ayant pas fait remettre la délibération qu'il avait dû prendre relativement à l'objet ci-dessus, nous aurions envoyé notre greffier en chef devant le président dudit Ordre, pour luy demander d'avoir à nous envoyer par son secrétaire l'expédition en forme (de la délibération) que son Ordre avait dû prendre pour décider s'il procédait conjointement ou séparément avec les autres Ordres à la rédaction des cahiers et à l'élection des députés, conformément à l'article 12 de notre ordonnance du vingt février dernier; et le greffier de retour nous a rapporté qu'ayant été introduit dans la salle d'assemblée de l'Ordre de la noblesse, le président de ladite noblesse lui a répondu que depuis la séparation des trois ordres, celui de la noblesse ne nous reconnaissait que comme président du Tiers-Etat, et que toute communication d'ordre à ordre ne peut avoir lieu que par voie de commissaires réciproques.

F° 112. Et advenu le lendemain vingt-huit mars mil sept cent quatre-vingt-neuf, huit heures du matin, dans l'église des RR. PP. Carmes, écrivant le greffier du siège, nous, lieutenant-général et commissaire susdit déclarons que hier au soir, après la clôture de notre verbal, le sieur Capdeville, secrétaire de l'Ordre de la noblesse, accompagné de deux membres dudit Ordre, nous remit l'expédition de la délibération prise par la noblesse, datée du jour d'hier, signée Bruix, président de la noblesse, et Capdeville, secrétaire; par laquelle il a été décidé à la pluralité que les cahiers seraient rédigés séparément; de laquelle délibération nous avons fait faire lecture par le greffier aux membres du Tiers-Etat assemblés.

F° 119. Et advenu les deux heures de relevée de ce jour trente-un mars mil sept cent quatre-vingt-neuf, dans ladite église des RR.PP. Carmes, écrivant le greffier du siège, nous, lieutenant-général et commissaire susdit déclarons que le secrétaire de la noblesse, accompagné d'un des commissaires dudit Ordre, nous a remis le cahier des doléances et pouvoirs de ladite noblesse, daté de cejourd'hui, signé des membres dudit Ordre, lequel se trouve écrit sur dix pages de grand papier, que nous avons signé et paraphé *ne varietur* pour être ensuite par nous remis au député dudit ordre lorsqu'il se présentera pour faire le serment requis.

F° 125. Et advenu les huit heures du matin de ce jour second avril mil sept cent quatre-vingt-neuf, écrivant le greffier du siège, nous, lieutenant-général et commissaire susdit, après avoir fait proclamer par le trompette de cette ville, le jour d'hier, à différentes reprises, et le matin, que nous procèderions cejourd'hui, à la présente heure, dans l'église des RR. PP. Carmes, à la réception du serment des députés nommés pour les Etats-Généraux des trois Sénéchaussées de Dax, Saint-Sever et Bayonne, et invité les membres desdits trois Ordres de se rendre dans ladite église pour voir prêter le serment, déclarons que le sieur Cantin, secrétaire de l'ordre du clergé, nous porta et remit hier au soir, après la clôture de notre verbal, une expédition de lui signée des verbaux tenus par ledit ordre (f° 126) pour la nomination de leur député, ensemble le cahier des remontrances, plaintes et doléances dudit clergé. Et nous étant rendus dans ladite église des RR. PP. Carmes avec le procureur du Roy et les greffiers, se sont présentés : sieur Jean Goze, curé de la paroisse de Gaas, Sénéchaussée de Dax, député du clergé ; Joseph comte de Barbotan, chevalier, seigneur dudit lieu et autres places, député de la noblesse ; Alexis de Basquiat, lieutenant-général au sénéchal de Saint-Sever ; Lamarque, procureur du Roy au siège de Saint-Sever, députés du Tiers-Etat de la Sénéchaussée ; lesquels dits sieurs Goze, Barbotan, Basquiat et Lamarque ont déclaré accepter ladite députation à laquelle ils ont été élus et nommés. Et après que ledit sieur Goze a eu mis la main au pectus, les dits sieurs de Basquiat, Barbotan et Lamarque ont eu levé leurs mains à Dieu, promis et juré chacun séparément de bien et fidèlement exécuter les mandats énoncés dans les cahiers de doléances et ceux des instructions desdites Sénéchaussées, nous, lieutenant-général et commissaire susdit, du consentement du procureur du Roy, octroyons acte auxdits sieurs Goze, Barbotan, de Basquiat et Lamarque de leurs acceptations et serments, comme aussy de la remise qui a été tout présentement faite tant audit sieur Goze de l'expédition du verbal tenu par l'ordre du clergé, écrit sur six pages, daté à la fin du 31 mars 1789, signé Cantin, secrétaire, et par nous signé *ne varietur*, ensemble le cahier des remontrances, plaintes et doléances du clergé, contenant vingt-quatre pages, signé du président de l'assemblée ; des commissaires et dudit sieur Cantin, secrétaire, également par nous paraphé et signé *ne varierur* ; audit sieur Barbotan (f° 127) du verbal dressé par l'Ordre de la noblesse, écrit sur quatre pages, signé du sieur baron de Capdeville, leur secrétaire, ensemble du cahier des pouvoirs dudit ordre, contenant dix pages, signé du président et de plusieurs membres dudit Ordre et par nous coté et paraphé et signé *ne varietur* ; et enfin audit sieur Lamarque du cahier général des remontrances, plaintes et demandes du Tiers-Etat des trois Sénéchaussées, écrit sur treize pages, signé à la fin des commissaires et par nous coté et paraphé et signé *ne varietur* ; un cahier des instructions particulières de la Sénéchaussée de St-Sever, écrit sur six pages, signé desdits sieurs commissaires, et de nous coté et paraphé et signé *ne varietur* ; et enfin d'un autre cahier d'instructions et demandes particulières de certaines villes et communautés de la Sénéchaussée des Lannes au siège d'Acqs et de la ville de Saint-Jean de Luz, écrit sur onze pages, signé par les mêmes commissaires et par nous aussi coté, paraphé et signé *ne varietur*.

Ordonnons que notre greffier remette auxdits sieurs Goze, Barbotan et Lamarque et à chacun d'eux une expédition en forme, de luy collationnée, de tous les verbaux par nous dressés depuis et compris (f° 127) le 16 mars dernier, desquels il demeurera un original déposé à notre greffe, et un duplicata sera envoyé à Monseigneur le garde-des-sceaux de France.

Après quoi les trois Ordres du Clergé, de la Noblesse et du Tiers-Etat assemblés ont déclaré donner aux députés élus et nommés pour les Etats-Généraux (f° 128) tous pouvoirs requis et nécessaires pour proposer, remontrer, aviser et consentir tout ce qui peut concerner les besoins de l'Etat, la réforme des abus, l'établissement d'un ordre fixe et durable dans toutes les parties de l'administration, la prospérité générale du royaume et le bien de tous et chacun des sujets de Sa Majesté, s'en rapportant aux lumières de la justice et à l'intégrité desdits sieurs députés pour tout ce qui ne serait pas contraire aux articles énoncés dans les cahiers des trois Ordres, promettant d'avoir pour agréable, ratifiant et approuvant d'ors et déjà tout ce qui sera par eux fait, comme s'ils l'avaient fait eux-mêmes.

De quoy et de tout ce dessus nous avons dressé le présent procès-verbal, qui a été signé par nous, le procureur du Roy, les membres du Clergé et de la Noblesse et des députés du Tiers-Etat présents, et le greffier. Ainsi signés : Goze, curé, *député;* Domec, curé; Dousse, curé; Turon, curé; de Castellan, curé; Fr. Mesplède, prieur des Carmes; Darancette, curé de Biarritz; Mérignac, curé; Marjouan, prêtre; Dupoy, curé d'Eyres; Dupoy, curé; Dom Gros, prieur de Saint-Sever; Desbordes, curé; Frère Miquel, syndicq; le comte de Barbotan; le chevalier de Borda-Labatut; de Saint-Martin; baron de Hinx; le chevalier de Vignes;

le baron de Lataulade; chevalier de Bachelier; Bachelier de Maupas; Bachelier de Talamon; Saint-Martin; Bedorède; Bachelier d'Agès; Pixarre; Basquiat, lieutenant-général, *député;* Lamarque, *député;* Lafitte; Dupérier; Duboy; Ferragut; Ducau; Valette; Marsan; (f° 129) Destefen; Destefen; Durrieu; Diris; Fautous; Ducos; Lafosse; Lamarque fils; Dubasque; Cousseau de Labarthe; Dubourg; Lacoste; Lahitte; Philip; Darrigan; Puyo; Cazaux; Labrouste; du Cournau; Dupoy; Méricamp; Lamothe; Loustaunau; Planté; Duluc; Beyris; Ducasse; Dupoy; Casaux; Lassalle cadet; Clavé; Dubernet; Domenger; Lonné; Baron fils; Vielle; Darrifourq; Pinaquy; Senjean; Lassalle aîné; Forsans; Larquié; Léonard Laborde; Lasserre; Magne; Despagnet; Deslous; Darracq; de Gaye; de Poms; Brethous Lasserre; Lafitte Loubaignon; Lafitte; Tauzin; Despères; Dufau; Meynadé; Discazaux; Darrigade; Bensin; Darracq; Darcet; Larmandieu; Duvivé; Despouys; Dulau Dubarat; Pierre Bretous; Domenger; Gaye; Laporterie; Declaa; Costedoat; Hirygoyen; Capdeville; Lacouture; Poységur; Poydenot; Labeyrie; Jean Lissardy; Miressou; Castaignet; Cazaux; Clavé; Oricomby; Dumont-Besselère; Sahuquet; Vergès; Durruthy; Jean Damespril; Fautoux; — de Monsieur de Neurisse, lieutenant-général; Dousse, avocat du Roy, et Labarthe, greffier.

FIN.

16 oct. — 2 nov. 1864.   Pour copie conforme : A. C. C.

PAYS DE LABOURT

Membres de la Noblesse qui signèrent le Cahier des griefs à Ustarritz, le 23 avril 1789.

MM. :

D'Urtubie baron de Garro, grand bailli d'épée du pays de Labourt. — Le vicomte de Macaye père, commissaire. — De Haitze, commissaire et procureur fondé de M. de Gramont de Castera. — De Lalanne baron de Hinx, commissaire. — Vicomte de Macaye fils, commissaire. — Chevalier de Caupenne, procureur constitué de M. le marquis de Caupenne. — Chevalier d'Arcangues, pour moi et par procuration de M. d'Arcangues mon frère. — Dibarrart-Hirigoyen. — Duhalde de Sorhoette. — De Laborde-Lissalde, pour moi et par procuration de M. le vicomte d'Urtubie et de Madame la baronne d'Urtubie de Garro. — Colombots. — Daguerre. — Chevalier de Haitze. — De Saboulin, par procuration de Madame de Souhy. — De Roll-Montpellier, commissaire secrétaire de l'Ordre de la noblesse et procureur fondé de Madame la baronne de Lalanne.

(*Imprimé et en double au château de Montpellier et Bayonne, imprimerie de Paul Fauvet. — Le cahier du Tiers-État, aussi imprimé, est en français et en basque*).

Signé le 22 avril, 1789 :

Macaye père ; le vicomte de Macaye ; de Haitze ; baron de Hinx ; Roll-Montpellier, secrétaire de la noblesse ; de Haudy, lieutenant-général ; Dassance, greffier.

(*Extrait des archives de Roll-Montpellier*).

CAHIERS

DE L'ORDRE DE LA NOBLESSE
Du pays et duché d'Albret

DANS LES SÉNÉCHAUSSÉES DE CASTELJALOUX, CASTELMORON, NÉRAC ET TARTAS, EN 1789 (*).

DISCOURS

prononcé par M. LE BARON DE BATZ, *grand sénéchal du pays et duché d'Albret, le jour de l'ouverture de la séance des trois Ordres de la sénéchaussée d'Albret, siège de Tartas, le lundi 20 avril 1789.*

« MESSIEURS,

» Le plus juste et le meilleur des rois nous rend nos droits les plus précieux ; c'est par ses ordres qu'en ce moment vous jouissez du bonheur d'être rassemblés pour délibérer sur les intérêts les plus chers de la patrie, et pour former les demandes particulières que la bonté paternelle de Sa Majesté vous invite à lui présenter.

» En voyant la juste reconnaissance et la vive sensibilité qu'excite en vous ce grand bienfait et l'heureuse harmonie qui règne ici entre tous les rangs, il est permis de s'étonner qu'on ait pu manifester des sentiments différents des vôtres. O combien elles ont été douloureusement trompées les premières espérances de l'excellent prince qui veut à tout prix composer son bonheur du bonheur de ses sujets! Il a voulu de tout son pouvoir l'union, et la discorde

---

(*) Paris, imprimerie de Cosson, rue Garancière, n° 5 — 1820.

(f° 4) s'est montrée ; il a appelé la liberté, la licence a paru, et le sang vient de couler dans le sein même de sa capitale ; mais, n'en doutons pas, cette erreur d'un instant n'a été qu'un nuage passager qui s'est dissipé dans les airs et qui ne sera point suivi d'orages. Je dois donc me hâter de détourner vos regards de tout ce qui les affligerait, et de les reporter sur nos brillantes espérances et sur les présages les plus heureux.

» Quant à nous, Messieurs, inébranlables dans notre fidélité, toujours inséparable de notre amour pour le sang de l'immortel Henri IV, qui naquit près de nos pères, nous saurons prouver au prince qui porte sa noble couronne, que nous ne sommes indignes ni du grand bienfait qu'il répand sur la nation ni du regard particulier qu'il a daigné jeter sur ce premier patrimoine de son aïeul.

» Quel beau moment, Messieurs, se prépare ! quelle précieuse circonstance à saisir et pour resserrer les liens de concorde générale sans lesquels il ne peut exister ni paix ni bonheur dans les sociétés humaines, et pour opérer le soulagement si nécessaire du peuple ! En s'y portant avec ardeur, la noblesse ne fera que suivre son inclination naturelle et le désir le plus conforme à ses véritables intérêts, comme à ceux de tous les Ordres.

» Quant aux hommes que distinguent les talents, le vrai mérite, le savoir utile, les services rendus à l'Etat et à l'humanité, ceux-là illustrent la patrie, en font la gloire, l'honneur ; que tous les rangs leur restent ouverts ; que sous le sceptre de Louis XVI, la régénération des mœurs accompagne le rétablissement ou la sage modification des lois, et que l'ordre renaisse de notre sincère union. Tel est, dans le cœur de sa Majesté, l'objet de la convocation des ordres, et nuls sacrifices ne nous coûteront pour atteindre ce but désiré. Mais avant qu'ils soient consentis, vous demanderez qu'on en ait vérifié le besoin et fixé la mesure. (f° 5) Ce n'est certainement pas au désordre que vous entendez rendre le trésor qu'ont dissipé l'impéritie et la prodigalité de ministres trop indignes, soit de la confiance du prince le plus économe qui fût jamais, soit de la nation. Mais sur un sujet aussi grave, aussi important, je ne pourrais, Messieurs, rien ajouter à vos vœux, ni à vos méditations; il ne me reste qu'à me réunir à l'empressement que je vois éclater.

» Après avoir porté vos regards sur l'intérêt général de la patrie, je dois les faire retomber sur ces contrées que tant de maux et de fléaux ont désolées depuis quelques années. Des secours abondants ont été versés par vous sur l'indigence, et au milieu de vous par de respectables Pasteurs, dont les pauvres sont la famille. Mais l'épuisement est venu donner des limites à la bienfaisance ; la culture a langui dans ce pays qui lui doit plus qu'à la nature ; des déserts ont été ajoutés à des déserts, et il est de toute vérité que le malheureux cultivateur gémit écrasé sous le triple poids de la misère, du travail et d'une trop dure exaction. En un mot, ces contrées semblent n'offrir que les débris d'une patrie, mais elle vit entière dans votre amour pour elle, pour le roi, et j'ajoute pour vos plus chers intérêts, car l'amour de soi, le mieux entendu, n'est autre chose que l'amour de son Prince et de son pays. La France languissait, un mot a suffi pour la ranimer; en nous rappelant aux honorables fonctions de citoyens, l'espérance a tout ravivé ; en oubliant ses maux, chacun les croit anéantis, et l'allégresse publique a seule le droit de se montrer.

» Messieurs, le retard de mon arrivée parmi vous a, depuis quelques jours, arrêté les nobles élans de votre zèle ; veuillez considérer que ce retard a été forcé par l'obéissance que j'ai due aux ordres du Roi, et par l'accomplissement de mes fonctions dans trois autres (f° 6) sénéchaussées ; mais vous ne m'avez point accusé de tiédeur, vous avez rendu justice à des sentiments dignes des vôtres, et j'en ai reçu un témoignage bien flatteur dans l'allégresse qui s'est manifestée à mon arrivée au milieu de vous ; que dis-je à mon arrivée ? les bontés, l'amitié de mes compatriotes l'ont devancée (1) ; l'empressement dont je me suis vu environné sera toute ma vie l'un de mes plus doux souvenirs. Toutefois, Messieurs, ma sensibilité ne m'égare point, et je me hâte de restituer les sentiments qui m'ont été témoignés au sentiment qui les a fait naître, je veux dire au patriotisme ; c'est lui que j'ai dû reconnaître au cri de la satisfaction publique. Mon dessein n'est cependant pas, Messieurs, de me dérober à l'amitié qui m'a été témoignée, ni à la reconnaissance qu'elle m'inspire. Nul souvenir, je le répète, ne me sera jamais plus cher que celui du touchant accueil dont vous m'avez honoré. Avec quelle douceur il me rappelle que je suis né dans vos contrées ! J'y reverrai les premiers objets sur lesquels mes yeux se sont ouverts ; j'y retrouve de respectables parents et les premiers amis de mon enfance, et entre vous Messieurs, je revois un de vos compatriotes que je ne crains point de nommer hautement, homme vénérable, ardent ami de la patrie et le plus tendre des pères. Il m'éleva à vous chérir et à placer au premier rang du bonheur, la satisfaction d'être utile à son pays.

(1) Une nombreuse députation était allée recevoir M. le baron de Batz aux limites de cette Sénéchaussée.

» Oserai-je remercier ici, Messieurs, ceux qui ont daigné occuper un instant de moi leurs talents si justement estimés par vous ? Le patriotisme à servir leur prépare de plus dignes applaudissements ; mais n'est-ce pas encore au patriotisme qu'ils ont voulu rendre (f° 7) hommage en honorant à vos yeux le berceau d'un de vos enfants ? Quel beau jour pour moi, Messieurs, que celui où d'honorables circonstances m'offrent l'occasion de vous offrir un témoignage public du plus vif attachement et d'une éternelle reconnaissance. »

CAHIER DU CORPS DE LA NOBLESSE DU DUCHÉ D'ALBRET
AU SIÈGE DE TARTAS.

« Que de grâces nous devons rendre au monarque bienfaisant dont la tendre sollicitude, s'étendant sur l'universalité de son empire et sur toutes les classes de ses sujets, vient jusqu'aux extrémités du royaume interroger ses peuples ! Il veut entendre leurs réclamations et leurs vœux, les recueillir pour en composer notre félicité commune, et lui-même former son bonheur de la prospérité générale. Quels sentiments plus paternels acquirent jamais à aucun de vos rois la confiance, le respect et l'amour des français !

» Après avoir satisfait au plus pressant de nos sentiments, il nous reste à parler de vos intérêts. Nous nous y portons avec l'empressement de les rendre indivisibles de ceux de la nation et du prince. Et d'abord nous adoptons à l'unanimité les principes établis dans le cahier de la noblesse des trois autres Sénéchaussées de l'Albret convoquées à Nérac.

» Nous espérons avec elles que le mal public a été exagéré ; que pour le réparer, il sera présenté des moyens qui opéreront la libération de l'Etat sans l'établissement de nouveaux impôts, et sans le désastreux recours aux emprunts, toujours plus onéreux que les impôts.

» Mais si des moyens ordinaires n'étaient pas suffisants, (f° 8) si la proscription des abus et des privilèges onéreux, si des améliorations et l'économie ne présentaient point dans des calculs certains l'aquittement de la dette vérifiée, et qu'enfin un subside fût jugé nécessaire, nous déclarons ne vouloir connaître alors aucune exception, nous repoussons dès à présent tout titre qui nous donnerait des exemptions pécuniaires; les sentiments généreux sont toujours l'essence de la noblesse. Nous n'en gémissons pas moins sur l'abandon irréfléchi, nous osons le dire, que plusieurs corps de noblesse ont fait de leurs prérogatives. Avec combien de raison, suivant nous, l'assemblée de Nérac a demandé la vérification de l'état actuel des ordres relativement aux contributions; combien à l'examen cette vérification justifiera notre ordre et accusera ses détracteurs ! A les entendre, la noblesse française a tout envahi dans l'Etat, tout usurpé sur la raison, la nature et les lois; et l'Europe est appelée à témoin de cette barbarie ! Ce serait donc à tant de mauvaise foi ou d'ignorance que nous aurions la faiblesse d'offrir des sacrifices ? Est-ce donc au moment où l'envie s'élève contre nous jusqu'à la menace que notre Ordre doit céder au cri des factieux, les uns égarés, les autres méditant peut-être de grands crimes ?

» Que notre député se défende de toute précipitation; l'œuvre de notre régénération est désespérée si elle n'est l'heureux ouvrage de la prudence et des plus sérieuses réflexions.

» Qu'il nous serait facile de démontrer que, loin de nous soustraire à l'impôt, l'impôt au contraire nous écrase, et avec nous le pauvre peuple et le malheureux cultivateur ; que si la faveur marque et flétrit quelques individus parmi nous, notre Ordre n'en est que plus dénué et plus opprimé ; qu'enfin les exemptions (f° 9) iniques, les privilèges scandaleux sont accumulés hors de notre Ordre. Mais rassembler ici les preuves de ces faits serait ôter à la respectable vérité l'appareil et les hommages qu'elle a droit d'attendre des mandataires de la nation.

» Là encore, en présence des Ordres réunis et dans leur concours, il sera vérifié que l'exemption reposant sur les fonds nobles possédés par notre Ordre est soumise à des obligations qui sont des charges réelles ; à des hommages, à des dénombrements dispendieux et à plusieurs autres devoirs féodaux qui, joints à notre capitation et aux vingtièmes dont ces mêmes biens sont chargés, les rendent plus onéreux pour nous que ne le serait la taille dont ils sont exempts...

» Quant à nos fonds ruraux, l'exemption d'impôts restée aux nobles est celle des quatre charrues ; exemption à peu près nulle, puisque pour en jouir il faut les faire valoir soi-même ; et ce n'est alors que le refuge du pauvre gentilhomme contre la dernière misère. Aussi, le ministre actuel des finances n'a pu se dissimuler le peu d'intérêt du fisc lui-même à la suppression de cette exception, et en même temps il a senti jusqu'au malheur du coup dont l'abolition de cette exemption, toute faible qu'elle est, frapperait néanmoins la classe indigente mais nombreuse et respectable de notre Ordre.

» En effet, on voit dans le *résultat* adopté au Conseil que ce ministre, toujours préoccupé du projet de faire disparaître toutes les inégalités entre les Ordres et dans la répartition des impôts, médite d'y sacrifier ce dernier asile de notre pauvreté ; il nous offre, il est vrai, en dédommagement, les *égards* du plus bienfaisant des rois, et sans doute la protection de ses ministres ; mais le vrai gentilhomme a la fierté de ne vouloir être protégé que par la loi. Cette protection (f° 10) est d'ailleurs la seule certaine, la seule qu'il puisse réclamer sans rougir et sans la crainte de voir associer ses droits à l'intrigue qui les usurpe.

» Mais après qu'il aura été bien reconnu que le fisc le plus âpre ne pourrait rien gagner à la suppression de nos prétendus privilèges, il restera à peser d'une part dans l'intérêt du prince, et d'autre part dans celui de la nation, l'adoption du véritable projet du ministre actuel des finances, savoir : le projet de faire disparaître toute inégalité des conditions.

» C'est sous les yeux des Etats-Généraux que ce ministre développera de tels éléments d'ordre public aussi nouveaux dans une monarchie.

» Nous disons nouveaux, quoique ce ne soit point la première fois depuis la création de l'empire français que ce système soit produit, mais aux époques précédentes, si nous consultons les déplorables annales du siècle où, pour la première fois en France, il fut introduit ; les maximes de nos désorganisateurs favorisèrent des projets absolument républicains, la monarchie pencha vers sa ruine, le trône fut avili et la nation dégradée ; toute subordination parut odieuse et toute infériorité une humiliation : la dissension et les haines divisèrent les ordres, les armèrent, les déchirèrent et le sang français fut répandu, témoins les Maillotins dans Paris et la Jacquerie en Champagne.

» Les mêmes principes peuvent aujourd'hui, nous dit-on, être conciliés avec les principes et les lois de cette monarchie. Préparons-nous à juger avec impartialité le plan de cette nouvelle alliance, ne précipitons aucun jugement et ne désespérons point de notre bonheur; croyons aux lumières si vantées du ministre qui entreprend cette immense révolution; détournons nos regards des exemples funestes, mais gardons-nous d'oublier les grandes leçons de l'expérience; enfin, osons tout espérer d'un roi juste et bon (f° 11), des hautes destinées de notre auguste race et de celle de l'empire français.

» Tel est le supplément que nous croyons devoir ajouter aux maximes et aux principes développés dans le cahier auquel nous nous sommes fraternellement associés. En s'éloignant des lois et des formes monarchiques, on s'ôterait toute base certaine et toute règle fixe ; en les perdant de vue, tout deviendrait instabilité, hypothèse et système, plus de point de ralliement ; et cet égarement fâcheux préparerait aux peuples et à nos rois une longue suite de calamités.

» D'après ces sentiments, et dans le vœu de la satisfaction de notre souverain, de l'éternelle prospérité de son illustre race, de la gloire et de la stabilité de son trône, ainsi que dans le vœu de la gloire et du bonheur de la France, nous avons arrêté de présenter au roi et à l'assemblée des Etats-Généraux les articles qui suivent. »

Notre député aux Etats-Généraux demandera :

Article premier.

Que la liberté générale et individuelle des citoyens soit reconnue pour être la base du contrat social de cette monarchie.

Art. II.

Que les lois qui assurent le respect dû à nos propriétés

soient reconnues inséparables de la liberté générale et individuelle.

Art. III.

Aucun ordre, ni aucune personne en France n'ayant, par la constitution véritable de cette monarchie, été jamais exempts des charges de l'Etat, et (f° 12) l'impôt étant par conséquent l'une des propriétés du corps de la nation, nous demandons que l'impôt soit vérifié et qu'on y rappelle les personnes, les classes et le territoire qui auraient été frauduleusement soustraits.

Art. IV.

Que les exemptions pécuniaires attachées soit à nos personnes, soit à nos terres et biens soient vérifiées, et que cette vérification s'étende également sur la portion de l'impôt que nous devons supporter.

Art. V.

Que la même vérification ait lieu dans les autres ordres.

Art. VI.

Qu'il en soit de même pour les priviléges vénaux, mais que leur suppression ne soit votée que réunie à leur remboursement.

Art. VII.

Après les vérifications faites, que les propriétés de l'Etat sur chaque ordre et sur chaque individu, et les propriétés de chaque ordre et de chaque individu dans l'Etat, soient reconnues et constatées pour servir de règle perpétuelle à l'ordre public et à la répartition des impôts.

Art. VIII.

Que la dette nationale soit vérifiée dans son origine, dans ses progrès et sa légitimité, et qu'ensuite elle soit consolidée.

Art. IX.

Que si la proscription des abus, la suppression des privilèges et des exemptions injustes, le rappel (f° 13) à l'ordre et aux impôts n'étaient pas suffisants pour satisfaire aux besoins de la patrie, et s'ils exigeaient un subside, qu'alors notre député s'empresse de faire en notre nom la déclaration expresse que nous entendons en supporter une part proportionnelle à nos biens, sans distinction d'ordre et sans réserve d'aucun de nos titres, ni d'aucune de nos propriétés.

Art. X.

Que jamais aucun subside ne puisse être consenti qu'après avoir été reconnu d'une absolue nécessité, fixé dans sa durée et sa quotité, et qu'il ne puisse être perçu qu'après que son application irrévocable à sa seule destination aura été valablement garantie à la nation.

Art. XI.

Nous reconnaissons que c'est au roi, de concert avec la nation, et à la nation de concert avec le roi, qu'appartient la formation des lois. Quant à leur enregistrement, la responsabilité des ministres, le retour périodique des Etats-Généraux, la liberté de la presse, ce qui peut intéresser la police intérieure du royaume et les parlements, la formation et l'organisation des administrations provinciales ou Etats particuliers; sur tous ces divers objets notre député pourra se décider, d'après ce qui lui paraîtra le plus convenable, lorsqu'ils seront mis en délibération; mais surtout qu'il ne perde jamais de vue que le roi est parmi nous le père des ordres, le premier des nobles et l'objet de notre amour, le commandant suprême de ses peuples, et que l'obéissance qui lui est due au nom des lois est l'obéissance due aux lois mêmes, il est la loi vivante; qu'enfin au respect le plus profond pour Sa Majesté sont inséparablement (f° 14) liés l'ordre, la paix, la gloire et, par conséquent, le bonheur de la nation.

Art. XII.

Nous enjoignons expressément à notre député d'opiner aux Etats-Généraux par ordre; opiner par tête nous paraîtrait une des innovations les plus anti-monarchiques.

Articles subsidiaires.

Comme il est de la plus cruelle mais de la plus constante vérité :

1° Que la dégradation et la dépopulation de ce pays, la misère du cultivateur, la ruine des propriétaires dans cette contrée sont le produit funeste du régime fiscal qui la dévore;

2° Que la répartition des impôts est faite par le commissaire départi, qui n'a d'autres dépositaires de sa confiance que les suppôts de la plus vicieuse administration;

3° Que ceux-ci, oppresseurs du peuple dans nos campagnes, n'y trouvent plus pour contradicteurs que de pauvres paysans qui n'entendent, ni ne savent, ni ne peuvent défendre leurs intérêts et qui, ensuite, ne sachant ni lire, ni écrire, sont néanmoins chargés de collectes;

4° Que d'un aussi fâcheux système d'administration il résulte que tout est parmi nous livré à l'arbitraire le plus révoltant, à l'injustice la plus criante, et à l'oppression la plus scandaleuse;

5° Que si l'on calculait ce qu'enlèvent au peuple et au roi les tribunaux érigés pour la seule utilité du fisc, ses bureaux, ses recettes et ses caisses, la multitude de ses préposés, leurs gages, leurs attributions, leurs indemnités et leurs bénéfices, les exactions, les extorsions, les doubles et triples droits, les amendes et les confiscations, les saisies et les exécutions, enfin les ventes spoliatives qui, enlevant au pauvre et au cultivateur, forcément (f° 15) obéré par l'impôt, les instruments de sa précieuse industrie et jusqu'au germe des reproductions, lui ôtent ainsi le dernier espoir de sa libération et même de sa subsistance;

6° Que si l'on ajoutait à ce calcul effrayant ce qu'arrachent à l'agriculture les exemptions d'impôts que s'attribue l'administration fiscale, cette somme seule, reversée sur notre territoire, y rendrait les tributs supportables;

7° Enfin, voyant de près notre Etat, c'est-à-dire nos maux et leurs remèdes, nous apercevons le salut de ce pays, ainsi que l'avantage du trésor public dans l'établissement d'une administration appropriée à nous et relative à nos forces; en conséquence nous chargeons très expressément notre député aux Etats-Généraux d'y demander :

Article premier.

Que notre Sénéchaussée soit autorisée à se régir elle-même, de manière que la répartition et la perception de toutes les impositions, tant réelles que personnelles, soient faites sans l'intervention du commissaire départi.

Art. II.

Que dans ces assemblées composées uniquement des propriétaires des trois ordres de cette Sénéchaussée, on puisse y élever des administrateurs chargés du recouvrement de l'impôt, et autorisés à en faire le reversement direct au trésor royal ou bien acquitter les rescriptions et les charges locales qui nous seraient assignées.

Art. III.

Que la même administration fasse seule la levée et l'emploi des fonds destinés au soulagement des paroisses ou des personnes maltraitées (f° 16) par les divers fléaux.

Art. V.

Notre député demandera que les paroisses riveraines qui fournissent des matelots à la marine royale soient exemptées du tirage de la milice pour le continent; et que les matelots soient choisis parmi les hommes qui n'ont point d'engagement pour l'agriculture.

Art. IX.

Nous demandons instamment au roi de vouloir voir statuer qu'à l'avenir tout chevalier de Saint-Louis soit toujours admis à délibérer avec les gentilshommes de la Sénéchaussée, quand bien même il ne serait point noble; ce vœu est analogue à l'esprit de nos lois anciennes et à celui d'une loi nouvelle, par laquelle tout chevalier de Saint-Louis fait pour sa postérité souche de noblesse héréditaire et transmissible au troisième degré, et qu'enfin les armes sont la plus noble profession par laquelle notre ordre puisse être renouvelé et se perpétuer.

Fait et arrêté dans l'assemblée générale de la noblesse de la Sénéchaussée d'Albret, au siége de Tartas, ce vingt-quatre avril mil sept cent quatre-vingt-neuf. *Signés à l'original déposé au greffe*, le baron DE BATZ, grand sénéchal d'Albret, et tous les gentilshommes présents.

Extrait du procès-verbal (f° 17) *de l'assemblée du corps de noblesse de l'Albret, au siége de Tartas, du* 24 *avril* 1789.

Les premières vues de la noblesse se sont au premier moment dirigées sur les gentilshommes de ce pays et se sont fixées sur M. le Grand-Sénéchal et sur M. son Père ; ils ont été successivement nommés députés. M. le Grand-Sénéchal a rappelé à l'assemblée que déjà il était député par les gentilshommes des Sénéchaussée de Nérac et de Gasteljaloux réunies à Nérac. M. son Père a déclaré que l'état de sa santé ne lui permettait pas présentement d'entreprendre un long voyage ; mais que si l'assemblée l'honorait de sa confiance comme suppléant, il accepterait cette marque d'estime des gentilshommes ses compatriotes. Il a été remontré ensuite à M. le Sénéchal que le règlement donné par le roi, relativement aux députations, voulait que celui qui aurait été député de plusieurs Sénéchaussées fût tenu d'opter entre elles ; que M. le Grand-Sénéchal était dans le cas prévu par le règlement ; qu'en conséquence l'assemblée lui demandait à laquelle de ces deux députations il donnait la préférence ?

M. le baron de Batz a répondu :

« Messieurs, ce serait à vous-même que je déférerois le choix à faire si je n'avais pas à porter vos vues fort au-dessus de nous tous. A qui d'entre nous serait-il permis d'oublier qu'une grande reine, célèbre dans les fastes de la monarchie, Jeanne d'Albret, reine de Navarre, dont le sang coule dans les veines de nos princes, transmit l'Albret, antique et (f° 18) vaste héritage de ses ancêtres (1), à son fils l'immortel Henri IV? Que vous avez par conséquent un droit à faire le respectueux hommage de votre députation à un rejeton de notre héros et de la reine, dernière princesse du nom d'Albret. Heureux, Messieurs, si d'autres corps de noblesse ne nous point devancés dans l'hommage que je propose. »

A ces mots, tous les cœurs, toutes les pensées se sont reportés avec enthousiasme sur l'auguste famille royale, et MONSEIGNEUR COMTE D'ARTOIS a été élu à l'unanimité.

L'assemblée a ensuite chargé M. le baron de Batz de présenter au prince cette députation à lui offerte par l'amour et le respect, et de la faire au besoin maintenir dans les Etats-Généraux.

L'assemblée a également chargé M. le baron de Batz de la déposer, cette députation, aux pieds de SA MAJESTÉ, d'en exprimer les motifs respectueux dictés par le plus entier dévouement de tout le corps de noblesse à sa personne sacrée, dans laquelle ils révèrent toutes les vertus réunies, la plus vénérable bonté et le sang de son glorieux aïeul Henri IV.

---

(1) Le duché d'Albret s'étend sur plus de soixante lieues de longueur, sur plus de vingt-cinq de largeur; il a quatre sénéchaussées : celles de Castelmoron et de Casteljaloux s'étendent des faubourgs de Périgueux à ceux de Bordeaux et fort au-delà ; la sénéchaussée de Nérac et celle de Tartas, dans laquelle est la ville d'Albret, s'étendent jusqu'à Bayonne.

Lettre écrite au roi par M. le baron de Batz, le 13 mai 1789.

« Sire,

» Député aux Etats-Généraux par la noblesse de ma province, et grand sénéchal d'Albret (f° 19), je viens en ces deux qualités remplir auprès de Votre Majesté un devoir qui m'a été imposé par les gentilshommes mes mandataires : ils ont nommé Monseigneur comte d'Artois leur député aux Etats-Généraux, et m'ont chargé de soumettre leurs motifs à Votre Majesté.

» Ils ont pensé que cet hommage était dû par la noblesse d'Albret à un rejeton de l'immortel Henri IV, dont l'Albret a été l'héritage par la reine de Navarre, Jeanne d'Albret, son illustre mère; que cet hommage si pur et si respectueux sera approuvé par Votre Majesté même; que même il pourrait être utile qu'un prince fils de France siégeât aux Etats-Généraux.

» Hélas! Sire, il est malheureusement su de toute la France que des hommes égarés par des hommes à mauvais desseins soufflent dans Paris la discorde ; qu'ils attaquent presque à découvert le trône antique de tant de rois vos illustres aïeux ; et l'on ne peut plus se dissimuler que la balance des destinées du royaume va se lever dans l'assemblée des Etats-Généraux : que d'alarmes nous semblent permises en ce moment !

» Pressés entre d'aussi graves circonstances, il a paru à mes commettants que la députation qui placerait Monseigneur comte d'Artois au centre des Etats-Généraux dans la chambre de la noblesse, aurait le caractère et les effets d'un coup d'Etat qui consoliderait la monarchie; que la seule opposition de l'un des trois ordres étant légalement suffisante pour neutraliser les résolutions pernicieuses que l'erreur, les surprises ou les séductions pourraient dicter dans les deux autres ordres, il importait au salut public que, par une sage prévoyance, Votre Majesté s'assurât des déterminations de l'ordre de la noblesse dans la chambre de ses députés. Dans ce sens, nul doute que la présence de (f° 20) Monseigneur comte d'Artois ne déterminât ce succès dans cette chambre; que par ses yeux, Sire, vous y verriez tout; que vous y entendriez tout par son oreille fidèle, et que vous seriez présent à tout ce qui s'y agiterait, par les rapports qu'à tout instant vous transmettrait un frère tendre et respectueux sujet de Votre Majesté et ardent ami de la patrie; que l'inexactitude, ni encore moins l'infidélité, n'auraient le pouvoir de les altérer; que la candeur et la loyauté de Monseigneur comte d'Artois si généralement connues en seraient la garantie, si d'ailleurs ses intérêts personnels n'étaient pas indivisibles de ceux de Votre Majesté.

» Par ces premières dispositions, Votre Majesté connaîtrait les directions à tracer aux opinions de l'ordre de la noblesse; l'impulsion serait ensuite donnée comme par vous-même, Sire, par l'organe de Son Altesse Royale; et les déterminations de la chambre se déclareraient avec cette plénitude de volonté, cet ascendant monarchique et l'énergie que la présence et l'exemple d'un prince fils de France ajouteraient dans cette chambre aux bons sentiments de la vigoureuse majorité qui vient de s'y prononcer, et à laquelle il ne faut plus qu'un régulateur imposant.

» A ces hautes considérations, Votre Majesté me pardonnera-t-elle d'en ajouter une secondaire? La nomination du prince sera manifestée; et autant la noblesse française serait flattée de voir un prince, frère de Votre Majesté, accepter une députation, autant serait-elle affligée, Sire, de l'en voir écarter par des erreurs que déjà (mais à tort sans doute) on attribue à quelques-uns de vos Ministres. Quelles que soient à ce sujet les volontés de Votre Majesté, le respect et l'obéissance de notre ordre en sera inséparable (f° 21). Demain, Sire, je serai à mon poste dans la chambre où l'on m'a député. Là, j'aurai d'importants devoirs à remplir ; j'ose espérer que Votre Majesté me rend la justice de ne pas douter du zèle et de la fidélité avec lesquels je les remplirai ; ce sera la nécessaire et très certaine conséquence de mon dévouement sans bornes à votre personne, Sire, à la gloire et à la prospérité de votre règne, qui est celui de toutes les vertus.

» Je suis avec respect, etc.,

» Signé : LE BARON DE BATZ. »

Extrait de ce qui s'est passé à la chambre de la noblesse dans la séance du 14 mai 1789.

Après l'ouverture de la séance, Monsieur le comte de Montboissier, président de la chambre, a dit : « Messieurs, vos commissaires ont vérifié les pouvoirs de Monsieur le baron de Batz, député des sénéchaussées d'Albret aux sièges de Nérac et Casteljaloux, et les ont trouvés réguliers. Est-il proposé quelque objection ? »

D'après le silence de la chambre, Monsieur le Président a dit : « Monsieur le baron de Batz, vous êtes admis. »

Lecture faite du procès-verbal de la séance de la veille,

Monsieur le Président, interpellant Monsieur de Batz, lui a dit : « Vous avez la parole pour entretenir la chambre de la part de Monsieur le comte d'Artois. »

Monsieur le baron de Batz a répondu :

« Je ne sais qui a pu induire en erreur Monsieur le Président ; il a pu savoir que j'aurais à entretenir la (f° 22) chambre d'un fait particulier concernant Monsieur le comte d'Artois, mais c'est uniquement en vertu d'un mandat exprès de mes commettants ; et je n'ai absolument rien à dire de la part de Son Altesse Royale. » Monsieur de Batz a réclamé l'indulgence de la chambre, se voyant obligé d'y prendre la parole au moment où il y entre, et avant d'avoir pu connaître les formes de ses délibérations ; il a dit :

« Messieurs, je suis chargé, comme député et comme sénéchal d'Albret, de vous annoncer que la noblesse y a nommé député Son Altesse Royale Monseigneur comte d'Artois. » (*La chambre a retenti d'applaudissements*). Monsieur de Batz a exhibé le procès-verbal de cette nomination et en a donné lecture ; il porte en substance que les gentilshommes du pays qui a été le premier héritage d'Henri IV, avaient pensé qu'à ce titre ils n'étaient pas sans droits à faire hommage de leur députation à un prince de l'auguste race du grand roi, l'idole de leurs pères ; et qu'à l'unanimité ils avaient élu Monseigneur comte d'Artois. (*Nouveaux applaudissements*).

Monsieur de Batz a repris ainsi :

« Je vois, Messieurs, que je viens de faire goûter à la chambre un instant de douce jouissance, et je n'en pouvais douter ; je l'affligerai maintenant en lui apprenant que cette députation se trouve arrêtée dans son effet par l'opinion de quelques ministres qui ne pensent point qu'un fils de France, frère du roi, puisse siéger dans cette chambre.

» Cette opinion, née sans doute d'un respect suprême pour le haut rang d'un fils de France, n'en est pas moins une erreur ; elle est même injurieuse aux aînés de cette auguste maison. Un de nos grands rois, parlant de sa race, dit ces paroles si connues : « Notre plus beau titre est ce-
» lui de gentilshommes. » (f° 23). Toujours nos princes ont aimé à se mêler dans les rangs de la noblesse, et toujours leur place était marquée dans nos assemblées politiques. C'est la longue désuétude de ces assemblées qui a amené l'oubli de leurs formes. Mais, Messieurs, cette chambre ne laissera certainement pas s'établir des opinions et des règles qui ne sauraient avoir l'aveu de l'ordre que vous représentez ; et les plus puissantes considérations vous y détermineront, elles intéressent essentiellement la liberté nationale, l'autorité et l'intégrité de vos suffrages. Où en serions-nous, s'il dépendait soit des caprices, soit des erreurs des ministres, d'arrêter à leur gré l'effet des députations régulièrement faites, soit dans notre ordre, soit dans les autres ordres ?

» Par ces motifs, Messieurs, vous ne pourrez vous défendre de vouloir que la députation de Monsieur le comte d'Artois ait tout son plein et entier effet. »

Monsieur le vicomte de Noailles a dit :

« Il faut avant tout que la chambre connaisse les intentions de Monsieur le comte d'Artois ; et je demande à Monsieur le baron de Batz s'il a qualité pour nous les faire connaître ? »

Monsieur le baron de Batz a répondu :

« J'ai commencé par déclarer, et je le répète, que je n'ai aucune mission pour parler ici au nom de Monsieur le comte d'Artois ; mais j'ai fait connaître à la chambre le mandat impératif de mes commettants, qui m'enjoint de faire maintenir par tous les moyens qui seront en moi l'effet de la députation dont ils lui ont fait hommage. Si l'on insiste à me demander quelles sont les intentions du prince, je dirai que lorsque j'ai eu l'honneur de remettre dans ses mains cette députation, il a témoigné avec toute la grâce et la franchise qui le caractérisent qu'elle lui était infiniment agréable et qu'il se félicitait d'avoir cette occasion de participer (f° 24) aux travaux de la chambre de la noblesse dans cette grande circonstance.

» Cependant, Messieurs, c'était à la suite du prince que je devais paraître parmi vous ; j'y suis et vous ne l'y voyez pas ! et sans doute c'est assez pour vous dire qu'un puissant obstacle l'arrête. » Alors, et de plusieurs côtés de la chambre, on a demandé à Monsieur de Batz de se résumer, et à quoi il concluait. Il a dit : « Je demande qu'au nom de la chambre de la noblesse, une députation soit autorisée à aller supplier respectueusement le roi de permettre qu'elle réclame l'entier effet de l'acte par lequel Monsieur le comte d'Artois est nommé député. »

Au même instant, et à la porte de la chambre, un individu joint à quelques autres a fait entendre ces paroles :

« Messieurs, nous sommes les députés de la noblesse d'Artois, et depuis plusieurs jours nous sollicitons d'être admis. N'est-il pas surprenant qu'un des députés de l'Albret, qui s'est présenté aujourd'hui seulement, ait été sur-le-champ reçu parmi vous, tandis que depuis cinq jours nous attendons sur le seuil de cette porte notre admission sans pouvoir l'obtenir ? » (*Des applaudissements sont entendus*).

Monsieur le baron de Batz a répliqué ainsi :

« N'est-il pas plus surprenant encore qu'une personne qui elle-même se déclare non admise dans cette assemblée se croie permis d'y élever la voix, et encore pour y scinder une délibération non terminée? Dans quelle assemblée délibérante pareil désordre peut-il être toléré? » (*Des applaudissements presque universels sont entendus.*)

Néanmoins, l'orateur des députés de l'Artois (Monsieur de Beaumetz) a mérité par sa réplique de semblables applaudissements, il s'est excusé sur ce que (fº 25) ses collègues et lui s'étaient vus réduits à être les témoins muets d'une délibération qui intéressait Monsieur le comte d'Artois, et dans laquelle ils éprouvaient le vif regret de perdre cette occasion de témoigner publiquement leur dévouement et leur respect au prince leur suzerain. La délibération ayant été reprise, la discussion a porté sur ces deux propositions :

« Sera-t-il fait par la chambre une députation au roi pour réclamer l'effet de la députation de Monseigneur le comte d'Artois ? Ou bien la chambre attendra-t-elle de connaître officiellement les intentions de ce prince au sujet de cette députation ? » Cette dernière proposition a été adoptée.

SÉANCE DU VENDREDI 15 MAI 1789.

L'ordre de la noblesse étant assemblé, Monsieur le Président a fait lecture de la lettre suivante, à lui adressée par M. le comte d'Artois :

« De Versailles, le 15 mai 1789.

» Je vous prie, Monsieur, de faire part à la chambre de la noblesse que j'ai reçu, par Monsieur le baron de Batz, sénéchal du duché d'Albret, l'offre de la députation de la noblesse de cette sénéchaussée. Elle m'est offerte de la manière la plus flatteuse et la plus honorable. Je n'oublierai jamais la sensible reconnaissance que je dois à cette marque d'estime et de confiance; je vous prie, Monsieur, de bien exprimer à la chambre de la noblesse qu'un descendant d'Henri IV sera toujours honoré de se trouver parmi des gentilshommes. Assurez-les que mon désir le plus ardent eût été de siéger avec eux et de partager leurs délibérations, surtout dans (f° 26) une circonstance aussi honorable. Mais chargez-vous en même temps de déposer dans le sein de la chambre les regrets aussi pénibles que sincères que j'éprouve d'être forcément obligé, par des circonstances particulières, à ne pas accepter cette députation. Il m'eût été bien doux de mieux connaître, de mieux apprécier encore s'il est possible les sentiments qui distinguent la noblesse française. Mais, Monsieur, certifiez en mon nom à toute la chambre que, *forcé* de renoncer en ce moment à l'espoir d'être un de ses membres, elle peut compter qu'elle trouvera toujours en moi les mêmes sentiments que je n'ai jamais cessé de montrer, et que je conserverai éternellement. Je profite avec empressement de cette occasion pour vous témoigner, Monsieur, mes sentiments et ma parfaite estime.

» Votre affectionné ami,

Signé : Charles-Philippe. »

Il a été arrêté à l'unanimité que Monsieur le Président se retirera par devers Monsieur le comte d'Artois, pour assurer ce prince que la noblesse a reçu avec la plus respectueuse sensibilité la communication de la lettre dont il a honoré Monsieur le Président; qu'elle y a reconnu les sentiments d'un digne descendant d'Henri IV, et que Monsieur le Président offrira à Monsieur le comte d'Artois les remerciements, les regrets et les respects de la chambre.

Le samedi 16 mai 1789, Messieurs les députés de la noblesse rassemblés à l'heure indiquée, Monsieur le Président a ouvert la séance en disant :

« Messieurs,

» Conformément à votre vœu, je me suis rendu chez Monseigneur comte d'Artois pour lui témoigner toute votre reconnaissance des regrets qu'il (f° 27) vous a exprimés si franchement et d'une manière si énergique. Les membres de la noblesse qui m'ont accompagné chez lui peuvent vous dire la vive émotion qu'a éprouvée le prince lorsque j'ai eu l'honneur de lui faire part de votre arrêté.

» Sa réponse qu'il m'a remise écrite de sa main est noble, sensible et touchante ; permettez-moi de vous en faire lecture :

« Monsieur, j'essaierais en vain de vous exprimer toute
» la reconnaissance que m'inspire la démarche honorable
» pour moi dont la chambre de la noblesse vous a chargé,
» et les regrets qu'elle veut bien éprouver. Ils augmente-
» raient ceux que ressent mon cœur si cela était possible.
» Mais, Monsieur, veuillez parler encore en mon nom à la
» chambre, et lui donner la ferme et certaine assurance
» que le sang de mon aïeul m'a été transmis dans toute sa
» pureté, et que tant qu'il m'en restera une goutte dans les
» veines je saurai prouver à l'univers entier que je suis
» digne d'être né gentilhomme français. »

Cette lecture finie, la chambre entière a marqué par de vifs applaudissements la profonde reconnaissance dont elle était pénétrée pour les sentiments que Monsieur le comte d'Artois avait bien voulu lui témoigner.

A la date du 16 mai suivant, Monseigneur comte d'Artois a remis à Monsieur le baron de Batz la lettre suivante, adressée par Son Altesse royale à Messieurs les gentilshommes de l'Albret.

« Messieurs, j'ai reçu par Monsieur le baron de Batz l'of-
» fre flatteuse de votre députation. Croyez que mon cœur
» sait apprécier les motifs touchants qui vous ont détermi-
» nés, ainsi que l'estime et la noble confiance que vous
» (f° 28) m'avez témoignées ; mais des circonstances particu-
» lières me forcent absolument de renoncer au désir d'être
» votre représentant aux Etats-Généraux. Soyez bien sûrs
» que je serai plus ardent encore s'il est possible à employer
» tous les moyens qui sont en moi pour être utile à une
» province et à un ordre qui veut bien se lier à moi par les
» liens les plus touchants pour mon cœur. Enfin, Messieurs,
» un petit-fils d'Henri IV n'oubliera jamais ce qu'il doit au
» patrimoine de son aïeul.

» Je suis, Messieurs, votre affectionné ami,

» Signé : CHARLES-PHILIPPE. »

Lettre écrite par Monsieur de Villedeuil, ministre du roi et par l'ordre de S. M. à Monsieur le baron de Batz, le 17 mai 1789.

« Sa Majesté m'a ordonné, Monsieur, de vous faire savoir qu'elle est très satisfaite des sentiments que vous lui avez exprimés, tant en votre nom qu'en celui des corps de noblesse de l'Albret ; les souvenirs qui se conservent dans cet héritage d'Henri IV ne permettent pas de douter de l'inaltérable fidélité de ses habitants au sang du grand roi dont la mémoire est si chère à la France. Si des circonstances particulières s'opposent à ce que le prince que les gentilshommes du duché d'Albret ont nommé leur député accepte leur députation, Sa Majesté n'en est pas moins touchée des motifs de cet hommage.

» Quant à vous, Monsieur, Sa Majesté me charge de vous dire qu'elle connaît vos sentiments personnels, et qu'elle ne doute pas de vous voir toujours où vous appelleront vos devoirs et le dévouement à sa personne.

» J'ai l'honneur d'être très parfaitement, etc.

» Signé DE VILLEDEUIL. »

(f° 29) *Lettre au roi, écrite par les trois ordres réunis de l'assemblée de la sénéchaussée d'Albret au siège de Tartas.*

« SIRE,

» Par délibération unanime dans les trois ordres de la sénéchaussée d'Albret au siége de cette ville, nous sommes chargés d'offrir très respectueusement à Votre Majesté leurs remerciements de ses bienfaits, et premièrement d'avoir daigné leur accorder une députation particulière pour cette portion de l'Albret si malheureuse et qui a le plus pressant besoin d'intéresser et de réclamer elle-même la justice et la bienfaisance de Votre Majesté ; secondement, d'avoir bien voulu donner pour grand sénéchal à ce pays un citoyen du zèle, du mérite personnel et de la naissance de M. le baron de BATZ ; il n'a cessé de nous entretenir, Sire, de vos vertus, de la bonté paternelle de Votre Majesté pour ses peuples; et la double députation que l'Albret, par acclamation, a réunie sur sa tête, est un hommage de plus que le premier patrimoine d'Henri IV dépose avec confiance aux pieds de Votre Majesté.

» Nous sommes avec le plus profond respect,

» Sire, de Votre Majesté,

les très humbles et très obéissants serviteurs, et sujets soumis et fidèles.

» A Tartas, en Albret, le 25 avril 1789. »

Cette lettre a été signée par deux commissaires et le président du clergé, par les députés du Tiers-Etat et par deux commissaires et le secrétaire de la noblesse.

(f° 30) *Lettre écrite le 16 mai 1789, par les députés du troisième ordre de la sénéchaussée d'Albret, siége de Tartas, à Monsieur le chevalier de Chambre, commissaire de la noblesse.*

« Monsieur le Chevalier,

» Conformément à notre mandat, nous avons eu l'honneur de remettre au ministre de la Cour la lettre délibérée à l'unanimité dans la dernière assemblée générale des trois ordres de notre sénéchaussée, pour remercier le roi de ses bienfaits. Pour donner plus d'authenticité à notre juste reconnaissance, nous avons fait insérer cette lettre dans le *Journal de Paris*, le 9 de ce mois. Vous apprendrez avec plaisir qu'elle a été agréable à Sa Majesté, ainsi que vous le verrez dans celle que le ministre nous a chargés de vous adresser de sa part comme au commissaire de la noblesse et secrétaire de la dernière assemblée des trois ordres de notre sénéchaussée.

» Recevez les assurances, etc.

» Signé LARREYRE, député.

» Signé CASTAGNÈDE, député. »

Réponse du ministre, adressée de Monsieur le chevalier de Chambre, secrétaire de l'ordre de la noblesse, à l'assemblée des trois états de la sénéchaussée de Tartas.

« A Versailles, le 10 mai 1789.

» J'ai remis au roi, Monsieur, la lettre que vous m'avez fait l'honneur de m'adresser pour Sa Majesté, de la part des trois ordres de la sénéchaussée d'Albret à Tartas. Sa (f° 31) Majesté m'a ordonné, Monsieur, de vous charger de témoigner à l'assemblée, si elle existe encore, sinon aux membres qui l'ont composée, toute la satisfaction qu'elle a éprouvée des sentiments d'affection et de fidélité dont cette lettre lui a exprimé l'hommage.

» J'ai l'honneur d'être très parfaitement, Monsieur, votre très humble et très obéissant serviteur.

» Signé DE VILLEDEUIL. »

Discours prononcé par Monsieur le baron de Batz, grand sénéchal du pays et duché d'Albret, à l'ouverture de la séance du 30 mars 1789, les trois ordres des sénéchaussées de Nérac, Casteljaloux et Castelmoron, convoqués par les ordres du roi et assemblés dans l'église principale de Nérac, capitale de l'Albret.

« Messieurs,

» Les jours de patriotisme sont enfin venus, et le cri de la liberté nationale retentit de toutes parts ; les Français s'y rallient avec ardeur, et successivement présentent à la patrie un spectacle dont elle est avide : celui de la France entière délibérant sur ses destinées ; car Messieurs, ces moments sont ceux de bien des siècles : l'histoire en transmettra les souvenirs d'âge en âge, jusqu'à nos derniers neveux, dont la destinée est incontestablement entre les mains de la génération actuelle. Combien ces réflexions, Messieurs, rendent importants les objets de vos délibérations ! Vos vœux, vos suffrages passeront à la postérité. Libre par sa constitution, la France mérite de (f° 32) l'être par le génie, la bonté, la bravoure et la fidélité de ses peuples. Mais cette liberté n'est point licence ; cette liberté existe uniquement dans les limites qu'elle-même se prescrivit quand les premiers législateurs de la monarchie jurèrent, pour eux et pour leurs derniers neveux, l'éternité des lois constitutives. Mais nous n'avons point de constitution, s'écrient des novateurs. Quel blasphème ! Vous n'avez donc ni liberté ni propriétés ?

» Quoi ! cette monarchie durerait avec éclat depuis près de quatorze siècles, et les Français n'auraient point de constitution ? L'obéissance aux rois, la subordination civile et l'hérédité des patrimoines n'offraient parmi vous depuis tant de siècles que les jeux du hasard ? Que d'aussi étranges assertions naissent et meurent dans une ville irréfléchie et corrompue, au sein de laquelle est le gouffre des vertus civiques et des richesses de la nation ! là règnent ces capitalistes, enrichis de la substance des peuples et forts de la faiblesse d'une administration qu'ils bravent, étrangers à la constitution qui fonda sa stabilité sur l'anéantissement de leur classe parasite. Le pacte social n'offre malheureusement contre eux que des armes indirectes : que ceux-là disent, par la raison qu'ils sont sans frein, qu'ils sont aussi sans loi ; mais sache la nation leur donner celles qu'ils méritent !

» Pour vous, Messieurs, vous connaissez des lois positives qui garantissent à tout citoyen son honneur et sa liberté, ses biens, son rang et ses droits, sous la juste condition de supporter une part proportionnelle des charges de l'état.

» Vous reconnaissez par conséquent un pacte social et des lois constitutives, et vous repoussez avec indignation des maximes qui ne tendent qu'à déshériter à la fois le souverain et la nation.

» Au milieu de beaucoup d'abus qui (f° 33) dévorent notre prospérité, notre régénération exige-t-elle l'anéantissement des rangs ? et la distinction des ordres et des races n'offre-t-elle parmi nous que les débris de la barbarie de nos pères et de l'oppression des peuples ? On ne cesse de le répéter, et les fauteurs de ce nouveau dogme ont trouvé un puissant appui. C'est cependant avancer que l'honneur des noms et des races, que le souvenir des grands hommes qui nous ont illustrés et défendus, que tout l'éclat dont brille notre histoire et les objets du respect de la nation et de celui de la terre entière, ne sont au fond que des attentats contre la raison et l'humanité. Tels sont les préceptes devant lesquels doit s'humilier l'antique honneur, s'abaisser les premiers ordres de l'état et le trône lui-même. Sous quels auspices cependant vient-on nous présenter l'innovation, et nous promettre en son nom la concorde et la paix ? Une invisible main sème en tous lieux les germes de la discorde, arme les citoyens contre les citoyens, et soulève les ordres contre les ordres.

» Quoiqu'il en soit, Messieurs, la liberté des Français et la libération de la France, l'honneur et la conservation de la monarchie, le soulagement du peuple, et le bonheur des citoyens dans tous les ordres, voilà les grands sujets de vos méditations et de vos délibérations ; elles vont devenir pour moi une source d'espérances et d'instruction nouvelle. Combien je me félicite d'en devoir être le témoin et d'en recueillir les résultats !...

» Messieurs, le gouvernement a rendu justice à la nation ; il n'est point entré dans les instructions données aux mandataires de l'autorité royale, de recommander le patriotisme à des Français. Eh ! qui donc parmi nous pourrait entendre avec indifférence et froideur le cri de la patrie oppressée, et l'appel réciproque de tous les vrais Français ?

F° 34. » S'il devait être besoin de raviver quelque part la flamme sacrée du patriotisme, à coup sûr ce ne serait point parmi vous, Messieurs, qui vous honorez de naître et de vivre sur le sol qui fut le premier patrimoine de Henri IV ; ce ne serait point surtout dans ces contrées où tout est empreint des souvenirs et des traces de ce généreux prince. Messieurs, il y a deux cents ans qu'à pareil jour (très certainement vous me pardonnerez de vous le rappeler) vos murailles sauvèrent Henri IV et le conservèrent à la France.

Vos pères l'entouraient, le pressaient au milieu d'eux ; et partageant avec lui les périls de la guerre, ils furent les témoins des heureux prodiges de sa bravoure et de son génie.

» Avec quelle satisfaction ce prince adoré se retrouverait à pareil jour parmi leurs enfants ! Combien le spectacle qui m'environne dans cet instant toucherait son cœur et charmerait ses yeux !

» Il y verrait une noblesse généreuse, formant un assemblage constant de familles dévouées à la patrie et idolâtres de leurs rois.

» On sait que dans tous les temps, et au sein même des erreurs, Henri IV marqua toujours un profond respect pour les ministres de notre sainte religion ; il honorerait dans cette assemblée le vénérable corps des pasteurs qui la décore ; il saurait gré au noble corps de magistrature de cette ville du zèle qu'il a montré pour la défense de vos droits et de son ferme attachement aux lois de la monarchie. Quels encouragements ne donnerait-il point à la classe de vos concitoyens, dont l'utile industrie sait franchir les limites du royaume et enrichit ces contrées par un commerce qui donne plus de valeur à vos denrées et une grande augmentation à vos revenus ! Enfin avec vous, Messieurs, Henri IV gémirait (f° 35) amèrement sur la misère du peuple accablé sous l'impôt. Jamais le pauvre cultivateur, penché vers le sol qu'il féconde, en l'arrosant de ses sueurs, ne perdra le souvenir du vœu de Henri IV (1).

» Avec quel empressement, Messieurs, chacun de vous seconderait les vues d'un tel prince pour la restauration de la patrie ! Mais ne serait-ce pas méconnaître votre zèle que de chercher à l'exciter ? Vous n'êtes occupés qu'à trouver

(1) La poule au pot.

les plus utiles moyens de l'offrir au meilleur des souverains, à un roi formé du sang et du cœur de Henri IV, et qui, dès la première assemblée nationale formée par ses ordres, y prononça hautement et y déposa le vœu formel de notre bonheur, en déclarant que parmi ses augustes aïeux, Henri IV était celui qu'il prenait pour modèle.

» Messieurs, ainsi que vous, je me glorifie d'être né à l'ombre du berceau de Henri IV, et mon zèle, je l'espère, ne vous paraîtra point indigne de se mêler au vôtre. Vous en avez au moins quelques premiers garants dans les soins empressés par lesquels j'ai eu le bonheur, en allant au devant de vos vœux et en réclamant vos justes droits, de préparer le bonheur dont vous jouissez par votre réunion. Il me reste, Messieurs, à satisfaire votre juste impatience, et nous allons procéder sans délai à l'exécution des ordres du roi.

(f° 36) *Cahier de l'ordre de la noblesse des sénéchaussées de Nérac, de Casteljaloux et Castelmoron, pays et duché d'Albret.*

« Nous, gentilshommes de la sénéchaussée principale de Nérac et des sénéchaussées secondaires de Casteljaloux et Castelmoron au duché d'Albret, convoqués par les ordres du roi pour la députation aux Etats-Généraux, et réunis par le zèle le plus pur et le désir le plus ardent de concourir au bien de l'Etat; convaincus que le retour des assemblées nationales va reproduire le vrai patriotisme et ouvrir à la fois toutes les sources de la prospérité publique;

» Pénétrés de sentiments dignes d'être offerts au prince à qui nous devons un aussi grand bienfait ;

» Nous pensons unanimement que le premier devoir de notre député aux Etats-Généraux sera de déposer aux pieds de ce généreux prince nos profonds respects, notre amour, notre admiration pour ses vertus et notre reconnaissance.

» Excités par les mêmes sentiments, et vivement touchés des sollicitudes de notre souverain, et des malheurs de la patrie, plusieurs corps de la noblesse de cette province se sont empressés d'imiter le premier des nobles de ce royaume, le monarque qui nous donne l'exemple du dévouement et des sacrifices. Sans balancer un instant, ils ont voté la suppression de tous les privilèges pécuniaires attachés tant à leurs terres et biens qu'à leurs personnes. Nous reconnaissons dans ces dispositions le véritable esprit de la noblesse française ; toujours elle fit consister son honneur et sa gloire à sacrifier avec empressement son rang et sa fortune.

» Mais une longue suite de siècles et de sacrifices a épuisé notre ordre et ses ressources. Quelques-uns de ses (f° 37) membres jouissent encore d'héritages considérables, mais, ceux-là sont peu nombreux ; les richesses des nobles et celles de la nation ont passé aux mains des heureux d'un autre ordre.

» Si dans les premiers rangs de la noblesse on aperçoit quelques exceptions injustes, cet avantage précaire est-il une propriété, ou bien obtient-il notre aveu ? Non sans doute ; au contraire, nous y voyons la partialité et la faiblesse d'un régime contre lequel nous devons réclamer et un vice dont nous nous empressons de demander la proscription.

» Nul abus semblable ne frappe ici nos regards, et personne dans aucun ordre ne saurait élever contre nous le reproche de nous soustraire à l'impôt. Il y est cependant accablant et pour nous et pour le malheureux cultivateur dont les intérêts sont inséparables des nôtres.

» Que si nos regards franchissaient les limites de ce pays, les diverses provinces du royaume nous offrent partout dans la noblesse pauvreté plus que richesse ; méconnue dans son institution politique et dans son existence réelle, elle est en proie à l'erreur qui tend à bouleverser la monarchie. Mieux connu, loin d'exciter l'envie notre ordre la désarmerait. Il est calomnié, presque anéanti, sans forme, sans ordonnance et sans organes, réduit enfin en pire état que s'il eût été subjugué par des conquérants.

» Les gentilshommes français sont cependant les représentants de l'ordre dans les rangs duquel Charlemagne plaçait ses propres enfants au moment même où il leur distribuait des couronnes (1).

» De l'ordre dont Philippe-Auguste appelait les membres ceux de la royauté et les soutiens de sa couronne ; il la déposa au milieu d'eux, l'offrant (f° 38) *au plus digne,* dans cette circonstance éclatante qui marque l'un des beaux jours de cette monarchie (2).

» *C'est avec l'épée de ma brave et généreuse noblesse que j'ai repris ma couronne,* disait Henri IV aux notables assemblés. *Le trône des rois de France,* disait-il encore, *est dans le cœur de tout vrai gentilhomme* (3).

Et Louis XIV, en 1666, déclarait dans son conseil que *dans le corps de la noblesse résidait le plus ferme appui de sa couronne* (4).

(1) Ce fut dans les rangs de la noblesse que Charlemagne vint couronner Louis son fils, roi d'Aquitaine.
(2) Tout le monde sait la harangue de ce prince au moment de la bataille de Bouvines.
(3) Ces belles paroles nous restent encore écrites de la propre main de Henri IV.
(4) Edit sur les mariages.

« Ne serions-nous pas indignes de ces honorables aïeux et de ces titres illustres, si, par un oubli funeste, si par une précipitation aveugle et des suffrages irréfléchis nous concourions nous-mêmes à propager des erreurs qui réduiraient bientôt notre ordre à la dernière impossibilité de remplir les vœux de son institution ? Ce n'est donc point par un vil intérêt personnel, mais ce sera à raison du dévouement de notre ordre au maintien de la couronne et de la monarchie, que vous croirez devoir vous refuser à tout sacrifice avant d'en avoir constaté le besoin et l'utilité. Regardant tout ce que nous sommes et tout ce que nous avons comme étant dévoué à la patrie, nous devons ne pas sacrifier avec légéreté ce patrimoine qui lui reste. Cette cause n'est pas la cause de chacun de nous, c'est celle de l'ordre entier ; ce n'est pas celle de l'ordre seulement, c'est celle du souverain et de la nation elle-même ; pouvons-nous trahir d'aussi grands intérêts ?

» Mais pour allier les vœux de nos cœurs aux réserves dont l'honneur, les lois et la patrie nous font un devoir sacré, nous devons déclarer que loin de nous (f° 39) est le projet de nous refuser à aucun sacrifice de notre fortune et même de nos propriétés ; nous demandons seulement qu'auparavant on en ait constaté le besoin et l'utilité.

Nous demandons que dans une vérification générale des droits légitimes de tous les ordres, les nôtres soient les premiers et le plus rigoureusement vérifiés.

» Après les mêmes vérifications dans les autres ordres de la nation, nous demandons que les abus reconnus pour tels et les exemptions injustes soient anéantis.

» Si les malheurs de la patrie étaient tels (ce que nous nous refusons à croire) que malgré cette réforme heureuse et salutaire il fallût des sacrifices, c'est alors que l'ordre de la noblesse ne devra plus écouter que son empressement à se dévouer aux besoins de l'Etat.

» Ainsi donc, jusqu'à ce que les besoins soient constatés, nous devons demander avec fermeté le maintien de nos droits ; un abandon irréfléchi trahirait les intérêts de la patrie, et nos sacrifices seraient calomniés. L'aveugle opinion, toujours incertaine et toujours vacillante, n'est fidèle qu'à sa marche ; elle flétrit et déchire tout ce qu'elle arrache. Au surplus, personne d'entre nous ne peut méconnaître la source de l'inquiétude publique. On a tout exagéré. Un déficit que l'on dit énorme épouvante la nation entière, et chacun en redoute le poids ; mais si la peine devait retomber sur les auteurs du mal, serait-ce au pauvre peuple et à l'ordre des nobles qu'il faudrait redemander le trésor de la patrie et ces richesses dont la dispersion funeste cause aujourd'hui les alarmes des peuples et le tourment de notre souverain ? Ne sont-ce pas, au contraire, les dépouilles de la noblesse, de l'agriculture, qui, par les erreurs de l'administration, ont été partagées à des (f° 40) usuriers, à des étrangers et à des milliers d'agents obscurs d'une industrie perfide ? Leur prodigieuse et subite fortune est un phénomène inexplicable pour la plupart d'entre nous ; ces grands mystères seront sans doute dévoilés. Mais le mal est-il aussi grand qu'on l'a répandu, et comment s'est-il formé ? C'est ce qu'il importe de vérifier pour en préserver l'avenir. Appelé par le cri général, et digne sans doute d'être à la fois le dépositaire de la confiance du souverain et de celle de la nation, le ministre actuel des finances ne se sera-t-il pas exagéré à lui-même, comme on ne cesse de le faire aux yeux de l'Europe, l'étendue des maux qu'il s'agit de réparer ?

» En effet, l'embarras actuel des finances ne provient

essentiellement que de l'engorgement formé par les échéances trop rapides des emprunts résultans du système qu'il a fait prévaloir. Ces échéances sont celles de l'emprunt de cent millions fait en décembre 1782, les loteries d'avril et d'octobre 1783 ; l'emprunt de cent vingt-cinq millions de décembre 1784 ; celui de quatre-vingt-millions en décembre 1785, et par dessus tout, ces emprunts connus sous le nom d'anticipations qui, toujours clandestins et toujours arbitraires, ouvrent un champ libre et vaste à l'extension et aux abus, et grèvent aujourd'hui l'Etat d'une exigibilité effrayante.

» Mais ne sera-t-il pas suffisant, en consolidant la dette nationale, ainsi que l'exige l'honneur du prince et celui de la France, de saisir des moyens intermédiaires qui, sans avoir les inconvénients des emprunts, et sans manquer à la foi des engagements, produiraient néanmoins l'extinction de la dette échue, et pour l'avenir une meilleure disposition dans les remboursements dont l'Etat resterait encore grevé ?

» Cette double tâche est digne du ministre actuel des finances, occupé jusqu'ici de méditations profondes (f° 41) sur le salut de la chose publique. C'est dans le sein des Etats-Généraux qu'il développera les ressources et les plans de restauration que sa sagesse prépare dans le silence. Nous devons attendre de ce ministre qu'il justifie et ses promesses et nos espérances ; si par impossible elles n'étaient point entièrement remplies, osons penser qu'il s'élèverait dans l'assemblée des états un français digne de sauver son pays, et de conserver à la patrie la gloire d'avoir trouvé son salut dans le sein de ses propres enfants.

» Osons croire enfin que l'ordre va renaître du désordre même, et que la nation doit se consoler en songeant que le malheur dont elle gémit aura préparé sa régénération, et va devenir la source de sa prospérité future. »

Nota. — Les articles qui suivent sont donnés par extraits, parce qu'ils se trouvent dans le *Cahier de la noblesse d'Albret, siége de Tartas*, déjà rapporté.

Article Premier.

Notre député votera par ordre et non par tête. Toute loi devra réunir l'unanimité des trois ordres.

Art. II.

La nation seule a le droit d'accorder ou de refuser des subsides, et d'approuver des emprunts si les malheurs de l'état forçaient à recourir à ces ressources funestes.

Art. IV.

Le vœu général de l'assemblée est pour la suppression totale des lettres de cachet (f° 42); cependant elle croit devoir s'en référer à la sagesse des Etats-Généraux.

Art. V.

L'abolition du droit de committimus, etc.

Art. VI.

Le retour périodique des Etats-Généraux aux termes les plus prochains : le ministre des finances sera tenu d'y rendre compte de l'emploi des deniers publics.

Art. VIII.

Les parlemens devront être désormais uniquement constitués pour l'exécution de l'ordre judiciaire, et chargés de veiller au maintien de la constitution.

Art. XII.

Tout imprimeur devra apposer son nom à tous les ouvrages qu'il imprimera, et répondra personnellement, lui ou l'auteur, de tout ce que ces écrits contiendraient de contraire à l'ordre public.

Articles secondaires.

Art. I.

Les Etats-Généraux devront déterminer, de concert avec le roi, le régime le plus convenable pour la répartition et la perception des impôts, et les moyens d'étendre de justes contributions sur les capitalistes et les créanciers de l'Etat.

Art. II.

L'établissement d'une constitution durable pour le corps militaire et pour la réprobation d'une discipline avilissante, faite pour des esclaves et non pour des Français.

Art. III.

Que personne ne puisse être dépouillé d'un grade militaire que par le jugement d'un conseil de guerre.

Art. V.

On réclame la protection spéciale de Sa Majesté pour la perfection de l'éducation publique, et l'admission aux écoles militaires en faveur des enfants de tous les chevaliers de St-Louis.

Art. VI.

Qu'il soit dressé un tarif intelligible et simple pour le contrôle et l'insinuation des actes.

Fait et arrêté le 5 avril 1789, dans l'assemblée de la noblesse des trois sénéchaussées de Nérac, Casteljaloux et Castelmoron, tenue audit Nérac.

Députés de la Noblesse :

Son Altesse royale Monseigneur comte d'Artois.
M. le baron de Batz, grand sénéchal d'Albret.
M. le chevalier de Chalon.

Suppléans :

M. de Batz, baron de Sainte-Croix, seigneur d'Armanthieu. — M. le marquis de Lascases.

(f° 44). *NOMS des familles nobles et des gentilshommes de
l'Albret qui ont député aux Etats-Généraux.* (1)

Aubagnan-Carcen (d'), représenté par M. de Maurian-
Besse ; Artiguenave (d') baron de Vielle ; Andiran-*Caubios*
(le chevalier d').

Batz (baron de), grand sénéchal d'Albret ; Batz (de) baron de Ste-Croix, seigneur d'Armanthieu ; Batz (de) vicomte
d'Aurice ; Bellier (de) baron de Villefranche ; Bessabat
(de) seigneur du Bos ; Bessabat (le comte de) ; Borda (de)
seigneur de Josse ; Bedorède (de) ; Béthune (le duc de Bé-
thune-Sulli) ; Bouillon (le duc de), représenté par M. le
baron de Batz ; Bruyères (le comte de Bruyères-Chalabre,
représenté *idem*) ; Brocas (de) ; Brocas fils (de) ; Beraud (de) ;
Beraud (le chevalier de) ; Boisse (de) seigneur du Bois ;
Brissac (de) ; Bernet (du) de Mazères ; Bernet fils (du) ; Banne
(de) *de la Benne* Saubade ; Barthouil de Taillac.

Cabannes (de) baron de Cauna ; Chalon (comte de) ; Chalon (chevalier de) ; Calvimont (marquis de) ; Capdeville
(seigneur d'Argelouze) ; Capbreton (de) baron de Capbre-

(1) Aux noms imprimés sont ajoutées quatorze corrections écrites
à la main ; nous les notons en *italiques*.   (8 nov. 1864. C. C).

ton; Chambre (de) baron d'Urgons; Chambre (de) Alexandre; Chambre (de) le chevalier; Chambre (de) autre chevalier; Chalais (le prince de); Caumarque (marquis de); Canterac (seigneur d'Ornezan); Crussel (de); Crussel (le chevalier de); Canterac (baron d'Andiran); Canterac (le chevalier de); Capot; Caupenne (de) Dorian; Cambon (de).

D'Antin, baron d'Ars; D'Antin (le chevalier); D'Antin, seigneur de Hon; Depati, seigneur de Tauyan; D'Arbo, seigneur du Castera; D'Arbo de Cazaubon; Du Camp-Mellan (baron d'Arrosse); Ducamp, seigneur d'Orgas; Ducamp; Du Cournau; Dubrocas; Destrac, seigneur de Loustaunau (f° 45); Duprat; Duprat de Mezailles; Ducasse de Marchez; Dupré aîné; Dupré.

Estrat (d') seigneur Dangagnac; Espagnet (d').

Foiras (de); Faulon, seigneur du Broustel; Faulon du Bosq; Falbert (de).

Gourgue (de) vicomte de Lanquais; Gombaud (de) seigneur de Rolli; Gonderville (de); Galard Béarn (le comte de) baron de Lamothe-Landeron; Gramont (le duc de); Guerre, seigneur de l'Esparre; Grammont (le chevalier de) officier du génie; Gripière de Montcroc; de Gasq, seigneur de la Roche; Gripière (de); Grammont de Villemonteix.

Lalande (1) (le comte Islet de); Lalande-Lassalle; Lacombe Puygueyrand; Latour de Gabournelle; L'Etang (de) seigneur de Laforet; Ledoulx (de); Luppé (le comte de); Lasserre, seigneur de Hontans; Lavie (le président de); Lyon (le marquis du) seigneur de Labatut; Laborde-Lassalle (2); Lascases (le marquis de); Labescau (le chevalier de); *Lauvergne* Labescau; Lafitte, seigneur du Perrier; Lafitte (de) seigneur de Francéscas; Lafitte-Clavé, lieute-

(1) *Alias* d'Isle de Lalande.
(2) Lisez de Laborde Lissalde. C. C.

nant-colonel; Lafitte (le chevalier de); Lagrange Monrepos; *Rolland* de Lastous; Laval (de); Lassalle.

Mesplez (le baron de); Malartic (de); Maurian *Besse* (de); Mallet Roquefort (le marquis de); Mallet (le baron de); Marsillac (de) (1); Maupas-*Melet* (de); Marsillac (de); Maurian *Besse* (de) (2); Martiac (de); Montier (du); Mérignac, seigneur de Mallet; Monbadon *Lafaurie* (le baron de); *de Puch* Montbreton (de); Mérignac (le chevalier de); Mothes (de) conseiller au Parlement de Bordeaux; Morin, seigneur de Rimbez; Marchain (du); Mathison (le chevalier de); Montcroc *Gripière* (de) Laval; Mazelières (le vicomte de); Montesquieu *Secondat* (de); Montaud (le comte de).

Nouaille (la) seigneur de Labatut; Navailles (de).

Puech de Montbreton; Piis (le chevalier de) seigneur de Lamothe; Puech (de); Puech-d'Estrat (f° 46); Pontonx (le marquis de); Poudens (le comte de); Pricé (de); Pachan (de).

Rol de Montpellier; Roux (le); Roques (le chevalier de); Rolland de Lastours; Roland (le chevalier de); Raffin de Saint-Giron.

Saint-Robert-*Roboam* (le chevalier de); Saint-Robert-*Roboam*, seigneur de Tauzia; Saint-André (de); Saint-Mar-

---

(1) De Corados de Marsillac, seigneur d'Arengosse. C. C.

(2) Maurian-Besse? — La liste imprimée du baron de Batz porte simplement de *Maurian*, ce qui signifie l'ancienne famille de Maurian-Carcen à Tartas. — Un amendement écrit répété trois fois y adjoint le nom de Besse, pour établir sans doute que les Maurian nommés en Albret étaient de la maison *de Besse de Maurian*, représentée en 1789 aux assemblées de Bordeaux. La correction ne pouvant se justifier par l'identité des deux familles, je rétablis et revendique les deux électeurs de Maurian, et la dame veuve d'Aubagnan de Maurian Carcen comme membres de la noblesse d'Albret au siége de Tartas.

Le petit-fils de l'électeur de Cabannes de Cauna, seigneur baron de Mauco. A. C. C.

tin (de); Saint-Paul (le chevalier de); Saint-Aubin; Sallegourde, seigneur de Riom; Saigues-*des-Aygues* (de) seigneur de Salles et de Laubardemont; Ségur (le comte de) seigneur de Paillas; Sainte-Gemmes de Lagrange; Saint-Simon (le baron de).

Taillefer, seigneur de Mauriac.

Verthamon (le président de); Vessière (de la) (*Alias* de la Vaissière) seigneur de Verdusan; Vandufel (de) seigneur de Marast; Vios Lasserre (de); Vidart Soys (de); Vidart, seigneur de Brutailles; Vallier (le baron de); Vallier, seigneur du Bourg; Vacquier (le marquis de); Vaquier (le chevalier de).

Pour copie conforme : A. C. C.

2-8 novembre 1864.

CASTELMORON, 16 mars 1789. — NOBLESSE.

La dame de Belcier, veuve du sieur de Guerce, seigneuresse de Lespare ou Lespait.

De Belcier de Craine baron de Villefranche et Lonchac.

Le marquis de Calvimont seigneur de Montaigne et Lalande.

Le comte de Chalon baron de Puynormand et de Franc.

Le chevalier de Chalon son frère.

Le marquis de Comarque.

De Paty chevalier seigneur de Tauyan.

De Puch de Montbreton seigneur de Villepreux.

De Puch seigneur de la maison noble de Cugat.

Depuch de Montbreton.

La dame Depuch-Destract, veuve du sieur Destract seigneur de Lugagnac.

D'Islet de Lalande seigneur de Lamothe-Nivelle.

Gaboriaud de La Tour.

Le comte de Galard-Béarn baron de Lamothe-Landeron.

De Lacombe seigneur de Puygueyran.

De Lanouaille seigneur de Labatut.

Le chevalier de Lavaissière seigneur de Verdusan.

La demoiselle de Lavaissière seigneuresse de la maison noble de Cachicot.

De L'Étang seigneur de Laforêt.

Le marquis de Malet de Roquefort.

Le baron de Malet son fils.

Le baron de Monbadon seigneur de la terre dudit lieu.

Le chevalier de Montbreton.

Le chevalier de Piis seigneur dudit lieu, et co-seigneur de La Mothe-Landeron.

De Raymond de Sallegourde seigneur de Rions.

Roboam de Saint-Robert aîné seigneur de St-Robert.

Rousselle de Goderville (baron de Goderville) seigneur de Puissegrim.

De Saignes seigneur de Salles et de Laubardemont.

Le chevalier de Saint-Robert (Roboam).

Taillefert de Mauriac seigneur de Fonbizol.

DÉFAILLANTS.

Le duc de Bouillon seigneur de la présente juridiction et de celles de Gensac, Pellegrue, Gironde et Blazimon.

De Gourgues seigneur de Vayres.

(*Catalogues de la Guienne*, pages 18 et 19).

Nous n'avons emprunté à M. de Laroque d'autres noms que ceux imprimés en 1820 dans les cahiers du baron de Batz.

N.-B. — Le nom de Maupas, imprimé à la pénultième

page de l'imprimé de M. de Batz, s'applique à noble Bertrand de Bachelier de Maupas seigneur de Mimisan, Bias et autres lieux, présent ou représenté aux assemblées de Bordeaux, de Dax et de Tartas en 1789; par conséquent le nom de Mellet de Maupas est étranger à l'Albret, ne se trouvant pas dans le travail de M. de Laroque sur Nérac, Castelmoron et Casteljaloux.

CATALOGUE

Des gentilshommes de l'Albret, Nérac et Casteljaloux, d'après MM. de Laroque et de Barthélemy.

1°. — NÉRAC.

Jean de Batz baron de Batz et de Ste-Croix, chevalier, grand sénéchal d'épée du pays et duché d'Albret.

d'Aurieu de Caupenne.

Pierre Bartouilh de Taillac pour la seigneurie de Limon.

Le baron de Brisac pour la terre d'Andiran.

Simon-Jude Brossié baron de Saint-Simon pour la terre de St-Simon.

Etienne de Canterac, chevalier.

Joseph de Canterac, chevalier.

Jean-Jacques de Cambon pour la seigneurie d'Arcouques.

Guillaume-Samuel Dubernet de Mazères, chevalier de St-Louis.

Robert Dubernet de Mazères fils.

Jean-Baptiste Dubroca-Dumarhain.

Ducasse de Marchès.

Jacques-Louis Ducasse seigneur de Castelviel.

Ducasse de Marches chevalier de St-Louis.

Duprat pour la seigneurie de Cadmus.

Duprat de Mesailles, chevalier de St-Louis.

Le chevalier Duprat de Mesailles.

Paul Dupré pour la co-seigneurie de Pommarède.

Paul-Lambert Dupré pour la même co-seigneurie.

Faulong du Broustel.

Nicolas de Faulong pour les seigneuries du Bosc et du grand baron.

Frédéric-Maurice de Gramont-Villemontès, chevalier, pour la seigneurie du Cazeau du Bosq.

Jean-Nicolas de Gramont-Villemontès, chevalier, pour la seigneurie de Lamothe.

Jacques Gripière de Moncroc, chevalier, seigneur de Laval.

Joseph de Gramont-Villemontès, chevalier.

François Labenne de Saubade pour la seigneurie de Lassalle.

Joseph de Lafitte pour la seigneurie du Moulin du long de la Souque, pour fief au Puy-Forte-Guilhe.

Le chevalier de Lafitte-Clavé.

De Lafitte du Perron.

Le chevalier de Lafitte du Perron.

Joseph de Lafitte.

De Lafitte, lieutenant-colonel au corps du génie.

Jean-Joseph de Lanterac pour la haute justice d'Andiran en Calignac.

Josselin de la Grange-Monrepos pour la seigneurie de la Grange.

Louis-Elzéar de Josselin pour les terres de Maylan, St-Martin et maison du Tasta.

Josselin de Monrepos.

Le chevalier de Mathison.

De Mathison seigneur de Lescout, *défaillant*.

Guillaume-Urbain de Pereyra de Pachan.
Jean Raffin de Saint-Girons, capitaine d'infanterie.
Jean-André de Rolland, chevalier.
Jacques de Rolland pour la seigneurie de Lastours.
Pierre Salomon marquis de Vacquier pour la seigneurie de Latuque.
Joseph de Vacquier, chevalier.
Le baron de Saint-Gemme, pour fief en Moncrabeau.
(*Catalogue de la Guienne*, pages 38, 39, 40, 41).

2º. — SÉNÉCHAUSSÉE DE CASTELJALOUX.

Pierre de Beraud d'Ambrus, pour le fief de Legrix et Dixme de St-Pé.
Joseph de Beraud, chevalier.
Le duc de Bouillon duc d'Albret.
François Broca de la Nauze pour la maison de Carnine.
Canterac d'Ornezan.
Jean Destrac de Loustaunaux.
Antoine de Gasq.
François de Gasq.
Antoine de Gasq de Brocas fils.
Antoine de Gasc de Laroche, officier de dragons.
Frédéric-Maurice de Gramont-Villemontès, chevalier, officier au corps royal du génie.
Le chevalier Labescaut (Lauvergne).
Les dames Marie-Catherine Lauvergne de Labescaut pour la baronnie de Labescaut.
Pierre-Jean de Lascases seigneur du Perè et du Gellas.
Gabriel Barthélemy de la Veyssière de Verdusan, pour fief en Aillas.
Demoiselle Jeanne de la Veyssière pour la maison de Capchicot.

Le vicomte de Mazelières.
Jean-Henri de Morin du Rimbès.
Jean-Henri de Morin du Sendat.
De Morin de Seudat pour la seigneurie du Rimbès.
Le chevalier de Morin pour la seigneurie de Bartaut.
La demoiselle Morin pour la seigneurie de Rimbès ou Rimbèze.
Louis-Joseph de Mothes, conseiller au parlement de Bordeaux, pour la maison de Beziade.

GÉOGRAPHIE DU LABOURD

Le pays de Labourd compris tout entier actuellement dans le département des Basses-Pyrénées et diocèse de Bayonne, dépendait autrefois du duché de Guienne et sénéchaussée des Landes, ancienne capitale Ustaritz, limité au nord par l'Albret et le fleuve Adour ; à l'ouest par le golfe de Gascogne et l'Espagne ; au sud par l'Espagne et la Basse-Navarre ; à l'est par la Navarre, le duché de Gramond et la sénéchaussée de Dax.

PAROISSES DU LABOURD :

Anglet. — Bayonne. — Biarritz. — Bidart. — Guetary. Saint-Jean de Luz. — Ciboure. — Urrugne-Behobie. — Hendaye Subernoa. — Biriatou. — Ascain. — Saint-Pé d'Ibarren ou sur Nivelle. — Sarre. — Serres. — Ahetze. — Arbonne. — Arcangues. — Bassussary. — Souraïde. — Ainhoa. — Espelette. — Larresore. — Cambo. — Itsatsou. Ustaritz, Herauritz et Arrauntz. — Saint-Pierre d'Irube. — Mouguerre. — Eliçaberry. — Saint-Jean le Vieux-Mouguerre. — Villefranque. — Jatsou. — Halsou. — Hasparren-Urcaray. — Lahonce. — Urcuit. — Briscous. — Urt ? — Bardos ? — Guichen ? — Bonloc. — Saint-Martin de Garro ou Greciette. — Bidache (souveraineté indépendante du duc de Gramond). — Mendionde. — Macaye. — Louhoussoa.

L'abbé Montlezun, tome II, pages 457-458, dans la nomenclature du Labourd ou sénéchaussée de Bayonne, y classe par erreur *Saint-Esprit ;* le bourg de Saint-Esprit était en Albret, paroisse de Saint-Etienne d'Arribelabourd, siége de Tartas.

Le Labourd, *d'après le géographe G. Delisle* (1712) :

Anglet. — Biaritz. — Fort Saint-Martin. — Bidart. — Guetari. — Saint-Jean de Luz. — Siboure. — Socoua. — Andaye. — Urrugne. — Biariatou. — Ascain. — Olliète. — Sainte-Catherine. — Sare. — Agnoua. — Mondarain (château). — Souraïde. — Isatsou. — Espelette. — Cambo. — Oxaunse. — Laresore. — Urtaritz. — Herauritz. — Arronce. — Arcangue. — Bassassari. — Arbone. — Ahetze. — Serres. — Hibarren. — Helbaren. — Amots. — Saint-Pé. — Louhoussoa. — Macaye (vicomté). — Mendionde. — Bonloch. — Hasparren. — Halsou. — Iatsou. — Villefranque. — Saint-Pierre d'Irube. — Saint-Jean le Vieux. — Suhi. — Lahonce H. B. — Urcuit. — Briscous.

Ville de Bayonne, distincte du bailliage de Labourd.

Urt (baronnie). — Guiche (comté). — Bardos (baronnie). — Bidache (souveraineté indépendante). Ces quatre paroisses relevaient des ducs de Gramond. Guiche avait appartenu longtemps à la maison d'Albret.

<small>20 janvier 1865. A. C. C.</small>

---

diocèse d'aire. — BENQUET, MAUCO.
(*Note Géographique*).

Les nomenclatures les plus étendues sont souvent fautives par quelque endroit; le verbal de Charles IX offre en apparence les noms des églises du diocèse d'Aire dans un détail excessif, et néanmoins on y peut relever des omissions; exemple : Benquet et ses *annexes* furent ruinés par les Hugüenots en 1572, et le document officiel ne nomme pas le vocable de ces églises et ne dit point leur nombre. — D'après Cassini, la paroisse de Benquet proprement dite comprend : St-Jean de Benquet et St-Chistophe ou St-Cristau. A ces deux églises, il faut joindre Mauco, dont la juridiction civile et féodale se rattache à la vicomté de Tartas et duché d'Albret, tandis que Benquet est de la sénéchaussée de St-Sever. On lit dans le registre paroissial de l'état-civil de Cauna : « Le dix-neuf février 1757, nous avons imparti la bénédiction nuptiale à Jean Duber, habitant de la paroisse de *Mauco, annexe de Benquet*, et à Gironde Brettes, habitante de cette paroisse, après avoir publié leurs bans dimanche dernier 13 du courant, avec l'énonciation que les parties devaient se pourvoir de la dispense de deux autres publications par devant Monseigneur notre évêque, après avoir reçu le certificat de pareille publication faite par M. Me Cohepé dans sa paroisse, sans avoir découvert aucun empêchement civil ni canonique, etc. Léglise, *curé de Cauna*. »

Par conséquent, Mauco, annexe de Benquet, faisait partie de l'évêché d'Aire. — Un quartier de Mauco relevait de la paroisse d'Aurice (28 nov. 1747. *Regist. de Cauna*) A. C. C.

VICOMTÉ D'ORTHE

En latin *Vice comitas Aortensis*, Oyhenard du moins la nomme ainsi, et les seigneurs de ce pays sont appelés par lui, dans la généalogie qu'il en donne : *Vice comites Aortenses*, vulgo *Urtenses*.

Cette dernière appellation revient au terme usité encore aujourd'hui parmi les paysans, qui disent toujours *lou pays d'Ourthe*, et appellent un *Ourthet* tout habitant de ce pays.

Il ne faut pas confondre la vicomté d'Orthe avec Orthez ou le pays d'Orthez. La ville d'Orthez faisait partie de l'ancien Béarn ; elle est située sur les bords du Gave de Pau, à trente kilomètres au-dessus de Peyrehorade, chef-lieu de l'ancienne vicomté d'Orthe.

Nous croyons devoir relever la lourde faute que commettent sans cesse les auteurs qui traitent de l'histoire ou de la géographie de notre province et que l'on trouve gravée sur les cartes de Cassini.

La vicomté d'Orthe relevait anciennement de la prévôté d'Acqs pour la justice basse moyenne et haute qui appartenait aux maires et jurats de cette ville. Elle en fut démembrée en 1344 par le roi Hedouard III d'Angleterre. Cela est établi par un arrêt du parlement du 26 août 1611, qui condamne les caviers de la vicomté à faire hommage au vicomte messire Jean d'Aspremont chevalier, sieur vicomte d'Orthe, baron de Càuneille et Oeyregave.

PAROISSES DE LA VICOMTÉ D'ORTHE.

Chef-lieu, le bourg ou ville de Peyrehorade, *Petra forata* en latin d'Oyhenart. La paroisse était à Igaas ou Pardies, et c'est devant l'église de St-Martin de Pardies que se tenaient les cours générales de la vicomté, formées des syndics, des caviers, des jurats et des délégués des paroisses. (Acte du 10 septembre 1635).

Orthevielle.

Port de Lanne ou Lanne.

St-Etienne d'Orthe appelé encore St-Estève.

Saint-Lon. — Pey. — Orist. — Siest. — Belus.

Cazordite ou Cazourdite, et Caignotte ou Notre-Dame de la Caignotte, abbaye de l'ordre de Saint-Benoît.

L'arrêt de 1611 fait mention d'une charte de fondation faite par Charlemaigne en l'an 800, dans laquelle il est parlé de la vicomté d'Orthe.

Oyhenart donna la généalogie des vicomtes d'Orthe dans sa *Noticia atriusquæ Vasconiæ*.

Un acte de transaction passé entre noble et poderous seignour Monseignour Arnaud Ramond viscompte d'Orthe et les nobles manans et habitans de la vicomté, le 1er mars 1343, y compte 14 caveries : la première est celle du Pruilh de Peyreforade ; la deuxième celle de Gestède Cauneille, baronnie séparée, toujours mentionnée à part, votait dans les cours générales avec la vicomté. (10 septembre 1635).

(*Note de M. G. d'O.*)

—

1º Cassini nomme vicomté d'Orthés le pays que l'on vient de décrire, et l'appellation fautive est donnée au véritable pays d'Orthe et de Peyrehorade, dont voici les confrontations, d'après le même géographe. Vicomté d'Orthe : De l'est à l'ouest Gaves réunis de Peyrehorade à Lanne. Bec du Gave : du midi au nord-nord-est l'Adour et le Luy entre Siest et Tercis ; du nord au sud est une ligne courbe formée par le Luy et le Bassec, de Saint-Lon à Cazorditte et Caignotte ; au sud de Caignotte la limite longe le bois d'Orthe et descend vers la ligne séparative de Cauneille et Peyrehorade pour tomber au midi dans le terroir du chef-lieu au-dessous du confluent des Gaves d'Oloron et Pau.

2º Parmi les abbés de Notre-Dame de la Caignotte, l'histoire cite Jean de Cauna, avant sa nomination à l'évêché de Dax, 1190-1200.

3º Parmi les auteurs qui ont inventé la vicomté d'Orthez en Béarn, on peut citer M. de Lamartine ; M. Bouillet, dans son *Dictionnaire d'Histoire et Géographie* ; M. Noulens dans le Mémoire pour le comte Jules de Pardaillan, etc.

4º Parmi les caveries et lieux de la vicomté d'Orthe, on

cîte : Villemayan, Ordoze, Camiade, Pey, Orist, Gestède, Luc, Lanne, Villenave, Belus.

Extrait des Chartes de la ville d'Acqs (Livre noir).

Confirmation par Jean de Bourlat, sénéchal de Gascogne, d'une charte de Richard d'Angleterre, donnant privilége aux Dacquois d'aller par tout son domaine libres, quittes et francs, au nom de Philippe, R. de France. Témoins : Guillaume-Bernard, évêque d'Ax; Fulio de Mastat; Guillelmo Mangoti; Fulio de Archiat; Raymundo Robbert, vice-comite de Tartas; P. vice-comite de Castillon; Lob. G., vice-comite de Aourta (Orthe) ; Goassard de Novales (Navailles); A. N. de Marsan. *Apud aquis* 1170. — La confirmation est de novembre 1294.

PADOANT D'ORTE *(Droit de pâturage)*.

Na Manieu de Labrit, en pes de Bordes *(enquesteur)*.

Les citoyens d'Acqs ont droit de Padoan en terre d'Orte et usage dans les bois de toute nature. Ainsi l'ont juré : B. Johan de Sent Gordz (Jordz), labetz Mayre. | Na A. W. (Guillaume) Porquet et Remon Johan son filh. | En Bertomiu de Bazats. | Na Re Johan de Maisonnave. | En Johan de Cabanes. W. Re. (Guillaume-Raymond) de Cabanes. | B. Seguin. | Na a *8* Caver (1257).

(Extrait par M. G. de L.-L. d'O...)

ARMORIAL.

**D'Abbadie de Bargues d'Arboucave
et de Saint-Germain.**

D'or à un arbre de sinople et un levrier de gueules accolé d'argent, attaché à l'arbre par une chaîne du même ; au chef d'azur chargé d'un croissant d'argent accosté de deux étoiles d'or.

D'Abbadie, chevalier de St-Louis (*Noblesse de Mont-de-Marsan en 1789*).

L'électeur noble qui assista aux assemblées de la sénéchaussée de Marsan et concourut à l'élection du député M. de Lassalle marquis de Roquefort, se nommait : messire Bertrand d'Abbadie, chevalier, baron de Bargues, ancien lieutenant des vaisseaux du roi, chevalier de l'ordre royal et militaire de St-Louis (7 septembre 1780). Il était fils de messire Jean d'Abbadie, écuyer, seigneur de Bargues, et de dame Jeanne de Bordenave de Bargues, habitants de Mont-de-Marsan.

Les d'Abbadie de Bargues étaient un rameau des d'Abbadie d'Arboucave et de Saint-Germain.

PIÈCES JUSTIFICATIVES.

Jean-Jacques d'Abbadie de Bargues, fils de messire Jean d'Abbadie, écuyer, seigneur de Bargues, et de dame Jeanne de Bordenave, ses père et mère, est né le 20 de décembre 1742 et a été baptisé le lendemain. Parrain, messire Jean-Jacques d'Abbadie, écuyer ; marraine, Cécille Dabbadie, demoiselle, habitants tous deux de cette ville. Le parrain a signé, non la marraine pour ne savoir.

  Dabbadie. Laporterie, *vic.* (*Regist. de Mont-de-Marsan*).

Messire Jean d'Abadie et dame Jeanne de Bordenave de Bargues, épouse dudit d'Abadie, assistent le 10 octobre 1747 au mariage de leur cousin-germain Louis de Carrère de Loubère, chevalier de St-Louis (*Nobiliaire de Guienne*).

Une liste électorale du 10 septembre 1790 (Landes) mentionne Bertrand d'Abbadie, militaire, âgé de 55 ans, habitant de Mont-de-Marsan.

Nous ne connaissons point de postérité masculine au baron d'Abbadie de Bargues, allié aussi de la famille de Poyferré de Cère.

Pour établir la noblesse peu ordinaire de la famille d'Abbadie, il suffit de signaler les armes où ils ont servi. Or, tout officier de la marine royale devait prouver sa noblesse d'extraction ; il en était de même des officiers de carabiniers, des mousquetaires de la garde du roi, etc. Exemples : François d'Abbadie, lieutenant des vaisseaux du roi ; François d'Abbadie, chevalier, baron d'Arboucave, chef d'escadron de carabiniers ; François de Borda-Josse, lieutenant de carabiniers, 1782 ; Jean-Marie comte de Barbotan, 1769, 1771, mousquetaire de la garde du roi ; Bertrand d'Abbadie Saint-Germain, lieutenant des vaisseaux du roi, 1769.

D'Aguerre, *en Labourd*.

D'or à trois pies au naturel.

De cette famille était issue dame Salvade d'Aguerre, veuve de Bernard D'Arreguy, écuyer, baron de Saint-Cricq. — Représentée en 1789 à l'assemblée de la noblesse de Dax par procuration donnée à messire J. B. de Borda, écuyer, seigneur de Labatut.

d'Aleman ou **Daleman**, *seigneur abbé de Lay, sieur de Sainte-Crouts en Béarn.*

D'azur au chevron d'or accompagné en pointe d'un arbre du même et en chef de deux merlettes d'argent posées en demi orle. Casque de profil avec ses lambrequins d'azur, d'or et d'argent.

Fiefs : l'abbé de Lay, d'Aleman.

(Picamilh, *Statist. des Basses-Pyrénées*, I, p. 240).

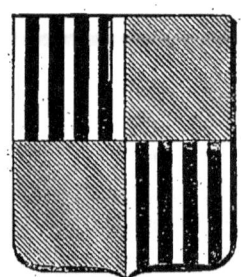

De Barbotan

Comtes de Barbotan, seigneurs de Maupas, Mormès, Laballe, Pelesté, Carrits, Arcet, et autres lieux, en Armagnac, Lannes et Albret.

Ecartelé au 1 et 4 d'argent à quatre pals de sable; au 2 et 3 de sinople plein.

Cette notice, dressée sur le plan des travaux de M. de la Morinerie sur la Saintonge; de Bastard sur l'Armagnac, ne contient que l'état de la maison de Barbotan aux dix-huitième et dix-neuvième siècles. Les alliances de cette famille sont avec d'Arblade-Benquet, de Lartigue-Pelesté, de Fouert de Sion de Seignan, de Cours-Monlezun, de Cabannes-Cauna, de Saint-Julien Cahuzac, d'Arcet, de Noé, d'Abadie-d'Arboucave, de Mauléon, de Noé, de Pujolé de Juillac, de Navailles-Banos, Bacler d'Albe, Dufau.

I. — M. de Barbotan seigneur de Carritz, assiste en 1651 à l'assemblée de la noblesse d'Albret à Tartas, et est convoqué au ban des gentilshommes en 1689-1693. Son fils noble Jacques de Barbotan suit.

II. — Noble Jacques de Barbotan, écuyer, seigneur de Carrits, de Pelesté et Maignos, contracte mariage de 1700 à 1710, avec noble dame de Lartigue de Pelesté, héritière des barons de Montaut, seigneurs de Pelesté et de Maupas, fille de Noble Armand de Lartigue Pelesté seigneur de Maupas, et de dame Marie Fovert de Sion de Seignan, les tous habitans de St-Sever. De ce mariage plusieurs enfants, entre autres :

1° Noble dame Marie de Barbotan de Laballe, mariée avant 1736 à noble Frix de Cours de Montlezun, écuyer, seigneur de Laterrade.

2° Noble dame Marguerite de Barbotan, mariée en 1743 à noble Jean-Ignace de Cabannes seigneur baron de Cauna.

3° Autre Marguerite de Barbotan, religieuse de Ste-Claire à Mont-de-Marsan.

4° Jeanne de Barbotan, née en 1731 à St-Sever.

5° Clair-Joseph qui continue la descendance.

6° Antoine chevalier de Barbotan, capitaine de dragons, chevalier de St-Louis, vivait encore en 1782.

III. — Noble Clair-Joseph comte de Barbotan, haut et puissant seigneur de Barbotan, Mormès, Maupas et autres lieux, 1743-1782, fut marié avec dame Marie-Anne d'Arcet, dont il eut Jean-Marie qui suit, et demoiselle Marie de

Barbotan (1745), fut député de la noblesse des Landes en 1789, assista aux assemblées de Dax et d'Armagnac.

IV. — Jean-Marie, chevalier, comte de Barbotan, haut et puissant seigneur de Mormès, Barbotan, Maupas et autres lieux, mousquetaire noir de la garde du roi ; fut marié à dame Marie-Angélique de Noé, dont il eut :

1° Messire Clair-Joseph de Barbotan comte de Barbotan, né en 1771 à St-Sever.

2° Noble Gilbert de Barbotan, décédé sans alliance.

3° Noble Marc de Barbotan vicomte de Barbotan et seigneur de Maupas (1), marié à dame Bacler d'Albe, fille du baron Bacler d'Albe, ingénieur de l'empereur Napoléon Ier et peintre distingué. On doit au baron d'Albe de très belles cartes topographiques de l'Italie ; a laissé un fils mort sans avoir été marié.

V. — Clair-Joseph comte de Barbotan, marié à demoiselle d'Abbadie d'Arboucave, fille du baron d'Arboucave, seigneur de Peyre et de Maslacq et de dame de Gombaud-Rolly, dont il a eu : le comte Louis de Barbotan ; Charles vicomte de Barbotan, et demoiselle de Barbotan, mariée à M. le comte de Mauléon, décédée au château de Mormès.

VI. — Louis comte de Barbotan de Carrits, marié à demoiselle Mathilde de Navailles-Banos, fille de noble Nicolas-Jean-Baptiste baron de Navailles-Banos et de dame Adélaïde Meillan, — est décédé il y a peu d'années.

Charles comte de Barbotan de Carritz, devenu le chef de nom et d'armes de sa maison, est marié à demoiselle Anne-Louise Dufau, fille de M. Dufau, procureur général à Pau, officier de la Légion-d'honneur.

(Voir Picamilh, *Statist. des Basses-Pyrénées*).

(1) *L'Annuaire des Landes*, année 1841, p. 231 : — « Barbotan de Maupas (de) vicomte et propriétaire à Mont-de-Marsan. »

PIÈCES JUSTIFICATIVES.

Charles-Antoine de Barbotan naquit le 5ᵉ septembre et fut baptisé le 7ᵉ 1729. Il est fils légitime de messire Jacques de Barbotan seigneur de Barbotan, et de dame Louise de Lartigue. Les parrain et marraine ont esté messire Charles de Monbeton seigneur de Bourouillan, et dame Jeanne de Monbeton qui ont signé avec moy, messire Antoine de Captan, chevalier de l'ordre royal et militaire de St-Louis, tenant à la place du parrain.

BOUROUILLAN DE CAPDAN ; JAQUES DE BARBOTAN ; CAPTAN. CASTERA, *vic.*

—

Le 25 juillet 1731 naquit et fut baptisée le 26 du même mois et an Jeanne de Barbotan, fille légitime de M. noble Jacques de Barbotan et de dame Louise de Lartigue de Pelesté. Parrain et marraine : M. Joseph-Clair de Barbotan, étudiant, et dame Louise de Lartigue de Campet, qui ont signé. — JOSEPH DE BARBOTAN, LOUISE LARTIGUE ; PORTETS, *curé*.

—

Antoine Sever, fils de noble Jacques de Barbotan et de dame Louise de Lartigue, mariés de cette paroisse, est né le dixième jour de may 1734, et a été baptisé le onzième. Parrain Mᵉ Pierre de Mora, avocat, tenant pour messire Antoine-Anselme abbé de Saint-Sever ; marraine dame Barbe-Agathe de Laporte de Spens, tenant pour dame Catherine d'Estoupignan de Samadet. Présents les sieurs Despens, Dussaut, de Lafite, lesquels ont tous signé avec nous.

BARBOTAN père ; DE LAPORTE-DESPANS ; DUSSAUT, DE MORA ; DESPANS ; DUFFRAISSE, *curé*.

—

Le 22 avril 1743, après la publication d'un ban et la dispense des deux autres accordée par Monseigneur l'évêque d'Aire, en date du 18 du présent mois et an, ont été conjoints en mariage par M. Trinqualie, prêtre, docteur en théologie et curé de la ville de Nogaro, sieur noble Clair-Joseph de Barbotan et damoiselle Marie-Anne d'Arcet, habitants de cette ville et du consentement des parents et en présence des soussignés. — Barbotan, Marie Darcet, Juliac, Barbotan, Dulion, Darcet, Laterrade de Cours, Pelesté de Barbotan, Ladoüe.

—

Marie de Barbotan, fille légitime de noble Joseph de Barbotan et de dame Marie Darcet, est née le 16 février 1745 et a été baptisée à la maison, à cause du danger de mal, par dame Jeanne de Monbeton de Captan, et le 22 dudit mois, les cérémonies lui ont été suppléées. Parrain noble Pierre Darcet, chevalier de l'ordre royal et militaire de St-Louis ; marraine dame Marie de Sion de Seignan, à la place de laquelle a tenu dame Louise de Lartigue de Barbotan, lesquels ont signé avec moy. — Darcet, Montbeton de Captan, Barbotan, Pelesté de Barbotan, Baroilhet, *vicaire*.

—

Par devant le notaire royal de la ville et sénéchaussée de St-Sever soussigné et les témoins bas nommés, furent présents : Messire Clair-Joseph de Cabannes, ancien mousquetaire noir avec appointement, seigneur baron de Cauna et de Mauco, fils naturel et légitime de feu messire Jean-Ignace de Cabannes seigneur baron dudit Cauna et de Mauco, et de dame Marguerite de Barbotan, habitant dans son château dudit Cauna, procédant de sa libre volonté et avec l'avis et assistance de messire Arnaud de Cabannes, prêtre curé d'Aurice, son frère ; messire Joseph de Pomiès seigneur de Bourdens, et de dame Louise de Cabannes, mariés, ses beau-frère et sœur, et de haut et puissant seigneur messire Clair-Joseph de Barbotan son oncle, seigneur de Barbotan, Mormès, Maupas et autres lieux ; haut et puissant seigneur Antoine chevalier de Barbotan, aussi son oncle, chevalier de St-Louis, ancien capitaine commandant des dragons ; haut et puissant seigneur messire Jean-Marie comte de Barbotan, son cousin-germain, seigneur de Barbotan, Mormès, Maupas et autres lieux, ancien mousquetaire noir, et autres ses parents et amis, d'une part ;

Et Marie-Perine de Compagne, demoiselle, pensionnaire du roy, fille naturelle et légitime de feu messire Etienne-Barthélemy de Compagne, chevalier de St-Louis, capitaine d'une compagnie de

3° Elisabeth-Amable-Louise de Batz-Diusse, mariée en 1794 à François Plieux ; dont :

A. Jean-Louis-Auguste Plieux de Diusse, né le 17 mai 1797, marié le 19 mars 1840 à demoiselle Victoire-Rénée-Caroline de Nays-Candau ; — dont : Charles-Marie-Amable Plieux de Diusse, né le 20 octobre 1841.

B. Louis-Amable Plieux, mort sans alliance en 1825.

C. Jeanne-Thays-Azélie Plieux, née en 1795, mariée le 19 septembre 1816 à M. Charles de Montpezat.

D. Jeanne-Thays Plieux, mariée en 1832 à M. François Abadie, dont la fille, Basiline-Rose-Laure-Marie-Louise Abadie, a épousé, en 1856, M. Prosper du Bosc Taret.

II. — Noble Jean-Baptiste de Batz, fils de Jacques, chev^{er}, vicomte de Diusse, lieuten^t-colonel au régiment de Navarre, chevalier de St-Louis, commissaire de la noblesse à l'assemblée des Lannes, y comparut comme seigneur haut justicier de Buannes et représentant la baronne de Castelnau et Gaujacq, fit célébrer le mariage de sa nièce Angélique de Diusse avec M. de Castaignos, le 23 mai 1785, au château d'Onnès. (*Armorial de* 1863, *et notice de Castaignos*). Le vicomte de Diusse épousa en 1784 dame Françoise de Cazenave de Labarrère, veuve de noble Joseph de Spens d'Estignols, laquelle donna, le 11 mars 1789, procuration à son époux pour la représenter à l'assemblée de Dax, en qualité de dame vicomtesse de Diusse et seigneuresse d'Onnès. Jean-Baptiste de Batz de Diusse mourut à Mascaras, en janvier 1815.

III. — N... de Batz, seigneur de Buannes, décédé sans postérité.

IV. — Jean-Pierre de Batz, chevalier de Diusse, capitaine au régiment de Navarre, mort sans alliance.

V. — Dame Jeanne-Marguerite de Batz-Diusse, mariée à noble Pierre (1) de Cazalis, seigneur de Cazalis, veuve en 1785.

(*Extrait de d'Hozier et Nobiliaire de Guienne*).

DE BATZ, *deuxième branche*.

I. — Louis de Batz, écuyer, seigneur de Ste-Arailhe, capitaine au régiment royal-infanterie, troisième fils de messire Joseph de Batz vicomte d'Aurice, et de dame Jeanne de Captan, naquit le 19 février 1674, et fut marié par articles sous seing-privé passés le 28 février 1696, avec Jeanne Dartigues, fille du sieur Guillaume Dartigues, bourgeois de la ville de St-Sever, et de Marguerite d'Armentieu; il fit son testament le 19 avril 1724, déclara avoir un fils et une fille, et voulut par cet acte être enterré dans l'église des Bénédictins de St-Sever, sépulture de ses ancêtres. — Il avait été convoqué en 1702 au ban de la noblesse comme habitant de la ville.

II. — Jean-Pierre de Batz, écuyer, officier dans le régide Lorraine, né le 9 janvier 1710, fut marié le 13 mars 1731 avec Catherine-Gérarde de Captan, demoiselle, fille de noble Antoine de Captan, ancien capitaine au régiment de Condé-cavalerie, chevalier de St-Louis, maire de la ville de St-Sever, et de sa femme damoiselle Jeanne de Montbeton de Bourrouillan. De ce mariage huit enfants, entre autres :

1° Antoine de Batz qui suivra;

2° Joseph de Batz, écuyer, né le 12 février 1740.

4° N... de Batz, religieuse dominicaine, à Prouillan près Condom ;

5° Rose de Batz, née le 22 août 1740, reçue dans la mai-

(1) Pierre de Cazalis, de la famille de Fortisson Saint-Maurice. La baronnie de Cazalis avait été aliénée depuis plusieurs années en faveur de Messire Odet d'Andieu de Labarrère baron de Cazalis.

son royale de St-Louis, à St-Cyr, le 21 juin 1751 sur preuves de noblesse certifiées alors à Sa Majesté par le juge d'armes de France.

III. — Antoine de Batz, écuyer, né le 27 septembre 1732, entra au service dans le régiment de Navarre en 1746, et y parvint successivement aux grades de lieutenant, capitaine en 1765, et de chevalier de l'ordre royal et militaire de St-Louis, promu lieutenant-colonel en 1771, il prit le commandement du bataillon de garnison de Béarn, qu'il exerça jusqu'au 19 mars 1791.

Le 29 octobre 1769, il contracta mariage avec Marie-Louis-Elisabeth-Amable de Hiton fille de N... de Hiton seigneur baron de Clarac, et de dame N... de Lons, fille du marquis de Lons, lieutenant du roi en Béarn. M. de Batz assista en 1785 au mariage de sa nièce Angélique de Diusse avec M. de Castaignos, et prit part aux assemblées de la noblesse des Lannes, à Dax en 1789. — De son mariage naquirent trois enfants :

1º Jean-Pierre l'aîné ;

2º Demoiselle Jeanne-Henriette de Batz, mariée à M. de Florance ;

3º Marie-Catherine de Batz, alliée le 14 décembre 1790 avec Michel de Portets, fils de noble Jean-Marie de Portets, capitaine, chevalier de St-Louis, et de dame Gracie-Constance de Barenne, héritière de la noble maison des Prouères-Theaux seigneurs de Barenne.

IV. — Jean-Pierre de Batz, écuyer, né en 1771, marié en 1806 à demoiselle Amélie Dubarry de Malaubert fille de messire Joseph Bassian du Barry de Malaubert, écuyer, et de dame Marie-Suzanne de Guichené ; de ce mariage :

1º Joseph-Edouard qui suivra ;

2° Jeanne-Suzanne-Marie-Cornélie de Batz, mariée à M. Pierre-Sylvestre-Henri Dufaur de Gavardie.

V. — Noble Joseph-Edouard de Batz, né à St-Sever, le 27 mars 1807, ancien officier au 55° régiment d'infanterie de ligne, a fait la campagne d'Espagne de 1823 et celles d'Algérie en 1832-1833, marié le 7 mars 1842 à demoiselle Jeanne-Marie-Suzanne du Barry de Malaubert sa cousine. — Habite la ville de Terraube. (*Nobiliaire de Guienne.*)

Cécille de Batz-Diussé de Buannes naquit le 5 juillet et a été baptisée le 7 du même mois de l'an 1726. Elle est fille légitime de M. Jacques de Batz-Diusse seigneur de Buanes, et de dame Françoise de Lagoeite. Parrain et marraine : messire Clément de Montesquiou de Préchacq, abbé de Berdoues et d'Arbals, et dame Cecille de Lagoeite-Ducamp. Présents : M. Jean-Louis Ducamp, lieutenant d'infanterie au régiment de Richelieu, et M. Armand Lamothe de Batz-Diusse, ancien capitaine au régiment de Flandres en Espagne, qui ont tous signés avec moy. — Portets, *curé*; l'abbé de Montesquiou de Préchacq, *parrain*; Cecile Ducamp, *marène*; Ducamp; Lamothe de Batz; Batz-Diusse, *père*.

Le 4 du mois de juillet 1727 naquit et fut baptisé le 6 Jean de Diusse, fils légitime de noble Jacques de Diusse baron de Buanes, et de dame Françoise de Lagoeïte, conjoints. Parrain et marraine, messire Jean de Batz, chevalier, vicomte d'Aurice, et dame D'Oroignen de Tuquoy. A l'absence du parrain a tenu sur les fonts noble Pierre-Antoine de Caucabane. Présents : noble Matthieu Daubagnan et M. Philibert de Coudroy, qui ont tous signé avec moy. Portets, *curé*; Doroignen Tuquoy; Aubaignan, *pnt.*; Coudroy, *pnt.*; le chevalier de Caucabane *tenant à l'absence du parrain*.

de Batz-d'Aurice (*Branche aînée*).

Antoine de Batz fils aîné de Joseph de Batz, et de Jeanne de Captan, fut baptisé le 28 janvier 1671; chevalier vicomte d'Aurice baron de Lamothe et du Leuy, seigneur d'Escouhés et de Sainte-Araille, conseiller du roi, lieutenant particulier au siège de St-Sever, puis conseiller au parlement de Bordeaux, obtint le 2 janvier 1697 un jugement des commissaires généraux députés par le roi pour les francs-fiefs, qui le décharge de la taxe pour les maisons nobles de Lamothe et d'Auricè, et fut maintenu dans sa noblesse par ordonnance de M. Bazin de Bezons, intendant de Bordeaux, rendue le 3 janvier 1698. Il vivait encore le 11 avril 1715, date de son testament, et avait épousé : 1° par contrat du 7 janvier 1696, Catherine Dalon, fille de messire Raymond Dalon, chevalier, conseiller du roi en ses conseils, premier président du parlement de Navarre, et de Catherine du Ribaud ; et 2° Suzanne-Elisabeth du Vigier, morte sans enfants. Du premier lit il eut :

1° Jean-Baptiste dont l'article suit ;

2° Marie-Romaine de Batz-d'Aurice, alliée le 26 septembre 1722 à messire François-Pierre-Antoine d'Arche, écuyer, seigneur de Lassalle.

II. — Jean-Baptiste de Batz, chevalier, vicomte d'Aurice, baron de Lamothe, seigneur d'Escoubés, Sainte-Araille et le Leuy, né le 26 février 1798, marié par contrat du 18 février 1738, avec Rose de Caupenne, fille de Jean de Caupenne, marquis d'Amou et de Saint-Pé, baron de Pomarés et Castelsarrasin, et de Jeanne de Bedorède de Guayrosse.

De cette union sont provenus :

1° Jean-Pierre de Batz, écuyer, né le 5 janvier 1737, officier dans le régiment de Navarre.

2° Raymond de Batz, qui a continué la descendance.

3° Jeanne-Marie-Thérèse de Batz, née le 13 octobre 1731, mariée à noble Jean-Pierre de Basquiat, chevalier, seigneur de Mugriet, lieuten^t.-gén^l. en la sénéchaussée de St-Sever.

III. — Messire Raymond de Batz, écuyer, haut et puissant seigneur, vicomte d'Aurice, baron de Lamothe, seigneur Escoubès, Ste-Arailhe et le Leuy, né et baptisé le 7 novembre 1740, servit comme officier dans le régiment de Navarre; fut convoqué et assista, le 31 mars 1789, à l'assemblée de la noblesse des Lannes; il épousa en 1764 demoiselle Marie-Mélanie de Filhot, fille légitime de Messire Jean-François-Xavier de Filhot, conseiller en la grand'chambre du parlement de Bordeaux, et de dame Marie de Basterot. De ce mariage :

IV. — Messire Jean-Baptiste de Batz, chevalier, vicomte d'Aurice, ancien capitaine au régiment de Berry, chevalier de l'ordre royal et militaire de St-Louis, né le 24 mai 1765, marié en 1801 à demoiselle Marie-Claude-Elisabeth de Castelnau, fille de Messire Pierre-François marquis de Castelnau, et de Madame Julie-Constance de Beynac. Le vicomte d'Aurice servait en 1781 et années suivantes en qualité d'officier du régiment de Vintimille, qui devint plus tard le régiment de Berry; il émigra et fit partie de l'armée des princes et de l'armée de Condé jusqu'au licenciement de ces deux corps. Il est décédé le 4 mars 1823 et a laissé de son mariage ;

V. — Pierre-François-Amable vicomte de Batz-d'Aurice, chef des noms et armes de sa maison, né le 19 mai 1802, marié le 22 juillet 1834 à Mademoiselle Marie-Foy-Nathalie de Sèze, fille de M. Jean-Casimir de Sèze, officier de la légion d'Honneur, premier président à la cour royale d'Aix, démissionnaire en 1830 pour refus de serment à Louis-Philippe, et de Madame Marie-Françoise-Adèle Bontemps du Barry. De ce mariage sont issues :

1º Elisabeth-Marie-Jeanne-Adèle de Batz-d'Aurice, mariée à M. Benoni de Lavalette-Montbrun, consul de France, chevalier de la légion d'Honneur, dont Amédée de Lavalette, né en 1864.

2° Marie-Françoise-Valerie de Batz-d'Aurice.

3° Elisabeth-Marie-Thérèse-Blanche-Gabrielle de Batz d'Aurice.

De Biaudos-Castéja, *en Guienne.*

Ecartelé au 1 et 4 d'or au lion de gueules, au 2 et 3 d'argent à trois merlettes de sable posées deux et une. Supports deux lions, l'un gissant et l'autre grimpant. Cimier, un lion issant. Devise : *In bello leones in pace colombæ.*

Cette notice, d'après un mémoire envoyé par M. le marquis de Castéja, est insérée dans le *Dictionnaire de la noblesse* de Lachesnaye des Bois et Badier, 1774. On y joindra le fac-simile d'un tableau généalogique manuscrit recueilli par nous aux archives du Séminaire d'Auch.

Les seigneurs de Biaudos et de Castéja furent présents en 1651 à l'assemblée de la noblesse d'Albret et ont été convoqués à l'arrière-ban des gentilshommes de la même sénéchaussée, de 1680 à 1700. Résidences : Dax, l'Albret, la Picardie, la Lorraine, etc.

Biaudos de Castéja. Ancienne noblesse dont les premiers, connus au XIV° siècle, possédaient la terre de leur nom près d'Aqs, ville dans le Béarn, vulgairement dite Dax. Elle est, dès ces temps là, suivant ses titres originaux, alliée à l'illustre maison de Gramont.

La branche aînée de Biaudos finit dans la personne du

GÉNÉALOGIE dressée en 1769.

BIAUDOS

Guyenne. Béarn. Landes. d'Ax.

D'or à un lion de gueules écartelé d'argent à trois merlettes de sable 2 et 1.

La date du haut de chaque degré est notant qu'on ne peut celle du contrat de mariage.

2 octobre 1481. — 1er DEGRÉ.
GEORGES DE BIAUDOS sieur de Biaudos, Catherinée de Berraut ou Berraute, fille de Paez de Berraute et de Bertrande de Grammont.

Auger de Biaudos, chanoine de la cathédrale de Bayonne.

Jean seigneur de Biaudos, 1481.

1502. — 2e DEGRÉ.
Jean de Biaudos sieur du dit lieu, du Poy et de Peyroux, Isabé de Grammont, cité en 1550 le 30 décembre.

Jean de Biaudos.

N... de Biaudos, fille naturelle.

Relotte de Biaudos épouse Jean Du Lucq sieur de St-Martin.	Marie de Biaudos, Catherine, Aymée.	Catherina de Biaudos.	**1542. 3e DEGRÉ.** Jeannot de Biaudos, Marguerite de Lalanne, fille d'Estevenote de Lalanne et de Marguerite de Bessabat.		Jean de Biaudos.

Jean du Lucq sieur de St-Martin.	Isabé de Biaudos et Quitterie.	Marguerite de Biaudos épouse en † 1550 Jean sieur de Bedorède.	Adrian de Biaudos sieur du dit lieu, héritier de Jean son aïeul, en 1550, 1554, 1559, le sieur de Poyanne.	**4e DEGRÉ.** 19 may 1555 et 1559. épouse Marie de Bessabat, fille de Robert de Bessabat.	Jean-Louis de Biaudos fils d'Adrian.

fils d'Adrian.					
Alexandre de Biaudos seigneur du dit lieu, lieutenant pour le roi des villes et château d'Acqs et pays des Landes, a testé le 3 juin 1616. En deuxièmes noces : dont il eut	ép. le 3 janvier 1598, en premières noces, Françoise de Buylens, fille de Bertrand de Buylens seigneur de Poyanne, gouverneur des villes et château d'Acqs, chevalier des deux ordres du roi, capitaine des cinquante hommes d'armes. — Point d'enfants. Marie de Borda (qui se remaria aussi au sieur de Norton).	Jean de Biaudos seigneur de Castéja, blessé à la bataille d'Aire sous 9 enfants. le sieur de Poyanne. Acquéreur de la terre de Castéja.	**1591 5e DEGRÉ.** épouse Marie de Caule, fille de Guyrodonot de Caule sieur de Beauregard. † Jeanne de Bessabat épouse Alexandre de Bedorède. Marguerite de Bessabat épouse Jean de Montauzer.		Marguerite de Biaudos † 1601. Jean de Bessabat † 8 juin 1578. Alias Jean de Mirambeau dit de Gethuy.

| Alexandre de Biaudos (3 may 1638), épouse Françoise Leblanc, fille d'Alcibiade Leblanc et d'Anne de Verdusan. | Jean-Bertrand de Biaudos, second fils, 9 juin 1661, épouse Angélique de Lalande, fille d'André de Lalande sieur de Luc, d'Édmée d'Urtubie son épouse en premières noces, fille de Salvat c.te d'Urtubie et du Fagosse, baron de Garro, bailli de Labour et petite-fille de Marie de Ségur. Alexandre et Jacques de Biaudos. | Jean de Biaudos seigneur de Castéja baron de la Harye et de Mezos, — aîné, de Arnande de Bedorède de Lanne, fille de Jean de Bedorède seigneur de Montauzier et du Poy, et de Suzanne de Lanne. Ont eu beaucoup d'enfants dont les trois ont eu lignée. | **1619. 6e DEGRÉ.** | Simon de Biaudos, destiné à l'état ecclésiastique. | Marguerite de Biaudos ép. Charles d'Antin. 1651. | Marie de B. Saubat ép. Blaise de Nouveau. Marie de B. religieuse à Ste-Claire les Dax. |

| Jean de Biaudos seigneur de Castéja, colonel au régiment de Poyanne. | 1653. Magdeleine de Saint-Martin, fille de César de St-Martin seigneur de Rustaing et d'Ysabeau de Saint-Martin. ép. — | Jean de Biaudos marquis de Castéja, brigadier des armées du roi, commandeur de l'ordre de St-Louis, gouverneur de Toul, seigneur des terres et baronnies de Traversay et Jouars, la Neufville, Rovère en Blois ; etc. eut la jambe emportée d'un boulet au siège de Landrecies. | ép. Marie de Midot | Louis de Biaudos-Castéja, capitaine au régiment de la Reine-Infanterie, cut une fille mariée à un d'Aspremont, lieutenant-colonel du régiment. 1. Magdeleine de Biaudos. 2. Catherine de Biaudos, Clé- ép. 1696 Fr. de Lalande, é- cuyer, garde du roy, sieur de Lassalle. | Fiacre de Biaudos de Castéja, brigadier des armées du roi et son lieutenant en Flandre ; blessé à Fleurus d'un coup de fusil au travers du corps. | **7e DEGRÉ.** ép. 16 décembre 1689 Jeanne Françoise de Guilleme, seigneur de Rossecourt très longtemps veuve de Jacques de Fronsures qui ont lignée en Picardie et à Cambrai, dont elle eut trois garçons, Tournolle, dont elle eut trois g dit lieu de la Vicouville marquis de Lala |

| Jean de Biaudos marquis de Castéja ; colonel d'un régiment d'infanterie de son nom et du régim. de Condrieux, maréchal de camp, gouvern. de Toul, mort sous avoir été marié. | Charles-Louis de Biaudos comte de Castéja, maréchal de camp de sœur de l'évêque, ambassad. en Suède, aux d'Orléans gouverneur de Toul et St-Dizier de ce nom et de ce régim. des terres et baronnies de Treveray, St-Jouars, gar. des sceaux Laneeville, Courouges, et un d'Armacourt. fief Lafongot, Layes, Hautevilo, etc. | **1731. de Paris.** Anne de Biaudos de Castéja a épousé Louis marquis de Prie, brigadier des armées, marquis de Castéja, parrain du roy, chevalier de ses ordres, et bienfaiteur de l'héritier actuel de son nom. 1774. | Catherine de Biaudos de Castéja, mariée à d'Inval de Partonay, capitaine de cavalerie. Point d'enfants. | **1708. — 8e DEGRÉ.** François-César de Biaudos ép. Marie-Anne de Berwet, marquis de Castéja, Lieutenant du roi de Phi- triumvir héréditaire de lippeville et ensuite Flandre, 1er conseiller, époux de Madame de Mauberge, pensionnaire des villes et blessé à Rochefort. châtellenies de Farnes, et de Marie-Anne de Moulin au nom de Month. | † Jeanne-Françoise de Biaudos Castéja, élevée à St-Cyr prouves pardevant M. d'Hozier, juge d'armes de France septembre 1686; favorite de Madame de Muintenon, sous vernante des Enfants de France, puis dame d'atours, tendante de la garde-robbe de Madame; † ellee a fait les pour mener Mesdames à Fontevrault, comme. générale des fants de France et a donné l'ordre à toute la maison et compagnant Mesdames; — fut mére de † |

| Marquis de Castéja mort à Plaisance des suites de ses blessures, colonel du régiment de son nom et de celui de Tournaisis. | Marie-Françoise de Biaudos Castéja ép. Henry Duclos L.te inspecteur d'artillerie. | René-François de Biaudos marquis de Castéja, command.t à Marienbourg..... — épouse | **7 avril 1732. 9e DEGRÉ.** Jeanne-Henriette-Joséphe de Jacquières Rosée, fille de Gabriel de Jacquières baron de Rosée seign. de Fontaines, Gochenay, ban d'Authée, et de très haute et puissante dame Marie-Isabelle de Wignacourt Lanney. | Alexandre de Biaudos comte de Castéja, capitaine du cuirassiers et ensuite au régiment de Bouillon, ép. de Caroll. | Françoise-Mélanie de Biaudos Castéja, élevée à St-Cyr | † Mélanie de Lalan de Gouy marquis d'Arsy verneur de Beziers. |

| Séraphine Herry du Clos de Lafond, épouse | Gabriel de Biaudos marquis de Castéja, mort. | Louis-Anne-Alexandre de Biaudos, m.is de Castéja, gouverneur de Saint-Dizier, marié en secondes noces à Marie-Joséphina Vodartine baronne Dupin d'Ilinge, fille du baron Lupin d'Ilinge et de Marie-Hubertine Derrumboalt de Dota, à Béthune, le 27 septembre 1774. | **7 avril 1722. 9e DEGRÉ.** Charlotte-Louise de St-Quentin de Pleurre, fille de Henri m.is de Pleurre. Enfants 1er lit. Alexandre, Charlotte, Anne-Marie, Xavier de Biaudos Timoléon, Castéja, Constant. Alexandre de Biaudos Castéja. | Stanislas-Catherine de Biaudos chevalier de Castéja, major du régiment Bourbonnois-infanterie, et en 1774 colonel du royal Comtois. | Vicomte de Castéja, officier au régiment royal Comtois en 1774. | Marquis de Gouy, maréchal de camp, seigneur d'Arsy, — ép. de Vixie de Gouy m.is d'Arsy, capitaine de dragons. Monique de Gouy d'Arsy. — ép. Comte Des Roris |

chevalier de Biaudos, ancien officier et commandant actuel de Bayonne (1774).

La branche cadette de Castéja, par une suite presque nécessaire de la négligence de l'ancienne noblesse des provinces reculées, et les longues, fréquentes et cruelles guerres qui les ont désolées, n'a pu recouvrer ses titres au-delà de 1481.

I. — Geórges de Biaudos, écuyer, sieur de Biaudos, suivant son contrat de mariage en original, du 2 octobre 1481, épousa Catherinotte de Berraut, fille de noble homme Pierre de Berraut sieur de Peyroux et de Grammond. Par ce contrat de mariage, Pierre de Berraut renonce à la faculté de se remarier, sous le serment sur la sainte hostie et l'amende de vingt marcs d'argent en faveur de ladite alliance, pour que la terre de Peyroux reste indivise aux futurs époux. De cette alliance vint :

II. — Jehan de Biaudos, seigneur dudit lieu, de Poyet et de Peyroux, qui par contrat de 1502 épousa Isabeau de Gramont; dont :

III. — Jeannot de Biaudos, qui mourut avant son père. Suivant le testament de celui-ci, de 1542, on voit que Jeannot avait épousé Marguerite de Lalanne, fille d'Estevenote de Lalanne, et de Marguerite de Bessabatte. Il laissa :

IV. — Adrien de Biaudos seigneur du Poyet et de Peyroux, qui s'allia le 19 mars 1555 avec Marie de Bessabatte, fille de Robert de Bessabatte. De ce mariage vinrent :

1° Alexandre qui suit ;

2° Et Jean, rapporté après son frère.

V. — Alexandre de Biaudos, lieutenant du roi des ville et château d'Acqs et pays des Lannes, qui épousa : 1° le 3 janvier 1593, Françoise de Baylens, fille de Bertrand seigneur de Poyanne, gouverneur pour le roi, et capitaine de cent hommes d'armes ; 2° le 21 juin 1606, Marie de Borda. Sa postérité est éteinte, ou du moins ne fait plus souche.

Seconde branche.

V. — Jean de Biaudos, premier du nom, seigneur de Castéja ou Castetja, second fils d'Adrien et de Marie de Bessabatte, fut blessé à la bataille d'Aire, et testa le 16 juin 1631. Il épousa par contrat de l'année 1610, Marie de Caule, fille de Guironnet de Caule seigneur de Beauregard, et laissa :

VI. — Jean de Biaudos, deuxième du nom, marquis de Castéja, baron de la Harye et de Mesos, qui se maria en 1619 avec Arnaude de Bedorède de Lanne, fille de Jean de Bedorède seigneur de Montaulieu. Leurs enfants furent :

1° Jean, qui suit ;

2° Et Fiacre, rapporté ci-après.

VII. — Jean de Biaudos, troisième du nom, marquis de Castéja, brigadier des armées du roi, commandeur de l'ordre de St-Louis par lettres du 8 mai 1695, gouverneur de Toul et Toulois, seigneur des terres et baronnies de Treveroy, Saint-Joire, la Neuville, Rosières, etc. ; eut la jambe emportée d'un boulet au siège de Landrecies. Il fut récompensé de ses services, et Louis XIV le distingua toujours. Il laissa de Marie Midot :

1° Jean, quatrième du nom, marquis de Castéja, brigadier et colonel d'un régiment d'infanterie de son nom, qui n'a point été marié ;

2° Charles-Louis comte de Castéja, maréchal de camp, ambassadeur en Suède, gouverneur de Toul, Toulois et Saint-Dizier, seigneur des terres et baronnies de Treveroy, Convorges, Saint-Joire, la Neuville, etc., qui a eu un fils mort de ses blessures à Plaisance, étant colonel du régiment de Tournaisis ;

3° Et Anne, qui a donné ses biens à l'aîné de sa branche, qu'elle avait élevé et adopté, et est morte dans un âge très avancé, mariée à Louis marquis de Prie, chevalier des ordres du roi, parrain de Sa Majesté Louis XV.

Troisième branche.

VII. — Fiacre de Biaudos Castéja, second fils de Jean, deuxième du nom, marquis de Castéja et d'Arnaude de Bedorède sa femme, fut brigadier des armées de Sa Majesté, et lieutenant de roi à l'isle de Rhé, et fut blessé d'un coup de feu au travers du corps à la bataille de Fleurus. Il avait épousé, par contrat du 14 décembre 1667, Jeanne-Françoise de Guillerme, veuve de Jacques de Fransures Villers, et fille de Léonor seigneur de Bossecourt, et en eut :

1° François qui suit ;

2° Et Jeanne-Françoise, entrée à St-Cyr selon ses preuves faites le 8 novembre 1698, par devant le juge d'armes de France, connue à la cour par la faveur de madame de Maintenon; elle y a élevé toute la famille royale comme sous-gouvernante ; elle a été dame d'atours de Madame et est morte fort considérée, âgée de quatre-vingt-seize ans. Elle avait épousé le marquis de Lalande et elle était grand'-mère du marquis de Gouy d'Arcy, maréchal des camps et armées du roi, actuellement vivant. (*Voyez* Gouy.)

VIII. — François-César de Biaudos Castéja, brigadier des armées du roi, lieutenant du roi de Philippeville et ensuite de Maubeuge, fut blessé à la bataille d'Hochstett d'un coup de feu au travers du corps ; il épousa par contrat du 29 décembre 1702, Marie-Anne de Berwet, fille de Just, haut triumvir héréditaire de Flandre, conseiller-pensionnaire de Sa Majesté l'impératrice reine, et de Marie-Anne de Monnin, dont : René-François qui suit, et Alexandre comte de Castéja, capitaine de cuirassiers, marié à N... de Corolles, dont il a eu N... de Biaudos, appelé le vicomte de Castéja, actuellement au collége. (1771.)

IX. — René-François de Biaudos marquis de Castéja, seigneur de Coulonges, gouverneur de Mariambourg, blessé au siége d'Ypres, épousa par contrat du 7 août 1732, Jeanne-Henriette de Jacquiers Rosée, fille de noble Gabriel de Jacquiers baron de Rosée, seigneur de Fontaine, Gaucheroy, baron d'Autée en Brabant, et de Marie-Isabelle de Wignacourt Lannoy, dont :

1° Louis-Anne-Alexandre qui suit ;

2° Et Stanislas-Catherine appelé le chevalier de Castéja, lieutenant colonel d'infanterie et filleul du feu roi de Pologne Stanislas-le-Bienfaisant, duc de Lorraine et de Bar.

X. — Louis-Anne-Alexandre de Biaudos marquis de Castéja, chevalier et gouverneur de la ville et château de Saint-Dizier, ancien capitaine de cavalerie au régiment Dauphin, seigneur des terres et baronnies de Treveroy, Saint-Joire et la Neuville, seigneur propriétaire de Convorges, etc., a épousé par contrat du 17 novembre 1767, Charlotte-Louise de Saint-Quentin de Pleurre, fille de Claude-Henri marquis de Pleure, chevalier seigneur de Pleurre, Corroy, La Colombière, Saint-Quentin, Le Verger, d'Auteuil, Lafosse-Rouvroy, et de Charlotte d'Houdreville, dont :

XI. — Alexandrine-Charlotte-Anne-Marie-Xavière de Biaudos, baptisée le 12 janvier 1768, filleule de Madame Marie-Xavière Jablonowska princesse de Talmont, parente de feue Sa Majesté la reine de France.

X (bis). — Stanislas-Catherine de Biaudos chevalier de

Castéja, major du régiment Bourbonnais-infanterie, et en 1774 colonel du royal Comtois; comte de Castéja, marié à dame Marie-Elisabeth-Françoise Desfriches Doria, en eut (1781) :

XI. — Jean-Marie-François vicomte de Biaudos Castéja, chef d'escadron aux lanciers de la garde, marié à demoiselle Caroline-Antoinette de Bombelles; a été chevalier de Saint-Louis et de Saint-Ferdinand en 1823, officier de la Légion-d'Honneur en 1830. (1er août.)

Lettres de Madame de Maintenon, édition de Glascow, tome I, 1756.

Lettre XXIIIe à Madame de La Lande. (1)

Vous voilà, ma chère enfant, dans votre ménage; je prie Dieu de le bénir, et je l'espère fermement. Vivez dans le fond de votre maison, fuyez le monde; attachez-vous à plaire à votre mari, et tâchez de ne plaire qu'à lui seul (2). Que Saint-Cir et ma maison soient pour vos plus grands plaisirs. Soyez laborieuse; nous sommes tous nés pour le travail et aucun des moments de notre vie n'est à nous. Priez pour moi; votre cœur est pur, vos prières seront exaucées; vous savez mieux que personne mes imperfections et mes défauts. Je ne saurais aller chez vous, vous ne pouvez venir chez moi; cependant vous voulez me voir et je veux que vous me voyiez. Je vous envoie donc ma chambre (3); je sçais que vous vous y êtes amusée.

(1) Mademoiselle de Biaudos de Castéja, née en 1672, élevée à Saint-Cyr, attachée durant quelques années à Madame de Maintenon, mariée à M. de La Lande, sous-gouvernante des enfants de France.

(2) Madame de La Lande était extrêmement belle.

(3) C'est un éventail où l'on voit au naturel l'appartement de Madame de Maintenon : le roi y travaille à son bureau, Madame de Maintenon file, Madame la duchesse de Bourgogne joue, Mademoiselle d'Aubigné fait collation.

Lettre XXIVe à la même.

Je suis ravie, ma chère enfant, de vous savoir accouchée heureusement et accouchée d'un garçon. Je vous l'avais bien dit qu'on se faisait les maux plus grands qu'ils n'estoient, et que la tendresse pour l'enfant en diminuait une partie, et que l'amour pour le père donnoit la force de supporter l'autre. Remerciez Dieu de ses grâces : un mari sage, un fils, de la santé, quels biens souhaiter après cela?

Personne ne s'intéresse à vous plus que moi; vous mériterez toujours mon amitié, vous l'aurez toujours. Conservez-vous : tâcher de nous bien porter est un de nos devoirs. Quoique vous entendiez dire ne vous alarmez pas; fiez vous-en à moi; on verra que vous êtes favorite d'une favorite.

PIÈCES JUSTIFICATIVES.

On voit dans une église du milieu du treizième siècle, à la clef de voûte du sanctuaire, un grand écusson portant les armes des seigneurs de Biaudos. — Un lion rampant. — Les seigneurs de Biaudos, alliés et confrères d'armes avec les sires d'Albret seigneurs de Guiche et les Gramond (*Manuscrits d'Auch*).

Le vingt-quatriesme septembre 1641, fut baptisé dans l'église de Lamothe, Pierre de Batz, fils légitime de M. le lieutenant particulier de Batz, et de madamoyselle Catherine Leblanc (de Labatut), sa femme; le dit enfant était né le vingt-unième de septembre 1640, entre onze à douze heures du soir. Ses parrain et marraine sont : M. Pierre de Batz, docteur en théologie, et damoyselle Marguerite de Biodos, de la paroisse de Begar l'ez-Tartas, diocèse d'Acqs; et ce dessus a esté faict en présence de M. de Cabanes de Petiot, M. de Lafaysse.

DE LACOURT, *curé*; LAFAYSSE, *pt*; BATZ; DE CABANES, *pt*; M. DE BIAUDOS (*Registres de Lamothe*).

d'Antin, XIe degré (*Nobiliaire de Guienne*).

Noble Charles d'Antin sieur de Saint-Pée, marié le 15 janvier 1651 à Marguerite de Biaudos, fille de noble Jean de Biaudos, écuyer, seigneur de Castéja, et d'Armande ou Arnaude de Bedorède. — Ont eu quinze enfants (Voir de Borda, *Armorial* 1863).

―

1740. — Magdelaine de Valier, fille légitime à noble Louis de Valier, et à dame Françoise de Biaudos, est née et a été baptisée le 22 février 1740. Parrain, noble Jean-Jacques de Biaudos, vicaire-général de Monseigneur l'archevêque de Rouen ; a tenu à sa place, noble Jean-Jacques de Valier ; marraine, damoiselle Magdelaine de Valier, qui ont signé de ce requis :

De Valier, pour le parrin ; Dosque, vicaire ; De Valier, *marène*. (St-Sever.)

―

Les matériaux nous ont manqué pour dresser la filiation de la branche aînée de Biaudos, descendante d'Alexandre Ier et de Marie de Borda 1616. Indiquons quelques unes de ses alliances : Leblanc de Labatut, de Verdusan, de Batz en 1633-1640 ; de Lalande de Luc et d'Urtubie de Garro ; de Saint-Martin 1661-1653 ; d'Aspremont ; de Lalande Saint-Cricq ; de Bachelier 1680-1696-1700 ; de Tuquoy ; de Bachelier de Gentes ; de Pichard en 1700-1728 ; de Valier 1740. — (A. C. C.)

Cette famille est inscrite deux fois dans l'*Indicateur nobiliaire* de M. d'Hozier :

1º De Biaudos de Castéja, page 32 ;

2º De Biodos — de Casteja — de la Harie ; — de Biodos — de la maison de Pierroux — (*Voyez* Biaudos).

(D'Hozier, *supplément*, page 255.)

DE BIAUDOS. — *Etats militaires.*

Le comte de Castéja, gouverneur de Toul. Il avait été l'un des héros de la journée de Senef; sa belle conduite au combat de Turtheim lui valut les éloges de Turenne, qui ne les prodiguait pas. Le roi ayant remarqué sa bravoure au siège de Mons, le nomma de son propre gré commandeur de l'ordre, 3,000 livres de pension. (Mazas, *Hist. des chev. de St-Louis*, I, 44.)

Le 9 juin 1693, le cordon de commandeur fut donné aux généraux de la Grange, de Mussot, de Castéja, etc.

(Mazas, *ibidem*, page 59. — N.-B. Même promotion que page 44).

Les chevaliers de St-Louis ne doutaient pas qu'en prêtant le serment exigé d'eux, ils n'eussent contracté l'obligation de consacrer le reste de leur vie à la défense de l'Etat et de périr les armes à la main. En accomplissant un devoir aussi sacré, tous les officiers, membres de l'ordre, que les blessures ou le grand âge avaient contraints de quitter le service actif, abandonnèrent leur demeure, gagnèrent péniblement les frontières, et vinrent se mettre à la disposition des généraux. Nous citerons trois commandeurs de la création : de Saint-Silvestre, de Massot, de Castéja, année 1715 (Mazas, page 273).

Promotion de 1750. *Chevalier de St-Louis :* de Castéja, capitaine réformé dans le régiment des cuirassiers du roi (Théod. Anne, p. 421, tome II).

Chevalier de St-Louis de 1770 : de Castéja (Stanislas Biaudos), major du régiment de Bourbonnais, rang de lieutenant-colonel (3) (pages 593-594. Th. Anne, t. II, *Hist. des Chev. de Saint-Louis.*)

Biodos de Castéja (Stanislas de), né à Namur en 1736, lieutenant en second au régiment de La Mark-Allemand en

1747 ; deuxième lieutenant en 1748 ; premier lieutenant même année, capitaine en second en 1754 ; en pied en 1761 ; major de royal Suédois en 1766, du régiment d'Alsace en 1767, de celui-ci en 1768 ; rang de lieutenant-colonel en 1769, colonel de royal Comtois en 1773. — 1768, sujet supérieur, excellent officier dans tous les points. (Registre du régiment des Bourbonnais, de 1763 à 1776.) Brigadier en 1780, maréchal de camp en 1784. — 1774, gratification de 6,000 livres. — 1775, gratification de pareille somme et gratification annuelle également de 6,000 livres. (Registre du régiment royal Comtois, de 1776 à 1788.) — (Chevalier de Castéja, *Etat militaire*, 1773.) — (Comte de Castéja, *Etat militaire*, 1774.)

Outre le gouverneur de Toul, commandeur à la création de l'Ordre en 1693 (voir plus haut p. 44), et un autre Castéja, chevalier en 1750 (*idem* p. 421), d'Aspect cite, comme nommé chevalier de St-Louis, en 1700 : « le marquis de Castéja (Jean de Bioudos, c'est Biaudos), colonel d'un régiment d'infanterie, dont le maréchal de Boufflers donne l'opinion suivante : Il a quitté un régiment d'infanterie pour acheter la charge de guidon des gendarmes de Bourgogne. C'est également un galant homme et un parfaitement brave et bon officier ; il le témoigna bien à la journée de Malplaquet par tout ce qu'il fit, entre autres choses, en ne voulant jamais s'en aller quoique blessé ; et sollicité à le faire par le major qui, voyant son zèle, dit hautement pour l'exemple qu'il en rendrait compte au roi. » (d'Aspect, t. II, p. 180.) D'Hozier, de son côté, cite le marquis de Castéja (Jean-François de Biaudos), mousquetaire en 1694, capitaine au régiment royal-cavalerie en 1696 : colonel d'un régiment de son nom en 1702 ; colonel du régiment de Tournaisis en 1705 ; chevalier de Saint-Louis depuis 1715 ; gouverneur de Toul en

1718; gouverneur de Saint-Dizier quelques jours après, gouvernement dont il se démit presque immédiatement en faveur de son frère; brigadier en 1719; maréchal de camp en 1734, mort en 1740. (d'Hozier, t. I, p. 191.) Et le comte de Castéja (Charles-Louis de Biaudos), colonel du régiment de son frère sur sa démission en 1705; guidon aux gendarmes de Bretagne en 1709; chevalier de Saint-Louis depuis 1715; ambassadeur en Suède, gouverneur de Toul à la mort de son frère, mort en 1755. (d'Hozier, t. I, p. 221.) Charles-Louis fut nommé sous-lieutenant des chevau-légers d'Orléans en 1731 (*Gazette de France* du 29 décembre); brigadier en 1734 (*Gazette de France* du 13 mars); maréchal de camp en 1738 (*Gazette de France* du 28 février). Enfin, Roussel (*Etat militaire* de 1761), cite le marquis de Castéja, colonel du régiment des Tournaisis en 1734; mais il ne fit que passer et eut pour successeur le marquis de la Chétardie, lequel fut remplacé en 1745 par un autre marquis de Castéja. Nous n'avons aucun renseignement sur ces deux officiers supérieurs; le dernier céda en 1747 le régiment de Tournaisis à M. de Cursay. (Note de M. Th. Anne.)

Chevalier de Saint-Louis de 1823; cavalerie-cuirassiers; le vicomte de Castéja (3e); Jean-Marie-François Biaudos, chef d'escadron (2e); chevalier de la Légion-d'Honneur, chef d'escadron aux lanciers de la garde royale le 27 août 1826, rang du 20 décembre 1820 (*Annuaire militaire* de 1830, p. 198), — nommé officier de la Légion-d'Honneur à Rambouillet, le 1er août 1830. (Th. Anne, t. III, p. 257-258.)

Le vicomte de Castéja Marie-Jean-François, chef d'escadron aux cuirassiers d'Orléans, nommé en 1823, campagne d'Espagne (3).

(3) Porté plus haut p. 257 : — Fils de Stanislas-Catherine de Biaudos comte de Castéja et de Marie-Elisabeth-Françoise Desfriches Doria, né le 23 septembre 1781, à Framerville (Somme), marié le 5 juillet 1817 à demoiselle Caroline-Antoinette de Bombelles. — Capitaine dans la garde nationale active de la Somme, du 1er janvier 1807 au mois de mai même année ; du mois de juillet 1809 au mois de mars 1810 ; chef de cohorte *idem* du mois de janvier 1814 au 25 mars suivant ; maréchal-des-logis des gendarmes de la garde, rang de capitaine, en 1814 ; capitaine aux cuirassiers de la reine en 1815 ; chef d'escadron aux cuirassiers d'Orléans en 1820 ; chef d'escadron aux lanciers de la garde en 1826. Campagnes : portion des années 1807, 1809, 1810 et 1814 dans la garde nationale de la Somme, fixée à un an et cinq mois ; 1815 à Gand ; 1823 en Espagne ; chevalier de la Légion-d'Honneur en 1814, de Saint-Ferdinand (seconde classe), en 1823, mis en demi-solde le 31 août 1830, par suite du licenciement de la garde. (Registre des lanciers de la garde, f° 5. — *Hist des Chev. de Saint-Louis*, Th. Anne, t. III, p. 388.)

Annuaires militaires. — Régiment de Conti : M. de Biaudos, chevalier de Castéja, capitaine, 1767.

M. de Biaudos, marquis de Castéja, capitaine du Dauphin cavalerie en 1775.

En 1775, M. de Biaudos marquis de Castéja, gouverneur-lieutenant de roi à Saint-Dizier.

1787. LXXV. Royal comtois, lieutenant en premier, vicomte de Castéja.

De Beaujeu.

Tiercé en fasce, au 1 de gueules à deux têtes d'aigle d'or; au 2 de gueules au chevron d'or accompagné d'une aigle naissante. Champagne d'argent à trois étoiles de sable.

(*Voir les notices* DESPERIERS).

De Bordenave, *écuyers, seigneurs de Bargues et Noncareilles, en Marsan.*

Losangé d'or et de gueules; parti de gueules à un lion morné d'or et un chef de sable (*Arm. de Guienne*).

La famille de Bordenave, divisée au dix-septième siècle en plusieurs branches, a suivi constamment la profession des armes, comme le prouvent les rôles de l'arrière-ban et le fragment d'arbre généalogique ci-dessous. Ses alliances sont avec les maisons de Poyferré de Cère, de Carrère, de Prugues, de Mesmes, de Cours et de Cabannes.

Noble Jean-Marie de Bordenave, escuyer, et Marie de Mesmes, damoiselle, figurent comme parrain et marraine dans la paroisse de Mugron, le 13 octobre 1667. — Noble Jean-Philippe de Bordenave de Bargues, escuyer, contracta mariage avec damoiselle Marie de Cours par acte du 26 février 1696 (*Archives de Bordeaux*).

Noble Jean-Pierre de Bordenave fut maintenu dans sa noblesse par ordonnance de M. de Courson, intendant en 1714 (*Arch. de Bordeaux*).

I. — Noble Jean-Marie de Bordenave, seigneur de Bargues et de Noncareilles, vivant en 1642-1667, marié à dame Jeanne-Marie de Poyferré, en eut : Marthe de Bordenave, damoiselle, mariée en 1671 à noble Alexandre de Carrère ; Joseph de Bordenave ; Jean-Marie de Bordenave ; Jean Philippe de Bordenave, seigneur de Bargues ; et noble Jean ou Jean-Pierre de Bordenave de Bargues, qui continue la descendance.

II. — Noble Jean-Pierre de Bordenave, écuyer, habitant de Mont-de-Marsan, fut marié à dame Marie-Elisabeth de Prugue, 1700-1740, dont trois enfants :

François de Bordenave, dont la descendance suivra ;

Noble Jean-Marie de Bordenave, capitaine d'infanterie, nommé dans le contrat de mariage de son frère, 1740, assiste en 1768 à une assemblée de la noblesse de Mont-de-Marsan ;

Dame de Bordenave, religieuse au couvent de Ste-Ursule du Mont-de-Marsan, 1740.

III. — Noble François de Bordenave, écuyer et ci-devant capitaine au régiment de Montmorency, épousa le 24 février 1740 demoiselle Jeanne-Marie de Cabannes-Cauna, fille de Christophe de Cabannes, chevalier, baron de Cauna, et lieutenant-général d'épée au siège de St-Sever, et de feue dame Magdelaine de Boyrie-Narcastet, dont il eut :

IV. — Noble Jacques-Christophe de Bordenave, écuyer, naquit le 7 janvier 1741, fut nommé lieutenant au régiment d'Auvergne-infanterie le 15 novembre 1755. Chevalier de St-Louis le 8 août 1784, maréchal-de-camp par brevet du 23 janvier 1813, mourut à Paris le 24 janvier 1816, ayant servi cinquante-neuf ans avec honneur (*Voir ses états de service*, p. 192).

Noble Jean-Ignace de Bordenave, né le 13 décembre 1742 à Mont-de-Marsan, lieutenant d'infanterie au régiment d'Auvergne le 4 décembre 1761, chevalier de St-Louis le 3 décembre 1781, colonel le 16 mai 1792, mourut à Mont-de-Marsan en 1808 (*Voir ses états*, p. 193).

M. de Bordenave, chevalier de St-Louis, assista en 1789, le 1er avril, à l'assemblée de la noblesse de Mont-de-Marsan (*Clergé-Noblesse*, 1re édition, p. 72).

PIÈCES JUSTIFICATIVES.

Mariage au bourg de Cauna chez M. le baron.

Noble François de Bordenave, écuyer et seigneur de Bargues, cy-devant capitaine de Montmorency, habitant de la ville du Mont-de-Marsan, et demoiselle Marie-Jeanne de Cabanes-Cauna, épousèrent le vingt-huit février 1740 dans la chapelle Notre-Dame à Cauna, les bans de leur futeur mariage ayant été canoniquement publiés sans opposition dans l'une et l'autre paroisse, comme il nous a consté par le certificat de M. Valette, curé de ladite ville du Mont-de-Marsan. Le dit mariage fut célébré en présence des nobles Christophe et de Jean-Ignace de Cabanes, barons de Cauna, père et frère de l'épouzée, et de dame Marie de Prugue-Bordenave, de noble Jean-Marie de Bordenave, mère et frère de l'époux, de noble Louys de Cabannes et de Me Jean Cabiro, ptre-vic., habitants du Mont-de-Marsan et

de ce lieu, qui ont signé avec moi qui ai fait la cérémonie :
Bordenave ; de Cabanes-Cauna ; Bordenave ; Cabanes ; Cabanes Cauna ; Cauna ; Cabiro, *vic.* ; Dubernet, *curé d'Aurice célébrant.*

Jacques-Christophe de Bordenave, fils légitime de noble François de Bordenave, ancien capitaine dans le régiment de Montmorency, et de dame Jeanne-Marie de Cabannes de Cauna, est né le 7 janvier 1741, et a été baptisé le 8 janvier. Parrain, noble Jean-Baptiste (Ignace) de Cabannes de Cauna, faisant pour noble Christophe de Cabannes, seigneur baron de Cauna, lieutenant-général d'épée au siège de St-Sever, et dame Marie Elisabeth de Prugue Bordenave. — (Mont-de-Marsan.)

Jean-Marie de Bordenave, fils légitime de noble François de Bordenave, et de dame Jeanne-Marie de Cauna, est né le 1er Janvier 1742. Parrain, M. Jean-Marie de Bordenave, marraine, dame Marie-Elisabeth de Prugue ; tenant pour la marraine dame Elisabeth de Cabannes de Duhaut (Mont-de-Marsan). Cette naissance n'est pas relatée dans le livre du chevalier Christophe de C., l'enfant étant mort en bas âge.

Jean-Ignace de Bordenave, fils légitime de noble François de Bordenave, et de dame Jeanne-Marie de Cabannes de Cauna ses père et mère, et né le 12 décembre 1742, et a été baptisé le lendemain. Parrain, noble Jean-Ignace Cabannes baron de Cauna, habitant de Cauna ; marraine, dame Marie-Elisabeth de Prugue de Bordenave de cette ville, qui ont signé avec moi :

De Prugue Bordenave ; Cabannes-Cauna ; Laporterie, *vic.*
(*Extrait des registres de Mont-de-Marsan*).

Jean-Ignace de Bordenave naquit le 12 décembre 1742 vers trois heures du matin, baptisé le 13. Fut parrain, noble Jean-Ignace de Cabannes de Cauna.

Dame Jeanne-Marie de Bordenave de Cauna mourut le 9 janvier 1743, âgée de 27 ans. (*Extraits du registre de Christophe chevalier de Cabannes.*)

—

L'an 1808, et le 4 du mois d'août, par devant nous adjoint au maire, officier de l'état-civil de la ville de Mont-de-Marsan, sont comparus : MM. Joseph-Marie Carrère, ancien militaire, âgé de cinquante-sept ans, et Joseph Duvin, négociant, âgé de soixante ans, lesquels nous ont déclaré que Jean-Ignace de Bordenave, ancien colonel, âgé de soixante-six ans, domicilié à Mont-de-Marsan, fils de M. François de Bordenave et de dame Jeanne-Marie de Cabannes de Cauna, est décédé le 3 du mois d'août, et les déclarants ont signé avec moi le présent acte, après qu'il leur en a été fait lecture : CARRÈRE; DUVIN; LATANÉ, *adjoint*.

—

MINISTÈRE DE LA GUERRE. — *Bureau des archives et décorations.*

Le conseiller d'Etat, directeur, certifie que des registres matricules et documents déposés aux archives de la guerre, a été extrait ce qui suit :

De Bordenave (Jacques-Christophe), né en septembre 1740 à Mont-de-Marsan (Landes).

Lieutenant au régiment d'Auvergne (infanterie), le 15 novembre 1755.

Capitaine le 18 novembre 1760.

Sous-aide-major le 1er février 1763, replacé à une compagnie le 11 août 1768.

Passé au bataillon de garnison d'Armagnac, en 1782;

Major commandant la ville de Sarreslouis le 19 août 1788, émigré en 1792. (1)

Retraité dans le grade de maréchal-de-camp par décision royale du 25 novembre 1814.

A reçu le brevet honorifique de ce grade le 23 janvier 1815 ;

Campagnes : de 1757 à 1763, Hanovre.

Chevalier de St-Louis le 8 août 1784.

Blessures : Coup de feu au bas-ventre en 1760, à Closter-camp.

Services en émigration.

Officier à l'état-major de l'armée des princes en 1792.

Capitaine au régiment de Broglie en 1793.

Brévété colonel le 19 novembre 1793 ; licencié le 1er juillet 1801.

A fait la campagne de 1792 à l'armée des princes, et les campagnes de 1793 à 1801 à l'armée de Condé.

En foi de quoi le présent certificat a été délivré pour servir et valoir ce que de raison.

Fait à Paris, le 29 novembre 1864. DARRICAU.

De Bordenave (Jean-Ignace), né le 13 décembre 1742 à Mont-de-Marsan (Landes).

Lieutenant au régiment d'Auvergne-infanterie, le 4 décembre 1761.

Sous-lieutenant à la formation de 1763.

Replacé lieutenant le 26 mars 1770.

Premier lieutenant au régiment d'infanterie de Gatinois, devenu royal Auvergne à la formation de 1776.

Capitaine en second le 28 août 1777.

---

(1) De 1788 à 1792, il n'y a pas mention du grade de lieutenant-colonel. L'annuaire imprimé de 1792 porte les noms suivants :

1792. — Ci-devant Bourbonnais, M. de Bordenave ✻, lieutenant-colonel du 26 mars 1790 (Note de l'auteur de l'*Armorial*).

Capitaine-commandant le 1er juillet 1782.

Lieutenant-colonel du 50me régiment d'infanterie (Hainaut) le 25 juillet 1791. (1)

Colonel le 16 mai 1792, jusqu'au 25 septembre 1792.

Admis à une pension de retraite par décret du 7 janvier 1794.

Campagnes : 1761-1762, Allemagne ; de 1775 à 1783, au Cap Français (île de St-Domingue), et en Amérique.

Chevalier de St-Louis le 5 décembre 1781 à l'occasion de la prise d'York.

En foi de quoi le présent certificat a été délivré pour servir et valoir ce que de raison. DARRICAU.

Marie Despujos, fille légitime de Bertrand Despujos, domestique chez M. de Cauna, et de Jeanne Desmouliez, naquit et fut baptisée le 17 juillet 1761. Parrain : noble Jacques-Christophe de Bordenave, capitaine dans le régiment d'Auvergne, habitant de Mont-de-Marsan, et marraine, demoiselle Marie-Louise de Cabannes de Cauna, habitante de cette paroisse ; ils ont signé avec moy :

LÉGLISE, *curé de Cauna ;* BORDENAVE ; CABANES DE CAUNA.

B. 2087 (Cahier). — In-4°, 20 feuillets papier.

1538. — Censier de la commune d'Ousse (2) (sans nom d'auteur) ; Bertrand de Lahière ; Bernand de Laborde ; Marie de Lart ; *Bertrand de Bordenave ;* Fortaner de Noguer, etc. (*Archives de Pau*, pages 171-172.)

(1) *Annuaire* de 1792 ci-devant Hainaut, M. de Bordenave ✤, lieutenant-colonel du 25 juillet 1791 (note de l'auteur).

(2) La commune d'Ousse est dans l'ancien duché d'Albret, sénéchaussée de Tartas, près d'Arengosse et Igos. Il n'y a pas de paroisse de ce nom. Le nom de Bertrand de Bordenave, sujet du roi de Navarre, en Albret, 1538, s'identifie parfaitement avec Bertrand de Bordenabe qui rend hommage en Marsan, 1538, au même Henri II, roi de Navarre. (Voir lettre M.) A. C. C.

Tableau généalogique. (*)

1° François de Bordenave, lieutenant assesseur au sénéchal de Marsan (1747, 1755), marié à dame Françoise du Nogué, — en eût :

N... de Bordenave, curé d'Uchacq.

Joseph de Bordenave, avocat au sénéchal et au tribunal, et président à Mont-de-Marsan, né en 1755, marié à demoiselle de Peich, — fut père de :

Dame Barrère née de Bordenave, actuellement vivante.

Jean-Louis de Bordenave, avocat (1716), marié à demoiselle Dominique Ducos, — en eut :

2° Noble Bernard de Bordenave, chevalier de St-Louis, capitaine au régiment de Béarn et d'Agenois (1742, 1777), marié à Marie Darmaignac, — fut père de :

Bernard-Joseph de Bordenave, né en 1783, mort en 1853, marié à dame Josèphe Laurans, — fut père de dames :

Joseph Marrast ; Brocas-Perras, vivant à Mont-de-Marsan.

Notice.

VI. — Noble Alexandre de Carrère, écuyer, sieur de Loubère, épousa le 24 juin 1671, en la paroisse de Campet, damoiselle Marthe de Bordenave, fille de feu noble Jean-Marie de Bordenave, écuyer, seigneur de Bargues, et de demoiselle Jeanne-Marie de Poyferré, de la ville de Mont-de-Marsan ; de l'avis et consentement de noble Amanieu de Carrère, écuyer, père de l'épouse, de noble Alexandre du Lyon, seigneur baron de Campet et autres lieux, son cousin. — La future de Messire Jean de Poyferré, curé de Campet, son oncle, damoiselle Anne de Poyferré, sa tante ; noble Jean de Prugue, écuyer, son oncle ; Jean-Marie de Bordenave, écuyer, seigneur de Bargues ; Jean-Pierre de Bordenave de Bargues, écuyer ; Joseph de Bordenave, écuyer, ses frères ; damoiselle Anne de Labasse, sa belle-sœur ; noble Pierre-Paul de Prugue, écuyer, sieur de Cailhau, son cousin, etc.

(*) François et Bernard sont fils de Jean-Louis.

VII. — Jean-Joseph de Carrère, écuyer, sieur de Loubère, ancien lieutenant dans le régiment de Piémont, épousa le 21 février 1708 damoiselle Françoise de Cabannes, sa cousine, fille aînée de noble Raymond de Cabannes, écuyer, seigneur de Luzanet, et de feue dame Jeanne d'Art de Luzanet, son épouse, en présence et du consentement de M. Mᵉ François de Bordenave de Bargues, prêtre, docteur en théologie, cūré de la paroisse de Lucqbardès, son oncle; noble Philippe de Bordenave seigneur de Bargues; noble Jean-Pierre de Bordenave, écuyer, sieur de Bargues; messire Pierre du Lyon, écuyer, seigneur baron de Campet, Geloux et autres lieux, ses cousins; — la future, de noble Jean-Louis de Cabannes, son frère; demoiselle Jeanne de Cabannes, sa sœur; noble Jean-Jacques de Spens, écuyer, seigneur d'Estignols et d'Onnès; noble Matthieu du Lyon; Christophe de Cabannes seigneur baron de Cauna; dame Marguerite de Lalanne de Diusse, veuve de noble Jacques de Cabannes seigneur de Lanneplan; dame Marie de Brethous, etc.

VIII. — Noble Louis de Carrère, écuyer, seigneur de Loubère, épousa le 10 octobre 1747 dame Marie-Anne de Landrieu, fille de M. Bernard de Landrieu, conseiller du roi et son procureur au sénéchal de Marsan, et de dame Marie Lobit, en présence de messire Jean d'Abadie (*), son cousin-germain et dame Jeanne de Bordenave de Bargues, épouse dudit d'Abadie; François de Bordenave, lieutenant-assesseur au siège de Mont-de-Marsan. De ce mariage naquit, entre autres : François de Carrère de Loubère, baptisé en 1750, tenu sur les fonts par noble François de Bordenave de Bargues et dame Marie Landrieu de Lobit. (*Ext. du Nob. de Guienne*).

(*) Voir la notice de Lalande.

Joseph de Bordenave, fils légitime de M. François de Bordenave, lieutenant-assesseur, et de dame Françoise Dunogué, conjoints, naquit le 20 juillet 1755, et fut baptisé le 31 du mois. Parrain fût : Joseph de Bordenave, curé de Brassempouy, et marraine, demoiselle Marguerite Dunogué qui ont signé avec moy :

Dufau, *ptre-vicaire* ; de Bordenave, *assesseur*.

MINISTÈRE DE LA GUERRE.

Par ordre du ministre secrétaire d'Etat de la guerre, le conseiller d'Etat, directeur, certifie que des registres matricules et documents déposés aux archives de la guerre a été extrait ce qui suit :

Nom et signalement du militaire : de Bordenave (Bernard), fils de Jean-Louis Bordenave, avocat, et de Dominique Ducos, né le 29 août 1716 à Mont-de-Marsan.

Détail des services : Volontaire au régiment de Bretagne (cavalerie) en 1742.

Lieutenant au régiment de Béarn (infanterie), le 28 février 1747.

Capitaine le 1er septembre 1755.

Capitaine commandant au régiment d'Agenois (infanterie) le 11 juin 1776.

A obtenu une pension de retraite de 1,000 livres, le 19 août 1777. — A été grièvement blessé à la bataille de Crevelt. — Chevalier de St-Louis le 24 mars 1772.

Pour extrait : Herbain. Vérifié : *Le sous-chef*, V. Saussine.
Le chef, E. Frosté.

En foi de quoi le présent certificat a été délivré pour servir et valoir ce que de raison. — Paris, le 3 février 1865.

Pour le conseiller d'Etat, directeur :
Le sous-directeur, A. de Forges.

Le 10 décembre 1783 est né, et a été baptisé le lendemain, Bernard Joseph de Bordenave, fils légitime de Bernard de Bordenave, écuyer, chevalier de l'ordre royal et militaire de St-Louis, et de Marie d'Armaignac. Parrain : Joseph de Bordenave, curé de Brassempouy, tenant, en son absence et à sa place, Joseph de Bordenave qui a signé avec moy, marraine : Jeanne d'Armaignac qui a signé avec moy :

Dunogué, *ptre ;* de Bordenave ; Darmaignac.
(*Registres de Mont-de-Marsan.*)

L'an 1853, et le 13 du mois de juin, par devant nous, Armand Dulamon, adjoint délégué par M. le Maire, officier de l'état-civil de la commune de Mont-de-Marsan, canton de Mont-de-Marsan, sont comparus : les sieurs Jean Lassalle, tisserand, âgé de cinquante ans, et François Saint-Pé, cordonnier, âgé de quarante ans, domiciliés de cette ville, lesquels nous ont déclaré que le sieur Bernard-Joseph de Bordenave, veuf de dame Joseph Laurens, âgé de soixante-neuf ans, profession de propriétaire, natif de Mont-de-Marsan, domicilié de cette ville, fils de défunts Bernard de Bordenave et de Marie Darmaignac, est décédé ce jour à midi, et les déclarants ont signé avec nous le présent acte après qu'il leur en a été fait lecture :

Lassalle ; Saint-Pé ; A. Dulamon, *adj.*

Jean-Denis de Bordenave, fils légitime de noble Jean-Philippe de Bordenave, seigneur de Bargues, et de dame Marie-Anne de Cours de Carbon, naquit le seizième mars 1707 ; il a esté baptisé le lendemain. Parrain noble Jean de Ferron vicomte d'Ambruix, et marraine demoiselle Jeanne de Bordenave de Bargues. Présents, noble Louis d'Abadie Saint-Germain et noble Denis Nozeilles. Signés à l'original avec moy : Poyferré, *curé.* (Mont-de-Marsan)

Jean-Philippe de Bordenave, fils légitime de noble Jean-Pierre de Bordenave et de demoiselle Marie-Elisabeth de Prugue, naquit et fut baptisé le 4 juillet 1707. Parrain noble Jean-Philip de Bordenave ; marraine demoiselle Magdelaine de Castelnau. Présents, noble Augustin de Prugue, et Jean Dargela, sacristain, tous habitants de Mont-de-Marsan. Signés à l'original avec moy : Cabanes, *vicaire*.

Catherine de Bordenave de Bargues, fille légitime de noble Jean-Philippe de Bordenave, écuyer, seigneur de Bargues, et de dame Marie-Anne de Cours, née le neufvième mars mil six cent quatre-vingt-dix-neuf, a esté baptisée le même jour. Parrain noble Jean-Pierre de Bordenave, écuyer, et demoiselle Catherine de Bordenave, marraine. Présents, sieur Pierre de Junca, écuyer, seigneur de Pelecagot, et sieur Jean de Bordenave, écuyer ; par moy :

C. de Bordenave ; Bargues de Bordenave ; Iunca ; Dulamon, *vicaire*; Bargues ; Bargues de Bordenave, *pt*; Marie de Cazade ; Jeanne de Versoris.

Dominique de Sourbé, fille légitime de Monsieur Paul de Sourbé, advocat en la cour, et de damoiselle Marie de Laurens, naquit le quinzième février 1725, elle fut baptisée le dix-septième du même mois. Parrain maître Joseph de Lassalle, curé de Luxey ; marraine demoiselle Dominique Ducos de Bordenave.

Présents sieur Jean Lasserre, et sieur François de Bordenave, qu ont signé de ce faire requis ; par moy :

Dufau, *vicaire* ; L.-A. Ducos de Bordenave; Laserre ; Bordenave.

On lit la mention suivante au procès-verbal de la noblesse de Mont-de-Marsan, 1789 :

De Bordenave, chevalier de St-Louis. L'auteur ne pouvant vérifier l'identité de l'électeur de ce nom, croit devoir suivre la priorité d'âge des trois Bordenave chevaliers de St-Louis; Bernard était le plus âgé en 1789; c'est donc le capitaine au régiment de Béarn et d'Agenois qui a représenté les diverses branches de Bordenave à l'assemblée de la vicomté de Marsan.

(A. C. C.)

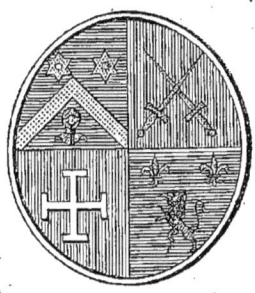

Bourdeau de Castera.

I. — Noble Bertrand de Bourdeau, conseiller-secrétaire du roy, audiencier en la cour des Aydes de Bordeaux, 1700-1727, son fils :

II. — Noble Christophe de Bourdeau, écuyer, directeur de la monnaie de Perpignan, marié en 1727 à demoiselle Marie de Laporte de Balazin.

III. — Messire Pierre-Martin-Charles de Bourdeau, seigneur de Castera et Balazin, marié à dame Marthe-Josèphe de Commarieu, dont il eut : Pierre-Charles-Henri, mort sans alliance, et Paule-Camille.

IV. — Dame Paule-Camille de Bourdeau de Castera, née en 1781, mariée à noble Augustin-Joseph de Captan, chevalier de Saint-Louis, est décédée en 1864.

V. — Dame Françoise-Josèphe de Captan, mariée en 1835 à M. Rose-Hippolyte comte de Galard-Magnas, dont :

VI. — Hector vicomte de Galard, allié le 19 janvier 1865 à demoiselle Elisabeth de Crussol d'Uzès, fille d'Emmanuel de Crussol duc d'Uzès prince de Soyon, et de feue dame Françoise-Elisabeth-Antoinette-Sophie de Talhouet duchesse d'Uzès.

De Bourdeaux ou **Bourdeaux de Rouillac** (*noblesse d'Armagnac*, p. 100, V*te* Bastard d'Estang).

Antoine de Bourdeaux était ambassadeur de France en Angleterre sous Cromwel, et mourut à Paris en 1660. Son père, intendant des finances, a laissé des mémoires curieux sur le ministère de Mazarin.

Ecartelé au 1 d'azur au chevron d'or accompagné en chef de deux étoiles de même, et en pointe d'un casque antique; au 2 de gueules aux épées d'or en sautoir; au 3 de gueules à la croix potencée d'argent; au 4 d'azur au lion d'or accompagné en chef de deux fleurs de lys du même (de Bastard d'Estang).

Pierre de Bourdeaux, écuyer, lieutenant-général au sénéchal de Saint-Sever, etc., etc., portait pour armes en 1750-1756 :

D'azur au chevron d'or accompagné en chef de deux molettes (1) d'éperon à six rays, et en pointe d'un casque antique du même ; au 2 de gueules à deux épées d'or posées en sautoir ; au 3 de gueules à la croix potencée d'argent; au 4 d'azur à un lion d'or accompagné en chef de deux fleurs de lys du même.

Situation de la famille en 1789-1864.

I. — Noble Martin-Charles de Bourdeaux-Castera père, décédé avant 1789; sa veuve, dame Marthe-Josèphe de Commarieu se fait représenter à l'assemblée de la noblesse de Dax, 16 mars-1er avril 1789.

Leur fils, Pierre-Charles-Henri-Sever de Castera meurt

(1) *N. B.* Les cachets de Pierre de Bourdeaux portent aussi deux molettes à six rays, c'est-à-dire des étoiles percées au milieu. — La molette a toujours été considérée en armoiries comme une marque de noblesse et de chevalerie, d'où est venu l'ancien proverbe : *Vilain ne sait ce que valent éperons.* (Victor Bouton, p. 410.)

jeune à Bayonne, noyé dans l'Adour durant la révolution;

Leur fille, dame Paule-Camille-Gabrielle de Bourdeaux-Castera est décédée à Audignon, le 24 septembre 1864, baronne douairière de Captan;

Henri de Bourdeaux, né en 1780, était seigneur de Castera, Bombardé, Gauzies, Balazin, Boulin et Bastennes.

La branche de Castera est donc éteinte; mais on remarque dans l'*Annuaire militaire* de 1863-64 le nom du capitaine de Bourdeau d'Audigeos, qui représente un rameau détaché depuis longtemps de la souche primitive.

PIÈCES JUSTIFICATIVES.

Le seizième mars mil sept cent vingt-sept receurent la bénédiction nuptiale noble Christophe de Bourdeau, escuyer, conseiller du roy, directeur de la monnoye de la ville de Perpignan et y habitant, et demoiselle Marie de Laporte, habitante de Balasin, paroisse de Boulin, après avoir obtenu la dispense du trois au quatrième degré de consanguinité, la fulmination de la bulle de cour de Rome ayant esté faite dans la forme accoutumée par Monsieur l'official d'Ayre, commissaire-député du St-Siège; et sur l'enqueste de la vérification faite par le dit official, la dispense a été accordée par monseigneur l'évesque d'Ayre, de même que les dispenses des deux proclamations de bans et du temps prohibé, ainsi qu'il paroit par l'ordonnance du dit sieur évesque, dattée du onzième du présent mois, duement signée, scellée, insinuée et controllée au greffe des insinuations et controlles ecclésiastiques, et après nous avoir apparu et la permission du sieur Brethous vicaire de Boulin pour la susdite bénédiction et les dites formalités en tel cas requises observées, elle leur a esté impartie par messire Jean de Bordeau, docteur de Sorbonne, conseiller du roy au parlement de Guyenne ; en présence de messire Pierre de Portets, prêtre, docteur en théologie, curé de cette ville ; noble Bertrand Bourdeau, escuyer, conseiller secrétaire du roy ; monsieur Pierre de Laporte, conseiller du roy et son médecin en la ville et sénéchaussée de St-Sever, seigneur de Balasin, père de ladite demoiselle de Laporte ; de Raymond de Cès, seigneur d'Ossages, et Pierre de Samadet, seigneur de la baronnie de Benquet, qui ont tous signé :

MARIE DE LAPORTE ; BOURDEAU ; LAPORTE *père ;* BOURDEAU *père ;* DE CEZ D'OSSAGES ; DE SAMADET ; BOURDEAU, *pour avoir départi la bénédiction nuptiale ;* PORTETS, *curé, présent.*

———

Jean-Baptiste-Pierre de Bourdeau-Daudijos, fils légitime à noble Pierre de Bourdeau Daudijos, lieutenant-général au sénéchal de St-Sever, et à dame Catherine de Vignau, est né le 19 octobre 1740, et a été baptisé le 21 du même mois. Parrain, noble Jean Bourdeau, conseiller au parlement de Bordeaux ; marraine, dame Barbe du Conte, à sa place a tenu sur les fonts, dame Jeanne de Lartigue de Larrhède qui ont signé Noble Jean de Bourdeau a fait la cérémonie.

BOURDEAU, *parrain, et pour avoir fait la cérémonie ;* DOSQUE, *vic. ;* JEANNE DE LARTIGUE LARRHÈDE ; BOURDEAU DAUDÉJOS *père.*

———

Marie-Elisabeth Daudijos, fille légitime de Pierre Daudijos, lieutenant-général, et de Catherine de Vignau (ou Vignoles), est née et a été baptisée le 27 septembre 1743. Parrain, Jean-François Vignoles, à l'absence duquel a tenu Monsieur Jean Bourdeau, conseiller au parlement et abbé de St-Loubouer ; marraine, Marie-Elisabeth Bretagne de

Beaufort, à l'absence de laquelle a tenu dame Marie de Basquiat, baronne de Toulouzette, qui ont signé :

DUFRAISSE, *curé ;* BOURDEAU ; BEAUFORT DE BASQUIAT.

—

Noble Pierre de Bourdeaux d'Audigeos, conseiller du roy, âgé de 72 ans, mourut le 28, et fut enseveli le 29 avril 1762.

TAUSIN, *curé de St-Sever.*

—

Le vicomte Hector de Galard, fils aîné du comte Rose-Hippolyte de Galard et de dame Françoise-Joséphine de Captan, et petit-fils du chevalier Pierre-Augustin-Frédéric-Joseph de Captan, chevalier de St-Louis, et de dame Paule-Camille de Bourdeaux d'Audigeos de Castera, a épousé le 19 janvier 1865 demoiselle Elisabeth-Olive-Emmanuelle de Crussol d'Uzès, seconde fille de Armand-Géraud-Victurnien-Jacques-Emmanuel de Crussol duc d'Uzès prince de Soyon, ✻ et de feue dame Françoise-Elisabeth-Antoinette-Sophie de Talhouet.

—

Le 13 du mois d'octobre 1731 naquit et fut baptisée Marthe-Josèphe Despans-Destignos, fille légitime de noble Jean-Joseph Despans-Destignos, seigneur d'Onnès, et dame Marie-Barbe-Agathe de Laporte, conjoints. Parrain et marraine M. noble Christophe de Bourdeaux, écuyer, directeur de la monnoye de Perpignan, à la place duquel a tenu sur les fonds noble Bertrand de Bourdeaux, conseiller du roy et son secrétaire du département de Bordeaux, et dame Marthe-Josèphe Destignos de Marsan, qui ont tous signés avec moy. — PORTETS, *curé ;* DESTIGNOS-MARÇAN, *marène ;* BOURDEAU, *pour le parrain ;* DESPANS, *père ;* BRETHOUS-SEBY, *présent ;* LAPORTE, *grand'père ;* DE BRETHOUS-DESTIGNOS.

—

Jean, fils de noble Jean-Joseph Despans-Destignos et de dame Marie-Barbe-Agathe de Laporte, mariés de Saint-Sever, est né et a été baptisé le 18 du mois d'avril 1734. Parrain noble Jean de Laborde-Arbrun ; marraine demoiselle Jeanne Despans. Présents les sieurs Pierre Dussault et Joseph de Laborde, lesquels ont tous signé avec nous. — Dufraisse, *curé;* Despans, *père;* Jeanne Despans, *marène;* Dusault ; de Laborde-Arbrun ; de Laborde-Meignos.

Jean-Pierre **de Brat**, *lieutenant-particulier au sénéchal et siége présidial d'Acqs* (1747).

D'azur au chevron d'or accompagné en chef de deux étoiles et en pointe d'une gerbe de blé de même. Couronne de comte. (*Voir les Notices Desperiers*).

Brethous de Lannemas.

La famille Brethous de Lannemas a été convoquée au ban de la noblesse de St-Sever en 1692 et 1702 ; et en 1789 l'un de ses membres fut assigné pour assister à l'assemblée de la noblesse des Landes à Dax. Nous ne donnons ici que l'état de la famille dans les dernières générations.

« Le 22 février 1773, après avoir publié à la messe de paroisse un ban du futur mariage entre noble Jean-Baptiste Brethous seigneur de Lannemas, de la paroisse de Hagetmau, et Marie-Anne-Paule de Basquiat Toulouzette, avec énonciation que les parties devoient se pourvoir de la dispense de deux bans. Veu ladite dispense accordée par M. Capdeville, vicaire-général, et les autres formalités de l'Eglise préalablement observées ; je soussigné du consentement et en présence de M. de Tauzin, curé de St-Sever, les ay conjoints en mariage, et leur ay, pendant la sainte messe, imparti la bénédiction nuptiale en présence de Messire Léonard d'Hertault (1) comte de Beaufort ; messire Jean-

---

(1) L'original porte d'Arthaud de Beaufort au lieu de Hertault. Le comte de Beaufort assista en 1789 à l'assemblée de la noblesse de Dax.

Pierre de Coudroy; messire Clément de Basquiat de Toulouzette, lieutenant au régiment de Navarre, et messire Gabriel de Cazenave Labarrère, prévôt général, qui ont signé avec nous :

» MARIE-PAULE DE TOULOUZETTE ; (1) LANEMAS, *époux ;* TOULOUZETTE *père ;* TOULOUZETTE *fils ;* JOANIN, *prêtre qui a fait la cérémonie ;* LABARRÈRE *fils ;* BEAUFORT *;* DE COUDROY *;* TAUSIN, *curé de St-Sever.*

I. — Noble J.-B. de Bretous seigneur de Lanemas, ép. Marie-Paule de Toulouzette, 1773.

II. — N.... de Brethous Lannemas leur fils, fut père de :

III. — Salvini de Brethous Lannemas, décédé il y a peu d'années, a laissé un descendant de son nom qui représente la tige aînée.

III (*bis*). — Fréderic Brethous de Lannemas, juge de paix du canton de Villeneuve-Marsan, est le chef de la branche cadette, marié à demoiselle Castera (Mimisan).

De Cabannes de Cauna.

D'azur à une tour d'argent sommée d'un lion issant d'or. Couronne de baron.

Clair-Joseph Cabannes, écuyer, seigneur baron de Cauna,

(1) Marie-Paule-Anne de Basquiat Toulouzette était fille de noble Bernard de Basquiat, chevalier, baron de Toulouzette, Montaut, Poy et Miremont, et de dame Marie d'Hertault de Beaufort.

ancien mousquetaire noir. (*Manuscrit de Mormès*, folio 43, assemblées de 1789.)

Messire Clair-Joseph de Cabannes, écuyer, seigneur de Cauna et de Mauco en sa partie. (*Manuscrit de Tartas*, 1749, folio 44-45.)

De Cabanes baron de Cauna. (*Cahier de l'Albret*, p. 44).

Cabanes de Cauna. (*Dictionnaire* de M. de Courcelles).

Cabanes de Cauna. (*Cahier de la noblesse des Lannes*, 31 mars 1789, imprimé page 13).

Cabanes de de Cauna. (*Liste de la noblesse des Lannes*, 31 mars 1789. — *Nobiliaire de Guienne*, tome I, p. 214).

Jean Cazaux, curé de Cauna, et comme procureur constitué de Jean Arnaud de Cabannes, curé d'Aurice, suivant la procuration du 8 de ce mois. (*Manuscrit de Mormès*, 16 mars 1789, *Assemblée du clergé*).

Clair-Joseph de Cabannes et son frère Jean-Arnaud de Cabannes, curé d'Aurice, étaient en 1789 les seuls représentants de la famille de Cabannes. La notice présente est destinée à faire connaître les générations les plus rapprochées du dernier siècle et de l'époque contemporaine.

VII. — Noble Christophe de Cabannes, écuyer, lieutenant-général d'épée au siège de St-Sever, chevalier, seigneur baron de Cauna et de Mauco, ancien lieutenant au régiment de Coetquen, naquit en 1679, se maria en secondes noces avec dame Magdelaine de Boyrie, 1710, et mourut en 1752 ayant eu une fille, Jeanne-Marie de Cabannes de Cauna, alliée à noble François de Bordenave, et Jean-Ignace de Cabannes baron de Cauna son héritier.

VIII. — Noble Jean-Ignace de Cabannes, chevalier, baron de Cauna et de Mauco, né en 1711, marié en 1743 à dame Marguerite de Barbotan de Carritz; en eut six enfants : Marie, religieuse ; Louise, alliée à noble Joseph de

Pomiers ; Elisabeth, alliée à son cousin Pierre-Paul de Larrieu seigneur d'Agos.

François de Cabannes, né en 1748.

Clair-Joseph, héritier du nom, né en 1750.

Jean-Arnaud de Cabannes de Cauna, né en 1753, curé d'Aurice ; Jean-Ignace baron de Cauna mourut en 1782, 28 avril.

IX. — Clair-Joseph de Cabannes, chevalier, baron de Cauna et de Mauco, mousquetaire noir de la garde du roi, chevalier de St-Louis en 1791, naquit en 1750, prit part en 1789 aux assemblées de la noblesse de Tartas et de Dax, — seigneur des domaines nobles de Bacquera et Bahuret, moulins, métairies et fiefs situés à St-Médard et Mazerolles en Marsan, possesseur de la dîme de Pelague, à Villeneuve de Marsan. Le baron de Cauna assista probablement à l'assemblée de la noblesse du Marsan, dont les procès-verbaux nous sont restés inconnus. Mort en 1811, ayant eu huit enfants de son mariage avec Marie-Perine de Compaigne, sa parente, entre autres : Jean-Xavier de Cabannes de Cauna, cinquième né (1791), ancien capitaine de cavalerie, chevalier de la Légion d'Honneur et de l'ordre royal et militaire de St-Louis, est décédé en 1854, ayant eu de son mariage avec dame Joséphine de Jullien de Lassalle : dame Emilie de Cabannes de Cauna, alliée à M. Charles-Léonard baron de Navailles-Banos, et Jean-Arnaud-Vincent, qui continue la descendance.

X. — Jean-Arnaud-Vincent de Cabannes Cauna baron de Cauna, député des Landes, chevalier de la Légion-d'Honneur, né en 1783, mort en 1829, laissant de son mariage avec dame Marguerite Charlotte de Borda-Labatut, six enfants, dont Bernard-Augustin de Cabannes baron de Cauna, né le 24 janvier 1822.

De Larrieu (*Table chronologique*).

I. — Bertrand de Larrieu, bourgeois de la ville de Saint-Sever, marié à Anne de Carenne, damoiselle, décédé avant 1669 ; — plusieurs enfants, entre autres :

II. — M. Me Jean de Larrieu, advocat en la cour, marié le 6 juin 1669 à Jeanne de Cabanes, damoiselle, fille de Jean et de Catherine de Lespès. — Les métairies de Gabouillat et Labescon, situées à Cauna, furent constituées en dot à la future épouse.

III. — M. Pierre de Larrieu, marié à demoiselle Marie de Garralon, dont la mère était de la maison de Lucmau de Classun, 1730-1771.

IV. — M. Me Pierre-Paul de Larrieu, avocat en parlement, seigneur d'Agos, marié le 20 may 1771 à demoiselle Elisabeth de Cabanes de Cauna, fille de noble Jean-Ignace de Cabanes baron de Cauna, et de Marguerite de Barbotan ; en eut un grand nombre d'enfants dont les actes de naissance, de 1772 à 1779, sont sous les yeux du lecteur : — Ignace de Larrieu (1772), Marie de Larrieu (1773), Clair-Joseph (1774), Jean-Louis (1776), Louise-Catherine (*) (1778), Joseph-Clair-Charles (1779).

V. — Clair-Joseph de Larrieu, fils aîné de Pierre-Paul, lieutenant de grenadiers sous l'empire, a survécu à ses frères ; marié à demoiselle de Lucmau-Classun, — vivait encore à Saint-Loubouer en 1848-1849, et a laissé :

VI. — N... de Larrieu.

Demoiselle Aglaé de Larrieu, alliée à M. Latourette.

(*) Louise-Catherine Larrieu, mariée à M. Dupont, de Corbluc près Roquefort, a laissé : Clair-Joseph-Charles Dupont, né à Bougue en 1809, mort à Mont-de-Marsan, le 25 décembre 1849, substitut du procureur de la république ; — marié à dame Josèphe de Biensans ; plusieurs enfants.

PIÈCES JUSTIFICATIVES.

Le septième octobre mil six cent quatre-vingt-neuf naquit Jean P. de Larrieu et feut baptisé le 9 du même mois et an, fils légitime à Monsieur Jean de Larrieu et à demoyselle Jeanne de Cabanes.

Les parrin et marraine Pierre de Larrieu, escolier, et demoyselle Louyse de Larrieu. Présents MM. Joseph Darbo, prébendier et M. Jean Despons, prestre, qui ont signé avec moy.

PIERRE DE LARRIEU; LARTIGUE, *vic.*; JEAN DESPONS, *prestre.* LOUYSE DE LARRIEU; *présent*: DARBO. *prt.*;

Le 31e et dernier juillet 1711 naquit au château de Cauna Jean-Ignace de Cabanes, fils légitime de noble Cristophle de Cabanes, seigneur baron de Cauna, et dame Magdeleine de Boirie-Narcastet, fust baptisé le second du mois d'aoust de la mesme année dans la chapelle Notre-Dame de Cauna. Parrins Monsieur Me Jean-Batiste de Cabanes, prestre, bachelier en theologie, et dame Louyse de Portets-Cabanes, qui ont signé avec moy. DE CABANES, *prestre*; LOUISE DE PORTETS DE CABANES, DUCOURNAU, *curé de Cauna*.

Le vingtième septembre 1747 naquit Elisabeth de Cabanes, fille légitime de noble Jean-Ignace de Cabanes, écuyer, et dame Marguerite de Barbotan, et fut baptisée le lendemain. Parrain et marraine, noble Jacques de Barbotan écuyer, et dame Elisabeth de Cabanes, et fut tenue sur les fonts par noble Joseph de Barbotan, écuyer, et demoiselle Jeanne Marie de Duhaut, qui ont signé avec moy, qui ai fait l'office, et les témoins noble Christophe de Cabanes, écuyer, et Marie Ursule de Cabanes. Ainsi signés à l'original :

DE MORA, *curé de Cauna*; JEANNE-MARIE DE DUHAUT; JOSEPH BARBOTAN; CABANES CAUNA; MARIE URSULE DE CABANES.

Le 28 juin 1750 naquit Clair-Joseph de Cabanes, fils légitime et naturel de noble Ignace de Cabanes et dame Marguérite de Barbotan de Cabanes-Cauna, et fut baptisé le lendemain. Parrain messire Clair Joseph de Barbotan, seigneur de Carrits ; marraine dame Anne d'Arcet de Barbotan ; en présence de noble Christophe de Cabanes, seigneur baron de Cauna, et demoiselle Jeanne de Cabanes, qui ont tous signés avec moy :

Joseph Barbotan ; Marie-Anne d'Arcest de Carris ; Jeanne de Cabanes ; de Mora, *curé de Cauna.*

Le treizième mars 1752 mourut dans la communion de l'Eglise, après avoir reçu les sacrements, Christophe de Cabanes, chevalier, lieutenant-général d'épée, seigneur baron de Cauna, et fut enseveli le lendemain dans la chapelle du bourg, en présence de Monsieur de Marsan et de Monsieur Duris, qui ont signé avec moy. Ainsi signés à l'original : de Mora, *curé* ; Marsan ; Duris, *advt.*

Le 8 février 1753 naquit, et fut baptisé le même jour, noble Arnaud-Jean de Cabanes, fils légitime et naturel de noble Jean-Ignace de Cabanes, seigneur baron de Cauna, et de dame Marguerite de Barbotan de Cauna. Parrin et marrine Arnaud Dubernet, curé d'Aurice, et demoiselle Jeannes de Cabanes ; le dit baptême ayant été administré par le dit sieur Dubernet, parrin ; ayant tenu à sa place noble Jean de Batz, chevalier, seigneur vicomte d'Aurice, qui ont signé tous avec moy et les témoins sieurs Pierre Dubernet et Pierre Moras.

Dubernet, *curé d'Aurice, parrin* ; Ieanne de Cabanes ; Moras ; Dubernet, *pt.* ; d'Aurice de Batz.

Ignace Larrieu est né et a été baptisé le 31 juillet 1772 ; il est fils légitime de M. Me Pierre-Paul de Larrieu, avocat en parlement, et de dame Elisabeth de Cabannes. Parrain messire Ignace de Cabanes, chevalier, baron de Caunar, et marraine dame Jeanne-Marie de Classun, à la place de laquelle a tenu dame Marie de Larrieu, qui ont signé avec nous et le grand'père.

Garlon Larieu ; Cabanes de Cauna ; Larrieu, *grand'père* ; Tausin, *curé de St-Sever.*

Marie de Larrieu est née et a été baptisée le 6 octobre 1773. Elle est fille légitime de M. Mᵉ Paul de Larrieu, avocat en parlement, et de dame Elisabeth de Cauna. Parrain Monsieur Pierre de Garralon, seigneur d'Agos et Saint-Cricq ; marraine demoiselle Marie de Cabanes-Caunar, qui ont signé avec nous.

MARIE DE CABANES ; LARRIEU, *père ;* P. GARRALON ; TAUSIN, *curé de Saint-Sever.*

—

Jean-Louis de Larrieu, fils légitime de M. Mᵉ de Larrieu, seigneur d'Agos, et de dame Elisabeth de Caunar, est né et a été baptisé le 24 septembre 1776. Parrain messire Jean-Louis Lugmau de Classun seigneur de Classun, capitaine au régiment de Médoc ; marraine, demoiselle Catherine de Barbotan, à la place de laquelle demoiselle Marie-Elisabeth de Talasac de Bahus, qui ont signé avec *nous* et le père.

TALASAC ; CLASSUN ; LARRIEU *père ;* TAUSIN, (*curé de Saint-Sever ?*).

N.-B. L'acte est rédigé et écrit de la propre main de M. de Tausin, qui ne l'a point signé.

—

Noble Ignace de Cabanes, écuyer, seigneur et baron de Cauna, âgé d'environ soixante-onze ans, est décédé dans la communion de l'Eglise le 28 avril 1782. Son corps a été inhumé le lendemain dans la chapelle de l'église de Notre-Dame, en présence de Monsieur son fils noble Arnaud Cabanes de Cauna, curé d'Aurice, et de M. Jean Cazaux, curé de Lamothe, qui ont signé avec nous.

PRISONNIER, vic., *approuvant l'interligne ;* CABANNES, *curé d'Aurice ;* CAZAUX, *prêtre.*

—

Extrait du registre des actes des naissances de la commune de Saint-Sever, pour l'an 1783.

Jean-Arnaud-Vincent de Cabanes Cauna est né et a été baptisé le dix-neuf juillet mil sept cent quatre-vingt-trois ; il est fils légitime de Messire Clair-Joseph de Cabanes baron de Cauna et de Mauco, et de dame Marie-Périne de Compagne. Parrain Messire Jean-Arnaud de Cabanes, curé d'Aurice qui a fait le baptême, à la place duquel a tenu Messire Jean-Pierre de Batz ; marraine dame Marie-Ursule de

Cabanes de Compagne qui ont signé avec nous et le père. Signé au registre : Cabanes de Compagne ; de Batz ; Cabanes de Cauna père ; de Batz ; Cabanes de Cauna, parrain, et Tauzin, curé de Saint-Sever.

Pour extrait conforme :

Le maire de la ville de Saint-Sever,

LNT. BERNÈDE aîné, *premier adjoint.* (1814)

Extrait des registres des actes de décès de la commune de Cauna pour l'an 1811.

L'an mil huit cent onze et le vingt-cinq du mois d'avril, par devant nous adjoint, en vertu de la délégation spéciale à nous donnée par Monsieur le maire, officier de l'état-civil de la commune de Cauna, canton de St-Sever, département des Landes, sont comparus Jean Darrieutort, dit Charpentier, âgé de trente-neuf ans, marchand de grains, et Jean-Baptiste Despillos, aubergiste, âgé de quarante-cinq ans, habitans de Cauna ; lesquels nous ont déclaré que Clair-Joseph Cabanes de Cauna, âgé de soixante-un ans, profession de maire de la commune, domicilié à Cauna, fils de Jean-Ignace et de Marguerite de Barbotan, est décédé ledit jour du mois d'avril, et les déclarants ont signé avec nous le présent acte, après qu'il leur en a été fait lecture.

Signé au registre : Darrieutort, Despillos et Pierre Matran, *adj.*

Pour copie conforme :

Le maire de la commune de Cauna, P. MATRAN.

Marie Pic de Blais de la Mirandolle, fille légitime de messire Jean Pic de Blais de la Mirandolle (*), chevalier de l'ordre militaire de St-Étienne, et de dame Catherine de Fortagé de Boyantran, naquit le 23e janvier 1729 ; elle fut baptisée le lendemain. Parrain, Son Éminence Mgr le Cardinal Pic de la Mirandolle ; messire Pierre du Lion, baron de Campet, tenant sa place. Marraine, Marie Donissan de Citran dame de Gua et autres places ; dame Marie du Lion tenant à sa place. Présents : messire Alexandre du Lion, chevalier,

(*) Pic — de la Mirandolle — de Blais — de Fontblays — de Luzannet — de Las-Cabannes — de Caraignet. (d'Hozier, *Ind. nobil.*).

seigneur de Besle, qui a signé avec ledit baron de Campet, et Antoine Arrouseiller, qui n'a signé pour ne sçavoir, de ce faire requis.

CAMPET; DE PRUGUE; DU LYON; PIC DE BLAYS DE LA MIRANDOLLE, *père*; DUFAU, *vic.* (*Regist. de Mont-de-Marsan*).

IV° *dégré.* — Noble Bertrand de Carrère, écuyer, sieur de Jaulin, épousa par contrat passé le 22 février 1600, dans la ville de Montréal en Condomois, devant de Minvielle, notaire royal, et en présence de ses père et mère, de noble Jean de Spens sieur de Saiges, etc. — Anne d'Art, demoiselle, fille de noble Jehan d'Art, seigneur de Luzanet, et de demoiselle Isabeau de Montguillem. De ce mariage noble Amanieu de Carrère seigneur de Loubère (*Nobiliaire de Guienne*).

Je soussigné promets à Monsieur de Cabannes de luy remettre à tous jours et heures qu'il m'en requerra, le contrat de mariage de feu noble Alexander Dart, mon frère, et damoiselle Marthe de Girard, ma belle-sœur; ensemble la procuration faicte à feu noble Amanieu de Carrère, mon cousin, insérée, ladite procuration, au pied dudit contrat; le tout signé par Gaüsère, notaire royal, et vidimé, ledit contrat et procuration, par feu M. de Barry, lieutenant-général à St-Sever, et signée, ladite extraction, par de Marsan, greffié, et dattée, ladite extraction, du trentième janvier mil six cent quarante-six, et ledit contrat de mariage daté du 19 may mil six cent quarante six, et ladite procuration du vingt-troisième d'avril mil six cent quarante-six; le tout dans un caier que ledit sieur de Cabanes m'a cejourdhui preté, me soumettant au cas que je ne lui remisse, les dites pièces, à la rigueur des ordonnances de Monsieur le gouverneur de la province. Fait à Estignos, le troisième de janvier mil six cent quatre-vingt-deux, ez presence de Monsieur, Destignos et Messieurs de Loubère et Labarte frères, qui ont signé et moy.

CARAIGNET; DESTIGNOS, *presan*; C. LOUBERE, *pnt*; LABARTE, *pnt*; (*Original, titres de Cabanes*). *Suscription:*

Contre M^r DE CARAIGNET.

Raymond de Cabanes, écuyer, épousa en 1665 ou 1666, demoiselle Jeanne D'Art de Luzanet, fille de noble Alexander Dart, et fut qualifié depuis seigneur de Lusan et Luzanet; mais les descendants de M. de Caraignet, frère d'Alexander D'Art, transmirent les terres de Luzan, Luzanet, Caraignet et autres places à la famille de Pic de la Mirandolle. (Voir *notice de Barbotan, le contrat de mariage de 1782*).

VIII° *degré*. — Noble Louis de Carrère de Loubère, écuyer (Carrière, petit-fils d'Amanieu), épousa: 1° demoiselle Marie-Elisabeth de Prugue Cézeron; 2° par articles de mariage arrêtés au Mont-de-Marsan, le 10 octobre 1747, demoiselle dame Marie-Anne de Landrieu, fille légitime de M. M° Bernard de Landrieu (*), conseiller du roy et son procureur au sénéchal de Marsan, et de dame Marie de Lobit; il rappelle dans cet acte ses père et mère décédés, et agit en présence de: demoiselle Jeanne de Cabanes, sa tante; dame Marie de Prugue de Cabannes, aussi sa tante; demoiselle Ursule de Cabannes, sa cousine-germaine; Messire Jean Pic de Blais de la Mirandolle, écuyer, chevalier de l'ordre militaire de saint Etienne de Toscane, son oncle à la mode de Bretagne, et son épouse dame Catherine de Fortage Boyentran; dame Marie du Lyon de Prugue; Messire Pierre-Gaston du Lyon, chevalier marquis de Campet, et son épouse dame de Gourgues du Lyon; Messire Jean Marie de Prugue, seigneur de Caillau, écuyer, et son épouse dame Marie-Angélique du Lyon; Messire François de Spens, chevalier de St-Louis, capitaine au régiment d'Auvergne; Messire Jean d'Abadie, son cousin-germain, et dame Jeanne de Bordenave de Bargues, épouse dudit d'Abadie; Messire Jean Pic de Blais de la Mirandolle, capitaine au régiment de Montmorin; noble N... de Cafaget, écuyer, seigneur de Hournieux; Jean-Antoine de Junca, écuyer, et son épouse dame Marguerite de Girard d'Onnès; Bernard de Lobit, écuyer, lieutenant au régiment de Bourbonnais, neveu de la future; N... chevalier de Lobit, son cousin-germain; François de Bordenave, lieutenant-assesseur au siége de Mont de Marsan. (*Nobiliaire de Guienne*).

(*) La famille de Landrieu existait en 1536.

De Castaignos, *écuyers, chevaliers, seigneurs* DE GUIBAT, DE MIRANDO, CLOCHE, PROJEAN *et autres lieux, à St-Sever Cap.*

D'or à un châtaigner de sinople; au-dessus vers le chef une aigle éployée de sable, membrée et becquée de gueules : le tout adextré d'une épée prise en pal, la pointe en haut, et senestré d'une étoile d'azur. Timbre le haume ou métal tarré du côté droit, à cinq grilles avec lambrequins composés du métal de l'écu. — (*Badier.*)

Noble Bertrand de Castaignos, marié à Suzanne de Laffitaut, testa le 17 février 1544 laissant deux enfants : Jean de Castaignos et Pierre, son héritier.

II. — Noble Pierre de Castaignos, avocat au parlement de Bordeaux, marié à damoiselle Jeanne de Lucat, testa en 1589, et eut pour enfants : Sever, Marie, Arnaud et Raymond de Castaignos. Sever continue la descendance; Marie de Castaignos épousa en 1601 noble Abiatar Salluste Deschars, avocat au parlement de Bordeaux, juge des villes d'Aire et du Mas; Raymond de Castaignos, docteur en médecine, fils de Pierre, maria en 1630 sa fille Marthe avec noble Jean de Laborde-Major.

III. — Noble Sever de Castaignos, conseiller du roy au sénéchal de St-Sever par démission de Sever du Lucat, son aïeul, 7 avril 1593, fut marié avec Marthe de Ribes, et testa le 22 avril 1648, laissant entre autres enfants : 1° Odet de Castaignos; 2° Jean-Jacques de Castaignos, avocat; 3° N... de Castaignos, étudiant (1632).

IV. — Noble Odet de Castaignos, capitaine, marié vers 1630 à damoiselle Jeanne de Sort, laissa pour enfants : 1° Pierre de Castaignos, mentionné au testament de sa mère du 17 septembre 1664; 2° demoiselle Roquette de Castaignos, mariée en 1654 à Gabriel de Tauzin, écuyer, seigneur de Bonnehé.

V. — Noble Pierre de Castaignos sieur de Guibat, capitaine, contracta mariage le 8 septembre 1668 avec Marie de Ladoüe, damoiselle, héritière de Mirando. Fut maintenu dans sa noblesse par jugement de Dailhencq et de Bezons des 22 avril 1667 et 25 août 1693. Il eut trois fils : Nobles Joseph, Jean et Pierre de Castaignos, écuyers, maintenus dans leur noblesse par Monseigneur de Lamoignon, jugement du 26 août 1716.

1° Joseph continue la descendance de la branche aînée;

2° Pierre, chef de la seconde branche;

3° Jean, qui a servi dans le régiment d'Auvergne l'espace de 37 ans; il fut blessé dans plusieurs batailles, mais très grièvement blessé à celle de Parme; il fut choisi pour former et commander le troisième bataillon du régiment d'Auvergne qu'on créa en 1743; en 1745, on créa le quatrième bataillon du même régiment qu'il disciplina; on l'assembla à Malines, où il commanda pour le roi en 1747 et 1748. Ses blessures le forcèrent de quitter le service, et il en mourut peu de temps après. On conserve encore plusieurs lettres que le maréchal de Saxe lui écrivit étant commandant à Malines, par lesquelles on voit que ce grand général l'honorait de son estime;

4° Jean de Castaignos, prêtre, curé de Coudures ;

5° Et Marie-Thérèse de Castaignos, mariée à Louis d'Ortès, écuyer ; le chevalier d'Ortès, leur fils, est aujourd'hui maréchal de camp.

VI. — Joseph de Castaignos, écuyer, seigneur de Mirando, a servi pendant 20 ans dans les dragons, et fit son testament le 2 juillet 1742 devant le notaire royal de St-Sever. Il épousa Marie-Anne de Cloche, fille de noble Jean de Cloche, écuyer, baron de Fargues, et de dame Marguerite de l'Abadie-Gauzis, dont :

1° Fortanier, qui suit ;

2° Jean, curé de Coudures ;

3° Madeleine ;

4° Et Marie-Madeleine de Castaignos.

VII. — Fortanier de Castaignos, chevalier, seigneur de Mirando, entré sous-lieutenant au régiment d'Auvergne en 1742, capitaine en 1746, reçu chevalier de St-Louis au camp de Corbac par M. le maréchal duc de Broglie le 17 juillet 1760, capitaine de grenadiers en 1761, et major d'infanterie en 1768, dans laquelle année ses blessures le forcèrent à demander sa retraite. Il a fait toute la guerre de Flandre avec le maréchal comte de Saxe, et s'est trouvé aux batailles de Fontenoy, Rocoux, Lawfeld ; aux sièges d'Ypres, Menin, Furnes, Tournay, Oudenarde, Bruxelles, Mons, Namur, Bergop-Zoom et Maestricht ; a fait toutes les campagnes de Hanovre et d'Allemagne, et s'est trouvé à toutes les batailles, chocs ou sièges, où le régiment d'Auvergne a été employé pendant cette pénible guerre. A l'affaire de Clostercamp, où le régiment fut presque entièrement détruit, il s'y signala avec une valeur surprenante, chargea trois fois les ennemis, et fit prisonnier de guerre un colonel anglais.

Copie de la lettre de M. de Choiseul, ministre, à M. de Castaignos, capitaine, etc.

Sur le compte, Monsieur, que j'ai rendu au roi de vos services et de la valeur avec laquelle vous avez chargé trois fois les ennemis à l'affaire de Clostercamp où vous avez fait un colonel anglais prisonnier du guerre, Sa Majesté a bien voulu, pour vous donner une marque particulière de la satisfaction qu'elle en a, vous accorder une pension de 400 livres dans l'ordre militaire de St-Louis. Je vous en donne avis avec bien du plaisir, et suis, Monsieur, votre très humble et très affectionné serviteur. Signé duc DE CHOISEUL.

Fortanier de Castaignos épousa par contrat passé à Bordeaux le 11 juillet 1769, devant Duprat, notaire, Françoise d'Ababie, fille de messire Jean d'Abadie seigneur de Murailles, conseiller du roi, et lieutenant-général de la sénéchaussée et présidial de Bazas, et d'Anne Dupuch Destrac de Vermont, dont :

1º Jean-Marie-Anne ; 2º François ; 3º Et Marie-Magdelaine de Castaignos.

N.-B. — Les 6º et 7º degrés de la branche aînée sont empruntés à Badier, *Dict. de la Noblesse*, réédition de 1864.

VIII. — Noble Jean de Castaignos, seul enfant mâle de Fortanier, naquit en 1775, fut seigneur de Mirando et de Guibat, et mourut il y a 25 ou 30 ans. Dernier du nom de ceux que l'on appelait depuis plusieurs siècles « lous guerriers de Castaignos » (*). La postérité du seigneur Fortanier et de dame Françoise d'Abadie a été relevée avec soin dans les registres de St-Sever Cap, et s'est composée des noms suivants :

Demoiselle Marie-Anne, 15 may 1770 ;—Demoiselle Françoise, 25 avril 1771 ;—Demoiselle Magdelaine, 11 juin 1773 ;—Demoiselle Marguerite-Magdelaine-Augustine de Castaignos, 28 juin 1774 ;—Noble Jean de Castaignos, 1775-1834.

(*) Badier.

BRANCHE CADETTE.

VI. — Messire Noble Pierre de Castaignos, écuyer, capitaine d'infanterie au régiment royal de la marine, chevalier de St-Louis, seigneur de Projean, marié en 1729 à dame Marie-Agathe d'Eschars, héritière des maisons d'Estoupignan et d'Eschars, fut père de noble Joseph de Castaignos Projean, qui continue la postérité, et de Jean de Castaignos, chevalier, né en 1732.

VII. — Noble Joseph de Castaignos, chevalier, seigneur de Projean, officier d'infanterie au régiment royal de la marine, fut marié une première fois avec demoiselle Marie de Castelnau, de laquelle étant veuf sans enfants, il contracta une seconde union avec demoiselle Angelique de Diusse, fille aînée de Messire Jean-Pierre de Batz, chevalier, baron de Diusse, seigneur de Mascaraas et Buannes, et de feue dame Henriette de Hitton, le 23 mai 1785, et en eut noble Amable de Castaignos-Projean.

VIII. — Noble Amable de Castaignos, dernier de son nom, marié en 1817 à demoiselle Marie-Magdelaine-Fanelli de Pausader, est mort sans laisser de postérité.

A défaut de documents sur les autres branches, nous insérons la note suivante tirée des mêmes archives :

En 1676 (*), Anne de Cloche, fille de Jean de Cloche et de Marguerite de Labadie, épousa noble Joseph de Castaignos, seigneur de Mirando (fils de Marie de Ladoüe), ancien officier de dragons, qu'elle rendit père de Fortanier de Castaignos, capitaine de grenadiers au régiment d'Auvergne ; il fut un officier des plus valeureux qu'ait pro-

(*) Le chroniqueur a dû se tromper de quarante-six ans. Joseph de Castaignos, né en 1674, s'est marié le 14 juillet 1722.

duits la ville de St-Sever ; il se signala dans toutes les occasions où il s'est trouvé avec le régiment d'Auvergne. Clostercamp fut cependant le champ de bataille où il déploya tout son courage, tous ses talents militaires, sa présence d'esprit, sa vigilance et sa générosité ; il surprit le régiment anglais de Royal-Gallois, le battit, prit son colonel prisonnier de guerre ; après cette expédition, il revint au camp et trouva son régiment en désordre. Son colonel ayant été tué, il prit le drapeau, et rassemblant tous ses braves, il les mena à la charge, attaqua à la baïonnette une colonne anglaise et la mit en déroute complète ; et toute cette journée fut marquée par une action d'éclat héroïque de M. de Castaignos. Il est impossible, dans une notice historique, de faire connaître toutes les belles actions de cet officier ; on doit se contenter de dire qu'il joignait à sa grande bravoure le courage de Monluc et la générosité de Bayard !

Le registre de la paroisse de Montaut relate en 1702 l'existence de M. Pierre de Castaignos, garde du corps du roi. La liste des citoyens actifs de la ville de St-Sever en 1790 nomme :

1° Fortanier de Castaignos, chevalier de St-Louis, propriétaire ;

2° Joseph de Castaignos aîné, propriétaire ;

3° Jean de Castaignos, chevalier de St-Louis, propriétaire ;

4° Autre Jean de Castaignos, propriétaire.

(*Voir l'histoire des chevaliers de St-Louis et les assemblées de la noblesse de 1789*).

PIÈCES JUSTIFICATIVES.

Du 5 janvier 1634, testament de damoiselle Marthe de Ribes, veuve à feu M. Me Sever de Castaignos, en son vivant, conseiller du roy au présent siège de St-Sever. Ladite demoiselle a été mariée au dit feu sieur de Castaignos, et de leur légitime mariage ont été procréés : Me Jean-Jacques de Castaignos, advocat ez la cour, juge des terres de Classung ; Odet de Castaignos, homme d'armes, et Bernard de Castaignos, escolier. Lequel Jean-Jacques a été marié a damoyselle Marguerite de Barry ; et le dit Odet, avec damoiselle Jeanne de Sort.
DE SAINT-GENEZ, *notaire royal.*

Claire de Lespes, fille du sieur de Guillaume de Lespes et de damoyselle Jeanne de Castaignos. naquit à Tartas en 1642. Parrain, noble Joseph de Garnit sieur Mugriet.
LESPÈS ; DARROZE ; DARTIGUELONGUE.

Le 3 juin 1646 a été baptisé Matthieu de Lespès, fils de Me Guillaume de Lespès, bourgeois et magistrat de la présente ville, et de Jeanne de Castaignos, conjoints. Parrain, Me Matthieu Duhault, bourgeois de la ville de St-Sever, et marraine damoiselle Françoise de Vidart. Présents les soussignés.
DARROZE, *pbre,* vic. de Tartas.

Le vingt-huitième octobre de l'année susdite 1683, naquit Pierre de Castaignos, et feut baptisé le trente du même mois et an, fils légitime à noble Pierre de Castaignos, escuyer, et à demoyselle Marie de Ladoüe. Les parrain et marraine, M. Me Pierre de Tauzin, prestre, et demoyselle Glaude de Labassure. Présents : MM. Jean de Sort et Sever de Marsan, quy ont signé avec moy :

LARTIGUE, *vic.* ; CASTAIGNOS, *père* ; H. DE LABASSURE ; P. TAUSIN ; SORT, *pñt* ; MARSAN, *pñt.*

MÉMOIRE au Conseil pour dame Marie Destoupignan, veuve de feu noble Charles de Chars, et pour messire Pierre de Castaignos, ancien capitaine d'infanterie, chevalier de l'ordre militaire de St-Louis, tant pour son fait particulier que pour dame Marie-Agathe de Chars son épouse, fille dudit feu de Chars et de ladite Destoupignan.

Par le contrat de mariage d'entre lesdits Destoupignan et Deschards du 27 septembre 1683, dont coppie est cy-jointe, il fust constitué en dot à ladite Destoupignan, par Cécile de Laborde sa mère, veuve de noble Charles Destoupignan, la somme de 6,000 livres; et par une clause expresse de ce contrat, les fiancés de l'avis et conseil de leurs parents, mesme ledit sieur de Schars qui était lors mineur de son curateur, firent donation de la moitié de leurs biens présents et advenir en faveur d'un enfant masle qui proviendrait de leur mariage, s'en réservant la nomination et, à défaut d'enfant masle, de la fille aisnée. Il y a de plus, un agencement stipulé entre les fiancés, sçavoir, de 4,000 fr. en faveur de ladite d'Estoupignan, et de 2,000 fr. en faveur dudit sieur de Chars, lequel agencement, ladite Destoupignan a gagné par le prédécès dudit feu de Chars, arrivé le mois d'octobre dernier. Il est dit encore dans ce contrat que pour plus amples validité les parties consentent qu'il soit insinué au sénéchal de St-Sever, ayant mesme nommé des procureurs pour requérir et consentir cette insinuation qui cependant ne paraît pas avoir été faite. Il descendit de ce mariage plusieurs enfants qui moururent en bas-âge n'ayant resté que ladite dame Agathe de Chars, à présent épouse dudit sieur de Castaignos, etc., etc.

(*Archives de Castaignos*).

Le 1er avril 1688 naquit et fut baptisée Magdelaine de Castaignos, fille légitime à noble Pierre de Castaignos et à demoiselle Marie de Ladoüe. Les parrain et marraine, noble Daniel de Tausin sieur de Bonnehé, ladite fille ayant esté tenue en son absence par M. Pierre de Tausin, prestre, et demoiselle Madelaine de Tausin. Présents : MM. Martin de Brethous et Jean de Larrieu, qui ont signé avec moy.

CASTAIGNOS, *père* ; M. DE TAUSIN ; LARRIEU, *pñt* ; DE BRETHOUS, *pñt* ; P. TAUSIN, *prêtre substitué* ; M. DE CLOCHE, *curé*.

Le 4 février 1693 naquit Jean de Castaignos et fut baptisé le 5 du même mois et an, fils légitime de Pierre de Castaignos, escuyer, seigneur de Mirando, et de demoiselle Marie de Ladoüe. Parrain et marraine, Jean de Castaignos, escolier, et demoiselle Marie-Anne de Castaignos. Présents : Arnaud de Lartigue, maître ez-arts, et Joseph d'Arbo, clerc, qui ont signé avec moy.

Castaignos, *père*; Castaignos, *parrain*; Marie-Anne de Castaignos; Darbo, *présent*; Larticue, *présent*; de Cloche, *curé*.

de Castaignos. — *Maintenue de noblesse.*

Guillaume-Urbain de Lamoignon, chevalier, *compte* de Launay-Courson, conseiller du Roy en ses conseils, maître des requettes ordinaires de son hôtel, Intendant de justice, police et finances, en la généralité de Bordeaux,

Veu l'assignation donnée devant nous le quatorze mai mil sept cent quatorze, au sieur Pierre de Castaignos, habitant de la ville de St-Sever, à la requette de Metre François Ferrand, chargé par Sa Majesté de la continuation de la recherche des usurpateurs du titre de noblesse, poursuitte et diligence de M° François-Bernard Roche, directeur de ladite recherche, pour représenter devant nous les titres en vertu desquels il a pris la qualité de noble et d'écuyer, et à deffaut de se voir condamner, comme usurpateur desdites qualités, en l'amende de deux milles livres, aux restitutions à cause des indues jouissances des priviléges et exemptions, aux deux sols pour livre desdites sommes, et aux dépens ; notre procès-verbal du quinze aoust mil sept cent seize, contenant l'inventaire et production des titres de nobles Joseph, Pierre et Jean de Castaignos, escuiers, aux fins d'être déchargés de ladite assignation, et en conséquence maintenus dans la qualité de noble et d'écuier, et dans les priviléges et exemptions attribuées aux gentilshommes du royaume et inscrits au Catalogue des nobles de la sénéchaussée de St-Sever, au bas duquel procès-verbal et inventaire est notre ordonnance dudit jour, par laquelle nous avons donné acte auxdits sieurs de leurs titres, et ordonné qu'ils seroient communiqués audit sieur Roche, faisant pour ledit Ferrand, pour y fournir de réponse dans huitaine, pour le tout rapporté devant nous, estre ordonné ce qu'il appartiendroit, la réponse dudit sieur Roche faisant pour ledit Ferrand, du vingt dudit mois d'aoust mil sept cent seize, par laquelle il s'en remet à nous d'ordonner ce que nous trouverons à propos, la déclaration du roy pour la recherche de la noblesse, du quatre septembre mil six cent nonante six ; lesdits arrêts du conseil servant de règlement pour la recherche, des vingt-six février mil six cent nonante sept et quinze may mil sept cent trois, autre déclaration du roy du trente may mil sept cent deux, pour continuer ladite recherche ; la nouvelle déclaration du roy du seize janvier mil sept cent quatorze, enregistrée au greffe de la cour des Aydes de Guienne, le vingt-huit février audit an, par laquelle le roy réduit le rapport des titres à cent années ; l'arrêt du conseil, du quatorze décembre mil sept cent quinze, qui ordonne la continuation de la recherche à la poursuite dudit Ferrand pendant l'année mil sept cent seize ; la généalogie des produisans ; le testament de noble Bertrand de Castaignos, par lequel il dit être marié avec Suzanne de Laffitaut, et avoir pour enfans Jean et Pierre de Castaignos, lequel Pierre est institué héritier du dix-sept février mil cinq cent quarante-quatre ; testament dudit Pierre de Castaignos, par lequel il dit être marié avec Jeanne de Lucat, et avoir pour enfans Sever, Marc, Arnaud et Raymond de Castaignos, du quinze avril mil cinq cent huitante neuf ; procuration *ad resignandum* de l'office de conseiller du roy au siége de St-Sever, par Sever de Lucat, en faveur de Sever de Castaignos, son petit-fils, du sept avril mil cinq cent nonante trois ; le testament dudit Sever de Castaignos, conseiller du roy au siège de St-Sever, par lequel il dit être marié avec Marthe de Ribes, et avoir pour enfans, entre autres Odet de Castaignos, du vingt-deux avril mil six cent dix-huit ; le testament de Jeanne de Sort, veuve de noble Odet de Castaignos, vivant capitaine, et avoir pour enfants Pierre de Castaignos, du dix-sept septembre mil six cent soixante-quatre ; le contrat de mariage de noble Pierre de Castaignos, capitaine, sieur de Guibat, dans lequel il se dit fils de noble Odet de Castaignos, et se marie avec Marie de Ladoüe, demoiselle, du huit septembre mil six cent soixante-huit ; ordonnance du sieur Dailhenc, subdélégué de M. Pellot, par laquelle il donne acte auxdits Pierre et Daniel de

Castaignos, cousins, de la représentation de leurs titres de noblesse, pour être inscrits au Catalogue des nobles, du vingt-deux avril mil six cent soixante sept ; ordonnance de M. de Bezons, du vingt-cinq aoust mil six cent nonante-trois, par laquelle ledit noble Pierre de Castaignos est déchargé du droit de franc-fief ; les extraits baptistaires desdits sieurs produisans, par lesquels il est justifié qu'ils sont fils de noble Pierre de Castaignos et Marie de Ladoüe, des treize mars mil six cent septante-quatre, vingt-huit octobre mil six cent huitante-trois, et quatre février mil six cent nonante-trois, duement légalisés ; commission de la charge de lieutenant d'une compaignie au régiment de St-Mesme, accordée à Odet de Castaignos, ayeul des produisans, du vingt-huit juin mil six cent quinze ; commission de la charge de cornette d'une compaignie de cavalerie au régiment de Fontenay, accordée à Joseph de Castaignos, produisant, du 14 octobre 1696 ; autre commission d'une lieutenance de dragons au régiment de Guyenne en faveur du sieur de Castaignos, du 17 may 1705 ; autre commission de capitaine d'une compaignie au régiment royal de la Marine en faveur dudit sieur de Castaignos, du 3 juin 1711 ; et tout considéré :

Nous avons déchargé lesdits nobles Joseph, Jean et Pierre de Castaignos frères, escuiers, de l'assignation donnée audit sieur Pierre Castaignos leur père, à la requette dudit Ferrand, et en conséquence les avons maintenus et gardés, maintenons et gardons leurs enfans et postérité nés et à naistre en légitime mariage, dans la qualité de nobles et d'écuyers, et dans les priviléges et exemptions attribués aux gentilshommes du royaume, tant qu'ils vivront noblement et ne feront des actes dérogeant de la noblesse ; attendu qu'ils ont justifié leur noblesse et celle de leurs auteurs depuis et compris l'année mil cinq cent quarante-quatre, ordonnons qu'ils seront inscrits au Catalogue des nobles de la sénéchaussée de Saint-Sever, conformément à la déclaration du roy, du quatrième septembre mil six cent quatre-vingt-seize.

Fait à Bordeaux, le vingt-sixième aoust mil sept cent seize.

Ainsy signé, DE LAMOIGNON.
Et plus bas : *Par Monseigneur,* DUPIN.

Collationné sur l'original, par nous écuyer, conseillé secretere du roy maison couronne de France, audiencier en la chancellerie près la cour des Aydes de Guienne. BOURDEAUX.

Le deuxième octobre 1721 naquit et fut baptisé Pierre d'Ortès (*), fils légitime à noble Louis d'Orthès et à dame Thérèse de Castaignos. Parrain et marraine ont été monsieur Pierre de Castaignos, capitaine au régiment de la marine royale, M. Joseph Martin d'Orthès, prestre, docteur en théologie tenant pour lui, et dame Marie de Brethous, qui ont signé avec moy.

CASTERA, *vic.*; DORTÈS, père; DE BRETOUS DESTIGNOS; DORTÈS; *prêtre*, pour le parrain.

Le 14 juillet 1722 ont épousé, toutes les formalités requises par le sacré concile de Trente duement observées, M. noble Joseph de Castaignos et demoiselle Marianne de Cloche de Fargues, ez présence de MM. Noble Joseph de Cloche de Fargues, présent, de Pierre d'Aubagnan de André (de) Basquiat, qui ont signé avec moy.

CASTAIGNOS; MARIANE DE FARGUES; AUBAIGNAN; FARGUES; BASQUIAT D'ARTOS; CASTAIGNOS, *curé*.

Le 12 may 1723 naquit et fut baptisée Marie de Castaignos, fille légitime de noble Joseph de Castaignos et de dame Mariane de Cloche. Les parrain et marraine, noble Joseph de Cloche, seigneur de Fargues, et dame Marie de Ladoue, qui ont signé avec moi.

CASTAIGNOS, CLOCHE DE FARGUES, MARIE DE LADOUE.

Fortanier de Castaignos naquit le 4ᵐᵉ de mars 1726; il est fils légitime à noble Joseph de Castaignos, escuyer, et à dame Marie-Anne de Fargues. Les parrain et marraine ont été, M. noble Fortanier d'Abadie, seigneur Dayderen, escuyer, et demoiselle Margue-

---

(*) Pierre d'Ortès fut plus tard chevalier et baron d'Ortès, maréchal des camps et armées du roi, chevalier de son ordre de St-Louis et l'un des commissaires de la noblesse aux assemblées de Dax en 1789. — La famille subsiste.

rite de Castaignos, demoiselle Marie de Castaignos tenant pour la marraine. CASTAIGNOS, LABADIE, CASTERA, vic. MARIE DE CASTAIGNOS.

Le 19 juillet 1730 naquit et fut baptisé le lendemain, Jean de Castaignos, fils légitime de Pierre de Castaignos, capitaine dans le régiment de royal la Marine, et de dame Marie-Agathe d'Eschars, conjoints. Le parrain a été Jean de Castaignos, lieutenant dans le régiment d'Auvergne, Joseph d'Ortèz tenant pour lui ; la marraine Catherine d'Estoupignan, Marie d'Estoupignan tenant pour elle. Présents : Antoine d'Ortèz et Pierre Laborde (et ont signé).

ANTOINE D'ORTEZ ; JOSEPH D'ORTEZ ; PIERRE LABORDE ; MARIE D'ESTOPIGNAN. — NAUTERY, *vicaire*.   (St-Sever Cap).

Messire Jean de Castaignos (*), écuyer, chevalier de l'ordre de St-Louis, ci-devant commandant de bataillon au régiment d'Auvergne, âgé d'environ soixante-seize ans, est décédé dans la communion des fidèles, après avoir reçu les sacrements le 4, et a été enseveli le 5 juin 1768 dans l'église des Dominicains. Présents Mrs Mes Louis Darrimajour et Pierre-Charles Du Souilh, prêtres, qui ont signé avec nous. TAUSIN, *curé de St-Sever* ; M. DARRIMAJOUR ; DU SOUILH.

Marie-Anne de Castaignos est née et a été baptisée le 15 may 1770, elle est fille légitime de messire Fortanier de Castaignos, chevalier, seigneur de Mirando, ci-devant major du régiment d'Auvergne, chevalier de St-Louis, et de dame Françoise d'Abadie. Parrain, messire Jean d'Abadie, ci-devant lieutenant-général du présidial de Bazas, à la place duquel a tenu messire Joseph de Castaignos, chevalier, seigneur de Projean ; marraine, dame Marie-Anne de Cloche de Fargues, qui ont signé avec nous :

CASTAIGNOS, *père;* TAUZIN, *curé de St-Sever ;* Dame MARIANNE DE FARGUES ; CASTAIGNOS PROJAN.

Demoiselle Françoise de Castaignos est née et a été baptisée le 25 avril 1771, elle est fille légitime de messire Fortanier de Castai-

---

(*) Troisième fils de Pierre de Castaignos et de Marie de Ladoüe.

gnos, chevalier, seigneur de Mirando, ancien major d'infanterie, et chevalier de St-Louis, et de dame Françoise d'Abadie. Parrain, messire Jean de Castaignos, curé de Coudures ; marraine, demoiselle Françoise d'Abadie, qui ont signé avec nous :

DABADIE ; CASTAIGNOS, *curé de Coudures, qui ay fait la cérémonie;* CASTAIGNOS, *père;* DABADIE. — (*M. de Tauzin a rédigé l'acte sans le signer.*)

Demoiselle Magdelaine de Castaignos est née le 11 et a été baptisée le 12 juin 1773, elle est fille légitime de messire Fortanier de Castaignos, chevalier, seigneur de Mirando, ancien capitaine de grenadiers au régiment d'Auvergne, chevalier de St-Louis, et de dame Françoise d'Abadie. Parrain, messire Joseph de Castaignos, seigneur de Projan ; marraine, demoiselle Magdelaine de Castaignos, qui ont signé avec nous :

CASTAIGNOS PROJAN ; CASTAIGNOS ; TAUZIN, *curé de St-Sever* ; CASTAIGNOS, *père.*

Marguerite-Magdelaine-Augustine de Castaignos est née le 28 juin 1774, et a esté baptisée le mesme jour. Elle est fille légitime de messire Fortanier de Castaignos, chevalier, seigneur de Mirando, ancien major d'infanterie, chevalier de St-Louis, et de dame Françoise d'Abbadie. — Parrain, messire François-Augustin d'Estrac, chevalier, seigneur de Lugagnac, sous-brigadier des gardes du corps du roy, capitaine de cavalerie, chevalier de St-Louis ; marraine, demoiselle Marguerite-Magdeleine de Castaignos. qui ont signé avec nous. — Le chev. DE CASTAIGNOS ; CASTAIGNOS ; *pour le parrain,* DE CASTAIGNOS ; TAUSIN, *curé de St-Sever.* (Registre de St-Sever Cap).

N. B. — Cet acte contient la seule mention manuscrite que l'auteur ait pu trouver sur la famille d'Estrac de Lugagnac, représentée aux Etats de l'Albret en 1789. (Voir l'*Armorial*, 1863-1865).

Noble Jean de Castaignos est né et a été baptisé le 1er août 1775, il est fils légitime de noble Fortanier de Castaignos, major d'infanterie, chevalier de l'ordre militaire de St-Louis, et de dame Françoise d'Abadie. Parrain, noble Jean de Castaignos, capitaine au régiment de Bordeaux ; marraine, dame Jeanne Destrac de Luganac, à la place de laquelle a tenu mademoiselle Marguerite-Magdelaine de Castaignos, qui ont signé avec nous :

Le chevalier DE CASTAIGNOS ; MARGUERITE-MAGDELAINE DE CASTAIGNOS ; TAUZIN, *curé de St-Sever.*

—

Dame Marie de Castelnau-Castaignos (*) est décédée dans la communion des fidèles, et a été ensevelie le 1 novembre 1779, dans l'église des Jacobins. Présents Messieurs Maîtres Jean Brunet, prêtre, et Jean Dulau, sous-diacre, qui ont signé avec nous.

DULAU ; BRUNET ; TAUSIN, *curé de St-Sever.*

—

Mariage entre M. et Mme de Castaignos Projan du 23 may 1785. (Voir l'*Armorial des Lannes,* page 404).

Pardevant le notaire royal de la ville et sénéchaussée de St-Sever, soussigné et les témoins bas nommés, furent présents : messire Joseph de Castaignos, chevalier, seigneur de Projan, ancien officier d'infanterie au régiment de royal la marine, fils légitime de feu messire Pierre de Castaignos, chevalier de l'ordre royal et militaire de St-Louis, capitaine au régiment d'infanterie de Bordeaux, assisté de noble Pierre de Brethous, seigneur de Peyron, son beau-frère ; de messire Pierre Dortez, maréchal de camp des armées du roy, et chevalier de l'ordre royal et militaire de St-Louis, son cousin germain, et autres ses parents et amis, d'une part ;

Et Angélique de Batz-Diusse, demoiselle, fille aînée et légitime de messire Jean-Pierre de Batz-Diusse, chevalier, seigneur baron de Diusse-Mascaraas et Buanes, et de fue dame Henriette de Hitton, habitante au château de Mascaras, en Béarn, maintenant au château d'Aunez ; procédant aussi de sa libre volonté et avec l'assistance et consentement de messire Jean-Baptiste vicomte de Diusse, chevalier, lieutenant-colonel retiré du régiment de Berry-infanterie, et chevalier de l'ordre royal et militaire de St-Louis, son oncle, habitant audit château d'Aunez, paroisse d'Aurice, au nom et comme procu-

(*) Première femme de Joseph de Castaignos-Projan.

reur constitué dudit seigneur baron de Diusse, son père, suivant l'acte du 21 de ce mois retenu par Lafourcade, notaire royal, garde note à Conchez, controllé à Lembeye le même jour par Cazenave fils, qui a reçu quinze sols qu'il a remis; signé à la marge *ne varietur* pour demeurer annexé à ces présentes, et être expédié ensemble.

Et encore avec l'assistance de Marie-Louise-Elisabeth-Amable de Batz-Diusse, demoiselle, sa sœur; dame Françoise de Cazenave Labarrère vicomtesse de Diusse dame d'Aunès, sa tante; dame Jeanne-Marguerite de Batz-Diusse son autre tante veuve de messire Pierre de Cazalis seigneur de Cazalis; de messire Antoine de Batz, chevalier, lieutenant-colonel d'infanterie, commandant du bataillon de garnison du régiment de Bearn, et chevalier de l'ordre royal et militaire de St-Louis, et de dame Marie-Louise de Hiton, son épouse; oncle et tante; de dame Suzanne de Cazenave, veuve de messire de Lalanne baron de Castelnau, et de M. le vicomte et Mme la vicomtesse de Fortisson, ses oncle et tante.

Entre lesquelles parties ont été faits, traités et accordés les pactes et convention de mariage cy-après, promettent les dites parties se prendre pour mary et femme légitimes époux, et entre eux solemniser le saint sacrement de mariage aux formes prescrites par l'église et les saints canons, à toutes heures.

En faveur et contemplation duquel présent mariage, et pour aider à en supporter les charges, le dit seigneur vicomte de Diusse, en ladite qualité de procureur fondé dudit seigneur baron de Diusse, père de ladite demoiselle future épouse, et en vertu de ladite procuration a constitué à titre de dot à ladite demoiselle futeure épouse la somme de 30,000 livres de 20 sols chacune, pour lui tenir lieu de ses droits paternels et maternels, laquelle constitution de 30,000 livres est faite en considération de ce que ladite demoiselle futeure épouse renonce dors et déjà, à la créance de 4,000 livres qui lui est d'hüe par M. le marquis de Viella en vertu du legs a elle fait cydevant, par messire l'abbé de Diusse, chanoine d'Oleron, son grand oncle paternel, par son testament du 8 décembre 1780, retenu par Capdepont, notaire royal, qui certifie du controlle et insinuation.

Ladite demoiselle futeure épouse consent que laditte somme de

4,000 livres soit et demeure pleinement acquise aussitôt le mariage fait au dit seigneur baron de Diusse son père pour, par lui en jouir, faire et disposer en toute plénitude ainsi, et de même qu'il jugera à propos ladite somme de 30,000 livres cy-dessus constituée, et dont tous les biens dudit seigneur baron de Diusse, père constituant, demeurent chargés et responsables, ne sera payable au dit seigneur futeur époux qu'au décès dudit seigneur baron de Diusse, ou lors du mariage de messire Jules-Jean-Baptiste de Batz-Diusse son fils, dans le cas que celui-ci vienne à se marier avant ledit décès . . . . gaignera le survivant des futurs époux sur les biens du prédécédé, sçavoir : le dit futeur époux, sur ceux de la demoiselle futeure épouse du consentement dudit seigneur vicomte de Diusse audit nom, la somme de 5,000 livres, et la demoiselle futeure épouse, sur ceux du dit seigneur futeur époux, celle de 10,000 livres, dont ils se font don et donnation réciproquement, et le près mourant au survivant par manière d'agencement et gain de survie.

Et pour donner des preuves que l'amitié que ledit seigneur futeur époux a pour ladite demoiselle future épouse, et dans le cas seulement où il n'y aurait point d'enfans dudit mariage, ou que lesdits enfans viendront à décéder sans postérité légitime avant ladite demoiselle future épouse ; ledit seigneur futeur époux fait par ces présentes don et donation gratuitement à cette dernière outre et au delà du susdit agencement, de la tierce-partie de tous ses biens meubles et immeubles, présents et à venir, en toute propriété et usufruit, pour par elle en faire jouir et disposer à ses plaisirs et volonté, ainsy que dudit agencement ; ce que la demoiselle futeure épouse a accepté, autorisée à cet effet par ledit seigneur vicomte de Diusse, audit nom ; laquelle tierce des biens meubles et immeubles donnés ledit seigneur futeur époux a évalué à la somme de dix huit mille livres, et la totalité d'iceux à celle de cinquante-quatre mille livres, déclarant lesdites parties n'avoir et ne posséder d'autres biens.

Seront les futeurs époux associés ainsy qu'ils s'associent moitié par moitié, dans tous les acquèts qu'ils fairont pendant leur mariage, pour disposer chacun de sa moitié à son plaisir et volonté.

Fait et passé au château d'Aunês, susdite sénéchaussée, le 23 may 1785, avant midy, ez présence de M. Mᵉ Jean-François Dutertre, prêtre, curé de Campaigne, y habitant, et sieur Léopold Roxel, bourgeois, habitant au château de Gaujacq, témoins signés à l'original avec lesdits sieurs parties et nous. — Ledit original controllé le 24 may par Duclos-Lange... Suit la teneur de la procuration.

L'an mil six cent quatre-vingt-cinq et le vingt-un may, avant midy, pardevant le notaire royal garde-nottes de Conchez, et témoins soussignés, fut présent messire Jean-Pierre de Batz, chevalier, seigneur baron de Diusse, Mascaraas et Buannes, habitant dans son château audit Mascaraas, lequel de son bon gré et libre volonté a, par ces présentes, fait et constitué pour son procureur général et spécial, sans dérogation de qualité, Messire Jean-Baptiste de Batz vicomte de Diusse, son frère, chevalier de l'ordre royal et militaire de St-Louis, lieutenant-colonel retiré du régiment de Berry-infanterie, auquel il donne pouvoir de, pour luy et en son nom, assister au contrat de mariage qui doit être passé entre messire Joseph de Castaignos, chevalier, seigneur de Projan, ancien officier d'infanterie au régiment royal la Marine, et Angélique de Batz-Diusse, demoiselle, fille aînée dudit seigneur constituant; donner à cet effet tous consentemens et authoriser ladite demoiselle sa fille pour se faire impartir la bénédiction nuptiale aux formes prescrites par l'église et les saints canons, et luy constituer en faveur et contemplation dudit mariage, pour ledit seigneur comparant, et à titre de dot, la somme de trente mille livres de vingt sols chacune, payable audit de Castaignos, futur époux, au décès dudit seigneur comparant, ou lors du mariage de messire Jules-Jean-Baptiste de Batz-Diusse, son fils, dans le cas que celui-ci vienne à se marier avant ledit décès ; et en attendant que ladite constitution de trente mille livres devienne exigible, promettre et s'obliger pour ledit seigneur comparant de payer audit seigneur futur époux une rente annuelle de huit cents livres, à compter du jour des noces, pour lui tenir lieu de tous intérêts et autres prétentions généralement quelconques ; mais quand ladite constitution dotale deviendra exigible, et faute de payement aux termes convenus, alors l'intérêt courra en entier sur le pied du denier vingt, exempt de toute retenue de vingtièmes, soit pour livres et autres charges et impositions déjà créées ou qui pourraient l'être dans les suites, qui demeureront assumées sur ledit seigneur constituant et sur ses biens, le cas échéant, et non à la charge dudit seigneur futur époux ; affecter ladite rente de huit cent livres spécialement sur tous et chacuns les revenus de la dîme de Buannes, appartenant audit seigneur comparant, pour être perçue par ledit seigneur futur époux sur les fermiers et régisseurs d'icelle, qui seront tenus de lui en faire le payement sur sa simple quittance, auquel payement il pourra les contraindre par les voies de droit en cas de refus et retardement... etc., etc.

Fait et passé audit château de Mascaraas, demeure du seigneur constituant, ez présences de sieur Pierre Dessus, prêtre et curé du présent lieu, et du sieur Pierre Estadieu, habitant au même présent lieu, signés à l'original avec ledit seigneur constituant et moy, notaire. Signé LAFOURCADE, notaire.

Ledit original est controllé à Lembeye, le 21 may 1785, par Cazenave fils, qui a reçu quinze sols. BUSTARRET, notaire royal.

―

L'an 1834, et le 18 du mois de juin, par devant nous Pierre Fauthoux, maire, officier de l'état-civil de la commune d'Audignon, canton de St-Sever, sont comparus : Marsan (Pierre), âgé de 50 ans, profession de laboureur ; et Fauthoux (Vital), âgé de 38 ans, d'état de tonnelier, les deux domiciliés de cette commune ; lesquels nous ont déclaré que M. Castaignos-Guibat (Jean), marié à Marie Larrède, âgé de 59 ans, profession de rentier, domicilié à Audignon, fils de feu Sever-Fortuné de Castaignos, et de feue Françoise Dabadie, est décédé cejourd'hui à six heures du matin, et les déclarants ont signé avec nous le présent acte après qu'il leur en a été fait lecture.

Signé à l'original : MARSAN ; FAUTHOUX, et FAUTHOUX, *maire*.
(*Registres d'Audignon*).

Jean de Cès, *prêtre et curé de Horsarrieu.*

Ecartelé au 1 et 4 d'azur à un lion d'or; au 2 d'azur à trois étoiles d'or deux et une, et au 3 de gueules à deux croissants d'argent rangés en fasce. (*Armor. de Guienne.*)

La famille de Cès Horsarrieu a contracté des alliances avec de nombreuses maisons nobles des Landes : Lalanne du Bousquet, de Navailles Labatut, de Neurisse, de Basquiat Mugriet, Dabos, du Brocq, de Brethous, de Pausader, d'Ancos de la Camoire, de Lassalle d'Ossages, du Bourdieu, de Lanevère, de Saint-Julien d'Arsacq, d'Hertault de Beaufort, de la Taulade, de Toulouzette.

I. — Bernard de Cès seigneur de Horsarrieu fut nommé procureur du Roy au sénéchal de Saint-Sever en 1674, se maria en 1675 (voir l'*Armorial* de 1863, p. 378-380) avec Marguerite de Lalanne du Bousquet, dont il eut, en 1676, demoiselle Marguerite de Cès Horsarrieu, alliée à M. Salvat de Neurisse, conseiller du Roy, lieutenant-général au sénéchal de Tartas, mère de M. Bernard de Neurisse et autres (1724). Bernard de Cès remarié à damoiselle Saubade-Dabos, 1685-1686, en eut :

1° Bernard de Cès né en 1687, continue la descendance;

2° Raymond de Cès né en 1688, qui a pu être l'auteur des barons d'Ossages;

3° Catherine de Cès, demoiselle, née en 1689.

II. — Bernard de Cès seigneur de Horsarrieu, procureur du Roy au sénéchal de Saint-Sever, marié vers 1718 à demoiselle Jeanne de la Camoire d'Ancos, fille de noble Léonard de la Camoire seigneur d'Ancos, prévôt-général de la maréchaussée d'Auch et Béarn (voir de Beaufort), en eut :

1° Joseph Salvat de Cès Horsarrieu, filleul de M. Salvat

de Neurisse et de dame Agnès de Pausader de Horsarrieu, 1720.

2º Bernard de Cès Horsarrieu (1724), filleul de M. Bernard de Neurisse, advocat ès la cour, et de dame Jeanne-Marie Dubourdieu d'Ossages, épouse de noble Antoine de Lassalle de Bordes seigneur et baron d'Ossages.

III. — Messire Bernard de Cès seigneur de Horsarrieu, ancien officier d'infanterie au régiment de Nice, épousa le 22 novembre 1763, demoiselle Marie de Basquiat de Mugriet, fille de noble Jean-Joseph de Basquiat seigneur de Mugriet, et de dame Sainte-Ursule de Marsan son épouse. Le baron de Horsarrieu n'eut point de postérité et laissa son héritage à dame Marie de Basquiat de Cès, survivante, laquelle testa plus tard à son tour en faveur de son neveu Alexis de Basquiat Mugriet, écuyer, lieutenant-général au sénéchal de St-Sever. Les descendants de M. de Basquiat possèdent encore Horsarrieu. Bernard de Cès premier du nom avait été convoqué au ban de la noblesse de Saint-Sever en 1692.

PIÈCES JUSTIFICATIVES.

Le onzième aoust mil six cent quatre-vingt-sept, naquit Bernard de Cès, et fut baptisé le douzième du même mois et an, fils de M. Mᵉ Bernard de Cès seigneur de Horsarrieu et de demoiselle Saubade Dabos. Parrain et marraine, M. Mᵉ Bernard de Cès, bachelier en théologie, et marraine Catherine Dabos. Présents : M. Jean Dupin, avocat du Roy, et M. Sever de Brethous, qui ont signé avec moi.

M. DE CLOCHE ; DE CÈS HORSARRIEU; MARIE DABOS, marène; B. DE CÈS ; DUPIN, p̃nt.; BRETOUS, p̃nt.

Le dix-septième may mil six cent quatre-vingt-huit, naquit Bernard de Brethous, et fut baptisé le dix-huitiesme du même mois et an, fils de feu M. Laurans Brethous, vivant marchand de cette ville, et de demoiselle Catherine du Brocq. Parrain et marraine, M. Me Bernard de Cès, conseiller du Roy et son procureur au présent siége, et demoiselle Claire de Bruix. Présents : M. Martin de Brethous et Arnauld de Lartigue, escolier, qui ont signé avec moi.

M. de Cloche, *curé*; de Cès Horsarrieu, *parrain*; de Bretous, *pñt.*; Saubade Dabos, pour mademoyselle de Bruyx; Lartigue, *pñt.*

Le quinzième juillet mil six cent quatre-vingt-huit, naquit Raymond de Cès, et fut baptisé le dix-septième du même mois et an fils légitime à M. Me Bernard de Cès Horsarrieu, conseiller du Roy et son procureur au siége de Saint-Sever, et de demoiselle Saubade Dabos, ses père et mère. Parrain et marraine, M. Raymond de Cès, ancien archiprêtre de Doazit, M. Bernard de Cès, prébendier, tenant sa place, et demoiselle Marie du Brocq. Présents : M. Me Jean Dupin, conseiller du Roy et son avocat audit présent siége de Saint-Sever, et M. Bernard de Pausader, écuyer et capitaine, qui ont signé avec moy.

M. de Cloche, *curé*; de Cès Horsarrieu; B. de Cès; M. du Brocq; Dupin, *pñt.*; Pausader.

Le quinzième aoust mil six cent quatre-vingt-neuf, naquit Catherine de Cès, et fut baptisée le seizième du même mois et an, fille légitime de M. Me Bernard de Cès, conseiller du Roy et son procureur au présent siége, et de dame Saubade Dabos. Parrain et marraine, M. Hubert Huybercelith, et demoiselle Catherine du Brocq. Présents : Jean Dupin, avocat du Roy au présent siége, et Jean de Barbères qui ont signé et non le parrain pour être absent. Fait par moy:

M. de Cloche; de Cès Horsarrieu, *père*; Catherine du Brocq; Dupin, *pñt.*; Barbères, *pñt.* (Saint-Sever.)

Le trentième octobre mil six cent quatre-vingt-onze, naquit et fut baptisée Ursule de Cès Horsarrieu, fille légitime à M. Me Bernard de Cès Horsarrieu, procureur du Roy au présent sénéchal, et demoiselle Saubade Dabos. Parrain et marraine, M. Me Guillaume du Broc, prêtre, docteur en théologie, et demoiselle Marguerite de Mora.

Présents : M. Mᵉ Jean Dupin, avocat du Roy, et Jean de Barbères, escolier, qui ont signé avec moy.

M. L. Depont, *vic.*; de Cès Horsarrieu ; Dubrocq, *prestre, parrain*; M. de Mora de Justes, *marraine*; Dupin, p̃nt.; Barbères, p̃nt.

IIIᵉ *Mariage de Bernard de Cès.*

Le neuvième d'octobre mil six cent quatre-vingt-treize, nasquit et fut baptisé Bernard d'Orthès, fils légitime de noble Philibert d'Orthès et demoiselle Marguerite de Brethous. Parrain et marraine, M. Mᵉ Bernard de Cès, procureur du Roy au siége de Saint-Sever, et demoiselle Agnès de Paüsader. Présents : Joseph Darbo, clerc tonsuré, et Arnaud de Cès, qui ont signé avec moi.

M. de Cloche, *curé*; de Cès Horsarrieu, *parrain*; Agnès de Pausader ; de Cès; Darbo, p̃nt.

Le huitième février 1694 ont reçu la bénédiction nuptiale, du consentement de M. le curé, par M. Mᶜ Raymond de Pausader, curé de St-Geours, M. Mᵉ Bernard de Cès, procureur du roy au siége de St-Sever, et demoiselle Agnès de Pausader (*), tous deux de cette paroisse. Après la publication de trois bans, et ce en conséquence d'une dispense (**) obtenue en cour de Rome, laquelle dispense et la sentence de M. l'official ont été enregistrées au greffe des insinuations du diocèse d'Ayre, et, après que toutes les autres formalités ont été observées. Présents : M. Mᵉ Jean Dupin, avocat du roy au siége de St-Sever, et noble Mathieu de Pausader, escuyer, qui ont tous signé à l'original avec ledit sieur curé de St-Geours :

Agnès de Pausader ; de Cès Horsarrieu ; Pausader, *présent* ; Pausader, *curé de St-Geours* ; Dupin, p̃nt.

(*) Agnès de Pausader pouvait être fille de noble Matthieu de Pausader seigneur de Bachen, et de dame Magdelaine d'Orthès. — On ne saurait la confondre avec une autre Agnès de Pausader, fille de Charles baron de Bachen, et d'Aimée ou Agnès de Collongues de Malausanne, 1687-1700.

(**) La dispense des empêchements résultant, ou de l'affinité spirituelle, ou de la consanguinité entre les époux contractants.

Joseph Salvat de Cès naquit le 11 novembre 1720, fils légitime à Monsieur Bernard de Cès, advocat en la cour, et à dame Jeanne de Lacamoire. Parrain, M. Salvat de Neurisse, lieutenant-général du siége de Tartas, et en son absence a tenu Bernard de Cès, procureur du roy; et la marraine, Jeanne de Lacamoire d'Ancos, et en son absence a tenu Agnès de Pausader de Horsarrieu. Fait par moy :

     Castera, *vicaire* ; de Ces ; de Ces ; de Pausader.

—

Le 12 février 1722 naquit et fut baptisée Jeanne de Lalanne de Lamothe, fille légitime à noble Isaac de Lalanne de Lamothe, et à demoiselle Magdelaine de Tachon. Parrain, noble Augustin de Prugue; marraine, dame Jeanne de Lacamoire, à l'absence de laquelle a tenu dame Agnès de Pausader, qui a signé avec les autres et moi :

 Lubet, *vicaire* ; Agnès de Pausader de Cez Horsarrieu ; Lalanne de Lamothe, *père*.

—

Raymond-Laurent de Lalanne Lamothe naquit le 9 mai, et fut baptisé le 10..... 1720, fils légitime de Lalanne Lamothe, et à dame Magdelaine de Tachon. Parrain et marraine, messire Raymond de Horsarrieu, prestre, docteur en théologie et curé du Don, M. Bernard de Horsarrieu tenant à sa place, et dame Marie-Françoise Darcet, qui ont signé avec luy :

 Castera, *vicaire* ; Lalanne de Lamothe ; de Ces Horsarrieu ; M. F. Darcet.

—

Le 25 août 1724 naquit Bernard de Cès Horsarrieu, et fut baptisé le 25, fils légitime à M. de Cès de Horsarrieu, procureur du roy au présent siége, et à dame Jeanne de Lacamoire. Les parrain et marraine ont esté Monsieur Bernard de Neurisse, advocat en la cour et dame Jeanne-Marie du Bourdieu d'Ossages, qui ont signé avec moy :

 Castera, *vicaire* ; de Ces Horsarrieu, *père* ; L. A. de Bordes ; de Ces Horsarrieu, *tenant la place de parrain de M. de Neurisse, fils aîné de M. le lieutenant-général de Tartas.*

De Crussol d'Uzès.

Ecartelé au 1 et 4, fascé d'or et de sinople de 6 pièces qui est de Crussol, party de Levis qui est d'or à trois chevrons de sable ; au 2 et 3 de Galiot qui est d'azur à trois étoiles d'argent en pal, écartelé de gueules à trois bandes d'or ; sur le tout de gueules à trois bandes d'or qui est d'Uzès ancien.

(Le Laboureur, *Mémoires de Castelnau*, t. III, p. 180).

Desclaux de Soube, *seigneurs hauts justiciers de* NERBIS, *et sieurs de* NORTON, *à Mugron et Dax.*

Tiercé en fascé, au 1 d'azur à une étoile d'or, au 2 d'or à une fasce d'azur, au 3 d'azur à une canne s'essorant au naturel sur une rivière d'argent.

Ce blason est commun aux Desclaux de Mugron et aux Desclaux de Mesplès, et a été possédé par les trois prélats du même nom : Jacques Desclaux, évêque d'Acqs ; Dominique Desclaux, prieur de Ste-Gemme ; et Dominique Desclaux de Mesplès, évêque de Lescar, dont les dignités honorent la ville de Mugron, leur patrie. Mais avant de dresser l'arbre généalogique des Desclaux de Nerbis, appuyé sur pièces justificatives, nous mettrons sous les yeux du lecteur une page de l'*Histoire de Gascogne*, de l'abbé Monlezun, renfermant des appréciations erronées et empreintes de partialité au sujet de Monseigneur Jacques Desclaux, évêque de Dax.

« Le siége fut alors donné à Jacques Desclaux, né à Mugron d'une famille ordinaire, et simple curé d'Igos lorsqu'il fut promu à l'épiscopat. Il dut son élévation au cardinal de Richelieu, dont son frère Pierre Desclaux, chanoine de Bordeaux, était le confesseur (*). L'humilité de sa naissance et celle des fonctions qu'il avait exercées ne purent le contenir dans la modération. Il eut, presque en arrivant à Dax, des démêlés avec son Chapitre auquel il disputait ses droits. Le temps ne fit qu'accroître la querelle ; mais enfin les évêques d'Aire et de Bazas interposèrent leur autorité, et firent accepter une transaction où les droits des deux parties étaient clairement définis. Durant ce déplorable procès, la cathédrale croûla ; ce désastre hâta la réconciliation, l'évêque et le chapitre sentirent le besoin d'unir leurs efforts pour la relever, etc. »

Jacques Desclaux, frère du seigneur de Nerbis, oncle de Sauvat Desclaux, conseiller au présidial d'Acqs, grand oncle de Dominique Desclaux de Mesplès, conseiller au parlement de Navarre. L'évêque de Dax, dis-je, qui a vu ses neveux occuper les plus hauts emplois des cours présidiales et souveraines, sortait d'une naissance et d'une fonction humble, parce qu'avant d'être évêque il était curé d'Igos ! Le ministre pastoral n'est point abaissé par le petit nombre des ouailles réunies sous la même houlette. Deux pages plus loin, l'abbé Monlezun lui-même n'a pas osé écrire que Bernard d'Abbadie d'Arboucave fut de condition obscure parce qu'il exerçait la charge de recteur dans la paroisse de Mar-

(*) Pierre Desclaux, le chanoine, est appelé Dominique Desclaux dans tous les actes filiatifs de la paroisse de Mugron.

solan ou Marcellac, diocèse de Lectoure, avant sa promotion au siége épiscopal de Dax. Ce n'est pas ici le lieu de comparer la noblesse des maisons Desclaux et d'Abbadie d'Arboucave, mais à l'encontre de l'opinion de M. Moulezun, Igos vaut bien Marsillac ou Marsolan, et c'est vouloir prêcher l'orgueil et l'ambition aux jeunes ecclésiastiques, que de rabaisser le poste sacerdotal d'une église de campagne. Igos est, sans contredit, un des gracieux oasis des landes.

I. — N... Desclaux, marié à damoiselle Françoise de Bedora, a eu trois fils, savoir :

1° Arnaud Desclaux sieur de Nerbis, mort en 1611, qui continue la descendance;

2° Messire Dominique Desclaux, chanoine de l'église métropolitaine de Saint-André de Bordeaux, prieur de Sainte-Gemme en Saintonge, et confesseur ordinaire de Monseigneur le cardinal de Richelieu, 1629-1638;

3° Messire Jacques Desclaux, né en 1593, prêtre et curé d'Igos, 1634, évêque de Dax, 1646-1658.

II. — Arnaud Desclaux sieur de Nerbis, vivant de 1560 à 1611, fut marié à Josèphe d'Eyrose, damoiselle, d'une famille noble de Dax, et en eut :

1° Sauvat Desclaux seigneur de Soube et de Norton, auteur des seigneurs de Nerbis et Mesplès-Navailles;

2° Dominique Desclaux, qui a continué la descendance de la famille restée à Mugron. A défaut d'actes de naissance antérieurs à 1611, on ne peut pas nommer tous les enfants de cette génération;

3° Françoise Desclaux, damoiselle, veuve (1646) de Pierre de Lanefranque, avocat en la cour.

Josèphe d'Eyrosse mourut le 31 août 1648.

III. — Monsieur Sauvat Desclaux, advocat au parlement en 1628, conseiller en la cour présidiale d'Acqs, seigneur de Nerbis-Castel sieur de Soube et de Norton, fut marié à damoiselle Catherine de Betbeder, laquelle est citée en 1634-1640 comme nièce de messire Jacques Desclaux, évêque, et de Dominique Desclaux, prieur. Sauvat Desclaux assista en 1656 au mariage de noble Bertrand de Borda avec Anne-Marie de Caupenne d'Amóu, étant allié de la famille de Borda par les Norton et les d'Eyrose; laissa Jeanne Desclaux, mariée à M. Fortanier d'Arbo, et le suivant.

IV. — Messire Dominique Desclaux de Mesplès seigneur de Nerbis, qualifié en 1638-1640, fils à Monsieur de Soube et à demoiselle Catherine de Betbeder, habitait encore Dax en 1654, mais devint bientôt après conseiller au parlement de Pau à la date de 1658. Les archives de cette ville contiennent une ordonnance (originale) de Louis XIV, accordant une somme de cent livres pour le droit de robe rouge de Dominique Desclaux seigneur de Nervis, conseiller au parlement le 19 janvier 1667. M. Dominique Desclaux, conseiller au parlement de Pau, et damoiselle Catherine de Betbeder sa mère, furent parrain et marraine à Mugron (*Registres de la paroisse*). Monseigneur Dominique de Mesplès, évêque de Lescar, vint tenir sur les fonts de baptême, à Saint-Sever, noble Dominique de Lafitte, le 8 mars 1648 (*Registres de la paroisse*).

Transplanté à Pau, où il exerça successivement les charges de conseiller et président au parlement de Navarre, Dominique Desclaux de Nervis épousa N... de Mesplès, héritière de la maison de Mesplès d'Aren; après la mort de sa femme, il prit l'état ecclésiastique et fut évêque de Lescar, 1681-1719. Paul-Joseph Desclaux de Mesplès fut son héritier.

V. — Paul-Joseph Desclaux de Mesples baron de Navailles, fils de Dominique, fut avocat général, puis président au parlement de Navarre, et épousa Jeanne de Gassion, d'où naquirent :

VI. — 1° Dominique Desclaux de Mesplès baron de Navailles, avocat-général, puis président au parlement de Navarre après son père, marié à Marie-Thérèse Colbert, sœur de la comtesse de Lupé du Garané et de la marquise de Noé; dont un fils cornette au régiment Dauphin-cavalerie.

Dominique Desclaux de Navailles est porté sur un rôle du domaine des Lannes, comme seigneur baron de Nerbis en 1740-1750;

2° N... Desclaux dit le chevalier de Mesplès, maréchal de camp;

3° N... Desclaux Mesplès, abbé de Pérignan, vicaire-général de l'évêché d'Oloron, mort le 6 octobre 1752;

4° N... Desclaux, chanoine de Lescar;

5° N... Desclaux Mesplès, femme de M. de Planterose, trésorier de Navarre;

6° et 7° Deux filles, dont une religieuse.

Monsieur Desclaux Mesplès, seigneur haut justicier de Nerbis, fut convoqué en 1789 pour l'assemblée de la noblesse de Dax. On trouve parmi les nobles réunis dans cette ville, du 16 mars au 1er avril, le chevalier de Mesplès d'Aren (Voir de Courcelles, et *Clergé et noblesse des Landes*).

PIÈCES JUSTIFICATIVES.

Le 1 novembre 1617 a été baptisé Dominique Desclaux, fils de feu Arnault Desclaux sieur de Nerbis, et de Josèphe d'Ayrosse. — Etant parrain Dominique Desclaux, et marraine Cécile de Lorans (Laurens) dame de Tercis, et a été baptisé par M. Louis Corados, vicaire de ladite église, ez présence de M⁰ Bertrand Sanguinet, advocat ez la cour, et de M. Bernard Saubanère, diacre de Tartas, et présents se sont soussignés. — MARSAN; B. SANGUINET; CORADOS, *vicaire*; SAUBANÉRE, *diacre*. (Reg. de Tartas).

Dominique du Codroy, fils naturel et légitime de Martin du Codroy et de Françoise Desclaux, nasquit le quatrième du mois de décembre et fust baptisé par moy, soubsigné, le treizième du dit mois en la même année mil six cent vingt-neuf. Parrin, messire Dominique Desclaux, chanoine de l'église Métropolitaine de St-André de Bourdeaux, et marraine, Françoise de Bedora.
(Nervis) LANEFRANQUE, *prêtre vicaire*.

Dominique Desclaux, fils de M. de Soube et Catherine de Betbeder, damoyselle, sa mère, parrain et marraine de Catherine de Campet, fille de Jean de Campet et de Catherine de Lestage, — née et baptisée le 16 décembre 1640, par moi soussigné, DOMENGER, *vic*.

1646. — Noble Charles de Labadie sieur de Gauzies et fils de M. de Bombardé, de la paroisse de Hargues, et damoyselle Catherine d'Arbo, native de St-Sever et habitante à Mugron, ont été conjoints solennellement en mariage par moi soussigné, le 27 novembre 1646, ez présence de M. François de Molia, prestre et aumosnier ; de messire Jacques Desclaux, évesque d'Ax ; de M. Jean Lafite de Tamarein, advocat en la cour, et de Bertrand Desclaux, faisant l'office de sacristain, habitans dudit Ax, dudit St-Sever et du présent bourg.
LANEFRANQUE, *vicaire*. (Mugron).

Damoiselle Josèphe d'Eyrosse, veuve, âgée de soixante-douze ans, mourut à Soube le 31 août 1648, et fut ensevelie dans l'église de Mugron.

—

Monsieur Dominique Desclaux, habitant de la ville d'Acqs, fils de M. de Soube seigneur de Norton, parrain ; et marraine, damoyselle Jeanne d'Estoupignan, autrement Mademoiselle la nonette. — Le 19 septembre 1684 (Mugron).

—

Le huitiesme mars 1688 naquit et fut baptisé Dominique de Lafitte, fils légitime à noble Christophe de Lafitte et à dame Jeanne de Cabannes. Les parrain et marraine, Monseigneur Dominique de Mesplès, évêque de Lescar, et dame Marguerite de Diusse. Présents M. Michel de Pont et Arnaud Lartigue, prestres, qui ont signé avec moy. — M. Dupont ; D. E. de Lescar ; Lafite ; M. de Diusse ; Lartigue, pbr.; de Cloche, curé. (St-Sever).

—

Paul-Joseph Desclaux Mesplès, *baron de Navailles (première baronnie du Béarn), conseiller du roi, et son premier avocat-général au parlement de Pau.*

Tiercé en face au 1 d'azur à une étoile d'or; au 2 d'or à une fasce de gueules ; au 3 de sinople à une canne au naturel sur une rivière d'argent ; parti d'or à trois tourteaux de gueules chargés chacun d'un croissant d'or, le 1 parti Desclaux, le 2 de Mesplès. (*Armorial*, d'Hozier, 1700.)

Desperiers de Lagelouse de Mente.

D'azur au lion d'argent.
Alias d'or surmonté de deux croissants du même.

I. — Guillan Desperiers. — Jeanne du Gassiat, 1500.

II. — Bernardine Desperiers. — Blandin Dupin, 1531.

III. — Arnaud Dupin Desperiers, et Françoise du Boscq, 1559.

IV. — Noble Jean Desperiers de Lagelouse, homme d'épée; première femme Bernette du Cocorron, dont il eut François;

Seconde femme, Jeanne de Lamothe, fille d'Etienne de Lamothe seigneur de Pouillon, de la maison de Lupé Lamothe, 1607.

Son frère, noble homme Arnaud Desperiers, fut secrétaire de la chambre du roy, et mourut à Paris revêtu de cette charge en 1648 (*Voir son testament*).

V. — Pierre-Arnaud Desperiers de Lagelouse. — Damoiselle Isabeau de Sainte-Croix, 1658.

V (*bis*). — François Desperiers de Lagelouse, commissaire de la marine, et Domenge de Bergeron, 1626.

VI. — Jean Desperiers de Lagelouse seigneur d'Esleich. — Thérèse de Cazenoue, 1693.

VII. — François-Joseph Desperiers de Lagelouse, seigneur de Bordenave. — Jeanne de Hunard, 1726.

VII (*bis*). — Pierre Desperiers de Lagelouse, mestre de camp de cavalerie, chevalier de St-Louis. — Dame Charlotte-Léonard de Beaujeu, 1745-1779.

VIII. — Pierre Desperiers de Lagelouse seigneur de Mente, chevalier de St-Louis. — Jeanne du Becq, 1765.

A. Limoges Desperiers, chevalier de St-Louis, 1790.

D'azur au saint de carnation vêtu d'or.

B. François Desperiers de Lagelouse, prieur mitré de l'abbaye d'Arthous (ordre des Prémontrés), 1780-1846.

IX. — Etienne Desperiers de Lagelouse, 1773, marié à Marguerite Minvielle. — Deux fils qui suivront.

IX (*bis*). — Jacques Desperiers de Lagelouse, chevalier de St-Louis, député, 1767-1842.

1° Bernard Desperiers de Lagelouse, marié à dame Cécile de Vidart;

2° Jacques Desperiers de Lagelouse, marié à dame Marie-Magdelaine de Labedoyère.

28 aoust 1648. — Testament de noble homme François Desperiers.

Par devant les notaires garde-nottes du roy notre sire, en son châtelet de Paris, soussignés, fut présent en sa personne : noble homme François Desperiers, secrétaire ordinaire de la chambre du roy, demeurant à Paris, rue St-Honoré, paroisse St-Eustache, en la maison où est pour enseigne l'épée royale... A fait dicté, nommé aux dits notaires son testament et ordonnance de dernière volonté en la forme qui s'ensuit : premièrement comme chrétien et catholique, a recommandé et recommande son âme à Dieu, à la glorieuse Vierge Marie, etc. Item veut et ordonne que ses debtes payées et torts faits, si aucun en y a réparés et amendés par les exécuteurs de son présent testament cy-après nommés.

Item donne à son neveu François Desperiers, fils du feu sieur Desperiers son frère aisné, demeurant à Habas, trois mille livres une fois payées, ensemble sa légitime qui lui est encore due, et lui donne aussi quelque argent qu'il a reçu pour lui d'un nommé Morlaix. Item donne à deux autres neveux, fils dudit François nommés Jean et Arnaud Desperiers, à chacun douze cents livres une fois payées. Item donne et lègue à ses neveux et nièces, enfants de feu autre Desperiers son frère puisné, la somme de deux mille cinq cents livres tournoises pour une fois payer.

Item donne et lègue à Jeanne Desperiers, mariée avec le sieur Dubecq de Pomarès, la somme de douze cents livres tournoises pour une fois payer. Item donne à Jeanne Desperiers, veuve de feu Bernard Darrigan, la somme de douze cents livres tournoises pour une fois payer. Item donne et lègue à Bertrand de Casaubiel son neveu, fils d'Agnette Desperiers sa sœur, la somme de quinze cents livres pour une fois payer.

Item donne à M. Daubert son confesseur, prestre habitué à Saint-Eustache, s'il est en vie lors de son décès, la somme de six cents livres tournoises pour une fois payer. Item donne aux pauvres de la paroisse St-Eustache la somme de quinze livres tournoises, pour une fois payer, quy seront délivrées par lesdits sieurs exécuteurs. Item donne et lègue à Bertrand de Lagarde, tailleur, la somme de six cents livres tournoises pour une fois payer, affin qu'il prie Dieu pour luy. — Et pour exécuter et accomplir le présent testament selon sa teneur, ledit sieur Desperiers a nommé et choisy M. Mercier, conseiller et maître d'hostel ordinaire du roy, et intendant de la maison de Monseigneur le duc d'Angoulesme, et M. de Larrey, lesquels il prie de l'avoir pour agréable, l'accomplir selon sa teneur et l'augmenter plustot que diminuer, auxquels sieurs de Mercier et Larrey il donne et lègue à chascun la somme de deux mille livres tournoises pour une fois payer. — Revoquant ledit sieur testateur tous autres testaments, codicilles, etc., etc.

Fait, testé et dicté par ledit sieur testateur auxdits notaires l'an 1648, le 28° jour d'aoust avant midi, et à iceluy sieur testateur. Signé la minute des présents avec lesdits notaires soussignés, demeurée vers Ogier, l'un d'iceux, qui a expédié ces présentes. Pour copie collationnée sur ladite minute pour délivrer au sieur Desperiers, cejourd'huy 20° décembre 1650. Signé : MOREL et OGIER.

Collationné par nous, conseiller et secrétaire du roy en la cour du parlement de Bordeaux : DE BOUSQUET.

Extrait conforme : A. C. C.

De Ferron d'Ambrus de Carbonieux.

De gueules à un chevron abaissé d'or, accompagné de trois étoiles de même rangées en chef, et d'un croissant d'argent en pointe surmonté d'un croissant d'or.

Le 15 septembre 1696, Antoine Hector de Cours, chevalier, seigneur du Vignau, contracta mariage avec demoiselle Angélique de Ferron de Carbonieux, issue des barons d'Avensan et de Saint-Genèz, vicomte d'Ambrus, marquis de Carbonieux. Parmi ses autres ascendants, l'épouse comptait encore Mondot de Ferron, chevalier de St-Jean de Jérusalem en 1551 (Noulens, *Maison de Gascogne*; Notice de Cours). La famille de Ferron d'Ambrus habitait St-Justin en Marsan.

Jean-Louis de Fromentières, *évêque et seigneur d'Aire*, 1673-1679.

De gueules à deux fasces d'argent.

De Galard-Magnas, *marquis de l'Isle, seigneur de Lusanet et de Pellehaut.*

D'or à trois corneilles de sable becquées et membrées de gueules, posées 2 et 1.

Monsieur Pellehaut de Goullart a escrit qu'il estoit incommodé et qu'il joindroit. (Sénéchaussée de Condom, revue de Langon, le 1er juin 1694. *Archives de Bordeaux*).

Hector de Goular de Balarin, 2 janvier 1696. (*Inventaire des maintenues de Noblesse*, folio 43, archives du Séminaire d'Auch).

Les Galard de Pellehaut et de Lusanet sont représentés dans les Landes par le comte Rose-Hippolyte de Galard Magnas, et le vicomte Hector de Galard.

Voir les *Grands Officiers de la Couronne* (P. Anselme); la *Noblesse d'Armagnac*, par M. le vicomte de Bastard; la *Notice de Cours*, par M. de Noulens, p. 99; *Dict. de la Noblesse*, de Lachesnaye des Bois, VII, 1765.

De Gouy d'Arsy.

Ecartelé au 1 et 4 d'argent à l'aigle éployée de sable, couronnée, languée et armée de gueules; au 2 et 3 de gueules à la bande d'or.

XIe *degré*. — Michel-Jean de Gouy, chevalier, marquis d'Arsy, seigneur de Troussancourt, Francastel, Avrigny, gentilhomme de la manche du roy, gouverneur de Beziers, épousa : 1º en 1716, Françoise-Madeleine de Salomon de Poulard de La Lande, morte en 1742, fille de Jacques de Salomon seigneur de La Lande et de Poulard, gentilhomme du duc de Maine, et de Jeanne-Françoise de Biodos de Castéja, sous-gouvernante des enfants de France ; 2º 27 mars 1728, Françoise-Madeleine Tarteron de Moutier, sœur de la marquise de Mezières, veuve en 1725 de Clément d'Aignan, seigneur d'Orbessan, brigadier des armées du roy, qu'elle avait épousé en 1718.

Du premier lit est né Louis qui suit ; du second, Michel-Balthazar de Gouy vicomte d'Arsy, capitaine au régiment du roi, marié le 29 février 1764 à Mademoiselle Hardouin de Beaumois, fille du trésorier général du marc d'or, et sœur des comtesses de Mazencourt et de Sparre-Cronneberg ; et Elisabeth de Gouy, mariée au comte de Camps, veuve en 1763, avec deux filles.

XIIe *Degré*. — Louis marquis de Gouy, chevalier seigneur d'Arsy, Avrigny, etc, maréchal des camps et armées du roi, lieutenant-général du gouvernement de l'île de France au gouvernement du Vexin français, chevalier de Saint-Louis, né le 18 février 1717, a épousé, le 18 février 1749, Anne-Yvonnette-Esther Rivié, dame de Madame. Leurs enfants sont :

1º Louis-Marthe marquis d'Arsy, né le 15 juillet 1753.

2º François comte de Gouy, né le 9 novembre 1755.

3º Marie-Louise-Henriette-Monique, née le 11 décembre 1749. (Extrait du *Dict. de la Noblesse*. 1763. — Voir BIAUDOS-CASTÉJA. — Voir le *Nobil. de Guienne*, t. III, notice de Vernejoul. — *Annuaire* de M. Borel d'Hauterive, 1855, article *de Gouy d'Arsy*).

Gripière de Moncroc de Laval, *en Agenois et Albret (Nérac).*

De gueules à une croix d'argent cantonnée de quatre molettes d'or (G. de Genouillac).

D'Hertault, *comtes de Beaufort, seigneur de Tautavel, Ancos et autres lieux, en Roussillon et Lannes.*

L'*Armorial* de M. Gourdon de Genouillac donne le blason suivant :

Hertault.

De gueules au pélican d'or sur son nid de même, accompagné en pointe d'une croisette d'argent; au chef cousu d'azur, chargé de trois lances d'argent (p. 251).

I. — Messire Jean-Joseph d'Hertault comte de Beaufort, chevalier de St-Louis, ancien commandant aux ports d'Orient, fut père de Joseph-Antoine qui suivra. Son frère messire Paul Robert de Beaufort, évêque de Lectoure, chanoine de la sainte chapelle de Vincennes, abbé de Fare Moutiers, et doyen de l'église d'Ypres, fut promu à l'épiscopat le 8 janvier 1721, et siéga vingt-quatre ans (Monlezun).

II. — Messire Joseph-Antoine d'Hertault, comte de Beaufort, seigneur de Totavel, en Roussillon, prévôt général d'Auch et Béarn, marié le 26 mars 1724 à demoiselle Marie de Lacamoire, fille de Messire Léonard de Lacamoire d'Ancos, prévôt général de la maréchaussée de Béarn et Auch. De ce mariage :

III. — 1° Messire Léonard d'Hertault comte de Beaufort, prévôt général de la maréchaussée de Béarn, Auch et Navarre, 1727-1754-1787, marié à demoiselle Van Ostrom, mourut avant 1789, et sa femme décéda à St-Sever en 1811 ou 1812.

2° Jean-Joseph d'Hertault de Beaufort, né en 1736, capitaine au régiment d'Auvergne, chevalier de St-Louis, revint dans le Midi, berceau de sa famille, se fixa à Uzès, près d'une tante riche et sans enfants, s'y maria et fut l'auteur du rameau de Beziers.

3° Marie de Beaufort, mariée en 1743 ou 1744 à Bernard de Basquiat, chevalier, baron de Toulouzette. L'évêque Paul-Robert bénit le mariage de sa petite-nièce comme il avait béni celui de son neveu Joseph-Antoine.

4° Paul d'Hertault de Beaufort, né en 1728, mort chanoine de Beauvais, fils de Léonard de Beaufort, et de demoiselle Van Ostrom :

IV. — 1° Jean-Joseph d'Hertault, chevalier, comte de Beaufort, seigneur d'Ancos, lieutenant au régiment de Brie en 1789. Comparut en ces qualités à l'assemblée de la noblesse de Dax. Marié à demoiselle Constance Dupuy de Sauvescure.

2° Antoine, abbé de Beaufort.

3° Demoiselle de Beaufort, mariée à M. Darrieutort, juge seigneurial à Montaut. De ce mariage :

Antoine Darrieutort, marié en 1817 à demoiselle Herminie de Lafitolle, fille aînée du marquis de Lafitolle, ancien président au parlement de Pau.

Nice, 5 mars 1865. T.

PIÈCES JUSTIFICATIVES.

Veu la dispense des deux bans et du temps prohibé accordé par monseigneur l'archevêque et primat de Narbonne, et messieurs les vicaires-généraux de monseigneur l'évêque d'Aire, à messire Joseph-Antoine d'Hertault, comte de Beaufort, seigneur de Totavel et autres lieux, de la paroisse dudit Totavel, diocèse de Narbonne, et a demoiselle Marie d'Ancos de Lacamoire, habitante de St-Sever, la bénédiction nuptiale leur a été impartie par monseigneur l'illustrissime et reverendissime Père en Dieu Paul-Robert de Beaufort, évêque et seigneur de Lectoure, oncle de messire Joseph-Antoine d'Hertaut. — Les formalités par ledit Concile de Trente en pareil cas requises, préalablement observées ez-présence de messire Philippe de Baylens marquis de Poyanne et de Castelnau, gouverneur des villes et châteaux de Dax et de St-Sever, mestre de camp d'infanterie, et chevalier de l'ordre militaire de St-Louis, et messires nobles Jean-Jacques de Valier seigneur de Bourg, et d'Antoine de Captan, chevalier de l'ordre royal et militaire de St-Louis, et ancien capitaine dans le régiment de Condé-cavalerie, qui ont tous signé ce vingt-sixième mars mil sept cent vingt-quatre :

D'HERTEAULT COMTE DE BEAUFORT ; MARIE DE LACAMOIRE ; ✝ P. R., *év. de Lectoure* ; LACAMOIRE ; LELAU DE CANDALE DE FOIX ; CAPTAN ; DE CES HORSARRIEU ; DE LAUGAR D'ANCOS ; POYANNE ; DE VALIER ; PORTETS, *lieutenant particulier*.

———

Le 27 octobre 1727 naquit Léonard de Beaufort, et fut baptisé le 28, fils légitime à messire Joseph-Antoine d'Hertault comte de Beaufort, et à dame Marie de Lacamoire. Parrain, messire Léonard de Lacamoire, prévôt général d'Auch et Béarn ; marraine, dame Claire de Beaufort dame de Mun (ou Mus), à la place de laquelle a tenu dame de Bourouillan ; qui ont tous signé avec moy :

JANE DE BOUROUILLAN ; LUBET, *vicaire* ; D'HERTAULT COMTE DE BEAUFORT ; LACAMOIRE.

Le 12ᵉ décembre 1728, naquit et fut baptisé Paul de Beaufort, fils légitime de messire Jean-Joseph d'Hertault, comte de Beaufort, seigneur de Totavel, en Roussillon, et de dame Marie-Bérénice de Lacamoire, conjoints. Parrain et marraine, messire Jean-Joseph de Beaufort, chevalier de l'ordre militaire de St-Louis, cy-devant commandant aux ports d'Orient, à la place duquel a tenu sur les fonts Monsieur Bernard de Cès, conseiller du roy et son procureur au sénéchal de cette ville, — et dame Jeanne de Lacamoire de Tousents, à la place de laquelle a tenu dame Marie de Lauga de Lacamoire. Présents : messire Léonard de Lacamoire, prévôt général d'Auch et Béarn, grand'père dudit Paul de Beaufort ; Jean de Cloche ; d'Ambroise d'Onnesse, qui ont signé avec moy :

Portets, *curé*; Lacamoire ; de Laugars d'Ancos ; de Ces Horsarrieu ; d'Onnesse, *pñt*; de Cloche.

―

Noble Joseph-Antoine comte de Beaufort, prévôt général en la généralité d'Auch, Béarn et Navarre, est décédé le 29 avril 1740, âgé de 40 ans, en présence de Martin Doly et Barrouillet, prêtre.
(Saint-Sever-Cap). Dosque, *vicaire*.

―

Le onzième de décembre 1742, après les formalités requises et la publication d'un ban, la dispense des deux autres, ensemble celle du temps prohibé accordée par Monseigneur l'évêque d'Aire, en date du 8 du présent mois, signée † Franç. évêque d'Aire, et plus bas Guchen, secrétaire, ont été conjoints en mariage, par Monseigneur l'Illustrissime et Révérendissime Père en Dieu Messire Paul-Robert d'Hertault de Beaufort, évêque et seigneur de Lectoure ; noble Bernard de Basquiat, fils aîné de noble Jean de Basquiat, seigneur de Toulouzette, et de dame Marie-Anne de Dupoy ; et demoiselle Marie de Beaufort, fille de feu Messire Joseph d'Hertault comte de Beaufort, prévôt général des généralités d'Auch et du Béarn, et de dame Marie-Bérénice de Lacamoire ; et ce en présence de noble André de Basquiat Lahouse, de noble Augustin de Borrhit, de noble Antoine de Perissault, de noble Pierre de Tousents, de Monsieur de Cès d'Horsarrieu, procureur du roi au présent siége, et autres soussignés.

+ P. R., *év. de Lectoure* ; Basquiat- Toulouzette ; Marie de Beaufort ; A. de Dupoy de Basquiat ; de Borrit Saint-Germain ; Lacamoire de Beaufort ; Lacamoire ; Basquiat père ; Tousents ; de Perissault ; Basquiat Lahouze ; L. Lalanne.

———

Paule-Marianne Basquiat, fille légitime de Messire Bernard de Basquiat, chevalier, baron de Toulouzette, et à dame Marie de Beaufort de Basquiat, est née le 1er octobre 1743 et a été baptisée le lendemain. Parrain, l'Illustrissime et Révérendissime Père en Dieu et Messire Paul-Robert d'Hertault de Beaufort, conseiller du roi en tous ses conseils, évêque et seigneur de la ville de Leytoure, en l'absence duquel a tenu M. Thomas-Casimir de Cès d'Ossages ; marraine, dame Marie-Anne Dupoy de Basquiat, qui ont signé avec moi.

Dolly, *vicaire* ; Basquiat père ; de Cès d'Ossages ; Marie-Anne Dupoy de Basquiat.

———

MINISTÈRE DE LA GUERRE.

Par ordre du ministre secrétaire d'Etat de la guerre, le conseiller d'Etat, directeur, certifie que des registres matricules et documents déposés aux archives de la guerre a été extrait ce qui suit :

Nom et signalement du militaire : d'Hertault de Beaufort (Léonard), fils de Jean-Joseph Antoine et de demoiselle de Lacamoire ; — âgé de 18 ans en 1745.

Détail des services : Nommé prévôt-général de la maréchaussée de Béarn, par provision du 28 mai 1745 (succédant à son grand'père, Léonard de Lacamoire, mort le 18 août 1744. Les fonctions de prévôt-général ont été exercées par le sieur Ducasse, lieutenant de maréchaussée, jusqu'à la majorité du sieur d'Hertault de Beaufort).

Reçu le 15 mars 1746. Remplacé le 1ᵉʳ janvier 1764.
Fait à Paris, le 20 mars 1865.
Pour le conseiller d'Etat, directeur, le sous-directeur :
Ab. de Forges.

—

MINISTÈRE DE LA GUERRE.

Nom et signalement du militaire : d'Hertault de Beaufort (Jean-Joseph), fils de Jean-Joseph comte de Beaufort et de Marie de Lacamoire, né le 13 mai 1736, à Saint-Sever.

Détail des services : Lieutenant au régiment d'Auvergne (infanterie), le 22 janvier 1747.
Capitaine le 1ᵉʳ septembre 1755.
A obtenu une pension de retraite le 15 juillet 1773.
Chevalier de Saint-Louis le 24 mars 1772.
Fait à Paris, le 26 mars 1865.
Pour le conseiller d'Etat, directeur, le sous-directeur :
Ab. de Forges.

—

MINISTÈRE DE LA GUERRE.

Le conseiller d'Etat, directeur, certifie que des registres matricules et documents déposés aux archives de la guerre, a été extrait ce qui suit :

Nom et signalement du militaire : d'Hartault de Beaufort (Jean-Joseph-Antoine-Mathias), fils de Léonard d'Hartault comte de Beaufort, et de Jeanne de Vanoostrom ; né le 24 février 1759 à Saint-Sever.

Détail des services : Cadet gentilhomme au régiment de Brie-infanterie, le 6 juin 1776. — Sous-lieutenant dans la compagnie Colonelle le 28 février 1778. — Lieutenant en 2ᵉ le 21 avril 1784. — Lieutenant en premier le 16 juin 1787. — Démissionnaire le 7 juin 1788.

Services en émigration : Emigré en 1791. — Volontaire dans la légion de Saint-Simon en 1793. — Lieutenant dans Bourbon en 1796. — Passé en la même qualité, en 1797, dans la légion de Zamora, au service d'Espagne, où il est resté jusqu'en 1808.

Campagnes : 1792, armée des Princes; 1793 et 1794, armée de Condé.

Retraité comme chef de bataillon, par décision royale du 9 décembre 1814, et breveté major (lieutenant-colonel), le 23 janvier 1815; chevalier de Saint-Louis le 29 juillet 1814.

Fait à Paris, le 20 mars 1865.

Pour le conseiller d'Etat, directeur, le sous-directeur :

AB. DE FORGES.

―

MINISTÈRE DE LA GUERRE. — *Septième direction.* — *Bureau des archives et décorations.*

« Monsieur le baron de Cauna trouvera ci-joints les états de service de Léonard d'Hertault, comte de Beaufort, prévôt-général de la maréchaussée de Béarn, de 1745 à 1763, et ceux de Jean-Joseph-Antoine-Bernard-Mathias d'Hertault, comte de Beaufort, fils du précédent officier au régiment de Brie, de 1776 à 1788. . . . .

» On a trouvé dans le cours des recherches les états de service ci-joints de Jean-Joseph d'Hertault, comte de Beaufort, capitaine au régiment d'Auvergne, retraité en 1773, et fils d'un autre Jean-Joseph qui paraît avoir été l'auteur commun de Léonard et dudit Jean-Joseph.

» On a également trouvé qu'il existait en 1816, à St-Quentin, arrondissement d'Uzès, un fils de ce dernier nommé Marie-François-Michel d'Hertault comte de Beaufort, qui a levé en 1815 une compagnie de volontaires royaux dans le département du Gard.

» Paris, le 20 mars 1865.

Le sous-directeur : AB. DE FORGES.

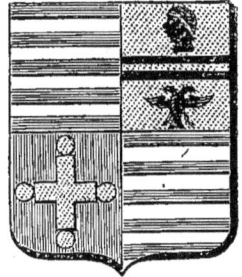

De Lalande, *seigneurs de Saint-Cricq, barons de Hinx.*

VII⁰ *Degré*. — Noble Louis de Lalande, écuyer, chevalier de Saint-Louis, baron de Hinx, seigneur de Saint-Cricq du Gave, épousa, en 1729, dame Etiennette de Haraneder, dont il eut : — (Louis mourut à Saint-Cricq en 1755).

VIII⁰ *Degré*. — Noble Dominique de Lalande baron de Hinx, né le 14 octobre 1740, vendit la terre de Saint-Cricq à M. de Labarrère vers 1760, et mourut en 1763. — Le titre de baron fut relevé par son frère puîné.

VIII *bis*.. — Noble Pierre de Lalande, écuyer, chevalier de Saint-Cricq, de 1744 à 1763, prit le titre de baron de Hinx après la mort de son frère aîné; fut successivement cornette au régiment de dragons de la Ferronays en 1761, sous-lieutenant, capitaine-major et enfin colonel du 12⁰ de dragons, ci-devant d'Artois, en 1791. — Il assista en personne en 1789 aux assemblées de la noblesse de Dax, et mourut à la citadelle de Besançon sous l'empire.

MINISTÈRE DE LA GUERRE.

Le conseiller d'Etat directeur, certifie que des registres matricules et documents déposés aux archives de la guerre a été extrait ce qui suit :

Nom et signalement du militaire : DE LALANDE baron de Hinx (Pierre), né le 6 août 1744, a pris le titre de baron par la mort de son frère aîné et a quitté le nom de chevalier de Saint-Cricq, cette terre ayant été vendue.

Détail des services : Cornette au régiment de dragons de La Ferronays (devenu Chabo puis Jarnac) le 12 novembre 1761.

Sous-lieutenant en 1762.

Sous-aide-major le 7 avril 1767.

Capitaine le 9 novembre 1772.

Capitaine en 2ᵉ à la formation de 1776.

Capitaine commandant le 14 février 1784.

Major au régiment de dragons d'Artois (devenu 12ᵉ régiment de l'armée en 1791) le 4 novembre 1784.

Colonel le 21 octobre 1791.

Remplacé le 5 février 1792, ayant donné sa démission.

Chevalier de Saint-Louis, le 13 mars 1785.

Services en émigration : A fait la campagne de 1792 à l'armée des Princes, en qualité de major-commandant en second, dans la compagnie d'officiers du régiment de dragons d'Artois. — Sans renseignements ultérieurs.

En foi de quoi le présent certificat a été délivré pour servir et valoir ce que de raison.

Fait à Paris, le 26 décembre 1864.

Pour le conseiller d'Etat directeur, le sous-directeur : AB. DE SION.

N.B. Une note insérée dans le certificat des services de ce dernier (Pierre de Lalande), fait connaître qu'il a pris le titre de baron de Hinx après la mort de son frère aîné. Cette note est extraite d'un registre des lieutenants de cavalerie et de dragons qui porte les dates suivantes : (1734-1763.) — (*Extrait de la lettre d'envoi du ministre de la guerre.* A. C. C.)

I. — Noble Pierre de Lalande baron de Montaut, seigneur de Labatut, capitaine du château neuf de Bayonne, marié en 1614 à demoiselle Marthe d'Appatte, en a trois filles :

1º Catherine de Lalande, 1641-1646, mariée à noble Jean de Laborde, seigneur de Bastanés.

2º Claire de Lalande, mariée à Nicolas de Chambre, écuyer, baron d'Urgons, 1660.

3º Marie de Lalande, alliée à M. Raymond de Poy, avocat ez la cour, jurat de la ville de Tartas, 1641-1646.

II. — Etienne de Lalande, écuyer, seigneur de Favas, marié en 1654 à demoiselle Jeanne de Bayle, en eut :

1º François de Lalande qui suivra.

2º Jean-Baptiste de Lalande Favas, lieutenant colonel, chevalier de Saint-Louis, mort à Dax en 1752.

3º Marie-Claire Lalande Favas, mariée à M. de Bedorède, écuyer, seigneur de Saint-Laurent.

4º Demoiselle Marie-Anne de Lalande Favas, mariée à M. Elie de Vios.

5º Claude de Lalande, demoiselle, mariée en 1723 à M. Jacques du Bosq, sieur du Tillet.

III. — François de Lalande, écuyer, seigneur de Lassalle, baron de Hinx, marié le 5 janvier 1696 à demoiselle Catherine de Biaudos-Castéja, en eut :

1º Louis de Lalande Saint-Cricq baron de Hinx qui suivra.

2º Louis de Lalande, chevalier de Saint-Cricq.

3º Marguerite de Lalande Saint-Cricq, mariée à noble Jean de Saint-Martin, seigneur de Betuy, 1720-1724.

IV. — Louis de Lalande, écuyer, chevalier de Saint-Louis, baron de Hinx, marié en 1729 à demoiselle Etiennette de Haraneder, en eut :

1° Dominique de Lalande Saint-Cricq, baron de Hinx, officier dans les gardes françaises, mort vers 1760-1765.

2° Marie-Anne de Lalande, baronne du Martin de Benquet.

3° Pierre de Lalande baron de Hinx, ci-devant chevalier de Saint-Cricq, colonel de dragons, chevalier de Saint-Louis, né en 1744. (*Voir ses états de service*).

4° Etiennette ou Estonta de Saint-Cricq, née en 1738, décédée en 1742.

II *bis*. — Noble Jean-Antoine de Lalande Lamothe, seigneur de Labatut, baron de Montaut, marié en 1669 à demoiselle Marie de Pons, en eut :

1° Marguerite de Lalande Lamothe, mariée en 1692 à noble Bertrand de Borda.

2° Jeanne de Lalande Lamothe, mariée en 1693 à M. Guillaume de Soustra, écuyer.

3° Claire de Lalande Lamothe ; 4° Claire de Lalande Lamothe, baptisées en 1674.

PIÈCES JUSTIFICATIVES.

Le 27 octobre 1641, Marie de Lalande, damoiselle, femme à Monsieur Raymond de Poy, avocat ez la cour, et à présent jurat de la présente ville (Tartas). — DARROZE.

Le vingt-huitième de décembre mil six cent quarante-trois, a esté baptisé Pierre-Joseph de Poy, fils de M. Raymond de Poy, advocat en parlement, et de demoiselle Marie de Lalande, conjoints. Parrain, M. Pierre de Lalande ; marraine, Magdelaine de Gyron.

CHAMBRE, *pbre, curé*; DARROZE, *pbre, pñt*.

Le premier de may mil six cent quarante-six, a esté baptisée Catherine de Poy, fille de feu M. Raymond de Poy, et de demoiselle

Marie de Lalande, conjoints quand vivait le dit de Poy. Parrain, Pierre de Garnit, escolier, et marraine damoiselle Catherine de Lalande. Présents les soussignés : DARROZE, *prêtre.*

—

Le vingt-neuvième octobre seize cent soixante-quatorze, a reçu les cérémonies du baptême, ayant été ondoyée à Dax, Jeanne de Lalande, fille légitime de noble Jean-Antoine de Lalande seigneur de Labatut, et de damoiselle Marie de Pons. Parrain, Pierre de Pons, lieutenant en la prévosté ; marraine, Jeanne de Bayle dame de Habas. Et le même jour, Claire de Lalande, sœur de la susdite Jeanne, et autre Claire, toutes les trois sœurs, ont été tenues aux cérémonies du baptême par noble Estienne de Lalande, leur oncle paternel, seigneur de Habas, et damoiselle Claire de Pons ; et parrain de la troisième fille, Pierre de Pons, lieutenant, en l'absence du sieur Daniel son fils, enseigne-colonel, qui était à l'armée, et marraine, demoiselle Claire de Lalande, sa tante paternelle. Par moy :

LECLAIRE, *curé de Labatut.*

—

Le 9 juin 1693 ont épousé, Monsieur Guillaume de Soustra et demoiselle Jeanne de Lalande Lamothe, et ont reçu la bénédiction nuptiale par Monsieur François de Soustra son frère, prêtre, docteur en théologie, en présence des soussignés :

SOUSTRA ; JANE DE LAMOTHE ; LAMOTHE ; M. DE PONS LAMOTHE ; GENTINE DE LALANDE, *veüsve de Soustra* ; A. SOUSTRAR ; DE BORDA ; SOUSTRAR, *prêtre, aiant donné la bénédiction nuptiale.*

—

Le 9 octobre 1724 naquit, dans la maison de Lacoste, Marie-Anne de Lalande, fille légitime de M° Jean-Jacques de Lalande, seigneur d'Escanebaque, et de dame Françoise de Soustrar, mariés, et fut baptisée le dixième dudit mois. Parrain, M° François de Soustrar, ancien chanoine de l'église Notre-Dame de Bayonne ; marraine, demoiselle Marie-Anne Duvignacq, à l'absence de ladite Duvignacq a tenu demoiselle Jeanne de Soustrar. Le sacrement ayant été administré par moy en présence des soussignés :

DE MANIORT ; BRANACHE ; J^h GANDUQUE, *vic.*
(*Registres de Labatut, 1674-1724*).

Noble Jean-Pierre Dabadie, écuyer, et Cécile de Lalande, demoiselle, habitante de Sabres en Dax, ont reçu la bénédiction nuptiale le 9 février 1728, après la publication des bans et toutes les cérémonies observées de M. l'abbé de Saint-Germain, en présence de noble Jean de Castera, noble Jean-Jacques de Lalande, noble Louis de Valier, et noble François de Bordenave, qui ont signé de ce faire requis.

    Dufau, *vicaire* ; Dabbadie, *prêtre* ; de Lalande ; de Valier ; Castera ; de Bordenave. *(Mont-de-Marsan).*

Jean-Jacques Dabadie, fils légitime de noble Jean-Pierre Dabadie et de dame Cécile de Lalande, naquit le 3 février 1729 et fut baptisé le 16 du même mois. Parrain, noble Jean-Jacques de Lalande, habitant de Sabres ; marraine, dame Jeanne de Lié de Saint-Germain. Présents, noble Jean Dabadie, qui a signé avec le parrain et Antoine Arresteilles, qui n'a signé pour ne savoir de ce faire requis par moi.

    Dufau, *vicaire* ; Jean Dabadie ; de Lalande, *parrain.*

Joseph Dabbadie de Saint-Germain, fils légitime de noble Jean-Pierre Dabbadie de Saint-Germain et de dame Cécile de Lalande, naquit le 27 et fut baptisé le 28 février 1730. Parrain, noble Joseph Dabbadie, prêtre, et a tenu pour lui noble Jean Dabbadie ; la marraine, dame Cécile de Saint-Martin, et a tenu pour elle dame Jeanne de Lié. Présents, noble Pierre de Junca, qui a signé, et Arresteilles.

    Montauzé, *vicaire* ; Dabbadie ; Junca.

Anne Dabadie de Saint-Germain, fille légitime de noble Jean Dabadie de Saint-Germain, seigneur de Bargues, et de dame Jeanne de Bordenave Dabadie est née le 6 septembre 1733 et fut baptisée le 9 du même mois. Parrain, a été noble Mathias de Nozeilles ; la marraine, dame Anne Dayre de Nozeilles. Présents : Joseph de Lobit, procureur du roi, et Antoine Arresteilles.

    Saint-Germain, *curé de Lucbardès* ; Anne Dayre ; Lobit ; Nozeille ; Dabbadie de Bargues.

Bertrand Dabbadie, fils légitime de noble Jean Dabadie de Bargues et dame Marie de Bargues, est né le 2 novembre 1734 et fut baptisé le même jour. Parrain, a été noble Bertrand de Beyries, seigneur de Hauriet ; la marraine, a été dame Marie Camicas. Présents, Jean Boeil ; Antoine Arresteilles, sacristain, qui n'ont pas signé pour ne savoir. VALETTE, *curé.*

—

Pierre de Labadie de Saint-Germain, fils légitime de Jean de Labadie de Saint-Germain, écuyer et seigneur de Bargues, et de dame Jeanne de Bargues, est né le 9 décembre 1736. Parrain, a été M. Pierre de Labadie de Saint-Germain, curé de Luglon ; la marraine, dame Jeanne de Lié de Saint-Germain, tenant pour elle dame Marie de Camicas. Présents, M. Jean-Benoît de Junca, qui a signé, et Antoine Arresteilles, qui n'a signé pour ne savoir.

VALETTE, *curé* ; DABBADIE DE SAINT-GERMAIN, *curé de Luglon;* JUNCA ; JUNCA. (Registres du Mont-de-Marsan).

—

L'an 1755 et le 2 janvier, est décédé dans la foi catholique noble Louis de Lalande, chevalier de l'ordre militaire de St-Louis, baron de Hinx, seigneur de St-Cricq, âgé d'environ 57 ans. Son corps a été enterré dans l'église avec les cérémonies ordinaires en présence de Joseph Dussault, et Jean Dufau qui n'a su signer, ce qu'a fait Joseph Dusault avec moi.

Signés : DUSSAULT ; SÉGAS, *curé.* (*Registres de St-Cricq du Gave*).

—

Vente par messire Dominique de Lalande, écuyer, ancien officier dans les gardes françaises, en faveur de messire Jean de Cazenave Labarrère, écuyer, chevalier de l'ordre royal et militaire de St-Louis, prévôt de la maréchaussée d'Auch et Béarn, seigneur de Cazalon, du château seigneurerie et droits y afférents de St-Cricq du Gave.

(*Archives de St-Cricq*).

De Lartigue, *écuyers, chevaliers, seigneurs barons de Sorbets, Bordos et Miramont, Tachoires, Montaut, Casautets, Maupas, Pelesté, Coiton, Bordenave et Maignos, en Guienne et Armagnac.*

ARMAND DE LARTIGUE PELESTÉ. — D'azur à un lion assis d'or, tenant de sa patte dextre une fleur de lys d'argent (*Armorial*, 1698).

I. — Noble Pierre de Lartigue, écuyer, seigneur de Pelesté, vivant en 1620-1640-1654, fut marié à damoiselle Magdelaine de Cabannes, de la paroisse de Lamothe, et en eut :

1º Noble Pierre de Lartigue Pelesté baron de Montaut ;

2º Demoiselle Romaine de Lartigue Pelesté ;

3º Jeanne de Lartigue, de la maison noble de Pelesté, mariée vers 1660-1670 à noble Louis de Lafaysse sieur de Perode.

II. — Noble Pierre de Lartigue Pelesté, écuyer, baron de Montaut (1660-1686), mariée à noble dame Paule-Gabrielle de Lago, que l'on croit de la maison de Meritens de Lago seigneurs de Peyre et d'Arbus, en eut :

1º Noble Armand de Lartigue l'aîné ;

2º Noble Louise de Lartigue Pelesté, mariée à noble André de Campet seigneur d'Artos ;

3° Demoiselle Quiteire de Lartigue, née en 1669;

4° Noble Joseph de Lartigue, lieutenant-colonel du régiment de Ponthieu, chevalier de St-Louis, mort en 1729.

III. — Noble Armand de Lartigue Pelesté seigneur baron de Maupas, lieutenant de dragons au régiment royal, mort en 1699, marié à dame Jeanne-Marie de Foert de Sion, en eut :

1° Jean de Lartigue ;

2° Louise de Lartigue Pelesté dame de Maupas, alliée à noble Jacques de Barbotan seigneur de Carritz (1720).

Cette famille, maintenue dans sa noblesse, a été convoquée plusieurs fois au ban des gentilshommes des Landes, 1692-1694. (Voir la branche de *Lartigue de Bordenave*).

Lartigue Pelesté. — *Pièces justificatives.*

Le 12 mars 1669, noble Pierre de Lartigue de Pelesté seigneur et baron de Montaut, et Paule-Gabrielle de Lago, conjoints. — (*Registres de Montaut*).

Le 27 octobre 1669 a été par nous solennellement baptisée, dans l'église ou chapelle de Montaut, une fille née depuis cinq ou six jours de légitime mariage d'entre noble Pierre de Lartigue de Pelesté seigneur et baron de Montaut, et noble Paule-Gabrielle de Lago, à laquelle on a donné le nom de Quiteire. Parrin a esté messire Jean de Candale baron du Lau, et damoiselle Quiteire de Marrein. Présents, mon clerc et moi. R. Cazes.

Aujourd'hui 7 février de l'an 1671, par nous soussigné, a été baptisée, dans la chapelle de Montaut, une fille née quinze jours auparavant, à laquelle le nom a été imposé de Marie. Parrain a été monsieur Pierre de Lartigue seigneur et baron de Montaut; marraine, Marie de Lanzac dame de Banos. Cette fille est naturelle et légitime à Ramond de Cabiro, juge, et damoiselle Françoise de Pruères, mariés. Tesmoins à ce, monsieur Joseph de Navailles baron de Banos, et François d'Arrac. Signés avec moy :

DE LARTIGUE, *parrin*; NAVAILLES BANOS; CAZES, *pr.-vic.*; D'ARRAC; DU SORBER.

Le 24 septembre 1686, naquit de légitime mariage de Jean Cazaubon, M° chirurgien, et de damoiselle Jeanne-Marie de Lartigue, une fille baptisée le 26 dudit mois, par moi soussigné, et fut nommée Romaine. Parrain, noble Pierre de Pelesté de Lartigue seigneur baron de Montaut; marraine, damoiselle Romaine de Lartigue, frère et sœur, qui ont signé avec moy :

PELESTÉ DE LARTIGUE; DE SAUVAGE, *curé*; J. CAZAUBON; ROMAINE DE LARTIGUE.

Le 5 du mois de janvier 1693 naquit Romaine de Campet et fut baptisée le dixième du même mois et an; fille légitime de noble André de Campet et de demoiselle Louise de Lartigue Pelesté. Parrain et marraine, Pierre de Lartigue Pelesté, écuyer, seigneur baron de Maupas; en son absence, tenu par Pierre de Cloche seigneur baron d'Arthos et de Lahouze; et demoiselle Romaine de Lartigue Pelesté. Présents, Joseph Darbo, clerc tonsuré, et Bernard de Castaignos, qui ont signé avec moy. — LAHOUSE, *faisant pour M. de Pelesté*; CAMPET, *père*; R. DE LARTIGUE; DARBO, pñt; CASTAIGNOS, pñt; DE CLOCHE, *curé*.

Le huitième de février 1693 naquit Armand de Marsan, et fut baptisé le neuvième du même mois et an; fils légitime de Joseph de Marsan et de demoiselle Isabeau de Lartigue. Parrin et marraine, Armand de Lartigue, escuyer, lieutenant de dragons dans le régiment du roy, et demoiselle Jeanne-Marthe de Lartigue. Présents, Jean-Pierre de Castera et Joseph d'Arbo, clerc tonsuré, qui ont signé, excepté le (père) absent. Fait par moy. — DE CLOCHE, *curé*; ARMAND DE LARTIGUE; JEAN-PIERRE DE CASTERA; JEANNE-MARTHE DE LARTIGUE.

2° De Lartigue Pelesté barons de Montaut et Maupas, contrat du 1ᵉʳ octobre 1668; vente en faveur de noble Pierre de Lartigue seigneur de Pelesté, de la terre et seigneurie de Montaut, seigneurie et maison noble de Meignos, pour la somme de cinquante cinq mille livres, par noble Jean-Antoine de Lalande Lamothe seigneur de Labatut. Faute de paiement de ladite somme de 55,000 livres, ledit sieur de Lamothe a fait procéder à saisie des fruits des biens de la maison, métairies et dépendances de Pelesté, au préjudice du sieur de Lartigue, le 13 juin 1689. Le commissaire-général de la saisie, M. François Dubroca.

Ayant fait faire l'exposition de l'afferme des biens saisis, et assigné ledit sieur de Lamothe pour fournir enchérisseurs, il aurait déclaré qu'il enchérissait jusqu'à la somme de sept cents livres; ce qui ayant été sçu par ledit sieur Armand de Lartigue, fils aîné dudit sieur Pierre, serait intervenu en ladite exposition, et soutenu qu'il n'y avait lieu d'aucune afferme, à raison de ce que les fruits lui appartenaient comme pendant ez biens qui avaient été substitués en sa faveur par feu noble Pierre de Lartigue, son aïeul paternel, sieur de Pelesté, sur l'institution héréditaire de noble Pierre de Lartigue son fils, père audit Arman, par son testament du quatorzième septembre mil six cent cinquante-quatre, lequel sieur de Lartigue, institué, avait transmis ez la main dudit Arman son fils, le fidéicommis par contrat après l'avoir d'huement émancipé par acte judiciaire.

Ledit sieur de Lartigue, pour soutenir la maintenue par lui prétendue des fruits des biens saisis et pendants dans leurs biens, aurait fait signifier trois pièces dans un cahier. La première, le testament de feu noble Pierre de Lartigue sieur de Pelesté, et de demoiselle Magdelaine de Cabannes, du quatorzième de septembre mil six cent cinquante-quatre, portant institution de noble Pierre de Lartigue leur fils aîné, et substitution en ladite institution du premier enfant masle qui descendrait dudit Pierre, et les autres de degré en degré.

La seconde, un acte d'émancipation fait le dix-neuvième avril mil six cent quatre-vingt-neuf, par noble Pierre de Lartigue, fils du testateur dudit noble Armand de Lartigue ;

Et le troisième, un acte de démission du fidéicommis fait par ledit Pierre de Lartigue en faveur dudit Armand son fils, le sixième de juin mil six cent quatre-vingt-neuf. Lesquelles trois pièces il aurait fait signifier le treizième de juillet par Castelnau, illecq au greffe cy-coté par lettre E.

(*Titres de Borda*).

—

Le 30 janvier 1693, dans la ville de St-Sever, par devant moi notaire royal soubsigné, présents les témoins bas nommés, se sont constitués en leurs personnes : noble Armand de Lartigue sieur de Pelesté, fils aîné de noble Pierre de Lartigue seigneur de Meignos, émancipé, habitant de Maupas au bas-comté d'Armagnac, d'une part ; et noble Jean-Antoine de Lalande Lamothe seigneur de Labatut, en la sénéchaussée de Dax, y habitant, transaction sur la vente de la terre et baronnie de Montaut. En présence d'Antonin de Lassalle de Bordes, escuyer, seigneur baron d'Ossages, et Jacques Destrac, écuyer, seigneur de Méez et Montbrun, habitants de la ville de Dax et bourg de Coudures, qui ont signé à l'original avec lesdits sieurs parties et moi :

(*Titres de Borda*).   DESTOUET, *notaire royal.*

De Lartigue seigneurs de Bordenave.

Armand seigneur de Lisse et de Lartigue fut en 1236, sous le roi saint Louis, du nombre des seigneurs de Guienne convoqués à St-Germain en Laye (Laroque, *Traité de la Noblesse,* p. 55-56).

Arnaut et Philippe de Lartigue, ses enfants, rendirent hommage en 1306 au roi Edouard Ier, duc de Guienne, roi d'Angleterre, pour les terres de Lartigue et de Lisse, situéesl'une en Armagnac, l'autre en Chalosse, et celle de Lisse en Gascogne.

Noble Pierre de Lartigue, vivant en 1481, fut marié à la fille du seigneur d'Estinguos (Estingols ou Estignols) maison noble et ancienne de Navarre (Moréri).

La famille de Saulx d'Estignols étant de St-Sever-Cap, on suppose que les seigneurs de Lartigue de Bordenave descendent du mariage de 1481.

Noble Jean de Lartigue de Bordenave, marié à dame Catherine de Tuquoy, fut père de demoiselle Anne de Lartigue, alliée le 25 avril 1528 à noble Pierre de Basquiat, 11e du nom (*Nobiliaire de Guienne,* tome II).

Christophe de Lartigue sieur de Bordenave, fut marié à dame Marthe d'Estoupignan, 1650-1660.

Noble Jean-Jacques de Lartigue sieur de Coyton, vivait en 1660-1676, et décéda à St-Sever le 19 juin 1692 (*Archives de St-Sever*).

Mariage 25 novembre 1620.

Saichent tous présents et advenir que cejourd'huy, vingt-cinquième du mois de novembre mil six cent vingt, en la juridiction de Lamothe, et maison des hérittiers de feu Ramond de Cabannés, avant midi, par devant moy notaire royal, présents les témoins bas nommés. Pactes et accords de mariage ont esté faicts entre sieur Guy de Cabannes, homme d'armes de la compagnie du seigneur de Poyanne, assisté de damoyselle Jeanne Dupin sa mère, M⁰ Paul Dupin, procureur au siége de St-Sever, son oncle, Pierre Cabiro son beau frère, M⁰ Jean de Cabannes, juge de Cauna, autre Jean de Cabannes, advocat en la cour, Nicolas Dupin sieur du Junquarot, et Jean Dupin, et Jean de Lassalle sieur de Payère ses cousins-germains, d'une part; et Quiteyre de Lartigue, damoyselle, fille légitime naturelle de Monsieur M⁰ Cristophe de Lartigue, procureur du roy au présent siége de St-Sever, et de feue damoiselle Marthe Dembidonnes, du consentement et assistance dudit sieur de Lartigue, de M. M⁰ Mathieu de Cloche, lieutenant-général en la prévosté royale de la ville de St-Sever, M⁰ Jean du Tausin, Pierre Darbo et Pierre Larrhède, advocats en la cour, lesquels sieur Guy de Cabannes, et damoiselle Quiteyre de Lartigue, avec les consentements susdits, suyvant les articles de mariage cy-devant entre eux accordés soubs leurs seings, ont promis consommer cejourd'huy le dit mariage en l'église parrochielle du dit présent lieu de Lamothe. Ez présence de MM. Pierre de Ladoue, Bernard du Basquiat, advocats en la cour, habitants de la ville de St-Sever, lesquels avec les parties se sont signés à la code des présents, sauf ladite Dupin mère, pour ne sçavoir faire, de ce requise par moy :

D. E. PECLAVÉ, *notaire royal.*

Le 5⁰ janvier 1654 a été baptisée Catherine de Lartigue, filhe de M. Ramon de Lartigue, advocat ez la cour, et damoiselle Anne de Capdeville. Les parrin et marraine, noble Charles Destoupignan et Catherine Darbo, damoiselle; la dite fille agée de onze mois. Fait par moy : — DE CLOCHE, *curé.*

Le 14 mars 1655 a été baptisée Jeanne de Lartigue, fille de Ramon de Lartigue, advocat ez la cour, et damoiselle Agne de Capdeville. Les parrin et marraine, Philis Artaud, marchand, et Magdelaine Dutil, damoiselle. Fait par moy : — ROCHET, *prêtre.*

Le 14º décembre 1656 naquit Odet de Lartigue, et fut baptisé le 15 décembre 1656, fils de M. Ramon de Lartigue, advocat ez la cour, et Agne de Capdeville Darricau, damoiselle. Les parrin et marraine, M. Odet de Lavie, et Marie de Cloche, damoiselle. Fait par moy : — DE CLOCHE, *curé*.

Le 18 novembre 1657 a esté baptisée Catherine de Lartigue et naquit le 25 aoust 1656, fille de M. Christophe de Lartigue sieur de Bordenabe, et de Jeanne Marthe (1) d'Estoupignan, demoiselle. Parrin et marraine, sieur Charles Destoupignan, escuyer, et Catherine de Barry, damoiselle. Fait par moi : — DE CLOCHE, *curé*.

Le même jour et an que dessus a esté baptisée Isabeau de Lartigue et naquit le 27 octobre 1657 ; fille de Monsieur Christophe de Lartigue sieur de Bordenabe, et de Jeanne-Marthe Destopignan. Les parrin et marraine, M. Jean-Pierre de Barry, lieutenant général, et Isabeau de Poyusan, damoiselle. Fait par moy : — DE CLOCHE, *curé*.

Le 9 février 1692, noble Jean-Jacques de Lartigue, escuyer, et demoiselle Jeanne de Lartigue furent parrain et marraine de Jean-Jacques de Piets. — M. DEPONT, *vicaire*.

Le 19 juin 1692 décéda et fut enterré M. Jean-Jacques de Lartigue. Présents, Pierre Saucède et Jean de Lamarque, qui n'ont signé pour ne sçavoir. Fait par moy : — LARTIGUE, *vicaire*.

(1) Jeanne-Marthe d'Estoupignan de Tingon, damoiselle, mariée à noble Christophe de Lartigue seigneur de Bordenave, était fille de noble Ramon d'Estoupignan, seigneur de Tingon, et de damoiselle Isabeau de Poyusan, et sœur puînée de dame Isabeau d'Estoupignan, mariée à noble Jean Jacques de Tuquoy.

Jeanne d'Estoupignan, fille naturelle et légitime de Ramon d'Estoupignan sieur de Tingon, et d'Elisabeth de Poyusan, naquit le 20 mars 1635 et fut baptisée par moi soussigné, le 3 avril de la même année. Parrain de laquelle a été Arnault de Poyusan, et marraine Jeanne de Poyusan, oncle et tante de la dite baptisée. — LANEFRANQUE, *vic.* Mugron).

De Lartigue Sorbets *seigneur de Casautets*.

De gueules au lion d'or armé et lampassé de sable.

L'arbre généalogique de Lartigue Sorbets a été fourni par le général Hippolyte de Lartigue.

« Sur une maintenue de noblesse rendue à Dax le 26 mars 1664 en faveur de noble Jean de Lartigue sieur de Tachoires et Casautets, on voit que le chef de cette branche se nomme Bertrand de Lartigue, fils d'Antoine de Lartigue et de N... de Montcassin, frère par conséquent de Jean-Bertrand, auteur de ma branche. L'origine commune est donc prouvée d'une manière incontestable. Bertrand de Lartigue épousa en 1527 noble Jeanne de Tachoires. De ce mariage, deux fils : Ramonet et Roger de Lartigue ; on ne sait rien concernant Ramonet.

» 2° Roger épousa, le 10 juin 1559, noble Hélène d'Aspes. De ce mariage naquit :

» 3° Bertrand de Lartigue, qui épousa le 17 décembre 1607 noble Catherine d'Abidos. De ce mariage est issu Jean de Lartigue seigneur de Casautets et Tachoires, en faveur duquel fut rendue la maintenue de noblesse dont je viens de parler.

» 4° Jean de Lartigue épousa, le 28 mars 1637, demoiselle Jeanne de Barry. De ce mariage naquit :

» 5° Pierre de Lartigue seigneur de Casautets et Tachoires, baron de Sorbets et Bordos ; il épousa le 8 janvier 1674 demoiselle Marie de Candale de Foix de la maison des comtes de Foix, qui lui apporta les baronnies de Sorbets et de Bordos. De ce mariage, deux fils et deux filles, Jean et Jean-Pierre de Lartigue. Je ne sais rien de ce dernier, si ce n'est qu'il était lieutenant de dragons en 1711. Des deux filles, l'aînée, Louise, fut mariée au sieur Abbadie de Lacoste.

» 6° Jean de Lartigue, l'aîné des deux fils de Pierre et de Marie de Candale de Foix, né le 21 décembre 1679 à Cledes, épousa le 10 juin 1711 demoiselle Anne-Magdeleine de Cosso de Baure. De ce mariage naquit, le 19 août 1714, Joseph-François de Lartigue.

» 7° Joseph-François de Lartigue baron de Sorbets, épousa damoiselle Magdelaine de Rantheau ou Nanteau (on n'a pu bien lire ce nom), d'où est issu Jean-Pierre de Lartigue baron de Sorbets, né le 8 août 1752, fut baptisé dans l'église paroissiale de St-Jean-Baptiste du Plan, diocèse d'Aire. Parrain, noble Pierre de Ranteau seigneur de Laurau ; marraine, demoiselle Jeanne-Marie de Ranteau qui a tenu l'enfant en l'absence de madame Marthe de Faurets de Baure. Ce Jean-Pierre de Lartigue (1) se fit représenter en 1789 à l'assemblée de la noblesse des Lannes, à Dax, et avait acquis de Monsieur de Bruix la baronnie de Miramont ; il fut condamné à mort et exécuté à St-Sever pendant le règne de la Terreur. »

Du 4 germinal an XVI, à St-Sever l'an III (1794).

Jean-Pierre Lartigue baron de Sorbets, de Sorbets 32 ans (*Revue d'Auch*, tome IV).

(1) A la date de 1767, trois lettres écrites au président d'Hozier, juge d'armes, par le chevalier de Lartigue de Sorbets, capitaine au rément d'Aunis, pour faire admettre son neveu dans une école militaire. — Ce chevalier est frère de Joseph-François, on ne connaît point de postérité à cette branche.

Dame Magdelaine de Rantheau, veuve de Messire Joseph de Lartigue, seigneur de Sorbets, habitante de Sorbets, diocèse d'Aire, possède à St-Sever les métairies de Baure, Barboulet de haut, Barboulet de bas, Clardane avec landes, taillis, bois en dépendant sur les bords du ruisseau Pichegary, près d'Eyres (*Livre terrier des Bénédictins*, 1768).

Le 24ᵉ may 1695 naquit Jean de Lartigue, et fut baptisé le 27ᵉ du même mois et an; fils légitime de noble Jean-Arman de Lartigue sieur de Pelesté, et à dame Marie de Foert de Sion. Parrain et marraine, M. noble Jean de Foert de Sion, qui a substitué en sa place M. noble Joseph de Lartigue, prêtre, docteur en théologie et chanoine de Saint-Girons, et demoiselle Romaine de Lartigue. Présents, noble Jean-Pierre de Barry, prêtre et seigneur de Castera, et noble Pierre Destoupignan, prêtre et docteur en théologie, qui ont signé avec moy. — ALEMAND, *vic*; PELESTÉ DE LARTIGUE; PELESTÉ DE LARTIGUE; P. DESTOPIGNAN, *archiprestre d'Urgons*; PELESTÉ DE LARTIGUE, *prêtre*; DE LARTIGUE; P. DE BARRY, *prêtre*.

———

Le 28 septembre 1696 nasquit Louyse de Lartigue, fille légitime à noble Jean-Armand de Lartigue, escuyer, et damoiselle Marie de Sion, et fut baptisée le premier octobre de la même année. Ses parrain et marraine, M. Mᵉ Joseph de Lartigue, docteur en théologie, chanoine de St-Girons, et demoyselle Louise de Lartigue, qui ont signé avec nous. — JOSEPH DE LARTIGUE, *pbre. et chanoine de St-Girons*; LOUISE DE LARTIGUE; DE MORA. *curé*. (*Saint-Sever*).

———

Le huitième may 1699 mourut noble Jean-Arman de Lartigue, seigneur de Pelesté et de Maupas, et fut enseveli le 9 dans l'église des Pères de St-Dominique. Présents, Jean Lamarque et Jacques Dubescat, qui n'ont signé pour ne savoir. Fait par moy : — CASTERA, *vic*. (*St-Sever*).

———

M. noble Joseph de Lartigue, ci-devant lieutenant colonel du régiment de Ponthieu, chevalier de l'ordre militaire de St-Louis, décéda dans la communion des fidèles le 7 février 1729, et fut enseveli dans l'église des RR. PP. Dominicains de cette ville en présence de Jean Daugreilh et de Jacques Dubescat. Fait par moi : CASTERA, *vicaire*.

De Lassalle de Bordes, *barons de Sarraziet et d'Ossages.*

D'or à un lion de gueules écartelé d'azur à neuf losanges d'argent posés 3, 3, 3. (d'Hozier, *Armorial imprimé*).

I. — Noble Jean de Lassalle de Bordes, seigneur d'Ossages, marié à damoiselle Magdelaine de Mont (1640), en eut sept enfants, et laissa :

II. — Noble Antonin de Lassalle de Bordes, baron d'Ossages, convoqué au ban de la noblesse en 1692, fut marié à dame Jeanne-Marie Du Bourdieu (1687-1688), et ne laissa qu'une fille :

III. — Elisabeth de Lassalle de Bordes, demoiselle, héritière d'Ossages (1688).

Cette famille a prouvé sa noblesse devant le juge d'armes.

On lit dans l'*Indicateur nobiliaire* de d'Hozier :

« De Lassalle, de Roquefort, de Sarraziet, de Canenx, de Castelmerle, de Bordes, de Soubzargue, de Brocas, d'Ossages, de Saint-Martin de Cère, de Balazin, de Saint-Go en Guienne (page 223).

Extraits de l'état-civil d'Ossages.

Le 29 mars 1641 a été baptisé par moi, prêtre, Anthonin, fils de noble Jean de Lassalle de Bordes, seigneur d'Ossages, et de damoiselle Magdeleine de Mont, sa femme. Parrain, noble Antonin de Prignan, seigneur de Pismont, et marraine, Euriane de Mont, damoiselle, sa femme, et naquit le 24 dudit mois après midi.

Signé Dutruilh, *prêtre.*

—

Cejourd'hui, 4 août 1642, a été baptisé Bernard de Bordes, fils de noble Jean de Bordes, seigneur d'Ossages, et de damoiselle Magdelaine de Mont, sa femme, et naquit le 21 du mois de juillet dernier, à quatre heures du matin. Parrain, Bernard de Bordes baron de Sarraziet, et marraine, Jeanne du Roy, damoiselle.

Signé Delassalle, *curé.*

Cejourd'hui, 4 août 1643, a été baptisée Marie de Bordes, fille légitime de Jean de Bordes, seigneur d'Ossages, et de Magdeleine de Mont, et naquit le dernier juillet de ladite année, à quatre heures de l'après-midi ou environ ; décédée le 15 août et a été enterrée la même année dans l'église. — Signé DELASSALLE, *prêtre et curé*.

Le second jour du mois de février 1649 a été baptisé noble Joseph de Bordes, fils de noble Jean de Bordes et de Magdelaine de Mont, damoiselle. Parrain, noble Joseph de Bordes, et marraine, Jeanne de Bordes : les tous d'Ossages. — Signé LIZONAN, *prêtre*.

Le 15 août 1650 a été baptisée Claire de Bordes, fille de noble Jean de Bordes, seigneur d'Ossages, et de damoiselle Magdelaine de Mont, son épouse, et naquit le 12 de ce mois. Parrain, un homme nommé Esteben de Labareste, et marraine, une femme nommée Catherine de Lomplet, demeurant en ladite paroisse d'Ossages.

Signé DELASSALLE, *prêtre et curé*.

Le 17 juillet 1651 a été baptisé Jean de Bordes, fils de noble Jean de Bordes, seigneur d'Ossages, et de damoiselle Magdelaine de Mont, son épouse, né le 4 juillet, à huit heures du soir. Parrain, noble Jean de Belmon, baron dudit lieu, et marraine, X. de Bordes, damoiselle, femme de noble Charles de Saint-Fignan ; lequel enfant il a fallu faire tenir par procureur, à cause du danger de mort où il s'est trouvé. — Signé DELASSALLE, *prêtre et curé d'Ossages*.

Le 10 octobre 1652 a été baptisé Louys de Bordes, fils de noble Jean de Bordes, seigneur d'Ossages, et de Magdelaine de Mont, son épouse, damoiselle, né le 8 octobre, à six heures du soir. Parrain, Louis de la Garène, écuyer, et marraine, Marguerite de Bordes.

Signé DELASSALLE, *prêtre et curé d'Ossages*.

Elisabeth de Lassale de Bordes, fille légitime de noble Antonin de Lassalle de Bordes, seigneur et baron d'Ossages, et de demoiselle Jeanne-Marie Du Bourdieu, naquit à Ossages le 6 mars 1688, et fut baptisée le onzième dudit mois dans l'église d'Ossages, par moi, vicaire dudit lieu, soussigné. Parrain et marraine furent : noble Pierre de Lacamouère baron d'Encausse, lieutenant du grand prévôt en Guienne, et demoiselle Isabeau de Codroy, étant absente, ladite baptisée a été tenue sur les fonts baptismaux par demoiselle Jeanne-Félicie de Roguade, lequel baptistaire a été écrit et signé de ma main. Ossages, les an et jour susdits.

Signé Broqua, *prêtre et vicaire d'Ossages.*

Le 11 septembre 1770, est décédé au presbytère, M. Jean de Cès-Caupenne, prêtre, curé et archiprêtre d'Ossages, âgé d'environ 64 ans ; son cadavre a été inhumé dans le sanctuaire de la présente église, en présence de Preuilh, forgeron, et de Antoine Tuquoy, régent, habitants d'Ossages, soussignés avec moi.

Signés Tuquoy, Preuilh et Badets, *vicaire.*

Mariage au presbytère (1788).

Les bans du futur mariage entre sieur Jean-Marie Laborde et demoiselle Marie de Cès de Caupenne, habitants de Doazit, diocèse d'Aire, ayant été publiés sans opposition ni empêchement par trois dimanches consécutifs, au prône de la messe de paroisse, ainsi qu'il conste par la déclaration du sieur Mora, archiprêtre de Doazit, à laquelle est annexé le consentement dudit sieur de Mora pour épouser à Ossages, je soussigné, ai imparti la bénédiction nuptiale audit sieur Laborde et à la demoiselle de Cès de Caupenne, le 2 juin 1788, en présence de sieur François d'Aubin, de sieur Antoine Duclaux, de sieur Thomas-Casimir Laborde et de sieur Jean-Baptiste de Lacoste-Lahitte, soussignés avec moi.

Signés : Laborde, *époux;* d'Aubin, Desclaux, Laborde, Lacoste-Lahitte et Laborde, *archiprêtre.*

J'ai compulsé avec le plus grand soin tous les actes de l'état-civil de la commune d'Ossages, depuis 1631, époque de leur commencement jusqu'en 1789. Les seuls renseignements que j'ai trouvés et qui se rattachent aux noms de Lassalle de Bordes seigneur d'Ossages et de Cès, sont consignés dans les actes qui précèdent.

A Ossages, le 30 mars 1865. Mongélour, *secrétaire.*

Pour copie conforme : A. C. C.

Le généalogiste d'Hozier a consacré une notice considérable de son armorial à la famille de Lassalle de Bordes seigneurs de Cére et de Plaisance, barons de Sarraziet et marquis de Roquefort. Joseph de Lassalle baron de Sarraziet et marquis de Roquefort, figure en 1789 aux assemblées de la noblesse de Dax et de Mont-de-Marsan. c.

De Lasserre-Cantiran, *à Coudures et St-Sever-Cap.*

Cette famille a été convoquée au ban des gentilshommes en 1692 et 1702 (*Armorial* de 1863), et maintenue dans sa noblesse d'extraction. On lit, en effet, dans l'inventaire des jugements des intendants de Bordeaux :

« Lasserre de Cantiran (Bernard), maintenu en 1697, et le 17 septembre 1698 » (*Archives d'Auch*).

Le 25 février 1705 naquit Joseph de Lasserre, fils légitime à noble Jacques-Benoît de Lasserre, et demoiselle Magdelaine Dupin, et fut baptisé le 28 du même mois et an que dessus. Parrain et marraine, noble Joseph de Laborde Abany, et demoiselle Catherine de Lasserre ; tenant pour elle, demoiselle Marie d'Aubaignan (1). Présents, Bernard de Lasserre, écuyer, seigneur de Cantiran, et Monsieur Isaac de Lalanne, qui ont signé avec moy qui ai fait le baptême :

Bommes, *vicaire ;* Lasserre, *père ;* Laborde, *parrain ;* Daubaignan ; Lalanne Lamathe, *prt ;* Lasserre Cantiran.

(1) Voir du Vacquier.

Du Lyon.

IX₉ *degré.* — Noble Alexandre du Lyon, écuyer, seigneur de Campet et Geloux, marié le 13 février 1663 à damoiselle Jeanne de Mesmes, en eut : 1° Pierre du Lyon, qui a continué la postérité; et 2° damoiselle Marie Odette du Lyon, mariée le 4 mars 1690 à noble Pierre de Prugues, écuyer, assista et signa le 19 août 1704 aux articles de mariage du chevalier Christophe de Cabannes, et le 10 juillet 1710 à ceux de Jean-Pierre de Cours de Saint-Gervasi, écuyer (*Armorial des Lannes*, pages 282 à 286). Veuve en 1710 et 1718, elle fit son testament en 1763, n'ayant pas eu d'enfants de son mariage.

X. — Pierre du Lyon, écuyer, baron de Campet (1) et Geloux, seigneur de Garreins, marié en 1682 à dame Ursule de Lassalle, fut père d'Alexandre du Lyon, écuyer, marquis de Campet.

XI. — Alexandre marquis du Lyon de Campet seigneur de Geloux, lieutenant dans le régiment de Coetquen, marié en 1714 à dame Marie Corisande de Lons, en eut : Pierre-Gaston, qui a continué la postérité, et dame Marie-Angélique du Lyon qui épousa en 1738 noble Jean-Marie de Prugue Caillau seigneur de Bacquera, n'eut point d'enfant de son union, et mourut avant son mari vers l'année 1767.

(1) Marquis de Campet en 1738, par suite de l'érection de 1731.

XII. — Pierre-Gaston du Lyon marquis de Campet, chevalier, page du roi, etc.(1), marié en secondes noces à mademoiselle de Gourgues, en eut un fils qui suit.

XIII. — Noble Laurent-Marc-Antoine du Lyon marquis de Campet, chevalier de Saint-Louis, assista en 1789 à l'assemblée de la noblesse des Lannes, marié en premières noces à dame veuve Lenoir, en eut :

1° Noble Gaston du Lyon, sous-lieutenant, tué en 1812 à la campagne de Russie; 2° Dame Joséphine du Lyon baronne de Tingon, veuve de M. Lacoste de Tingon.

Le marquis Laurent du Lyon, remarié à dame Marie-Charlotte-Lemarié d'Aubigny, en eut :

1° Le marquis Gaston du Lyon ;

2° Dame Polixène du Lyon, mariée à M. de Labarre, aujourd'hui veuve avec plusieurs enfants.

XIV. — Amédée-Hector-Gaston du Lyon marquis de Campet, marié à dame Laurence de Ferragut, en a eu :

1° Marie-Joseph-Gaston du Lyon, décédé.

2° Marie-Amédée ;

3° Dame Marthe du Lyon, mariée à Monsieur Dubosq de Peyran ;

4° Demoiselle M. du Lyon.

XV. — Noble Marie-Amédée Laurent, marquis du Lyon de Campet, est le chef de nom et d'armes de sa maison.

Amédée marquis du Lyon s'est marié à demoiselle Catherine de Mauléon, fille de feu le marquis Augustin-Raoul de Mauléon, et de dame Rogatienne de Cornulier marquise de Mauléon (janvier 1865).

(1) Catherine du Lyon baronne de Labatut, en Tartas, fille du premier mariage du marquis Pierre-Gaston du Lyon avec Louise de Pujolé de Juliac, — mariée au vicomte de Gourgues seign. de Lanquais,

PIÈCES JUSTIFICATIVES.

Du 7 février 1718. Constitution de rente pour dame Marie du Lion, veuve, contre demoiselle Madelène Dusserer et M. Jean-Marie de Tastet, advocat, son fils, pour 53 liv. 11 sols 1 d. de rente.

Sçachent tous, presans et advenir, que le 7ᵉ du mois de février 1718, après midy, dans la ville de Mont-de-Marsan, par devant le notaire royal de ladite ville, soussigné, présans les témoins bas nommés, furent présans en personne : demoiselle Madelène Dusserer, veuve de Mᵉ Jean de Tastet, conseiller du roy au siége de cette ville, et M. Jean-Marie de Tastet, advocat en la cour, son fils, habitant de la présente ville, lesquels, de leurs bons grés, solidairement l'un pour l'autre et l'un d'eux pour le tout, renonsant au bénéfice d'ordre de division des personnes et discutions des biens qu'ils ont dit entendre, ont, par ces présantes, vandu, estably et constitué en faveur de dame Marie-Odette du Lion, veuve de noble Pierre de Prugue, escuyer, habitant aussy de cette ville, presante et ce acceptant la somme de 53 liv. 11 sols 1 d. de rente annuelle et perpétuelle, payable par ladite demoiselle Dusserer et ledit sieur de Tastet, son fils, solidairement, comme dit est, à ladite dame du Lion où ayant cauze, tant et si longuement qu'elle sera due, le 7ᵉ du mois de février de chaque année ; laquelle présante rante et constitution ladite demoiselle Dusserer et ledit sieur de Tastet ont faitte comme dit est en faveur de ladite dame du Lion, au moyen de la somme de 1,000 livres tournoizes, acompte desquelles ladite dame du Lion leur a baillé, payé et réellement compté sur ces présans la somme de 450 livres en louis d'or et d'argent et autre bonne monnoye ayant cours, qu'ils ont pris, compté et devers eux retiré, après avoir examiné les susdites espèces en présence de nous, notaire et témoins. Et pour les 550 livres restantes, s'est constituée en personne demoiselle Marie Dusserer, veuve au sieur de Caumon, capitaine, habitant de cette ville, laquelle, de son bon gré a, par ces présentes, fait cession et transport pur et simple en faveur de ladite dame du Lion de la somme de 550 livres tournoises à prendre et se faire payer de ladite demoiselle Madelène Dusserer, sa sœur, et dudit sieur Jean-Marie de Tastet, son neveu. En laquelle ils lui sont débiteurs pour pareille somme qu'elle leur a ci-devant prêté en argent, etc., etc. — Fait et passé en présence de M⁰ Pierre Louberie, prêtre prébendé de Brisquet, et Jean Cassaigne, praticien, habitant de cette ville, signés avec lesdites parties, et moy, notaire, quy certifie que l'original est controllé au Mont-de-Marsan   CAZADE, *notaire royal*.

Je déclare avoir receu l'entier peyement de 100 pistoles et rante par les mains de Madame Comon. Je promes luy en donner quitence par main publique quan elle voudra. Au Mont-de-Marsan, ce 2 juillet 1720. MARIE DU LYON DE PRUGUE. (*Archives de Pausader*.)

Du 11 may 1730. Constitution de 150 liv. de rente pour Messire Pierre du Lyon, chevalier, baron de Campet, contre Messire Cesar-Phébus de Ferron, chevalier, vicomte d'Ambrus.

Sachent tous, presens et avenir, que le 11ᵉ jour du mois de may 1730, après midy, dans la ville du Mont-de-Marsan, par devant le notaire royal de ladite ville, soussignés, presens les témoins bas-nommés, fut present : Messire Cezar-Phebus de Ferron, chevalier, vicomte d'Ambrus et autres places, habitant de la ville de Saint-Justin, lequel, pour luy et les siens à l'avenir a, par ces présentes, vandu, créé, estably et constitué en faveur de Messire Pierre du Lyon, chevalier, baron de Campet et de Geloux, seigneur de Garein et autres places, habitant de la paroisse de Campet, siége de Saint-Sever, présent et acceptant, la somme de 150 livres tournois de rente annuelle et perpétuelle, payables par ledit seigneur d'Ambrus et les siens aux seigneurs de Campet ses successeurs ou ayant cause, le 11ᵉ du mois de may de chaque année, tant et si longuement qu'elle sera due, laquelle présente rente et constitution ledit seigneur d'Ambrux a faitte en faveur dudit seigneur de Campet, moyennant la somme de 3,000 livres tournois, que ledit seigneur de Campet luy a baillée, payée et réellement comptée sur ces présens en écus à 6 livres jusques à concurrence de 3,000 livres que ledit seigneur d'Ambrus a prins, compté et retiré en présence de nous, notaire et témoins, dont il acquitte ledit seigneur de Campet, rachetable néanmoins ladite rente par ledit seigneur d'Ambrus et les siens, a toujours et heures, en remboursant audit seigneur de Campet ou ayant de luy droit, la somme de 3,000 livres du sort principal avec les arrérages de rente qui s'en trouveront lors dus et échus, frais et loyaux couts s'il y en a eu un seul payement et non autrement, en avertissant néanmoins ledit seigneur de Campet ou ayant de luy droit, trois mois avant, qu'on ne voudra faire le remboursement, etc.

Fait et passé ez présence des sieurs Estienne Darmaignac, bourgeois et receveur de la présente ville, et Antoine Cazade, praticien, habitant de cette ville, signés à la minute avec les parties et moy, controllé au Mont-de-Marsan le même jour par du Coudroy, qui a reçeu 18 l. 12 s., copie payée par M. d'Ambrux. CAZADE, n^{re} *royal*.

(*Suscription.*) J'ay esté paié de ladite rante jusques au 11ᵉ de may 1731 ; paié jusques au 11 may 1732 ; paié jusques au 11 may 1733 ; paié jusques au 11 may 1734 ; paié jusques au 11 may 1735.

CAMPET.

Paié la rente jusques au 11 may 1736.

J'ay esté payé de la renthe jusque au 11 may de l'année 1740 ; j'ay esté payé des renthes jusques au 11 may 1743, etc., etc.

(*Extrait des archives de Cabannes.*) PRUGUE CAILLAU.

Messire Jean-Marie de Prugue, chevalier, seigneur de Caillau, et noble demoiselle Marie-Angélique du Lion, ont reçu la bénédiction nuptiale le 4 février 1738, et ce du consentement de leurs pères et mères et autres parents, et ladite demoiselle, habitante de la paroisse de Campet, dûment renvoyée avec la permission d'épouser au Mont-de-Marsan. Furent présents : Messire Jean-Baptiste d'Aurice, M. Joseph de Lobit, procureur du roi au présent siége, M. Charles de Junca, clerc tonsuré, et Messire Bernard-François de Castelnau, seigneur de Brocas, qui ont signé avec nous, et Antoine Arresteilles, sacristain, qui n'a su signer.

VALETTE, *curé* ; JUNCA ; DAURICE ; CASTELNAU JUPOY.

Messire Pierre-Gaston du Lion, chevalier, habitant de Campet, et noble demoiselle Louise de Pujolé de Juliac, habitante de Betbezé, ont reçu la bénédiction nuptiale le 5 février 1738 ; les formalités dûment observées, la dispense des deux bans obtenue de Monseigneur l'évêque, et la permission accordée par ledit seigneur évêque à M. le curé du Mont-de-Marsan de leur impartir la bénédiction, et ce du consentement de leurs parents et en présence de Messire Jean-Baptiste d'Aurice, M. Joseph de Lobit, procureur du roi au présent siége, M. Charles de Junca, clerc tonsuré, et Messire Bernard-François de Castelnau, seigneur de Brocas, qui ont signé avec moi. VALETTE, *curé*; D'AURICE ; CASTELNAU JUPOY ; JUNCA ; LOBIT.

—

Pierre du Lion, fils légitime de Messire Pierre-Gaston, chevalier, comte du Lion, petit-fils de Messire François-Alexandre, marquis du Lion, arrière petit-fils de Messire Pierre du Lion, chevalier marquis de Campet, et de noble dame Louise de Pujolé, comtesse du Lion, est né le 29 novembre 1738 et a été baptisé le 1er décembre de la même année. Le parrain a été Messire Pierre du Lion, chevalier, marquis de Campet, son bisaïeul ; la marraine, dame Marie du Lion de Prugue, tenant pour dame Marie-Henriette Leblanc, comtesse de Jeuliac, qui ont signé avec moi.

VALETTE, *curé*; MARIE DU LION DE PRUGUE ; LE MARQUIS DE CAMPET ; ANGELIQUE DU LYON-CAILLAU ; LE MARQUIS DU LION ; LE COMTE DU LION ; PRUGUE BAQUERA. (*Registre du Mont-de-Marsan*).

—

Pierre de Cours de Lussagnet (du Vignau) *raturé*, fils légitime de Messire Jean de Cours, chevalier, seigneur baron de Lussagnet et dame Angélique de Lassalle, sœur de Messire François de Lassalle, chevalier d'honneur au Parlement de Bordeaux, est né le 8 août 1741 et a été baptisé le lendemain. Parrain, Messire Pierre du Lyon, chevalier, marquis de Campet ; marraine, dame Marie-Angélique du Lyon de Prugue Caillau, et ont signé. (*Reg. de Mont-de-Marsan*).

—

L'an 1844 et le 7 du mois de juin, par devant nous Antoine Lacaze, adjoint de M. le maire, officier de l'état-civil de la commune de Mont-de-Marsan, sont comparus : M. Augustin-Raoul marquis de Mauléon, propriétaire, âgé de 28 ans, né à Serempuy (Gers), le 3 novembre 1815, fils majeur et légitime de M. Amable-Lambert-Charles-Joseph-François-Julien marquis de Mauléon, décédé à Toulouse le 3 mars 1820, et de dame Aglaé-Françoise-Rosalie de Barrin de la Galissonière, d'une part ; et mademoiselle Marie-Marguerite Donatienne de Cornulier, âgée de 16 ans, née à Paris le 27 février 1828, domiciliée à Mont-de-Marsan, fille mineure et légitime de M. Toussaint Hyppolite marquis de Cornulier, chevalier de St-Louis et de l'ordre royal de la Légion-d'Honneur, et de dame Marie-Charlotte-Hermine de Sesmaisons, ici présents, et consentants au présent mariage, d'autre part. Lesquels nous ont requis de procéder à la célébration du mariage projeté entre eux, et dont les publications ont été faites le 26 mai 1844 et le 2 juin suivant à la porte principale de notre maison commune, et autres publications faites à la mairie de Serempuy les 19 et 26 mai, suivants certificat produit par M. le maire de cette commune; aucune opposition audit mariage ne nous ayant été signifiée, faisant droit à leur requisition, avons demandé au futur époux et à la future épouse s'ils veulent se prendre pour mari et pour femme.

Chacun d'eux ayant répondu séparément et affirmativement, nous déclarons au nom de la loi que M. Augustin-Raoul marquis de Mauléon, et mademoiselle Marie-Marguerite Donatienne de Cornulier sont unis par le mariage. De quoi avons dressé acte en présence des sieurs Edouard-Louis-Marie-Alexandre Le Sénéchal marquis de Carcado Molac, chevalier des ordres royaux et militaires de Saint-Louis, de la Légion-d'Honneur, et de St-Jean de Jérusalem, demeurant à Toulouse ; Charles Fort comte de Carrère, ancien maire de la ville de Mont-de-Marsan, chevalier de l'ordre royal de la Légion-d'Honneur, âgé de 52 ans, domicilié en cette ville; Louis-Auguste de Burosse, propriétaire, demeurant dans la commune de St-Médard de Beauce, âgé de 59 ans; Ernest de Rivière, âgé de 31 ans, domicilié à St-Avit. Lesquels après qu'il leur en a été donné lecture ont signé avec nous :

Marquis DE CARCADO MOLAC ; Marquis RAOUL DE MAULÉON; Comte DE CARRÈRE ; ERN. DE RIVIÈRE ; DONATIENNE DE CORNULIER ; Marquis DE CORNULIER ; DE SESMAISONS Marquise DE CORNULIER ; AUGUSTE BUROSSE ; LACAZE, *adjt*.

Copié par extrait à la mairie de Mont-de-Marsan. C. C.

De Marsan, *seigneurs baron de Cauna, Mauco, Toulouzette, etc.*

Losangé d'or et de gueules.

D'après les manuscrits d'Auch et de Bibliothèque Richelieu, la paroisse de Cauna, en Chalosse, sénéchaussée de St-Sever, autrement appelée *Caunar, Caunac, Caunard,* en latin, *Calnarium, Caunarium,* a donné son nom à la famille qui fait l'objet de ce travail, et qui portait le nom de Marsan, le tenant de ses auteurs les vicomtes de Marsan, souverains de la contrée où se trouvent les villes de Mont-de-Marsan, Roquefort, St-Justin, Villeneuve-de-Marsan, Grenade et Cazères, et plus tard comtes de Bigorre et vicomtes de Louvigny (Voir *Marca, Oihenard,* et la *Dissertation sur la maison de Foix,* 1757. — Lachesnaye des Bois).

La baronnie de Cauna comprenait haute, moyenne et basse justice, et ses seigneurs étendirent successivement leur suzeraineté sur Cauna, Aurice, Mauco, Toulouzette, Poyallé, Miramont, Montaut, Poyloault, Magesq, Poy, Patin, Mugron, Lorquen, Saint-Aubin, Caupenne, etc.

Avant de donner la filiation suivie des seigneurs de Cauna, qui commence par titres aux années 1303-1304, il est utile de nommer ceux qui ont possédé cette terre à partir du XIIe siècle.

1° Bardon de Caunac, à St-Sever, sous l'évêque de Bayonne Raymond de Martres, 1119 (*Monlezun*, tome II, page 145).

2° Arnaud-Guillaume de Marsan donna le quart des dixmes et oblations de l'église St-Pierre-d'Arrezon ou Torreson et le tiers de la dixme de Ste-Quitterie de Caunac (qui est à présent la paroisse de Toulouzette), au monastère de St-Sever Cap (1175), du temps de l'abbé Bernard de Bom et Litus de Caunac, prêtre, donna un autre tiers de sa même dixme de Ste-Quitterie qui lui appartenait (*Manuscrit de St-Sever*). En 1203, Jean de Cauna fut évêque de Dax. On connaît peu les actes de son administration de l'église de Dax, parce qu'il fut longtemps absent de son diocèse pour des causes certainement justes et louables, et qui honorent sa mémoire, étant parti pour la guerre sainte où il accompagnait Richard, roi d'Angleterre et duc de Guienne (*Gallia Christiana*, tome I).

En 1214, un vicomte de Cauna combattit sous les drapeaux du roi Philippe-Auguste à la bataille de Bouvines, comme l'établit le texte suivant de M. de La Roque en son *Traité de la noblesse et arrière-ban*, p. 48.

« Anno domini 1214, die sexto Kalendarum Augusti bellum, fuit inter dominum regem et regem Othonem inter Bovinas, et Tornacum juxta abbatiam Cyson; inter barones fuit — Vicecomes de Cona. »

Le 13 juin 1274 eut lieu un accord et partage entre Monsur Na Ramon Arroubert, viscomte de Tartas, et madame Na Marie dame de Cauna, sa belle-sœur, relativement à la forêt de Mauco et Senas, et le péage de Cauna sur la rivière de l'Adour; assistées lesdites parties de leurs parents et amis, la dame de Cauna mentionne son fils sans préciser son nom; mais nous lisons dans l'*Histoire de Gascogne*, de Monlezun, t. II. p. 405, que l'abbé de St-Sever se transporta dans la ville d'Orthez accompagné d'Arnaud Seguin d'Estang, de Guillaume de St-Aubin et d'Arnaud de Marsan, député de la cour de St-Sever (1173). Les noms et prénoms de ce seigneur le rattachent naturellement aux Arnaud de Marsan, seigneurs de Cauna.

ARBRE GÉNÉALOGIQUE.

Ier *Degré*. — Arnaud de Marsan, seigneur de Cauna selon les assises tenues à Saint-Sever par les commissaires du roi d'Angleterre en 1314, est nommé en 1303 dans les archives d'Auch. En 1320, Arnaud de Marsan figure parmi les seigneurs convoqués par le roi Edouard à la guerre d'Ecosse. Le 8 février 1327, Edouard écrivit aux seigneurs de Guienne, au nombre desquels figure Arnaud-Guillaume de Marsan. Le 27 avril 1330, Edouard III écrit à tous les seigneurs de Guienne, entre autres à Arnaud de Marsan, seigneur de Cauna (*Monlezun*, tome III).

IIe *Degré*. — Arnaud de Marsan seigneur de Cauna et de Montaut, sénéchal de Marsan. — En 1340-1341, Edouard III prend le titre de roi de France et écrit au seigneur de Cauna. La rivalité de la France et de l'Angleterre était dans toute sa violence; les armées du roi Jean et du prince Noir se rencontrèrent à Maupertuis dans un choc à jamais mémorable; les bandes gasconnes se distinguèrent beaucoup à cette bataille qui a conservé dans l'histoire le nom de Poitiers. Le contingent des Lannes était conduit par Jean de Chibreton, sénéchal de Gascogne, qui résidait à Saint-Sever. Il accompagna le prince Noir, et les hommes d'armes fournis par les Lannes favorisèrent beaucoup les troupes anglaises. Du nombre des chevaliers qui marchaient avec le sénéchal, étaient le seigneur de Castelnau, Arnaud de Cauna, Jean de Lesgo, le baron de Sainte-Croix, le seigneur de Montolieu, de Baylens-Poyanne, et le seigneur de Poudenx. (*Notice sur N.-D. d'Acqs*, par M. Pedegert.) En récompense de ses loyaux services, Arnaud de Cauna fut investi de la dignité de sénéchal de Marsan, 1364. Quelques années plus tard, dans une montre d'hommes d'armes de Béarn, Bigorre, Foix et Gascogne, sous le comte de Foix, 1376, on cite : le seigneur de Cauna, Guillaume-Arnaud de Cauna, Guillaume de Cauna.

IIIe *Degré*. — Robert, chevalier, seigneur de Cauna en 1394, selon lesdits registres tenus à Saint-Sever. On ignore les particularités de la vie de ce seigneur et le nom de sa femme ; il fut père de Louis, Peyroton, Navarrine et Jean de Cauna.

Navarrine de Cauna fut mariée en 1438 à noble Arnaud Guillem de Baylenx, seigneur de Poyanne.

Jean de Cauna, moine au monastère de Saint-Sever Cap en 1414, et vingt-huitième abbé régulier, paisible possesseur de cette abbaye, ne le cédait point à ses prédécesseurs ni en noblesse, ni en mérite, ni en capacité. Le pape Martin III en rendit un illustre témoignage en le nommant pour juge et arbitre du différend survenu entre l'archevêque de Bordeaux et l'abbé de Sainte-Croix. Il s'acquitta si bien de cette commission que sa sentence, rendue en 1425, fut reçue et exécutée et eut toujours son effet sans nulle contradiction. Ce monastère qui avait été ébranlé par un tremblement de terre, fut entièrement ruiné par un incendie qui présageait la fatale ruine causée par l'introduction des commandes qui commencèrent en 1449, après le décès de cet abbé. Jean de Cauna eut soin de remettre et de faire rebâtir le monastère après l'incendie. — En 1435, il y eut une si grande mortalité à Saint-Sever, que dans le mois de juillet il y mourut 1,500 personnes.

IVe *Degré*. — Noble Louis de Cauna, chevalier, seigneur de Cauna et de Poyaller, qualifié moult noble et puissant seigneur de la Chalosse, épousa, en 1430, Etiennette de Castelnau. Ce fut lui qui, à l'époque de la conquête de la Guienne par Charles VII, ayant le commandement de Tartas pour le roi d'Angleterre, son souverain, se présenta devant le roi de France, et, rendant les otages et la ville, fit serment désormais d'être Français (1442). Un Louis de Cauna figure comme écuyer dans la revue du comte de Foix du 14 juillet 1451. Louis, seigneur de Cauna, vendit à noble En-Remon de Caupenne Donzel (damoiseau), seigneur de Miramont, le quart des fiefs de Mugron et Miramont, par acte du 11 mars 1414. Il mourut vers 1460, après avoir testé le 21 mars et fondé une prébende en l'honneur de la Vierge Marie dans la chapelle N.-D. de Cauna, afin d'y célébrer présentement et à toujours deux messes par semaine. De son mariage avec Etiennette de Castelnau sont issus Jeannette de Cauna, Bernard, seigneur de Cauna et Jeanne de Cauna.

A. Jeannette de Cauna épousa, en 1453, noble Arnaud Guillem de Caupenne, fils du seigneur de Caupenne-Archambault. Le contrat porte quittance donnée par le seigneur de Caupenne au seigneur de Cauna de la dot de mariage de Jeanne de Cauna, sa fille, et femme dudit seigneur de Caupenne.

B. Autre Jeanne de Cauna, mariée en 1450 à Jean baron de Pardaillan, vicomte de Juilliac, et eut pour fils Bernard baron de Pardaillan, vicomte de Juilliac et de Mauvaisin.

Ve *Degré.*—Noble Bernard, chevalier, seigneur de Cauna, à qui le roi Charles VII donna pour ses services la seigneurie d'Aurice, échue par droit d'aubaine pour lui et ses successeurs masles, selon les titres de Fronsac; — épousa en 1448 Isabelle de Béarn. Il exécuta les dernières volontés de son père Louis pour la fondation d'une prébende. Dans le même temps, 1448, une deuxième prébende fut fondée par Raymond Dola ou de Aula, prêtre et curé de Saint-Etienne d'Artiguebande, dans l'église Saint-Hippolyte de Lamothe, et par Bernard de Cauna, à qui ledit de Aula céda le droit de patronat et à ses descendants en ligne directe. Du mariage de Bernard de Cauna et d'Isabelle de Béarn sont issus : Guillem-Raymond seigneur de Cauna, qui a continué la postérité, et Louis de Cauna.

Ve *Degré bis.* — Bernard seigneur de Cauna et chevalier, vivant encore en 1480, avait épousé en secondes noces Jeanne de Beaumont, fille de Philippe, frère du comte de Lérins, issu en ligne masculine de Charles de Beaumont, fils naturel de Louis d'Evreux, dit de Navarre, prince du sang de France, comte de Beaumont le Roger, duc de Duras, etc., et en eut :

1° Bernard de Cauna ;

2° Marguerite de Cauna, damoiselle, qui épousa en 1480 Georges de Mesmes, chevalier, seigneur de Roissy, doyen des conseils, marié à Nicole Hennequin.

VIe *Degré*. — Guillem-Aramond, *alias* Arnaud Guillem, ou plutôt Guillem-Raymond, chevalier, seigneur de Cauna, fut père de :

1° Etienne de Cauna, seigneur de Cauna, qui continue la postérité.

2° Bernard de Cauna, marié en la maison d'Abos en Bigorre.

3° Patris de Cauna, marié le 12 juin 1514 avec damoiselle Hélène de Boutet de Fosseries. Les témoins sont : noble Jacques seigneur de Pardaillan ; Jehan seigneur de Bezolles ; Jehan de Saint-Aubin seigneur de Jaulin ; Audon de Gelas seigneur de Leberon de l'archevêché d'Auch ; Bertrand de Lafitte, de l'évêché de Condom, et Menot de Faudoas. Le même jour, noble Patris de Cauna donne quittance à Etienne de Cauna, baron de Poyloault, son frère, de la somme de 1,000 livres pour sa dot de mariage.

4° Martin de Cauna, marié en la maison de Calaumont, en Quercy.

5° Menoton de Cauna, allié en la maison de Vignolles Lahire.

6° Catherine de Cauna, fille de noble Guillem Raymond, mariée en 1491 à noble Jean de Noaillan, seigneur de Villeneuve de Marsan.

7° Pierre de Cauna, qualifié noble et illustre homme, seigneur Peyroton de Cauna, prêtre, recteur dudit lieu de Cauna, diocèse d'Aire, fonda en 1505 une prébende sous le titre et invocation de Sainte-Catherine, transférant ledit fondateur son droit de patronat à Lancelot de Cauna, seigneur de Vignolles son neveu.

8° Noble damoiselle Jeanne de Cauna, fille noble Arremon Guillem, seigneur baron de Cauna et Poyaller, fut mariée le 23 décembre 1502 à noble homme Antoine de Lucpeyroux, seigneur de Lucpeyroux. Le 13 février 1477, contrat d'afferme par lequel En-Guillem Arremon, seigneur de Cauna, donne à Estiban de Saliers (Salies), le passage de Toulouzette sur la rivière de l'Adour, appelé le port Crestian, moyennant quatre florins de rente annuelle. (Archives du château de Cauna, arrêt du conseil de 1730, archives de Saint-Sever).

VIIe *Degré*. — Etienne de Cauna, chevalier, seigneur de Cauna et de Mauco, baron de Poyloault, épousa :

1° Eléonore de Poyloault, dame héritière des maisons de Poyloault et de Magescq.

2° Françoise de Lur d'Uza, douairière de Caupenne, veuve du seigneur Gabriel de Caupenne † sans enfants.

3° Etienne épousa le 15 juin 1525 Jeanne d'Abzac de la Douze, fille de Jean d'Abzac de Ladouze, écuyer, et de Gabrielle de Salagnac, et testa en 1544.

Du 1er lit, Etienne laissa Jacques de Cauna et Françoise.

VIIIe *Degré*. — Jacques de Cauna, seigneur baron de Cauna et de Poyloault, épousa en 1525 Alyse-Marguerite de Ségur. De ce mariage fut procréé : 1° Claude de Cauna baron de Poyloault, mort sans alliance en 1563.

2° Françoise de Cauna épousa François, chevalier seigneur de Caupenne, fils unique de noble Gabriel de Caupenne et de Françoise de Lur d'Uza, après avoir obtenu une bulle portant dispense pour le quatrième degré de parenté. De ce mariage :

IXe *Degré*. — Marguerite de Caupenne, dame de Caupenne et héritière de sa maison et de la moitié des biens de Cauna, épousa en 1563 messire Pierre-Bertrand de Monluc, dit le capitaine Peyrot, fils du maréchal Blaise de Monluc ; — Madame de Caupenne-Monluc était dame du dit lieu, de Cauna, Toulouzette, Poyloault, Poy, Lahontan, Magesq, Labatut et autres places.

Du 3ᵐᵉ mariage du baron Etienne de Cauna sont issus :

VIIIᵉ *Degré*. — A. Demoiselle Jeanne de Cauna épousa Bertrand de Gabaston, seigneur de Bassillon, gouverneur de Navarrenx ; ils eurent Tabita de Bassillon, qui épousa Bernard de Montaut, chevalier, baron de Navailles et de Benac, par contrat du 12 juin 1578.

B. Marguerite de Cauna épousa Paul d'Andouins (1549), seigneur de Lescun, vicomte de Louvigny ; de ce mariage est née Diane ou Corisande d'Andouins, vicomtesse de Louvigny, fille unique, alliée en 1567 à Philibert de Gramond et Thoulongeon, comte de Gramond et de Guiche, vicomte d'Aster, capitaine des cinquante hommes d'armes, gouverneur de Bayonne, sénéchal de Béarn, desquels descend la maison des ducs de Gramond, sires de Lesparre, souverains de Bidache, comtes de Guiche, etc., etc.

c. Marguerite de Cauna épousa noble Jacques de Saint-Astier, chevalier de l'ordre du roi, capitaine de cent hommes d'armes.

D. Claire de Cauna, destinée religieuse, fut mariée à noble Bernard de Melet, écuyer, seigneur de Fondelin et de Labarthe, 1578, dont elle eut un fils, Anne de Melet.

Blaise de Monluc, au tome Iᵉʳ de ses *Commentaires* (*Guerre de Navarre à St-Jean-Luz*), relate ce qui suit : « 1525. — Incontinent après, le camp des ennemis se retira en Navarre, et M. de Lautrec cassa la moitié de ses compagnies, et réserva les deux enseignes de Monsieur de Cauna et du baron Jean de Cauna, étant chacune de 300 hommes, » vol. 1, p. 44. — L'histoire mentionne encore Loys de Cauna, archer de la compagnie de Monsieur de Foix Lautrec en 1525. Arnaud de Cauna, homme d'armes de la compagnie du roi de Navarre en 1552, et enfin, en 1603, Arnaud de Cauna, homme d'armes (*Hist. de Gascogne*, Monlezun). Un dernier seigneur, paraissant se rattacher à la famille précédente, fut noble Gaston-Henry de Cauna, sieur d'Albret, filleul de Henry IV, auquel ce roi donna à vie la terre de Cauna et celle d'Aurice et d'Escoubès, qui en était un démembrement. Le 14 février 1607 eut lieu le contrat de vente de la terre et seigneurie d'Aurice et d'Escoubès par Henry de Cauna, sieur d'Albret, en faveur de messire Antoine de Mont d'Uzer, par la permission du roi suivant ses lettres patentes du mois de février 1605. « Régnant le très chrétien et souverain prince Henry, par la grâce de Dieu, roi de France et de Navarre. Acte passé au lieu de Forgues, dans la sénéchaussée de Bigorre, diocèse de Tarbes, en présence de noble Gaston d'Armagnac, sieur de Forgues; Dom de Labadie d'Auzac, en Lavedan, et Jean de Latappy, notaire public. » (*Archives d'Aurice et de Cauna*).

De Marsan, *vicomtes de Marsan, seigneurs de Montgaillard et de Roquefort de Marsan.*

Nous venons de donner la filiation des anciens sires de Marsan qui ont possédé la baronnie de Cauna jusqu'au milieu du XVIe siècle; dans une seconde étude, dont Lachesnaye des Bois et le *Nobiliaire de Guienne* fournissent les éléments, nous poserons quelques jalons distancés à travers les siècles, formant une ligne brisée en apparence, mais dont les chaînons sont reliés entre eux par une mystérieuse affinité et laissent au généalogiste, libre de préoccupations personnelles, la conviction, la certitude morale du fait de la perpétuité de la transmission du sang et du nom de Marsan, malgré l'absence et le sous-entendu de quelques degrés. Après la dissertation de Lachesnaye des Bois, un troisième chapitre sera consacré au blason de Marsan, à la recherche du nom, d'après Doyhenard, Marca, Barthazar, le *Trésor de Pau* et les documents des deux derniers siècles qui, à la place des barons de Roquefort, font revivre les barons de Marsan, seigneurs du Lin, de Gaube et Peyrelongue, et Lanusse, en Béarn.

X^e *degré*. — DE NAVAILLES, par M. O'Gilvy. « Antoine de Navailles, deuxième du nom, seigneur de Banos et de Dume, épousa par contrat du 22 juin 1554 demoiselle Anne de Marsan. Il transigea par acte du 13 mars 1581, au sujet des droits dotaux de sa femme avec la sœur de celle-ci, Françoise de Marsan, femme d'Antoine de Lusignan, seigneur de Montgaillard et de Lacase (Tome Ier, page 424). »

La dissertation sur la maison de Foix de Candale poursuit ainsi à la page 30 :

« Le mariage de François de Candale avec Anne de Marsan, qui était de race souveraine comme lui, confirme de plus en plus l'idée qu'on doit avoir de son état. Anne de Marsan était fille de Jean de Marsan, seigneur de Montgaillard, et de Catherine de Laminsans, et petite-fille de Dindinan ou Dinadan de Marsan, seigneur de Montgaillard, et de Jeanne de Castelnau-Dulau, et celle-ci était fille de Raymond ou Ramonet de Castelnau ou Chateauneuf, et de

Jeanne du Lau, et sœur d'Antoine de Castelnau seigneur du Lau, grand chambellan du roi Charles VII. Philippe de Commines fait mention de lui dans ses mémoires sous le nom de Monseigneur du Lau. C'était un des plus puissants seigneurs du royaume par son crédit et ses richesses. Il mourut sans enfants de la dame de Fleurigny, son épouse. La succession de ses biens fut recueillie par ses quatre sœurs, savoir : Jeanne, dont il est question; Marie, femme de N... d'Esbgarrebaque, seigneur de Gaube; Jeanne, épouse du seigneur de Pons, en Saintonge, et une autre mariée avec un de ses parents du nom de Castelnau. La portion échue à Jeanne de la succession de son frère, fut partagée avec les biens du seigneur de Marsan, son mari, par les deux filles qu'elle eut de lui, savoir : Anne, femme de François de Candale, et Jeanne, qui fut mariée avec Pierre de Marsan, seigneur de Roquefort, qui la rendit mère de Françoise de Marsan, qui fut leur héritière, et qu'on trouve qualifiée dame de Marsan de Roquefort de Montgaillard et de la Caze. Elle épousa haut et puissant seigneur messire Pons de Pons, chevalier, sénéchal des Lannes, gentilhomme ordinaire de la chambre du roi, et gouverneur de la personne de monseigneur le prince de Navarre, Henry, depuis roi de France, quatrième du nom. Ce seigneur de Pons et sa femme vivaient en 1567; ils acquirent cette même année une portion considérable de la baronnie de Doazit, de messire Antoine de Gramond, que celui-ci avait ci-devant achetée du seigneur et dame de Viellar, en faveur desquels elle avait été aliénée par François de Candale. Devenus maîtres et possesseurs de cette partie de ladite baronnie, ils la donnèrent en échange de la moitié de la seigneurie de Montgaillard, avec la moitié de la seigneurie de Sorbets, à Jacques de Foix-Candale baron de Doazit, co-seigneur de Montgaillard, avec lesdits de Pons et de Marsan, du chef de Anne de Marsan, son aïeule. Les seigneurs de Roquefort et de Montgaillard étaient issus des anciens vicomtes de Marsan qui existaient dès l'an 1009 en la personne de Loubanner vicomte de Marsan, et en celle de Guillaume Loup son fils, tous deux présents à un acte de donation faite à l'abbaye de St-Sever par Bertrand Guillaume comte de Gascogne (1). Pierre vicomte de Marsan, issu d'eux par plusieurs degrés, devint comte de Bigorre par son mariage, en 1140, avec Béatrix, fille héritière de Centulle II, comte de Bigorre, et petite-fille de Centulle IV, vicomte de Béarn, et de Béatrix Ire, comtesse de Bigorre. Pierre et Béatrix second eurent pour successeurs de l'un à l'autre, dans la vicomté de Marsan (2) et comté de Bigorre : 1° Centulle troisième ; 2° Béatrix ; *Alias* Stéphanie ; 3° Pétronille de Comminges ; 4° Marthe de Matas dite de Bigorre ; 5° Marguerite, vicomtesse de Béarn, qui porta les vicomtés de Béarn, de Marsan et comté de Bigorre dans la maison de Foix, par son mariage avec Roger-Bernard, troisième comte de Foix. Elles passèrent dans la maison d'Albret et furent réunies à la couronne sur la tête d'Henri-le-Grand. La terre de Roquefort est la première baronnie du pays de Marsan (3), et fut l'apanage d'un cadet

---

(1) Marca, *Histoire de Béarn,* pages 817 et 889, et après lui, l'*Histoire des maisons souveraines,* tome XIX, page 68.

(2) Arnaud-Guillan de Marsan, vicomte de Louvigner, était issu de cette maison, et vivait en 1232. Marca, (*Histoire de Béarn,* p. 572.)

(3) François Ranchin, continuateur de Daviti, *Description de l'Europe,* t. II, p. 305. — La terre de Roquefort fut acquise par Jean-Martin de Lassalle, conseiller au Parlement de Bordeaux, et est possédée par son fils, Pierre-François de Lassalle, conseiller d'honneur au même Parlement, en faveur duquel elle a été érigée en marquisat.

Nous avons vu les familles de Navailles et de Foix alliées directement aux Marsan en 1525 et 1553. Le souvenir, la tradition de cette

de cette maison ; elle vint par succession directe à Pierre de Marsan, et après lui à Françoise, sa fille, qui, par son mariage avec Pons de Pons, a transmis ses terres et son nom à Antoinette, héritière de l'illustre maison de Pons, qui les porta dans la maison d'Albret, d'où elles ont passé dans la maison de Lorraine. (Extrait de la *Dissertation sur la maison de Foix*, p. 30-34, édition de 1757.)

De Marsan, *vicomtes de Marsan, barons du Lin, de Marsan, de Ste-Croix, d'Igos, etc., etc.*

MATHAS COMTE DE BIGORRE, portait lozangé d'or et de gueules (*Monlezun*).

DE MARSAN-CAUNA, *en Guienne*, porte lozangé d'or et de gueules.

DE MARSAN, *dans les Landes*, losangé d'or et de sable.

Autre MARSAN, losangé d'argent et de gueules (*Monlezun*).

DULAU BELIN MARSAN, losangé d'or et d'azur — plus exactement Dulau Dulin de Marsan.

DE MELET porte au second parti losangé de gueules et d'or, qui est de Marsan-Cauna.

DE NAVAILLES-BANOS, descendant de Marsan ; au 2 et 3 losangé d'argent et de sable.

Suit le texte de Doyhenard, traduit ci-dessus par Lachesnaye des Bois.

Vicecomites Martianenses.

« Lobanerius vicecomes Martianensis, et Guillelmus Lu-

triple parenté se sont conservés chez les MM. de Marsan-Lagouardère, et l'on a vu, il y a peu d'années, la dernière héritière de Foix-Candale, dépouillée de tous ses biens, trouver un asile hospitalier dans la maison d'où était sortie Anne de Marsan, son aïeule, il y a plus de trois siècles.

pus ejus filius, temporibus Bernardi Guillelmi ducis vasconiæ circa annum 1000.

» Guilhermus Lupi tempore Sanctii ducis, circa annum 1025.

» Lupus Anerius anno 1103.

» Petrus filius Lupi Anerii anno 1118. Hic condidit oppidum Montis Martiani apud Midorium amnem, toto illo *landarum* tractu, quas Burdigalenses vocant celebre. Uxorem duxit Beatricem Bigorræ comitissam Centuli filiam eoque matrimonio Martiani vicecomitatus comitatui illi conjunctus fuit. De ejus liberis dicam in stemmate comitum Bigorræ.»

Sans continuer la filiation des comtes de Bigorre, résumons la table de Doyhenard.

1° Lobaner vicomte de Marsan (1000).

2° Guillaume Loup son fils (1000).

3° Guillaume (fils de Loup) (1025).

4° Loup Aner (1103).

5° Pierre fils de Loup Aner (1118), fondateur de Mont-de-Marsan.

Les vicomtes de Louvigny, seigneurs de Lescun, étaient aussi un rameau de la maison de Marsan.

« Fortanerius Lescunius Arnaldi filius, Fortanerii nepos; Bernardi pro nepos, Fortanerii et Gondoræ Gabastoniæ ab nepos; lupaneriensis vicecomes et *Martiani dominus* anno 1276. — Uxorem duxit Sibyllam Navalliensis baronis filiam. Obiit anno 1297. Unica relicta filia, quæ Arnaldo Guillelmo Bearnio nupsit. » (Pages 485-486).

Noble Monseigne Domingue de Cabannes fit ses dispositions de dernière volonté à Cauna, le 30 novembre 1555. Les deux témoins du testament sont : noble Adam de Benquet seigneur dudit lieu, et noble Monseigne Dinader de

Marsan, habitant de St-Sever. Plus tard, le 7 février 1675, Pierre de Cabannes, bénédictin à Toulouse, fait son testament en présence de noble Jean de Marsan, habitant de St-Sever (*Archives de l'Auteur*).

Le 17 janvier 1653, Balthazar envoya ordre au reste du régiment de Conti qu'il avait laissé à Bazas et à St-Micaut, de s'en aller en toute diligence à Roquefort, que le baron de Marsan voulait rendre au chevalier d'Aubeterre qui était au Mont-de-Marsan avec cinq cents chevaux...

Balthazar ayant eu avis de tout cela, partit la nuit de Tartas et se rendit, lui avec Prugues et vingt autres, à neuf heures du matin à Roquefort; il y entra quoique le baron de Marsan eut su faire (*Guerre de Guienne*, pages 359-360, édition de 1848).

1° Le baron de Marsan, gouverneur de Roquefort, 1653;

2° Le baron de Marsan, lieutenant de dragons en 1693, convoqué à l'arrière-ban de la vicomté de Marsan;

3° Noble François du Lin, baron de Marsan, seigneur de Beaumont, Gaube et Peyrelongue, 1708 (*Trésor de Pau*);

4° Noble Louis du Lin baron de Marsan, le 10 mai 1755 (*Archives de Mont-de-Marsan*).

5° Noble Joseph du Lin de Marsan, marié à dame Jeanne de Poymiro-Lanusse (1758, *Maîtrise des eaux et forêts, Archives de Pau*, liasse 4049).

6° Du 19 septembre 1778, messire Bertrand de Marsan, seigneur de Lanusse, chevalier de l'ordre militaire de St-Louis (*Registres de St-André de Sauveterre*).

7° Le chevalier de Marsan, fils du précédent, mort à Pau dans ce siècle, a laissé un fils.

8° Noble Victor de Marsan du Lin, prêtre.

PIÈCES JUSTIFICATIVES.

Le troisième novembre 1656 a été baptisée Marie de Marsan, fille de noble Joseph de Marsan, sieur de Sainte-Croys, et de Magdelaine d'Estoupignan, demoiselle. Les parrain et marraine, M. Me Jean du Martin, prêtre, et Marie de Labat, damoiselle; ladite âgée de quatre jours. Fait par moy : — Rochet, *prêtre*.

—

Le premier aoust 1687 naquit Jean-Jacques de Marsan, et feut baptisé le 4me du même mois et an; fils légitime à M. Joseph de Marsan et à damoiselle Isabeau de Lartigue. Les parrain et marraine, noble Jean-Jacques de Lartigue, et demoyselle Françoise de Saint-Jean. Présents : M. Pierre Darbo et Jean de Joge, qui ont signé, et non ladite de Saint-Jean pour ne sçavoir. Fait par moy : — Lartigue, *vic*; de Marsan, *père*; de Joge, *pñt*; Lartigue; Darbo, *pñt*.

—

Le dix-huitième avril mil six cent quatre-vingt-huit, nasquit Jeanne de Marsan, et fut baptisée le dix-neuvième du même mois et an; fille légitime de M. Joseph de Marsan, sieur de Lagardère, et demoiselle Isabeau de Lartigue. Parrain et marraine, M. Bernard Charles de Saint-Jean, et en son absence, tenue par M. Bernard de Marsan, avocat, et demoiselle Jeanne de Lartigue. Présents, M. Jean de Marsan, Jean Beauvais qui ont signé avec moy : — M. de Cloche, *curé*; Jeanne de Lartigue; de Marsan; Beauvais; Marsan; Marsan, *présent*.

—

Le dixième décembre 1695 naquit Joseph de Marsan et fut baptisé le onzième du même mois et an; fils légitime à M. Joseph de de Marsan, bourgeois de la présente ville, et à demoiselle Elisabeth de Lartigue. Parrain et marraine, M. Joseph de Laval, conseiller en la présente cour; et marraine, dame Jeanne-Marthe d'Estoupignan de Tingon, veuve à feu noble Christophe de Lartigue sieur de Bordenave, qui a substitué en sa place dame Catherine de Lartigue, épouse au dit sieur de Laval, sa fille aînée. Présents, M. Jean-Pierre de Labat, advocat en la cour ; Simon Alemand, écolier, qui ont signé avec moy : — LAVAL ; DE MARSAN ; ALEMAND, pñt; CATHERINE DE LARTIGUE ; LABAT ; DE PRUGUE ; ALEMAND, vic;

Le 14 septembre 1699, naquit à Saint-Sever Pierre de Marsan, fils légitime à noble Pierre de Marsan et à dame Angélique de Capdeville, et fut baptisé le 15. Ses parrain et marraine, noble Pierre de Laborde-Belher, et demoiselle Catherine de Marsan. — BELHER DE LABORDE, LAMILHA DE MARSAN, DE MORA, curé.

Le sixième janvier 1700 naquit et fut baptisé Jean Louys de Marsan, fils légitime à sieur Joseph de Marsan et à demoiselle Elisabeth de Lartigue. Les parrain et marraine sieur Jean de Larrhède, et demoiselle Jeanne-Marthe de Lartigue, qui ont signé avec le père et moy. — CASTERA, vic.; MARSAN, père; DE LARHÈDE ; JEANNE-MARTHE DE LARTIGUE.

Monsieur Jean-Joseph de Basquiat seigneur de Mugriet et advocat en la cour, et demoiselle Ursule-Xainte de Marsan, fille de noble Pierre de Marsan, et de dame Angélique de Capdeville, épousèrent le douzième février de l'année 1720, toutes les formalités légitimement prescrites par le saint Concile de Trente ayant esté observées, et la bénédiction nuptiale leur a esté impartie par messire de Jegun, prestre, docteur en théologie et curé des Seintes. Fait ez présences de Monsieur Guillaume Darbo, lieutenant-général à l'ordinaire de Saint-Sever ; de Monsieur Jean-Pierre Lafitte, ancien capitaine du régiment royal, qui ont tous signé avec les parties : — JEGUN, curé des Esseintes, URSULE SAINTE DE MARSAN; BASQUIAT ; LAFITE ; MUGRIET.

Le 18 décembre 1720 naquit Benoît de Basquiat et fut baptisé le 19° du même mois et an, fils légitime à M. Jean-Joseph de Basquiat, assesseur au sénéchal de Saint-Sever, et à dame Xainte-Ursule de Marsan. Parrain et marraine, M. Benoît de Basquiat seigneur de Mugriet, et subdélégué de Monseigneur l'intendant, et dame Angélique de Capdeville, qui ont signé avec moi : Basquiat; Castera, vic; de Capdeville de Marsan.

Le 15 septembre 1721 naquit Marie-Anne de Mugriet, fille légitime et naturelle à M. M⁰ Jean-Joseph de Mugriet, conseiller du roi, lieutenant particulier assesseur au sénéchal de Saint-Sever, et de dame Sainte de Marsan, son épouse, et fut baptisé le lendemain 16 septembre. Parrain et marraine, M. M⁰ Matthieu de Marsan, prêtre, bachelier en théologie, curé d'Audignon, et dame Marie-Anne de Jégun, qui ont signé avec moy : — Portets, *curé* ; Marsan, *curé d'Audignon* ; Basquiat ; Mugriet, *père* ; Marie de Jegun.

Le 21 juillet 1722 fut baptisée Marie-Marguerite de Basquiat, estant née le 20, fille légitime de M. Jean-Joseph de Basquiat, conseiller du roi et son lieutenant, assesseur au sénéchal de St-Sever et dame Ursule Saincte de Marsan, conjoints. Parrain et marraine M. François de Marsan, lieutenant dans le régiment d'Auvergne, au lieu et à la place duquel a tenu sur les fonts M. Pierre de Marsan, son frère, et dame Marie de Lafitte de Basquiat, qui ont signé avec moi : — Portets, *curé* ; Basquiat, *pr* ; Pierre de Marsan ;

Le 9 septembre 1723 naquit Jean-Pierre de Basquiat, fils légitime de M. Jean-Joseph Basquiat, conseiller du roi et assesseur au sénéchal de St-Sever, et demoiselle Ursule Xainte de Marsan, ses père et mère, et fut baptisé le dixième du dit mois et an. Parrain, M. Jean-Pierre de Lafitte, capitaine d'infanterie au régiment royal, et demoiselle Jeanne de Marsan, marraine. Présents M. M⁰ Guillaume Darbo et M. Daniel de Cloche, advocats, qui ont signé avec nous. Portets, *curé* ; Lafite, *parein* ; Jeanne de Marsan, *marraine* ; Basquiat, *père* : de Cloche, *pt* ; Darbo.

Pierre de Basquiat naquit le 8 décembre 1724 et fut baptisé le 9ᵉ ; fils légitime de Monsieur Jean-Joseph de Basquiat, assesseur et seigneur de Mugriet, et à dame Sainte-Ursule de Marsan. Les parrain et marraine ont été sieur Pierre de Marsan et dame Marie de Jegun, qui ont signé avec moy : — Castera, *vic.* ; Basquiat, *père* ; Marie de Jegun ; Pierre de Marsan.

Jean de Basquiat naquit et fut baptisé le 5ᵉ février 1726 ; il est fils légitime de M. Jean-Joseph de Basquiat, assesseur au présent siège, et à dame Ursule de Marsan. Ses parrain et marraine ont été Jean Sourigues et Barthélémy Doliver, pauvres. Le père a signé avec moi, et non les autres pour ne sçavoir. Fait par moi : — CASTERA, *vic.* ; BASQUIAT, *père* ;

Le 3ᵉ septembre 1726 ont reçu la bénédiction nuptiale, toutes les formalités de l'église préalablement observées, noble François de Marsan (1), lieutenant dans le régiment d'Auvergne, et demoiselle Marthe-Josèphe d'Estignos-Despens (2) ; en présence de Jean-Joseph Despans, escuyer ; de Jean-Joseph Basquiat, assesseur au présent siège ; de Pierre de Marsan, escuyer ; Martin Antoine de Brethous sieur de Sebi, qui ont tous signé avec moy : — BRETOUS, *curé de Cazalis* ; MARSAN ; D'ESTIGNOS DESPANS ; DE BRETOUS ; DESTIGNOS ; DESPANS ; BASQUIAT MUGRIET ; PIERRE DE MARSAN.

Le 15 juin 1727 naquit et fut baptisé Jean-Joseph de Marsan, fils légitime de messire François de Marsan, lieutenant dans le régiment d'Auvergne, et de dame Marthe-Josèphe de Spens, conjoints. Parrain et marraine Monsieur noble Jean-Joseph de Spens, lieutenant dans le régiment d'Auvergne, et dame Angélique de Capdeville, qui ont signé avec moy : — A. DE CAPDEVILLE ; JEAN-JOSEPH DESPANS ; MARSAN, *père* ; DE SAMADET, *présent* ; LARHÈDE, *présent* ; PORTETS, *curé*.

Pierre de Marsan naquit le 28 juin 1728 et fut baptisé le 29 du même mois et an ; ses père et mère noble François de Marsan seigneur de Hauriet, et lieutenant au régiment d'Auvergne, et dame

---

(1) François de Marsan, seigneur du Hauriet, officier au régiment d'Auvergne, était fils de noble Pierre de Marsan et de dame Angélique de Capdeville. (1695).

(2) Mademoiselle de Spens était fille de Jean-Jacques de Spens, chevalier, seigneur d'Estignols et d'Onnès, et de dame Marie de Brethous.

Marthe-Josèphe de Spens, conjoints. Parrain et marraine Monsieur Pierre de Marsan et dame Marie de Brethous de Despans qui ont signé avec d'autres témoins et moi : — PORTETS ; DE BRETOUS DESTIGNOS, *marraine*, MARSAN, *père* ; PIERRE DE MARSAN ; DESPANS ; BASQUIAT.

Le 14 mai 1728 naquit et fut baptisé le 15 du même mois et an, Jean-Joseph de Basquiat, fils légitime de Jean-Joseph de Basquiat de Mugriet, conseiller du roy, lieutenant assesseur au présent siège, et dame Ursule de Marsan, conjoints. Parrain et marraine, Monsieur Jean-Joseph de Laborde, écuyer, sieur de Lassalle, et Marthe-Josèphe d'Estignos. Présent M. Jean-Pierre de Lafite, ancien capitaine au régiment royal-infanterie, et M. noble Henry de Laborde, qui ont signé avec moy : — MARTE-JOSEPHE DESTIGNOS ; MARSAN ; LABORDE LASSALLE ; LAFITE ; BASQUIAT, *père* ; LABORDE, pñt.; PORTETS, *curé*.

Marianne de Basquiat naquit le 12 septem. 1729 et fut baptisée le 13 ; elle est fille légitime à M. noble Joseph de Basquiat, seigneur de Mugriet, et dame Ursule Sainte de Marsan. Ses par. et mar. ont esté Jean-Pierre de Basquiat et Marie-Anne de Basquiat. Le père et la marraine on signé et non le parrain, pour ne sçavoir. Fait par moy : — CASTERA, *vic*;. BASQUIAT, *père*; MARIE DE BASQUIAT.

Damoiselle Jeanne-Marie de Marsan est née et a été baptisée le 20 août 1766 ; elle est fille légitime de Messire Bernard-François de Marsan, chevalier, seigneur de Puimiclan et Haute-Ville, cy-devant mousquetaire de la première compagnie de la garde du roy, et de noble dame Marie-Angélique de Lacoste. Parrain, Messire Philibert de Coudroy; marraine, dame Jeanne de La Vie, à la place de laquelle a tenu dame Jeanne de Marsan, qui ont signé avec nous et le père.

TAUZIN, *curé de St-Sever* ; COUDROY, MARSAN, *père* ; BORRIT DE MARSAN.

Marthe-Josèphe de Marsan, demoiselle, est née le 24 novembre

1766, elle est fille légitime de Messire Martin-Antoine de Marsan, chevalier de Saint-Louis, et de dame Marie-Ursule de Medrano-Vertus de Marsan. Parrain, Messire Jean de Medrano de Vertus, à la place duquel a tenu sur les fonts Messire Joseph de Spens, chevalier de Saint-Louis ; marraine, dame Marthe-Josèphe Despans de Marsan (aïeule), qui ont signé avec nous.

TAUZIN, *curé de St-Sever* ; DESPENS DE MARSAN ; DESPENS ; MARSAN, *parrain* ; BASQUIAT, *lieutenant-général*.

De Marsan Sainte-Croix.

Le 20 août 1656, noble Joseph de Marsan, seigneur de Sainte-Croix, et damoiselle Marguerite Darbo, sont parrain et marraine de Joseph Darbo, et ont signé. — ROCHET, *prêtre* ; DE MARSAN, *parrain*.

Le 3 novembre 1656, a été baptisée Marie de Marsan, fille de noble Joseph de Marsan, sieur de Sainte-Croys, et de Magdelaine Destoupignan, demoiselle. Les parrain et marraine, M. Me Jean Du Martin, prêtre, et Marie de Labat, demoiselle, ladite fille âgée de quatre jours. Fait par moy : — ROCHET, *prêtre*. (*St-Sever.*)

Le 24 février 1682, fut parrain à Tartas, Jean de Marsan, écuyer, seigneur de Sainte-Croix, et marraine, dame Claire de Montaut, lieutenante générale de la présente ville. — DE MARSAN SAINTE-CROIX, BERNÈDE, CLAIRE DE MONTAUT.

Le 18 novembre 1695, naquit Marie-Magdelaine de Marsan, et fut baptisée le 20 du même mois et an que dessus, fille légitime à noble Pierre de Marsan (1), et à Madame Angélique de Capdeville. Parrain a été noble Mathieu de Marsan, prêtre, docteur en théologie et curé d'Audignon ; marraine, Marie-Magdelaine de Sainte-Ursule, et

(1) Pierre de Marsan était en 1703 conseiller du roy et lieutenant assesseur au sénéchal de Saint-Sever.

a été tenue par demoiselle Jeanne-Marie de Marsan. Présents : Jean-Pierre de Barry, prêtre et docteur en théologie, et M. Pierre de Sort, prêtre, docteur en théologie et curé Descassefort, qui ont tous signé avec moy. Fait par moy : — CASTERA, *vicaire;* MARSAN, *père;* MARSAN, P. DE BARRY, JEANNE-MARIE DE MARSAN, P. SORT, *pñt.*

Marsan (VICOMTÉ DE)

(Archives de Pau, pages 105-106. — *B.* 1215, *cahier in-*4°, 28 *feuillets papier).*

1538. — *Procès-verbaux de réceptions d'hommages prêtés à Jacques de Foix, lieutenant-général de Henri II, roi de Navarre, par la noblesse de Marsan :*

Peyroton de Niac, seigneur de Lucmau; — le seigneur de Marsan, co-seigneur de Roquefort; — le seigneur de Lartigue; — Guillem de Guiraut de Gavarret; — Castagnet de Gavarret; — Bernard Garlin, seigneur de Poeydesault; — François de Pomès, seigneur d'Arrimblés; — Pierre d'Aydie, seigneur d'Onhoas; — Guillem Dupeyrou, granger de Saint-Pierre de Juillac; — Guiraud de Monlezun, seigneur du Vignau; — Michel de la Targerie; — Françoise de Latour, dame de la Terrade; — Jean de Lasserre, seigneur de Reichet; — Pierre de Molès; — Jean du Castaing, sieur d'Escanebaque; — Jean de Bresquediu; — Jean d'Esgoarrebaque, seigneur de Guiraube; — le Chapitre de Pontaut; — Domenges de Mesmes, seigneur de Robignan et Brocas; — Jean de Capfaget, seigneur de Fornins; — François de Monlezun, seigneur de Bahus; — Bernard de Bernet; — Guillem, seigneur de Baudignan; — les Prébendiers de Grenade; — Jean de Bessabat, seigneur de Canenx; — Antoine de Buros en Marsan; — Jean de

Castet, seigneur de Bordenx ; — Girons du Morar de Roquefort ; — l'Abbesse de Sainte-Claire du Mont-de-Marsan ; — Menion d'Auban ; — Arnauton de Labat, seigneur de Donnarios ; — la ville de Cazères ; — Jean Ducos ; — Jean Farbost dit Piron ; — Ricart de Fos, trésorier de l'évêché d'Aire ; — Thomiü de Parage ; — Pierre de Farbaust, seigneur de Menhos et Gontaud ; — Jean Dubois, seigneur de Brocas ; — Peyrot de Saint-Aubin ; — François de Candalle, seigneur de Doazit ; — Arnaud Dupin ; — Lubat de Lamensans, seigneur d'Agos ; — Jean, seigneur de Peyrelongue ; — Olivier d'Ahons, seigneur de Lussagnet ; — Jean de Casanabe, prémontré, granger de Maillères ; — Michel de Baradat, seigneur du Bruillet ; — Peës-d'Orgulh, granger de Durance ; — Jean Dutastot, granger de Laquy ; — Nicolas Boust, seigneur du Buscat et de Loncquerelles ; — Sanche Dyesse, trésorier de Navarre, seigneur de Gaillère ; — Martin de Gourgues ; — Jean de Lartigau, seigneur d'Apelacogot ; — Jean de Dadot, maire de Mont-de-Marsan ; — Louise de Laloubère ; — Bernard Landrin, seigneur de Lazarenx et Canenx ; — Peyroton de Prugue ; — Jean de Muret, seigneur de Cocurenx ; — Bernard de Serres, seigneur du Cadrieu ; — Pierre, seigneur de Laneluc ; — Gautier de Bourdeilles, commandeur de Caubin ; — Jean de Capdequi, abbé de Saint-Jean de la Castelle ; — l'abbaye de Notre-Dame de Paravis ; — Domenges de Prugue, commandeur de l'hôpital de Saint-Jean de la Fontaine ; — Odet de Baradat, chanoine d'Aire, seigneur de Baissen.

(B. 1216. Carton, 5 pièces parchemin.)

1538. — *Hommages rendus à Jacques de Foix, évêque de Lescar, lieutenant-général d'Henri II, roi de Navarre :* — Par la ville de Cazères ; — par Nicolas Boust, seigneur de

Loncquerelles ; — procurations données par les seigneurs de Baissen, Caillère et Bahus, pour prêter hommage.

(*B. 1217. Carton*, 15 *pièces papier.*)

1538. — *Dénombrement des biens nobles fournis devant Jacques de Foix, évêque de Lescar, lieutenant-général d'Henri II, roi de Navarre :* — Par Thomiü de Parage ; — Michel de la Targuerie ; — Guiraut, seigneur de Monlezun ; — Pierre de Laneluc ; — Bertrand de Bordenabe ; — Jean Dubois, seigneur du Brocas ; — Lubat de Lamensans, seigneur d'Agos ; — Pierre de Lasserre, seigneur de Laterrade ; — Guillem de Loz ; — Bernard de Castet, seigneur de Bordenx ; — Guillem de Guiraut ; — Odet de Baradat, seigneur de Baissen ; — Jean de Bessabat, seigneur de Canenx, etc.

(*B. 1218. Carton*, 10 *pièces papier.*)

1538. — *Dénombrement de biens nobles fournis devant Jacques de Foix, évêque de Lescar, lieutenant-général d'Henri II, roi de Navarre :* — Par le chapelain de Cauna ; — par Pierre Farbaust, seigneur de Menhos et Gontaud ; — François de Pomès, seigneur d'Arrimble ; — François de Monlezun, seigneur de Bahus ; — Jean d'Esgoarrabaque, seigneur de Guraube ; — Jacques de Silartigue, seigneur de Gueyze ; — Bertrand de Labarte ; — Pierre d'Aydie, seigneur d'Onhoas ; — Bernard de Serres, seigneur du Cadriü.

(*B. 1219. Carton*, 15 *pièces papier.*)

1538. — *Dénombrement de biens nobles fournis devant Jacques de Foix, évêque de Lescar, lieutenant-général d'Henri II, roi de Navarre :* — Par l'abbaye de Notre-Dame du Paravis ; — Gauthier de Bourdeilles, commandeur de Caubin; — l'évêché d'Aire, pour Loubens; — Jean, seigneur de Peyrelongue; — Jean, seigneur de Forñens; — Domenges de Mesmes, seigneur de Robignan et Brocas; — Peyroton de Niac; — Arnaud de Chinans, seigneur de Lartigue; — Arnaud, seigneur de Molés; — Jean de Lartigau, etc.

(*B.* 2091. *Cahier in-4º, 72 feuillets papier.*)

1538. — Censier d'Arthez incomplet, sans nom d'auteur; — Isabelle Bordaller; — Laurense Dufour; — Pierre d'Arthez, curé de Noarin; — Arnaud de Biron; — Jean de Cauna, etc. (Page 172.)

Il y a quelques différences d'orthographe entre les noms du XVIe siècle et ceux de notre temps :

De Pomès-d'Arrimble est de *Pomiès*. — Robignan est devenu *Revignan* et *Ravignan*. — Fornins est *Fornius* ou *Hournieux*. — Bernard Landrin est *Landriu* ou *Landrieu*. — Cadrin est *Cadrieu*. — Baissen est *Baichen*. — Prugne est *Prugue*. — Dyesse est *Diesse*. — Jean Dadot est *Dado*, de Caumon-Dado? — Jean, seigneur de Fornins est *Jean, seigneur de Hournieux*. — Plusieurs de ces familles subsistent encore. (c. c.)

De Montréal, *en Labourd, Navarre, Béarn et Lannes.*

D'argent à la croix de gueules chargée en fasce et en cœur d'un léopard lionné d'argent, accosté et assailli de deux griffons aussi d'argent.

ARCHIVES DE LA MAISON MONT-RÉAL (*Extrait des notes de M. Genestet de Chayrac*).

1610. — Contrat de mariage de noble François de Talarausse (Talauresse?) (1) seigneur baron de Clermont, d'une part; et demoiselle Aymée de Montréal d'Urtubie, fille aînée de noble Tristant de Montréal d'Urtubie, seigneur de Saut (Saldouya en Labourt, près Hasparren), et de Claude Catherine de Belsunce dame de Barcus.

Il n'y eut pas d'enfants de ce mariage, les biens des barons de Clermont passèrent par adjudication à messire Bernard de Poyanne et noble Pierre de St-Martin seigneur d'Urruthie, 21 juin 1641.

15 décembre 1615. — Contrat de mariage entre messire Clément de Montréal d'Urtubie seigneur de Saut, de Domezain, de Barcus, baron de Monneins, etc. ; de l'avis et consentement de dame Catherine de Barcus sa mère, d'une part; et demoiselle Isabeau de Montesquiou, fille (du premier lit) de Jean-Jacques de Montesquiou, seigneur de Ste-Colombe, lieutenant-colonel au régiment des gardes du roi, et de feue dame de Monlezun, son épouse.

3 janvier 1643. — Contrat de mariage entre messire Gabriel de Montréal, baron d'Armendaritz, fils unique de Tristant de Montréal, baron d'Armendaritz, et de Catherine d'Arrroue de St-Martin, d'une part; et demoiselle Claude de Montréal-Moneins, sa cousine, fille aînée de Clément de Montréal, et d'Isabeau de Montesquiou, d'autre part.

24 juin 1647. — Contrat de mariage entre noble Anchot de Mesplès, baron d'Esquioule, fils de noble César de Mesplès, d'une part; et demoiselle Isabeau de Montréal d'Urtubie de Moneins, de l'avis et consentement de messire Clé-

---

(1) François de Tauloresse baron de Clermont, Minbaste, Poyartin, etc. (Monlezun, *arrière-ban de Dax, en 1560. — Hist. de Gascogne*, tome VI, page 184).

ment de Montréal son père, et Jean-Jacques de Montréal, appelé de Moneins, son frère aîné.

20 février 1653. — Articles de mariage entre Messire Jean-Jacques de Montréal d'Urtubie baron de Moneins et autres lieux, d'une part, et demoiselle Marie-Madeleine de Lago, fille de Jacques de Meritens, seigneur de Lago, baron de Gayrosse, de Peyre et d'Arbus, et de dame Louise de Trois-Villes.

1er mai 1679. — Articles de mariage entre noble Messire Clément d'Uhart baron d'Uhart et de Sorhapure, d'une part; et demoiselle Louise de Montréal, dite Mademoiselle de Barcus, fille de Jean-Jacques de Montréal baron de Moneins, et de dame Marie-Madelaine de Lago.

21 juin 1692. — Contrat de mariage de Messire Pierre de Montréal d'Urtubie, dit le chevalier de Moneins, fils puîné de Messire Jean-Jacques baron de Moneins, du consentement de dame Madeleine de Lago, sa mère, et de messire Arnaud-Jean de Montréal marquis de Moneins, son frère aîné, et demoiselle Claude de Montréal-d'Urtubie, sa cousine, fille de Messire Clément de Montréal baron d'Armendaritz, et de dame Louise d'Echaux, et arrière petite-fille de François de Montréal-d'Urtubie et de Marie de Lasalle de Saint-Palais, dame d'Armendaritz.

25 novembre 1716. — Contrat de mariage de Jean-Henry de Preissac marquis de Marestan, fils de Jean Aguierie de Preissac de Marestan marquis d'Esclignac, et de Louise de Cassaignet. Et demoiselle Madeleine-Marguerite de Montréal-d'Urtubie de Moneins, fille de Arnaud-Jean de Montréal-d'Urtubie marquis de Moneins, comte de Trois-Villes, baron de Gayrosse et de Montory, vicomte de Tardets, grand sénéchal de Navarre, gouverneur du pays de Soule

et de Mauléon, et dame Françoise Madeleine de Gassion.

De Preissac d'Esclignac porte, parti d'argent au lion de gueules et d'azur à trois fasces d'argent. (Voir DE BASTARD, *Noblesse d'Armagnac*, p. 109.)

II. — ARCHIVES DE MONTRÉAL. — (*Notes de M. Genestet de Chayrac. — Titres de Meritens*).

De Meritens.

D'azur au levrier d'argent arrêté contre un arbre de sinople.

1580. — Testament de messire Raymond de Meritens, baron de Lago, chevalier de l'ordre du roy et gentilhomme ordinaire de sa chambre, instituant pour son héritier universel Jacques son fils aîné.

De son mariage avec Marguerite de Navailles, le testateur avait eu : 1º Jacques ; 2º Bernard ; 3º Bertrand ; 4º Françoise de Meritens de Lago.

3 mars 1611. — Noble Bertrand de Lago épousa Eléonore de Candale, fille de Jacques de Candale, baron de Doazit en son vivant.

6 décembre 1633. — Testament de noble Bertrand de Meritens de Lago, seigneur de Lago et de Peyre, mari d'Eléonore de Candale, en faveur de Jacques, baron de Lago son fils. (Odette de Candale et Jacques de Meritens d'après Lachesnaye des Bois et les manuscrits d'Auch).

12 avril 1636. — Contrat de mariage de noble Jacques de Lago, écuyer, capitaine, seigneur de Peyre, et demoiselle Louise de Peyre, fille de Jean de Peyre, sieur de Trois-

Villes, et de dame Marie d'Aramits (*Fin des notes de M. G. de Ch.*).

De Navailles-Meritens, d'après le *Nobiliaire de Guienne* et *Cherin*.

Guillaume-Arnaud de Navailles, fils de Garsie Arnaud baron de Navailles et vicomte de Sault, fut présent avec d'autres nobles, le dimanche avant la Toussaint, 1294, à l'émancipation donnée par Centule comte d'Astarac à Bernard d'Astarac son fils; il assista de même, en 1309, au contrat de mariage de son frère aîné (Garsie-Arnaud IV). De lui est issue directement et par mâles l'illustre maison de Meritens, dont une branche s'est éteinte en 1594 dans la personne de Ramon de Meritens, baron de Gayrosse, chevalier de l'ordre du roy, qui ne laissa que des filles de son mariage avec Marguerite de Navailles, héritière des seigneurs de Peyre et d'Arbus (*Nob. de Guienne*, t. I, p. 421).

N.-B. — Cette assertion émise par Cherin (1) est inexacte. Ramon de Meritens, baron de Lago, laissa trois fils : Jacques, Bernard et Bertrand de Lago (Ibidem, page 422).

4° Monseigneur Arnaud de Navailles, seigneur de Peyre, sénéchal de Béarn, qualifié oncle de Matthieu, comte de Foix et de Béarn, dans la procuration qui lui fut donnée par ce dernier au château d'Orthez par acte du 6 juin 1397, dans l'objet de recevoir en son nom les droits qui lui étaient dus au lieu de St-Loubouer, par Guillaume-Arnaud de La-

---

(1) Cherin dit formellement que les seigneurs de Méritens s'éteignirent en la personne de Raymond de Meritens qui ne laissa que des filles.

mothe, seigneur de Roquetaillade, en présence de Pierre de Navailles et de Bernard de Begbeder, chevalier (*Archives d'Orthez*). Il eut pour fils :

A. Bernard de Navailles, seigneur de Peyre, sénéchal de Béarn, qui octroya en cette qualité, le 29 juillet 1403, un mandement en faveur de Raymond-Arnaud, seigneur d'Audaux (*ibid.*). Il acquit, par acte du 7 février 1413 (Vst), de Pierre de Navailles, seigneur de Bererens, son neveu, l'abbaye de Baserques, près Sault de Navailles, pour la somme de cent florins d'or. Sa branche a fini comme nous l'avons dit plus haut en la personne de :

Marguerite de Navailles, dame de Peyre et d'Arbus, mariée avant 1594 à Ramond de Meritens, baron de Gayrosse.

Cette filiation de Meritens et de Navailles de Peyre est textuellement dans Cherin (p. 422, t. I).

On voit aux archives d'Auch, dans les titres de Candale de Doazit, que le 16 juin 1599, Jeanne de Belcier, damoiselle, dame de Doazit, était veuve et administreresse des enfants et biens délaissés par noble Jacques de Candale, baron de Doazit et Dulau.

En 1611, Marguerite de Navailles, dame de Peyre, présida au mariage de Jacques de Meritens, seigneur baron de Gairosse, son fils, avec damoiselle Odette de Candale, fille de ladite de Belcier, en présence de Bernard de Cloche, homme d'armes de la compagnie de Monseigneur de Poyanne, et Me Antoine de Pausader, advocat ez la cour du parlement de Bordeaux. Témoins à ce appelés, habitants de St-Sever.

VIIe *degré*. — Jean-Jacques de Montréal, chevalier, baron de Moneins, seigneur de Beyrie, Domesain, Carresse, Barcus, Amendeux, fils de Clément de Montréal, et d'Isabeau de Montesquiou Sainte-Colombe, s'unit le 20 septembre 1653 à Marie-Magdelaine de Meritens de Lago, fille de Jacques de Lago, baron de Peyre et d'Arbus, et de Louise de Trois-Villes; celle-ci était fille unique et héritière du comte de Peyre de Trois-Villes, lieutenant-général, gouverneur du comté de Foix, et capitaine commandant les mousquetaires du roy sous Louis XIII et Louis XIV. Les titres et les armes des Trois-Villes passèrent par hérédité dans la maison de Montréal, et Jean-Jacques les transmit à l'aîné de ses fils (*Picamilh*, t. I).

Jean comte de Montréal, chevalier, marquis de Moneins, seigneurs de Trois-Villes, baron de Montory et de Beyrie, maréchal de camp, vota en 1789 avec la noblesse de Dax.

La famille de Meritens, divisée en plusieurs branches, en Saintonge, Comminges, comté de Foix et Armagnac, 1789, prit part aux assemblées de la noblesse et du clergé (Voir de Bastard, *Noblesse d'Armagnac, et Saintonge et Aunis en 1789*, par M. de la Morinerie). — Les Meritens subsistent (*Plusieurs militaires*).

Montolieu.
Répertoire des fiefs de cette caverie.

N° 1. 26 may 1746. — Par devant le notaire royal soussigné, fut présent, messire Bernard de Lalande, chevalier de l'ordre militaire de St-Louis, ancien capitaine dans la mestre de camp générale de dragons, et seigneur cavier de Montolieu, demeurant ordinairement paroisse d'Arjusan, baronnie de Brassens, fils et représentant feu messire Bernard de Lalande, chevalier, seigneur baron de Magesc, qui représentait par acquisition messire Bernard de Bedorède, écuyer, seigneur de Montolieu, Bessabat et le Poy;

celui-cy représentant messire Bertrand de Lalanne, écuyer, seigneur de Montolieu, qui représentait aussi messire Jean de Melet, chevalier, maître d'hôtel ordinaire du roy Jean de Navarre, grand sénéchal d'Albret et seigneur dudit Montolieu, lequel seigneur de Lalande désirant se faire reconnoître et exporler par ses emphitéotes et tenanciers.... Son grand âge (1), ne lui permettant pas de vaquer à l'acceptation desdites reconnaissances, il a fait et constitué pour son procureur général et spécial : savoir est sieur Bernard Saint-Esteben, habitant dudit Arjuzan, auquel il donne plein et entier pouvoir de recevoir en son nom toutes exporles et reconnaissances, etc., etc. Fait et passé à Magesc, maison de Lanusse, l'an mil sept cent quarante-six, et le vingt-sixième may. Présents : Me Raimond Caunègre, juge de ce lieu, demeurant paroisse de Léon, et sieur Pierre Devert, marchand de St-Martin de Hinx, soussigné, avec ledit seigneur constituant et nous. Signés : — CAUNÈGRE; MAGESCQ; DEVERT et NOVION, *not.-roy.*

Controllé à St-Martin, le 28 may 1746. Reçu 12 sols. Signé : — DARRIGUE.

En tête des actes d'exporles et reconnaissances se lit imprimé ce qui suit :

Par devant le notaire royal soussigné fut présent : sieur Bernard Saint-Esteben, praticien, demeurant paroisse d'Arjusan, au nom et comme procureur constitué de messire Bernard de Lalande, chevalier de l'ordre royal militaire de St-Louis, ancien capitaine dans le mestre de camp dragons, seigneur de Montolieu, et premier cavier de la juridiction de Brassens, fils et représentant feu messire Bernard de

---

(1) M. de Lalande était déjà capitaine de dragons en 1692 (*Arrière ban de Dax*).

Lalande, chevalier, seigneur baron de Magescq, qui représentait messire Bernard de Bedorède, écuyer, seigneur de Montolieu, Bessabat et le Poy, celui-ci représentant messire Bertrand de Lalanne, écuyer, seigneur de Montolieu, qui représentait aussi messire Jean de Melet, chevalier, maître d'hôtel ordinaire du roy Jean de Navarre, grand sénéchal d'Albret et seigneur dudit Montolieu, est comparu, etc, — le reste écrit à la main, sauf les clauses générales.

Les actes sont retenus par Novion, notaire royal.

N° 2. — *Extrait de la table ou répertoire des fiefs.*

PAROISSE D'ARJUZAN.

Petit Bedade exportés par Pierre Lesbats et Jean Lagoffun.

Dubès ou grand Bedade, par Jean Dubès.

Pascouau de Bedade, Barthélemy et Etienne Lesbats-Gouane, — Dominique Depau.

Tastou, — Jean Loubère.

Norcle et Guillera, — Jean Bret, juge de Laharie et lieutenant de Brassens.

Guiton, — Françoise Cassaigne, veuve.

Petite-Hitte, Jean Lacoste, tailleur, et Vincent Capdeville.

Choux et Houdun, — par Jean Jentut.

Gorse, Mousse, Gaillat, Laparquie, — par Jean Donesse, chirurgien. (10)

PAROISSE DE GARROSSE.

Lebez ou l'Aureilhau, — Pierre de Maque.

Brulon ou Mignonet, — Pierre Maque.

Labasti, — Berthoumieu-Garbay.

Bes de Miquau, — Jean Dubourdieu dit Brac.

Berduc ou Comme, — Antoine Garbay.

Courrens ou Broustic, — Antoine Brouste.

Cournau de Capsus, — Jean Devert et Mathieu Garbay.

Grand Cournau, — Barthélemy Devert.

Biron, pièces de Comme; Comat et Costeyre, Marthe Mesplède.

Mayourat et partie du Bés, — Etienne de Gude.

Partie de Comme et Jot, — Pierre Mesplède dit Baqueyron. (11)

PAROISSE D'IGOS.

Gouyatas, Hillouton et Mousque,— Pierre d'Arribehaude, bourgeois de Tartas.

Rey et pièce de Guilhem, — Dominique-Joseph et Barthélemy Cusac frères.

Moitié des pièces d'Arrieu et Dupin, — Jean Dubroca et Anne Darret, son épouse.

Lauret et pièce de Casalas, — demoiselle de Laborde, veuve de sieur Jean Gruer, de La Bastide.

Pièce d'Indin ou Hourset, — Martin Seguète.

La Tuilerie ou Trolé, — Jean Dubroca.

Vidalot, — Pierre Doussan et cohéritiers.

Gourgot, — Jean Monet, lieutenant en la juridiction de Sabres.

Blanqué, — Me Pierre-François Sallebert, notaire d'Igos.

Grand Hortinan, Criéré, — Capdubosc, Boeté, Hourset, de Hortinan, Pierre Dupujeau, sieur de Bouneau, d'Arengosse.

Soulé et pièce de Portène et le Jun, — Berthoumieu Larrezet.

Pièce de Menicou, — Pierre-Joseph Dupoy, bourgeois d'Igos.

Pièce de Mardi-grasse, — Jean Castandet, menuisier.

Chaudet, petit Menaut ou Cabanis et pièce de Maubourguet, — Barthélemy Larrezet.

Castaignède, — Guillaume Doux.

Grande Bourriche, — Marguerite Baratte, veuve.

Petite Bourriche. — Etienne et Jean Dubroca.

Crabé, — Jean Besaudun, tailleur.

Mingicot et moitié des pièces de Larrieu et Dupin, — Etienne Dubroca.

Bois de Manos, — Joseph et Barthélemy Cusac et autres d'Igos.

Accord entre le seigneur de Montolieu et Pierre-Joseph du Camp, seigneur de Norton et en partie de Manos. Pierre-Joseph Ducamp est qualifié dans l'acte : seigneur d'Orgas et de Mellan, habitant de Tartas ; il signe Ducamp Dorgas. M. de Lalande ne signe pas vu la faiblesse de sa main et de sa vue. (21)

N° 3. — MONTOLIEU. — PAROISSE SAINT-SATURNIN.

Lauray, — Marguerite du Courneau, veuve de Jean Dupoy.

Pièces de Pémarron, — Marie Laborde, veuve du sieur Gruer.

La Gouëte et pièces de Courralé et le verger, — Pierre Brouste.

Labadie, — Jean Brouste.

N° 4. — PAROISSE D'OUSSE.

Captau, portion de Marsan et du treitin de bourg, — Dominique et Jean de Gruer.

Piron ou Marroc, — Barthélemy Navailles, maître forgeron.

Boure et l'Erté de Marsan, — M° Jacques Lagoffun, procureur fiscal en Brassenx, et Dominique et Laurens Ponis.

Portion de Barbeyron, partie de Piron et Maroc, — Dominique Cusac.

Encore portion de Barbeyron et Marroc. — Laurent Loubère.

Branas, Guillard, Capduboscq, — Jean-Charles Badet, bourgeois d'Ousse.

Partie de Barbeyron ou Marroc, — Vital Labat, vigneron.

Moitié de Boure ou de Sentiart, — Antoine Duboscq, marchand d'Ousse.

Partie de Barbeyron ou Marroc, — Blaise Loubère et fils.

Junca et portion de Marsan, — Mathieu Claverie, forgeron de Commensacq.

Juridiction de La Bouheyre, moitié de Bouré ou Sentiart, — Jacques Pons, maître tailleur.

Autre partie de Marsan et Bouré, — Louis Lavielle.

Masoué, Cousin, Cardiaire, ba et treitin de Borry, — Me Jean-Jacques Bonnat de Castain, juge dudit Brassenx, habitant de la paroisse de Besaudun.

Très ba, — Dominique Labarsouque.

PAROISSE DE VILLENAVE.

Jean Page, — François de Maque.

Tiers de Tomatin, — Pierre Badet.

Deux tiers de Tomatin, — Pierre de Lente tuteur de Pierre de Labarsouque; Jean d'Armayan tuteur, de Blaise de Batz.

Huitième de Harran, — Jacques Dupoy, Pierre Daulong, Jean Lacouture.

Autre huitième du grand Harran, — Fabien Malet.

Trimpouillet, treytin de Borry, et pièce de Junca, — Dame Catherine de Neurisse, veuve de Me Pierre Bonnat de Castain, ancien juge de Brassenx.

Petit Harran, — Jean Gruer et Fabien Mallet.

Partie de treïtin de Borry, — Jean Lamarque.

Caïlleba, Lauret, treitin de Sarthou, portion de Broy, de Marroc et de Marsan, — Jacques Dupoy, mari de Bertrande Gruer, et Anne d'Arriet, veuve.

Partie de Sartou, — Jean Sentut.

Rey et Cachan, — Me Arnaud de Larrieu, avocat au parlement.

Armayan et moitié, — Jean de Pedezert, marchand d'Audon, banlieue de Tartas.

Les Agreaux, le Tailleur, Janot, Bertranie, Ponchieu, Seriseaux, Lestable, Coum, Vignoles, Ménon, Père, Campas, tiers Tomatin, Seron, Mandu et quarte de Haran, — Jean-Jacques Bonnat de Castain, juge de Brassenx.

Moitié de Seron et Lartigue, — Darriet.

Les Agreaux, etc., — Bonnat de Castain. (15)

N° 4. — MONTOLIEU. — PAROISSE DE BEYLONGUE.

Les deux Labadies, — Jean Laborde, marchand de Laurède.

Partie du Pas de vignes ou la Clapite et Bernard Camp, — Dominique Loubère.

L'Archeyron, — Jean et Jacques Dufau.

Toumieu, Pas de vignes, Bernard Camp, pièce Tortits, Antoni et Monge, — Jean-Joseph Lucbiel, bourgeois de Beylongue.

Galand ou Basquet, — Me Jacques de Marque, prêtre et curé de Lit, curateur des enfants de feu Etienne de Marque.

Bernard de Lalande, dit M. de Magescq, seigneur de Montolieu, était né à Biarrotte, le 21 octobre 1665. Il eut pour parrain, le petit baron de Magescq son frère, âgé de six ans et demi au plus, et pour marraine, mademoiselle d'Ibarboure. Il mourut à Bordeaux à l'auberge tenue par madame Rolan, sur la paroisse St-Pierre, le 21 avril 1748. C'est celui qui figure aux convocations de ban et arrière-ban de 1692. 9 avril 1865. G. O.

Pour copie conforme, A. C. C.

De la Mondey de Gastebois.

De gueules à la tour d'argent maçonnée de sable, cantonnée de quatre arbres d'or. (Matagrin et de Froidefond, *Armorial du Périgord, Revue de Langon,* juin 1694).

De Montmège (du Bernard), de Pelvesi, etc.

Parti au 1 d'azur à trois épées rangées d'argent garnies d'or, la pointe en bas; au 2 aussi d'azur, au lion passant d'argent. (*Armorial du Périgord,* par de Froidefond. *Revue de Langon,* 1694).

Morlaas (ville).

Porte une croix cantonnée de cinq besans. (X. R^d)

De Navailles-Banos.

XVe *degré*. — Bernard de Navailles, écuyer, baron de Banos et de Dume, marié le 8 octobre 1732 avec Marie-Magdelaine de Poudenx, petite-fille de Henry, marquis de Poudenx, et d'Esther de Gassion, nièce germaine de Jean de Gassion, maréchal de France. De cette union :

XVIe *degré*. — 1° Alphonse de Navailles, qui continue la descendance ;

2° Noble Henry de Navailles, écuyer, capitaine de cavalerie au régiment d'Orléans, 1760-1770.

Alphonse de Navailles, écuyer, baron de Banos et de Dume, mort avant 1789, marié le 17 mars 1773 à dame Jeanne-Marie de Garric d'Uzech de Montastruc, dont il eut :

1° Nicolas-Jean-Baptiste ;

2° Le chevalier Henry de Navailles, chevalier de l'ordre de St-Jean de Jérusalem dit de Malte.

La dame de Garric d'Uzech, veuve d'Alphonse de Navailles, fut convoquée, et se fit représenter à l'assemblée de la noblesse de Dax en 1789.

XVII° *degré*. — Nicolas-Jean-Baptiste, baron de Navailles-Banos et de Dume, eut pour parrain Messire Jean-Baptiste-Nicolas de Lalande, baron d'Olce et de Magesq, colonel d'infanterie et chevalier de St-Louis; fut page du duc d'Orléans, de 1788 à 1790, avec brevet de capitaine de cavalerie; fit partie des levées en masse, et servit sous la république et l'empire, en Espagne et à l'armée d'Italie; nommé sous la restauration maréchal de camp, inspecteur des gardes nationales du département des Landes, et membre du Conseil général jusqu'en 1830, est décédé en 1851, laissant de son mariage avec demoiselle Adélaïde Meillan :

1° Charles-Joseph-Ferdinand-Léonard, qui suivra ;

2° Noble Henry-Léonard de Navailles, marié à dame Louise Lafitte, dont :

Demoiselle Blanche de Navailles ;

Georges de Navailles ;

Louis de Navailles ;

Demoiselle N... de Navailles.

3° Dame Caroline de Navailles, mariée à M. Joseph-Alexandre de Laborde-Lassalle, officier de l'armée de don Carlos, décédée ;

4° Noble Louis de Navailles, sous-officier de lanciers, mort à 24 ans;

5° Dame Mathilde de Navailles, veuve du comte Louis de Barbotan de Carrits.

XVIII° *degré*. — Charles-Joseph-Ferdinand-Léonard, baron de Navailles-Banos, chef de nom et d'armes de sa maison, a épousé le 28 août 1844 demoiselle Emilie de Cabannes de Cauna, fille unique de Jean-Xavier de Cauna, capitaine d'état-major, chevalier de Saint-Louis et de la Légion-d'Honneur, et de dame Joséphine de Jullien de Lassalle.

1243. Henricus dei gratia rex Angliæ apud Baionum,

Nomme arbitres entre l'évêque d'Ax et son chapitre, et les habitants et communautés de cette ville :

En milites forenses Raymundus Garssiardus de Naualhes, vicecomes Auortensis, — Guillelmus lupi de Tilh, — Guillermus Raymundi de Favariis.

En jurati Bernardus de Mugron ; — Gerardus de Guarrigues ; — Bernardus Raymundi de Aquis ; — Hispanus de Podio ; — Raymundus de Domonova ; — Bernardus Guilhermus porquet ; — Johannes de Cabanes. — Bernardus Luremundi de sancto Jacobo jurati (*Archives de Dax*).

[De Nozeilles ou Noseilhes.

D'or au chevron d'azur chargé de trois quintefeuilles ou roses d'argent.

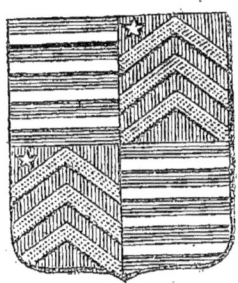

D'Olce de La Lande.

Généalogie de la famille de La Lande, en gascon LE LANDE, barons d'Olce et de Magescq, seigneurs de Montolieu, sieurs de Gaillat et d'Henry, en Navarre, Labourd, Landes et Albret.

Ecartelé au premier et quatrième d'azur à quatre fasces d'argent qui est de Lalande (*Armorial général de* 1699, p. 464, n° 4); au deuxième et troisième de gueules à trois chevrons d'or avec une étoile d'argent posée en franc quartier, qui est d'Olce (*Armorial général de Navarre à Pampelune*, n° 852). Couronne de marquis; supports deux lions.

Berceau Bayonne. — Filiation authentique depuis l'année 1515, et remontant à :

I. — Auger ou Ogier de La Lande, écuyer, seigneur de Gaillat, marié le 15 septembre 1515, suivant le contrat de mariage retenu par Pargain, notaire public, à Catherine de Marrac, fille de Gabrielle de Marrac, homme d'armes, capitaine de la tour du St-Esprit, et de Magdelaine de Lesbay, demoiselle. — De ce mariage, et d'après le testament de Catherine de Marrac, veuve audit Ogier Ier, retenu par David de Maubec, le 14 août 1566 :

A. Pierre, qui fut marié le 13 mars 1546 à Condesine de Souvart;

B. Ogier II, dont l'article suivra ;

C. Catherine ;

D. Claire ;

E. Marie, qui fut mariée à Auger de Hiriart, lieutenant de maire de Bayonne, fonctions réservées aux membres de la noblesse, d'après les constitutions de la ville.

Auger ou Ogier II, marié en premières noces à Marie-Jehanne du Vergier. De ce mariage :

A. Jean, marié le 4 août 1569 à Plaisance de Ste-Croix ;

B. Jeanne, mariée à Martin d'Ordotigoïty ;

C. Léon ;

D. Marie, mariée le 27 nov. 1572 à Etienne de la Cabanne ;

Remarié en secondes noces à Marie d'Aguerre, damoyselle. Ledit Ogier II eut de ce mariage :

A. Bernard ;

B. Louise, mariée à Laurent de Moisset ;

C. Françoise ;

D. François ;

E. Marthe ;

F. Pierre ;

G. Plaisance ;

H. Jean, juge de l'amirauté en Guienne ;

I. Jeanne ;

J. Antoine, dont l'article suivra ;

K. Catherine ;

L. Saubat. — (Testament d'Auger II, 20 may 1585).

Dans les archives de l'hôtel de ville de Bayonne on voyait encore, en 1756, l'original des lettres-patentes de Henry II, par lesquelles Augier de La Lande, second du nom, est nommé par le roy un de ses hommes d'armes pour la garde des châteaux de Bayonne. Les dites lettres sont datées de St-Germain en Laye, le 28 avril 1553.

III. — Antoine de Lalande, marié à Jeanne d'Ibusty. De ce mariage :

A. Jean, qui fut jésuite, et mourut en la maison de Biarrotte-Majour, le 13 juin 1671, à l'âge d'environ 63 ans;

B. Pierre;

C. Catherine, mariée à Pierre d'Esclaux;

D. Dominique;

E. Marie;

F. Bernard, dont l'article suit (Testament mutuel du mari et de la femme, 21 avril 1634).

Des lettres-patentes, en date du 10 ou 11 septembre 1627, nomment un Pierre de Lalande, capitaine du Château-Neuf de Bayonne; mais celui dont il est question aurait été trop jeune, s'il est vrai que son frère Jean, le jésuite, n'avait que 63 ans quand il mourut, en 1671. — (Pierre, capitaine du Château-Neuf de Bayonne, est le baron de Montaut, petit-fils de Pierre Ier et de Condesine de Souvart).

IV. — Bernard de Lalande, écuyer, baron de Magescq et autres lieux, baptisé en la cathédrale de Bayonne, le 9 février 1622, marié le 15 juillet 1658 à Jeanne de Labadie, fille de Pierre de Labadie, sieur du Castera, juge-royal de Gosse, et de Magdelaine de Gayrose (Bedorède). De ce mariage :

A. Pierre, dont l'article suit;

B. Bernard, capitaine de dragons (*Voir* Montolieu);

C. Jeanne, mariée le 2 mars 1685 à Jean-Louis de Bruix;

D. Jeanne-Agnès, mariée le 11 février 1700 à messire François de Navailles, chevalier, baron de Banos.

Bernard prit le titre de baron de Magescq ayant acquis cette seigneurie en 1664 de madame de Ventadour.

V. — Pierre de Lalande, baron de Magescq, épousa le 26

janvier 1680 Françoise de Sis de Golard ou Goislard, héritière par sa mère Jeanne d'Olce de la noble Salle d'Olce, sise en la paroisse d'Iholdy, au royaume de Navarre et châtellenie de St-Jean-Pied-de-Port. Le mariage fut fait à la condition expresse que ledit Pierre de Lalande prendrait le nom et titre de baron d'Olce, selon la loi du royaume de Navarre. La terre d'Olce avait été érigée en baronnie par lettres-patentes enregistrées au parlement de Pau, le 14 may 1655. — Du mariage de Pierre et de Françoise de Golard, sont issus :

A. Jeanne-Magdelaine, mariée à Anthoine, vicomte d'Aspremont, fils aîné de Dominique d'Aspremont, vicomte d'Orthe, baron de Peyrehorade, Cauneille, Oeyregave (Accords du 12 mai 1710, ratifiés après le mariage 5 juin 1710).

B. Pierre-Paul-Bernard, dont l'article suit ;

C. Bernard-Augustin, officier aux gardes françaises ;

D. Marie-Claude (Mademoiselle de Magescq) ;

E. Jeanne-Louise, mariée en 1734 à Gabriel, baron de Susmion.

VI. — Pierre-Paul-Bernard de La Lande, baron de Magesq et d'Olce, seigneur de Golard et du Poy, en St-Martin de Hinx, marié le 17 novembre 1726 à Marie Van-Duffel, fille de noble Nicolas Van-Duffel, et de Catherine de Rol. De ce mariage :

A. Claude-Thérèse ;

B. Marie-Anne, mariée à M. Louis de Casamajor d'Orion ;

C. Jeanne-Louise ;

D. Marie-Rose ;

E. Marie-Thérèse ;

F. Jeanne-Claude ;

G. Thérèse-Angélique ;

H. Bernard-Augustin, mort aux chevau-légers, 1757 ;

i. Jean-Nicolas, qui suit ;

j. Marie-Thérèse-Josèphe (Testaments du 8 mai 1746 et 20 mai 1752).

VII. — Jean-Nicolas de Lalande, chevalier, baron d'Olce et de Magescq, seigneur de Golard, Montaulieu en Brassenx, le Poy, etc., capitaine d'une compagnie des gardes françaises, colonel d'infanterie et chevalier de St-Louis, né le 3 février 1742, marié le 10 novembre 1782 à Marie-Louise-Hyacinthe Hocquart. De ce mariage :

Louis, mort en 1811 ;

Marie-Anne-Antoinette, mariée à Pierre, comte de Caumia-Baillenx, veuve en 1858 ;

Hyacinthe-François qui suit :

Jean-Nicolas fut massacré sur la place Louis XV le 10 août 1792. Il s'était fait représenter aux assemblées de la noblesse de Dax, le 16-31 mars 1789, par Pierre de Lalande, baron de Hinx.

Notons en passant que Marie-Louise-Hyacinthe Hocquart baronne d'Olce, était tante et marraine de Hyacinthe-Louis de Quélen, mort archevêque de Paris. Elle eut trois frères premiers présidents, l'un à la cour des Aides, l'autre au parlement de Metz, le dernier à la cour royale de Toulouse. Elle est morte à Bayonne, le 14 février 1829.

VIII. — *Génération actuelle.* — Hyacinthe-François de Lalande, baron d'Olce (de Magescq, jusqu'en 1829, époque où cette terre est sortie de la famille), né le 15 avril 1788, marié le 15 juillet 1811 au château de Montpellier sur l'Adour, à Anne-Françoise-Augustine (Augusta) de Roll-Montpellier, décédée le 20 août 1857. De ce mariage :

Toussaint-Charles-Gustave, qui suit ;

Pierre-Camille, né le 9 avril 1817, marié le 18 février

1846 à Arnaudine de Lavedan-Cazaubon, dont il a trois enfants : Paul, Elie, Valérie.

Louis-Angélique-Henry, né le 22 septembre 1819 ;

Marie-Antoinette-Elisabeth (Eliza), née le 10 janvier 1822 ;

Marie-Augusta-Caroline, née le 21 novembre 1823, morte le 15 décembre 1844.

Marie-Joséphine-Henriette, née le 31 octobre 1825 ;

Marie-Hyacinthe-Léopold, né le 17 mars 1828 ;

Marie-Camille-Louis de Lalande d'Olce, né le 3 avril 1831 ;

Marie-Louise-Elisabeth, née le 21 février 1835 ;

Et deux enfants morts au berceau :

Albanie, l'aînée de toutes ;

Marie, née en 1833.

IX. — Toussaint-Charles-Gustave, né le 28 janvier 1814, marié le 14 février 1855 en la chapelle du château de Sault de Navailles, à Marie-Thérèze-Victoire-Mélanie d'Arrac-Vignes de Sault, fille de Henry, baron de Sault, et d'Anne-Thaïs le Bas de Girangy de Claye. De ce mariage :

Henry-Augustin-Jean de La Lande d'Olce, né le 25 février 1856 en la maison de Biarrotte-Majour.

Telle est la généalogie des Lalande de Magescq et d'Olce, seule branche qui représente et perpétue aujourd'hui une famille autrefois si nombreuse, car on comptait dans le XVIe siècle et les premières années du XVIIe, des Lalande Garinde, Lalande d'Arcondau, Lalande Montaut (ramifiés en Lalande St-Cricq, Lamothe, Labatut et de Hinx), Lalande d'Escanebaque et de Sabres.

La filiation qui précède a été dressée d'après les titres

authentiques qui font partie des archives de la maison de Lalande d'Olce, et qu'on pourrait produire au besoin.

Biarrotte, 15 mars 1858.　　　　　　　　　　G. d'O.

Duquel travail ci-dessus, l'auteur de l'*Armorial* prend toute la responsabilité.

8 mai 1865.　　　　　　　　　　A. C. C.

D'Ibusti, de Ibusti ou d'Ibusty, Dibusti. — (*Alias de Busti*).

Je ne sais pas au juste où est situé le berceau de cette famille; elle était, je crois, de Bayonne ou des environs, dans tous les cas, du Labourd.

En 1475, un de Ibusty était commandeur de l'hôpital de Bonloc, près Hasparren, en Labourd. Il figure comme témoin, avec cette qualification, dans un acte passé à Ayherre, et retenu par Bernard de Galharette, notaire.

En 1678 et en mars, Françoise d'Urthubie, veuve de Laurens d'Ibusti, vivant chevalier d'Angleterre, mère et tutrice de Françoise d'Ibusti, passe un acte de règlement de comptes avec Bernard de Lalande, baron de Magescq, étant assistée de Jean Dibusty, subrogé-tuteur de sa fille.

Antoine de Lalande, fils d'Augier II, et de Marie d'Aguerre, eut pour femme Jeanne d'Ibusty. Les deux époux firent leur testament mutuel le 21 avril 1634, par devant du Marquet, notaire royal en la ville et cité de Bayonne. Jeanne d'Ibusty mourut le 4 mars 1667. Leurs enfants furent :

1° Jean, qui fut jésuite et mourut à Biarrotte, le 13 juin 1671, âgé d'environ 63 ans;

2° Pierre, commissaire des mortes-payes de Guienne, et qui fut marié à Elizabeth de Nyert. Il mourut sans enfants ; sa succession, répudiée par ses plus proches parents, fut acceptée sous bénéfice d'inventaire par M. Joseph d'Ibarboure, 19 décembre 1687 ;

3° Catherine, mariée à Pierre Desclaux, bourgeois de Bayonne. Le 22 janvier 1622, Pierre Lalande, écuyer, sieur de Montaut, cède, à rente constituée, une pièce de terre sise à St-Berthomieu, à demoyselle Marie de Mangoiague, veuve de Jehan Desclaux, bourgeois de Bayonne. — L'île de Bérenx appartenait à la famille Desclaus ;

4° Dominique ;

5° Marie (1), mariée à M. du Poy, avocat au sénéchal de Tartas ;

6° Catherine II, mariée à Pierre d'Ibarboure ou mieux de Ibarboro ;

7° Bernard de Lalande, qui épousa Jeanne de Labadie, connu plus tard sous le nom de baron de Magescq. Il fut baptisé le 9 février 1622 en la cathédrale de Bayonne. Parrain, Bernard de Peyrelongue ; marraine, Françoise de Sorhaindo.

Quand il se maria, le 15 juillet 1658, il était contrôleur des mortes-payes de Guienne. A l'époque du testament de ses père et mère, il était prébendier en l'église Notre-Dame de Bayonne, et n'avait que douze ans. On le destinait à l'Eglise.

Dibusti. — D'argent à un arbre de sinople planté sur une terrasse de sable, soutenu par deux chiens affrontés de gueules et surmonté de six croissants de sable entrelacés trois à

---

(1) Par conséquent, Marie de Lalande, alliée à de Poy, était fille d'Antoine de Lalande et de Jeanne d'Ibusty, et non pas, comme nous l'avons cru, de Pierre de Lalande, baron de Montaut, et Marthe d'Appate.

trois ; parti d'azur à un chevron d'or accompagné en chef de deux étoiles de même, et en pointe d'un oiseau d'argent (Dibusti, *Armorial de Guienne*, 594).

PIÈCES JUSTIFICATIVES.

Le 26 septembre 1702 est né François de Soustra, fils légitime de Guillaume de Soustra, et de Jeanne de Lamothe de Soustra, et fut baptisé le 29 du même mois dans l'église cathédrale de la ville d'Acqs, sans pourtant les cérémonies de l'église, en ayant obtenu la permission de l'évesque, lesquelles cérémonies luy ont été faites le 29 octobre 1702. Dont le parrain a été François de Lalande, curé de la paroisse d'Ustaritz, du diocèse de Bayonne, et la marraine, nommée madame Jeanne de Baile, à la place de laquelle dite dame a tenu l'enfant, avec ledit sieur curé, mademoiselle Claire de Fabas, fille de la susdite dame, par moi †, en présence des soussignés : — BOULON, *vicaire*.

Aujourd'hui, 29 octobre 1702, moi soussigné déclare avoir administré les cérémonies du baptême, lesquelles ont été différées par permission de monseigneur l'évesque, en faveur de François de Soustra, fils du sieur Guillaume de Soustra, et dame Jeanne de Lamothe, conjoints, habitants de la paroisse de Labatut, ayant été probablement ondoyé à Dax le 29 du mois de septembre, du consentement de monseigneur l'évesque suivant l'écrit signé par Sa Grandeur. Lesdites cérémonies ont été faites en ladite paroisse. Le sieur de Lalande, curé d'Ustaritz, parrain, et la demoiselle Claire de Fabas (loco madame Jeanne de Baille, sa mère), en présence de M. Me Matthieu de Lalande, conseiller du roy et lieutenant-général du pays de Labourd, et Me Pierre Lesbay, habitant de Sordes, qui se sont signés avec le sieur curé d'Ustaritz et ladite mademoiselle de Lalande Claire de Fabas, avec moy : — DE LALANDE, *curé d'Ustaritz* ; SOUSTRAR, *père* ; BOULON, *vicaire* ; DE LABATUT ; M. DE LALANDE ; CLAIRE DE FAVAS ; DUBOUÉ ; LESBAYS.

Généalogie des seigneurs **d'Oro**, **de Léon**, vicomtes de **St-Martin**, barons de **Rion**, **Laharie**, marquis de **Pontonx**, en Gascogne.

Écartelé au 1 et 4 d'azur au lion d'or, au 2 et 3 de gueules à trois pals d'or ; sur le tout d'argent à l'aigle au vol abaissé de sable becquée et armée de gueules. Couronne de marquis ; supports deux lions.

La maison d'Oro, de noblesse d'ancienne extraction de Guienne, a pris son nom d'une terre seigneuriale située dans la paroisse de Saugnac, au diocèse de Dax. Cette terre avait pour chef-lieu, au commencement du XIVe siècle, un château du même nom, comme on le voit par des lettres d'Edouard II, roi d'Angleterre, données à Wesminter, le 12 mai 1316, à la requête de Guillaume-Arnaud d'Oro, seigneur du château d'Oro, pour faire informer sur une pétition des villes de Pommiers, de Labarthe, etc. (*Catalogue des Rôles gascons, conservés à la tour de Londres*, t. I, page 48).

Raymond-Arnaud, seigneur d'Oro, est nommé parmi les seigneurs qui suivirent le parti de Pierre d'Albret, seigneur de Guissen (Guichen, Guiche), dans la guerre qu'il soutint contre Arnaud Guillem, seigneur de Grammont et ceux de sa maison, guerre pour laquelle toute la noblesse de la Navarre et du Béarn fut armée.

Il est nommé dans le traité qui y mit fin, le 28 juin 1348 (Copie certifiée par M. de Brequigny, le 18 décembre 1786, aux archives de M. de Courcelles).

On trouve dans les registres de l'église cathédrale de Dax et dans ceux de l'hôtel de ville, à commencer de l'année 1259, que les maires ont toujours été choisis parmi la noblesse la plus ancienne et la plus illustre, tant que les élections ont duré. Ce fait est justifié par la qualification *En*, équivalente à celle de Don, en Espagne, qu'on mettait dans ces temps reculés devant les noms des personnes nobles. Dans les actes publics, les noms des maires de Dacqs étaient placés après ceux du roy, du duc de Guienne et de l'évêque (1). On trouve dans les mêmes archives que :

I. — Gausserand (En-Guassaren), seigneur d'Oro, fut élu maire de Dax au mois d'août 1400, sous le règne de Henry IV, roi d'Angleterre et duc de Guienne. Il eut pour fils :

II. — Jean d'Oro, premier du nom, seigneur d'Oro, qui épousa, vers l'an 1460, Marguerite d'Agès (2), fille de noble Louis d'Agès, et de Marie de Poyloaut. Ils ont laissé :

1° Pierre, premier du nom, qui suit ;

2° Catherine d'Oro, mariée en présence de son frère par contrat du 27 avril 1486, passé devant Barthélemy de Boneffa, notaire du diocèse de Dax, avec Jérôme de Broisse, fils de Tomalin de la Broisse (de Bruessa).

III. — Pierre (Pés) d'Oro, premier du nom, damoiseau, seigneur d'Oro, épousa par contrat passé devant Barthélemy de Fargues, notaire à Montolieu, le 11 janvier 1490 (V. s^t),

---

(1) L'inventaire des titres de la maison d'Oro existe dans les manuscrits de l'ancien cabinet de l'ordre du Saint-Esprit, à la bibliothèque du roy.

(2) D'Agès : d'azur à l'épée ou dague d'argent.

Françoise de Montolieu (1), qui fut assistée par Marguerite de Castelpugnon, sa mère, et par noble Jean, seigneur de Montolieu, son frère. — Le 14 mars 1495 (V. s^t), Pierre d'Oro reçut de Gérôme de Broisse, son beau-frère, quittance de la somme de cent francs bordelais, montant de la dot qu'il avait constituée à Catherine d'Oro, sa sœur. Pierre d'Oro mourut avant le mois d'août 1515; Françoise de Montolieu, sa veuve, fit son testament le 27 octobre 1532, par lequel elle demande d'être inhumée dans l'église Saint-Pierre de Saugnac, au tombeau des seigneurs d'Oro, et institua son héritier universel, Bertrand d'Oro, son petit-fils. Pierre d'Oro en avait eu :

1º Pierre, deuxième de ce nom, qui suit ;

2º Françoise d'Oro, femme d'Antoine de la Broisse, nommée dans le testament de Françoise de Montolieu ;

IV. — Pierre d'Oro, deuxième du nom, seigneur d'Oro, fit conjointement avec sa mère un accord avec les chanoines de l'église de Dax, par acte passé devant Xirous, notaire, le 7 août 1515, et transigea de nouveau avec ces religieux, par acte du 10 novembre 1542 passé devant Morar, notaire, relativement à l'aliénation des fiefs du lieu d'Oro, que sa mère avait faite sous la réserve de rachat, pour la fondation dans leur église d'une prébende dite la prébende d'Arles. Sur cette seconde transaction, les religieux rendirent les fiefs d'Oro à Pierre, deuxième du nom, qui leur en assigna une valeur égale dans la paroisse de Vaire; il avait épousé Jeanne d'Aspremont (2), fille de Pierre d'Aspre-

---

(1) DE MONTOLIEU : Coupé d'or et d'azur par une fasce de gueules; au premier un lion naissant de gueules, au deuxième une couronne d'or.

(2) D'ASPREMONT : Ecartelé au 1 et 4 d'or au lion de gueules, au 2 et 3 de sable, à un ours d'or ; sur le tout de gueules à la croix d'argent.

mont, vicomte d'Orthe, et de Quitterie de Grammont. Leurs enfants furent :

1° Bertrand, premier du nom, qui suit ;

2° Jean d'Oro ;

3° Marguerite d'Oro ;

4° François d'Oro, légataires de Françoise de Montolieu, leur aïeule, le 27 octobre 1532 (*Vide suprà*).

V. — Bertrand d'Oro, premier du nom, écuyer, seigneur d'Oro, passa un accord le 20 janvier 1555 (V. s^t), avec Bernard de Cazeneuve, bourgeois de la ville de Dax. Il fit à Bordeaux son testament olographe, le 21 août 1604, qu'il déposa le 30 du même mois chez David Duprat, notaire à Dax, testament ouvert après sa mort le 9 mars 1609.

Il avait épousé Madelaine de Niort (1), fille de Laurent de Niort, écuyer, lieutenant-général en la sénéchaussée des Lannes, et de damoiselle Saubade de Lalande. Elle l'avait rendu père de :

1° Pierre, troisième du nom, dont l'article suit ;

2° Marguerite d'Oro, mariée à Bertrand du Rau, seigneur dudit lieu. Elle eut en dot 7,500 fr., et son père lui en légua en outre 1,500.

VI. — Pierre d'Oro, troisième du nom, écuyer, seigneur d'Oro et de la maison noble de Léon par son mariage avec Françoise de Léon (2), fille unique et héritière de Fortis-Léon, écuyer, seigneur dudit lieu (chef et dernier rejeton de l'ancienne maison de Léon, près Mirande), et d'Isabeau de Dayrose, le 30 septembre 1613. Il fit son testament devant Magieu, notaire à Léon, demanda d'être inhumé dans

---

(1) DE NIORT : Coupé d'argent à trois merlettes de sable et d'or au chevron de gueules.

(2) DE LÉON : D'azur au lion d'or.

l'église de ce lieu, au tombeau des seigneurs de Léon, augmenta les donations faites par Bertrand, son père, au couvent des Carmes et à celui de St-François de la ville de Dax, confia l'exécution de ses dernières volontés à Françoise de Léon, sa femme, et déclara avoir marié Marthe de Léon, sa belle-sœur, avec noble Alexandre de Castéja, écuyer, seigneur de Mistres et de Castéja. L'inventaire de ses biens fut fait devant Lalande, notaire à Bayonne, le 3 février 1614. Il laissa un fils et deux filles :

1° Bertrand, deuxième du nom, dont l'article suit ;

2° Jeanne d'Oro, l'aînée ;

3° Jeanne d'Oro, la jeune. A chacune d'elles, leur père légua 4,500 fr. pour leur mariage.

VII. — Bertrand d'Oro, deuxième du nom, écuyer, seigneur d'Oro et de Léon, épousa, par contrat du 22 octobre 1642 passé devant Morqueros, notaire à Orthez, Marie de Baure (2), fille de feu noble Jean de Baure, écuyer, capitaine dans le régiment de Piémont-infanterie, et de Marguerite de Benesse, des vicomtes de Montenac et comtes de Warfusé (1).

Il fit son testament devant Lafaurie, notaire à Léon, le 25 février 1648, demanda à être inhumé dans l'église de Léon en Marensin, laissa l'administration de ses biens à sa femme et institua son héritier universel son fils unique, qui suit :

VIII. — Jean-Baptiste-Alexandre d'Oro, écuyer, seigneur d'Oro baron de Rion vicomte de Saint-Martin, etc., naquit à Léon, le 9 février 1648 ; il fut maintenu dans sa noblesse

---

(1) DE BAURE : Ecartelé au 1 et 4 de gueules au rateau d'argent en pal, au 2 et 3 d'azur à une clef d'or et une biche passante du même.

(2) On peut consulter sur cette illustre maison les Quartiers des familles nobles des Pays-Bas, in-4°, 1776, p. 38, 297.

par jugement de M. Pellot, intendant de Guienne, de l'année 1667, et déchargé des droits de francs-fiefs par MM. de Bezons et de Sève, commissaires du roy, le 10 avril 1674 et 13 juillet 1693, à raison de ses fiefs et maisons nobles, d'Oro, de Lassalle et de Léon, sur la production de ses titres de noblesse, qui constataient sa filiation depuis l'année 1486.

Il épousa, 1° par contrat du 16 juillet 1672, passé devant Lahagnère, notaire en la ville de Dax, Isabeau de Betbeder (1), fille de Jean de Betbeder, secrétaire du roy, et de Marie de Saint-Martin; 2° par contrat passé devant Rette, notaire à Dax, le 15 février 1685, Suzanne dame de Saint-Martin (2) et baronne de Rion, morte avant le mois d'août 1692, fille aînée de Guillaume de Saint-Martin marquis de Pontonx, chef d'une des maisons les plus distinguées de la Guienne, et d'Isabeau de Lescure. — Le seigneur d'Oro eut pour enfants du premier lit : 1° Paulin, seigneur d'Oro et de Lassalle, mort sans postérité après l'année 1731. Du second lit : 2° Jean-Louis, dont l'article suit; 3° Bernard d'Oro; 4° Joseph-Alexandre d'Oro; 5° Suzanne-Dorothée d'Oro; 6° Dorothée d'Oro; 7° Marie-Anne d'Oro, née le 20 décembre 1683 (3); 8° Alexandrine d'Oro, née le 25 juillet 1685, ces deux dernières reçues à Saint-Cyr, le 15 novembre 1695.

IX. — Jean-Louis d'Oro, chevalier, marquis de Pontonx vicomte de Saint-Martin baron de Rion, né le 13 janvier

(1) DE BETBEDER : Ecartelé au 1 et 4 d'argent au chêne terrassé de sinople; au 2 et 3 d'azur à trois étoiles à six raies d'or.

(2) DE SAINT-MARTIN : Ecartelé au 1 et 4 d'or au sanglier de sable; au 2 et 3 de gueules au lion d'or.

(3) IXe *Degré*. — Marie-Anne-Elisabeth d'Oro de Saint-Martin, épousa, en 1717, noble Jacques-François de Borda, écuyer, lieutenant-général au siége présidial et sénéchal d'Acqs, dont postérité. (*Armorial*, p. 122-123).

1682, épousa, le 5 juin 1708, Anne-Marie de Borda (1), fille de noble Jacques-François de Borda, écuyer, conseiller du roy, lieutenant-général civil et de police au siége de Dax. Il fut déchargé des droits de francs-fiefs avec Paulin, seigneur d'Oro et de Lassalle, son frère aîné consanguin, par ordonnance de M. de Pommereu, intendant en Navarre et Béarn, du 20 octobre 1731; et, par lettres-patentes données à Versailles au mois de juin 1742, le roy Louis XV confirma en sa faveur, pour lui et ses descendants mâles, le titre de marquisat de Pontonx, qui avait été érigé en faveur de Guillaume de Saint-Martin, son aïeul maternel, par lettres-patentes du mois d'août 1651. Sa Majesté déclare accorder cette faveur à Jean-Louis d'Oro, en considération de sa naissance, de ses bonnes qualités et de son ancienne noblesse et des services de ses ancêtres, tant paternels que maternels. Anne-Marie de Borda survécut à son mari et fit son testament le 21 février 1779. Ses enfants furent :
1º Jean d'Oro marquis de Pontonx vicomte de Saint-Martin baron de Rion, etc., né le 29 septembre 1713, reçu page du roy en la grande écurie le 2 juin 1728, marié le 18 novembre 1736 avec Marguerite de Ville, de Bayonne; il fut inhumé dans l'église de Saint-Maixent, à Bordeaux, et ne laissa qu'une fille dont la succession échut à Henri d'Oro, son oncle; 2º Henri, qui a continué la postérité; 3º Suzanne d'Oro; 4º Marthe d'Oro, religieuses Ursulines à Dax; 5º Dorothée d'Oro, qui était veuve en 1769 de M. de Laurens, seigneur d'Hercular; 6º Marie d'Oro, qui était veuve à la même époque de M. Barret.

X. — Henry d'Oro, chevalier, marquis de Pontonx vi-

---

(1) DE BORDA : Ecartelé au 1 d'or à trois chevrons de gueules; au 2 d'azur à trois poissons d'argent en fasce l'un sur l'autre; au 4 d'or au levrier de gueules colleté d'argent.

comte de Saint-Martin baron de Rion et de Laharie, seigneur de Lassalle, de Léon et autres places, né le 1er décembre 1728, fut cornette, puis lieutenant au régiment de Bretagne-cavalerie, les 16 mai 1745 et 6 juin 1750. Par contrat passé devant Duprat, notaire à Bordeaux, le 9 août 1768, il épousa Marguerite-Hélène de Sentout (1), fille de feu Messire Jean-Jacques de Sentout, chevalier, seigneur de Coubens, de Jonqueyres, de Languinau et autres places, et de dame Marie d'Essenault. Le marquis de Pontonx est décédé en 1809; le 20 avril 1789, il avait assisté à l'assemblée de la noblesse de l'Albret, sénéchaussée de Tartas, comme marquis de Pontonx baron de Rion et Laharie, et fondé de procuration de Messire Joseph de Gourgues vicomte de Lanquais, et de dame Marie-Catherine du Lyon, son épouse, baronne de Labatut, sénéchaussée de Tartas. (*Clergé, noblesse des Lannes*, p. 87-88, 1re édit., et p. 23, 2e édit.)

NOTE DE L'AUTEUR.

Le marquis de Pontonx a laissé, de son mariage :

1º Louis-Marie, dont l'article suit :

2º Léonard-Antoine-Armand d'Oro, chevalier de Pontonx, chevalier de l'ordre royal et militaire de Saint-Louis, né le 7 novembre 1771; il a émigré, fait la campagne de 1792 à l'armée des princes, puis la guerre d'Espagne dans le corps des émigrés aux ordres du marquis de Saint-Simon. Enfermé avec un bataillon de ce corps dans la ville de Girone, il y fut blessé d'un coup de feu et fut fait chef de bataillon sur une des brèches de cette place. Il a épousé Agathe de Laurens-Hercular (2), dont il a eu :

(1) DE SENTOUT : De sable à l'aigle éployée au vol abaissé d'argent, becquée, membrée et diadêmée de gueules.

(2) XIe *Degré*. — Marie-Agathe de Laurens-Hercular, veuve de Pontonx, décédée le 8 décembre 1862, âgée de 72 ans.

XII. — A. Armand d'Oro de Pontonx (1), marié à demoiselle Ruillé de Beauchamp, dont plusieurs enfants.

B. Louis d'Oro de Pontonx, prêtre, curé de Saint-Vincent de Dax.

C. Eugénie d'Oro de Pontonx, morte le 18 septembre 1856.

D. Marie d'Oro de Pontonx.

5° Dorothée d'Oro de Pontonx; 6° Delphine d'Oro de Pontonx ; ces deux dernières mortes sans alliances.

XIe *Degré*. — Louis-Marie d'Oro marquis de Pontonx, né le 5 octobre 1770, chevalier de l'ordre royal et militaire de Saint-Louis, a émigré conjointement avec Léonard-Antoine-Armand d'Oro de Pontonx, son frère, en 1791, et a fait la campagne de 1792 à l'armée des princes français. Après le licenciement de cette armée, ils sont passés au service d'Espagne et y ont fait toute la guerre dans un corps d'émigrés commandé par le marquis de Saint-Simon. Rentré en France, il a été nommé, par le roi Louis XVIII, capitaine au 38e régiment d'infanterie de ligne, et reçu chevalier de l'ordre royal et militaire de Saint-Louis, en 1816, a quitté le service en 1818, et s'est marié cette année avec Suzanne-Fortunée-Clara Vergers, dont est issu :

XII. — Jean-Baptiste-Amédée-Charles d'Oro de Pontonx, chevalier de l'ordre royal et militaire de Saint-Ferdinand, né le 11 janvier 1819, marquis de Pontonx depuis la mort de son père, marié à demoiselle Marie Ferradou-Roqueville, dont il a eu plusieurs enfants.

Un fragment sur cette ancienne famille est imprimé dans l'*Armorial général de France*, par M. d'Hozier, registre

(1) Le chevalier comte Armand de Pontonx est père de :
1° Marie d'Oro de Pontonx; 2° Eugénie d'Oro de Pontonx; 3° Jeanne d'Oro de Pontonx; 4° noble Joseph d'Oro de Pontonx. (Imprimé de 1862)

1er, 2e partie, page 420, et une notice est insérée dans le tome II, page 111 du *Dictionnaire de la Noblesse*, par M. de Courcelles, généalogiste honoraire du roy. *(Archives généalogiques et historiques de la noblesse de France*, publiées par M. Lainé, tome III, à Paris 1830.)

Tout ce qui précède, à part les alliances de Jean-Baptiste marquis de Pontonx et de son cousin Armand, et la présence du marquis Henry aux assemblées de 1789, est reproduit d'une généalogie manuscrite des archives du savant et regrettable M. Genestet de Chayrac.

D'Oro, — de Saint-Martin, — de Rion, — de Léon. (*Indicateur nobiliaire*, de d'Hozier, p. 187.)

Pour copie conforme : Bd An Bon DE CAUNA.

PIÈCE JUSTIFICATIVE.

Ve *Degré*. — Le 22 mars 1607, a été baptisée Marie du Rau, fille légitime et naturelle de noble Bertrand du Rau et de Marguerite d'Oro, damoyselle. Parrain, M. Pierre de Bernadet, procureur du roy en la prévosté, et marraine, Marie Ducasse, dame de Hinx.

Par moy : DE CARTHE, *maior d'Acqs*.

(*Extrait des registres de la cathédrale de Dax.*)

Orthez (VILLE).

Porte sur son sceau : Un pont de trois arches inégales surmonté au milieu d'une tour accompagnée de deux clefs le panneton en chef. (*X. Raymond.*)

Pau (*capitale de la vicomté de* BÉARN).

D'azur à la barrière de trois pals aux pieds, fichés d'argent, sommée d'un paon rouant d'or et accompagnée en pointe et intérieurement de deux vaches affrontées et couronnées du même; au chef d'or chargé d'une écaille de tortue au naturel, surmontée d'une couronne d'azur rehaussée d'or et accompagnée à dextre d'une *H* et à senestre du chiffre *IV* d'azur. La devise est : *Urbis palladium et gentis*.

Les anciennes armoiries étaient : d'argent à trois pals de gueules avec un paon rouant de même perché sur celui du milieu. (*X. Raymond.*)

De Pausader de Bachen.

D'or à un cerf de gueules.

Agnès de Colonges, veuve de noble Charles de Pausader, seigneur de Bachen : D'or à un cerf de gueules (*D'Hozier*, 1700).

NOTICE SUR LA SEIGNEURIE DE BACHEN ET LA FAMILLE DE PAUSADER.

En 1335 la terre de Bachen était en la possession de la maison de Prugue. En 1480 elle avait plus de cent fiefs dans Renung. Ayant appartenu au seigneur de Labatut; vendue par lui à Joseph de Prugue en 1584. En 1612 le chevalier d'Orthez acheta la terre de Bachen à M. Alain de Prugue, lieutenant en la sénéchaussée de Marsan. Il avait épousé Mlle de Gabasbielle, qui lui apporta la terre de Luzan (ou Suzan), passée ainsi dans la maison de Bachen. Le chevalier ne laissa qu'une fille, mariée en 1660 à Matthieu d'Estoupignan, fils du fameux capitaine huguenot, et légua tous ses biens à Magdeleine d'Ortez, sa nièce. Matthieu de Pausader, à cette époque, prend le titre de baron de Bachen et entre en possession de la terre de Bachen, Duhort, Renung, Cazères, Le Vigneau et Mollès.

La famille de Pausader est originaire de Bielle dans la vallée d'Ossau, d'où Antoine de Pausader, licencié ès-droit, vint en 1597 épouser la dame de Colonges, en la ville de St-Sever. Ses descendants avaient en leur possession la terre de Malaussane, et elle s'établit aussi dans le pays par le mariage de Matthieu de Pausader avec Magdelaine d'Ortés; le contrat fut passé à St-Géours en 1694 (*); ils eurent sept enfants : Charles de Pausader, Antoine, Daniel, Joseph, Pierre, Marguerite, Catherine et Marie de Pausader. L'aîné épousa Aimée (*alias* Agnès) de Colonges; Antoine se maria avec Etiennette de Bessabat de Saubusse, d'où vint la branche des Pausader de Mont-de-Marsan, le fils s'y étant marié avec Mlle de Tastet, fille du conseiller du roy, propriétaire de la terre de Piot à Campagne, et maison de Mont-de-Marsan qu'elle lui laissa à sa mort; il se remaria avec Mlle de Pichon, fille du président de Pichon, du parlement de Bordeaux. Leur fils, Raymond de Pausader, épousa Henriette de Peich, et leur fille unique, Fanelli de Pausader, épousa M. Amable de Castaignos-Projan.

De Charles de Pausader de Bachen et d'Aimée de Collonges étaient issus : Bernard, Matthieu second, Raymond et Agnès de Pausader. Bernard se fit prêtre et devint curé

(*) Cette date de 1694 est fausse, on a voulu mettre 1654 ou toute autre année que nous ne pouvons deviner. Matthieu de Pausader n'aurait pris le titre de baron de Bachen que le jour de ses noces, en 1694? Et dans le contrat de mariage de 1676, généalogie de Tuquoy, *Armorial*, pages 335-336, le même Mathieu de Pausader prend la qualité de seigneur de Bachen; son fils, Charles de Pausader, est seigneur de Bachen en 1688 d'après les registres de St-Sever Cap.

de Malaussane (voir *Duhaut*); Matthieu épousa Marthe de Lavie; Raymond devint chanoine de Saintes; Agnès mourut sans postérité. Bernard légua au chevalier Matthieu tous ses biens, lui donna sa seigneurie et tout ce qu'il possédait. Le chevalier de Pausader se fixa au château de Bachen ayant conquis une position brillante. Sa femme, Marthe de la Vie, lui apporta la baronnie d'Arthos avec les terres de Cloche, sa mère étant demoiselle de Cloche de Saint-Sever. Ils eurent pour enfants Bernard et François de Pausader; le cadet, François, entra dans les ordres et fut curé de Bachen; Bernard épousa Mademoiselle Jeanne de Peich, issue d'une famille noble et parlementaire, dont la branche aînée habitait Aire et la branche cadette Arzacq. De ce mariage, François-Victor et Rosalie, seuls survivants, habitaient ensemble à Bachen. Victor servait le 31e régiment aux îles; pendant la révolution, Rosalie gardait le château et y brûla tous les papiers de famille. En 1806, Victor de Pausader baron de Bachen épousa Lénorine de Peich d'Arsac, sa cousine germaine, ils n'eurent pas d'enfants. Le baron de Bachen né en 1772 est mort en 1849, à l'âge de 76 ans, environné de l'estime et de l'affection de tous; il fut toujours fidèle à son Dieu et à son Roi.

ARBRE GÉNÉALOGIQUE.

I. — Antoine de Pausader, licencié ez-lois, marié à St-Sever en 1597, figure en 1600-1607 dans l'acte de vente de la terre de Brassempoy, par Anne de Belcier, veuve de Jacques de Foix Candalle, baron de Doazit (*Chartrier d'Auch*); en faveur de M. de Capdeville de Poy.

II. — Son fils noble Bernard de Pausader, écuyer et capitaine, assista en 1652-1656 à une délibération des notables de la ville de St-Sever pour voter un emprunt (*Archi-*

ves de St-Sever), marié à dame Marthe de Lartigue des seigneurs de Coyton et de Bordenave. En eut.

1º Noble Mathieu de Pausader, seigneur de Bachen;
2º Messire Ramon de Pausader, prêtre;
3º Marie-Marthe de Pausader, alliée en 1676 à M. Jean-Jacques de Cabannes seigneur de Pecomère, son cousin;
4º N... de Pausader, demoiselle;
5º N... de Pausader, demoiselle;
Bernard de Pausader mourut en 1692.

III. — Noble Mathieu de Pausader, baron de Bachen, 1670-1676, marié à damoiselle Magdelaine d'Orthès, dont il eut:

1º Charles, qui continue la descendance; — 2º Antoine; — 3º Daniel; — 4º Joseph; — 5º Pierre; — 6º Marguerite; — 7º Catherine; — 8º Marie de Pausader; — 9º Agnès de Pausader, mariée à Bernard de Cès, seigneur de Horsarrieu.

Antoine épousa demoiselle Etiennette de Bessabat, à Saubusse, avant 1700, et en eut:

Noble Jean-Raymond de Pausader, écuyer, marié en premières noces à demoiselle Marguerite de Tastet, fille de M. Jean-Marie de Tastet, conseiller, et de dame du Brana; et en second mariage avec mademoiselle de Pichon, fille de Jacques de Pichon, chevalier, baron de Parempuyre, seigneur de Carriet, Lamothe, Caupenne, etc., et de Marie du Roy. Leur fils Raymond de Pausader, écuyer, fut marié à demoiselle Henriette de Peich, dont:

Dame Marie-Magdelaine-Fanelli de Pausader, alliée à noble Louis-Antoine-Amable de Castaignos-Projean.

IV. — Noble Charles de Pausader, écuyer, seigneur de Bachen, fut convoqué à l'arrière-ban de la noblesse de

Marsan, 1693, marié à dame Aimée ou Agnès de Colonges des seigneurs de Malausanne. Il en eut :

1° Bernard ; — 2° Matthieu II ; — 3° Raymond ; — 4° Agnès de Pausader.

Bernard fut prêtre et curé de Malausanne (1738).

Raymond fut chanoine de Saintes.

V. — Matthieu de Pausader, écuyer, baron de Bachen par donation de son frère aîné, fut marié à dame Marthe de Lavie, baronne d'Arthos et de Lahouse, que nous croyons sœur de noble François de Lavie, seigneur de Hong, Arthos et Lahouse (1) (1730). Marthe de Lavie, baronne de Bachen, d'Arthos et Lahouse, étant veuve en 1789, se fit représenter à l'assemblée de la noblesse de Dax (*Manuscrit de Mormès*). Du mariage de Matthieu et Marthe de Lavie, sont issus :

VI. — 1° Noble Bernard de Pausader ;

2° François de Pausader, curé de Bachen.

Bernard de Pausader, écuyer, baron de Bachen et autres lieux, épousa demoiselle Jeanne de Peich, dont il eut :

Noble François de Pausader, né en 1763, officier au régiment d'Aunis en 1778, capitaine au même régiment en 1791-1792, mort sans alliance ;

François de Pausader, baron de Bachen, surnommé Victor, né en 1772, officier au régiment d'Aunis (31ᵉ de ligne), 1794-1795, marié à demoiselle Lenorine de Peich d'Arsac, décédé en 1849 ; sa veuve lui a survécu.

Rosalie de Pausader-Bachen, décédé il y a peu d'années.

Branche de Mont-de-Marsan, père de M^{de} de Castaignos.

Raymond-Bernard-Marie de Pausader, né en 1756, fils de noble Raymond de Pausader et de demoiselle Marie de Pi-

(1) Voir sur les seigneurs de Lahouse le *Nobiliaire de Guienne*, t. II, p. 450-451.

chon, officier au régiment d'armes en 1772, retiré capitaine des grenadiers en 1792.

—

Avant de transcrire les précieux documents adressés par le ministère de la guerre, l'auteur rappelle que l'officier du nom de Raymond-Bernard-Marie de Pausader, né en 1756, est fils de noble Jean-Raymond de Pausader et demoiselle de Pichon, mariés, résidant à Mont-de-Marsan. Les deux officiers du nom de François de Pausader sont sans doute les fils de noble Bernard de Pausader et de mademoiselle de Peich. — François, le puîné, prisonnier de guerre des Anglais, est le dernier seigneur de Pausader-Bachen, mort en 1849, âgé de 76 ans.   C. C.

MINISTÈRE DE LA GUERRE.

Il n'a pu être constaté aucun service militaire au nom de de Pausader (Victor), mais les certificats ci-joints établissent que deux officiers nommés de Pausader (François), ont appartenu au régiment d'Aunis (devenu 31ᵉ); l'un deux a servi aux Colonies de 1791 à 1794, et a été fait prisonnier à Sainte-Lucie par les Anglais.

Le conseiller d'Etat, directeur, etc.

—

De Pausader (François), fils de noble Bernard de Pausader, seigner de Bachen et de Jeanne de Peich, né le 11 août 1772, à Bachen (département des Landes).

Détail des services. — Sous-lieutenant au 31ᵉ régiment d'infanterie (Aunis), le 1ᵉʳ janvier 1791.

Lieutenant le 16 juillet 1793.

Capitaine le 1ᵉʳ janvier 1794.

Fait prisonnier à Sainte-Lucie par les Anglais, le 6 avril 1794.

Rentré en France le 10 mai 1795.

Campagnes. — Du 29 janvier 1791 au 6 avril 1794 (Colonies).

En foi de quoi le présent certificat a été délivré.   DARRICAU.

De Pausader (François), né le 11 février 1763.

Cadet gentilhomme au régiment d'Aunis (31° régiment d'infanterie en 1791) le 8 novembre 1778.

Sous-lieutenant le 10 septembre 1780.

Lieutenant en second le 16 novembre 1781.

Capitaine le 29 novembre 1791.

Démissionnaire le 11 juillet 1792.

En foi de quoi le présent certificat a été délivré pour servir et valoir ce que de raison. DARRICAU.

—

Raymond (Bernard-Marie), né le 23 janvier 1756, à Mont-de-Marsan (Landes.)

Détail des services. — Sous-lieutenant le 4 novembre 1772, au régiment d'Aunis infanterie (31° régiment en 1791).

Lieutenant en second le 1er juin 1778.

Premier lieutenant le 16 septembre 1780.

Capitaine en second le 16 septembre 1786.

Capitaine de grenadiers le 15 septembre 1791.

Rentré dans ses foyers, à Mont-de-Marsan, en 1792.

En foi de quoi le présent certificat a été délivré pour servir et valoir ce que de raison. DARRICAU.

—

Le douzième octobre 1687, naquit Bernard de Pausader et feut baptisé le 13, même mois et an, fils légitime à noble Charles de Pausader, et à dame Aymée de Collonges. Les parrain et marraine, noble Bernard de Pausader, et demoiselle Anne de Lobit. Présents : noble Matthieu de Pausader ; M. Bernard de Cès, seigneur de Horsarrieu et procureur du roy, et M. Jean de Brethous, archiprestre de Marsan, qui ont signé avec moy : — M. DE CLOCHE, *curé ;* PAUSADER ; BRETHOUS, *archiprestre de Marsan ;* CHARLES DE PAUSADER ; M. DE LOBIT, *marene ;* DE CÈS HORSARRIEU, p̃nt.

—

Le 9 février 1692, décéda noble Bernard de Pausader, et fut enterré le 10. Présents : Pierre Saucède, et Jean de Lamarque, qui n'ont signé pour ne savoir. Fait par moy : — LARTIGUE, *prêtre.*

Aujourd'hui, dix-huitième du mois de septembre mil sept cent cinquante-trois, après midy, par devant les conseillers du roy notaires à Bordeaux soussignés ; fut présent messire Jean-Raimond de Pausader, écuyer, veuf de dame Marguerite de Tastet, habitant ordinairement dans la ville de Mont-de-Marsan, étant à présent audit Bordeaux logé chez M. l'abbé de Jegun, à la petite place St-André, paroisse Ste-Eulalie, fils légitime de défunts messire Antoine de Pausader, aussi écuyer, et de dame Etiennette de Bessabat, procédant de l'avis et conseil de ses parents et amis, d'une part. Et demoiselle Catherine de Pichon, habitante de Bordeaux, sur les fossés du Chapeau-Rouge, paroisse de Notre-Dame de Puy-Paulin, fille légitime de feu messire Jacques de Pichon, quand vivait conseiller du roy en la grand'chambre du parlement de Bordeaux, seigneur de Lamothe, Caupenne, et suzerain de la terre et baronnie d'Arsac, baron de Parempuyre et autres lieux, et dame Marie du Roy ; procédant du consentement de ladite dame sa mère, et d'autres ses parents et amis soussignés, d'autre part. Lesquels dits seigneur de Pausader et demoiselle de Pichon ont promis se prendre pour mari et femme en face de notre mère sainte Eglise catholique, apostolique, romaine, à la première réquisition de l'un d'eux, à peine de tous dépens dommages et intérêts.

En faveur et contemplation duquel mariage, et pour aider à en supporter les charges, ladite dame du Roy constitue en dot, à ladite demoiselle de Pichon, future épouse, sa fille, la somme de vingt mille livres, qui est la même constitution qu'elle lui a faite par autre contrat du quatorze septembre mil sept cent quarante-neuf, passé devant nous notaire, düement controllé et insinué. De sorte que la susdite première constitution demeure nulle, et ne fait avec la présente qu'une seule et même constitution de ladite somme de vingt mille livres ; sur et en déduction de laquelle ladite dame du Roy, veuve de Pichon, a payé et délivré sur ces présentes, à la vue de nous dits notaires, celle de six mille livres, qui a été prise, comptée et retirée par ledit seigneur de Pausader, futeur époux, en louis d'or de quarante-huit livres et vingt-quatre livres chacun, dont il tient quitte lesdites dame et demoiselle de Pichon, mère et fille.

Et à l'égard des quatorze mille livres restantes pour parfaire la somme de vingt mille livres, elles seront payées audit seigneur futur époux après le décès de ladite dame du Roy, sans intérêts jusqu'alors.

En même faveur dudit mariage, ladite demoiselle de Pichon, majeure et maîtresse de ses biens et droits, se constitue en dot la somme de six mille livres à elle constituée par le susdit premier contrat par feu messire François-Joseph de Pichon, son frère, chevalier, seigneur de Lamothe, Caupenne, Carriet, suzerain de la terre et baronnie d'Arsac, et baron de Parempuyre, voulant que ledit seigneur époux la puisse recevoir et s'en faire payer ainsi et quand il avisera bon être. Et lorsque ledit seigneur futur époux recevra les dites sommes de quatorze mille livres d'une part, et six mille livres d'autre, il sera tenu de les reconnaître et assigner, ainsi qu'il fait par ces présentes reçues qu'il les ait. Et qu'il fait lesdits six mille livres par lui ci-dessus reçues sur tous ses biens, meubles et immeubles présents et avenir, et à ladite demoiselle futeure épouse, pour lui être le tout censé nature d'immeuble, à elle, aux siens et à ceux de son estoc et lignée sujets à reversion, si le cas y écheoit, suivant la coutume de Bordeaux....

Et s'il y a des enfants dudit mariage, et que ledit seigneur futur époux vienne à prédécéder ladite demoiselle futeure épouse, sans avoir fait d'autres dispositions ; audit cas il leur nomme, par ces présentes, pour dame tutrice et curatrice, ladite demoiselle futeure épouse, en leurs personnes et biens, causes et affaires généralement quelconque, sans qu'elle soit tenue de leur rendre aucun compte ni prêter le reliquat ; ledit seigneur futur époux l'en déchargeant comme la tenant suffisante et solvable, et lui fait, partant que de besoin au même susdit cas, donation de l'usufruit et jouissance de tous les biens, meubles et immeubles qu'il aura lors et au temps de son décès pendant son vivant ou quoi que soit, jusques à la majorité des dits enfants, et à son parfait paiement et remboursement, comme il a été dit ci-dessus. Lui donne aussi pouvoir d'aportionner et régler leurs enfants dans les biens dudit seigneur futur époux, comme elle trouvera à propos, voulant que tout ce qu'elle fera est le même effet et valeur que s'il le faisait lui-même ; le tout au cas qu'il vienne à mourir sans avoir disposé.

Pour l'entretenement de ce ci-dessus, les parties ont obligé tous leurs biens, meubles et immeubles présents et avenir, qu'elles ont soumis à justice. Fait à Bordeaux, dans l'hôtel desdites dame et demoiselle de Pichon, mère et fille, et ont signé. Ainsi signés à la minute restée au pouvoir de Treyssac, l'un des notaires soussignés :

PAUSADER, *futeur époux*; CATHERINE DE PICHON, *futeure épouse*; DU ROY DE PICHON ; JOQUET DE PICHON ; FILHOT ; BASTEROT ; FILHOT ; RAIMOND DE SALLEGOURDE ; LALANNE ; RAIMOND DE VIGNOLLE ; le chevalier DE RAIMOND ; RAIMOND D'EIRAN ; DU ROY ; BRUIGNAC ; DU ROY ; DU ROY *fils*; DE JEHAN DU ROY; le chevalier DU ROY ; BELLEPEYRE ; DU PETIT ; PASCAL ; DU ROY ; DE PASCAL. Controllé et insinué à Bordeaux, le 28 septembre 1753, fol. 2. Reçu CLXX liv. VIII s. pour le contrôle, et LX liv. pour l'insinuation. Compte réglé par M. Dublanc, directeur, sur la minute. Signé : — PONCET ; PALLOTTE ; TREYSSAC.

L'an mil huit cent vingt et le trente-un du mois d'octobre, par devant nous adjoint, en vertu de la délégation spéciale de M. le Maire de Mont-de-Marsan, sont comparus les sieurs Michel Lumau, préposé à l'octroi, âgé de 49 ans, et Antoine Cayret, imprimeur, âgé de 44 ans, habitants de Mont-de-Marsan, lesquels nous ont déclaré que M. Raimond de Pausader (1), conseiller de préfecture, âgé de 64 ans, domicilié à Mont-de-Marsan, époux de dame Marie-Magdeleine Peich, est décédé le 31 dudit mois d'octobre, et les déclarants ont signé avec nous le présent acte après qu'il leur en a été fait lecture.

Approuvant les noms : PAUSADER, *surchargé*; LUMAU, CAYRET, J. BORDENAVE, *adjoint*.

(1) Raymond de Pausader, fils de noble Jean-Raymond et de demoiselle de Pichon, était né en 1756, et fut père de dame Marie-Magdeleine-Fanelli de Pausader, épouse de Castaignos.

De Perissault, *écuyer, seigneur de Pedoulan, Payros et Cazalets* (sénéchaussée de Saint-Sever).

D'or à trois étoiles d'azur 2 et 1. Couronne de comte; supports deux lions; croix de Saint-Louis.

On trouve dans la convocation de l'arrière-ban de la noblesse de Saint-Sever (1692-1695) :

1° M. de Perissaut, seigneur de Pairos, a un fils lieutenant de cavalerie à la cornette blanche. (Archives de Bordeaux. — *Armorial des Landes*, p. 20.)

2° M. Perissaut, seigneur de Payros. Convocation de 1702. (Archives de Captan. — *Armorial*, p. 22.)

Cette famille fut représentée dans la dernière manifestation légale de la noblesse aux Etats de Dax en 1789 :

« Noble Etienne de Basquiat, écuyer, tant en son nom que comme procureur fondé de Jean de Perissault, écuyer, seigneur de Payros et Cazalets, chevalier de l'ordre royal et militaire de Saint-Louis. » (*Manusc. de Mormès*, p. 42.)

Première génération, 16 août 1686 et 17 mars 1695,
au 6 juin 1702.

Par acte retenu dans la ville de Saintes, à la date du 16 août 1686, devant le notaire Pomiés, Mᵉ Jean de Perissault de Geaune, seigneur de Pedoulan, grand voyeur dans l'élection des Lannes, agissant comme fondé de pouvoirs de Messire Jean de Pardaillan, comte de Gondrin, marquis de Sevignac, et de dame Marie-Josèphe de Poyanne, épouse de ce dernier. Revente au profit du sieur de Bruix, de la baronnie de Miramont et dépendances.

Par autre acte public retenu dans la ville de Paris, à la date du 17 mars 1695, les mêmes, Jean de Pardaillan et Marie-Josèphe de Poyanne font vente, cession au profit de Me Jean de Perissault, écuyer, seigneur de Pedoulan, lieutenant dans le régiment de colonel-général de la cavalerie, des fiefs des hameaux de Payros et Cazalets, avec tous les droits seigneuriaux en dépendant, fiefs, haute, moyenne et basse justice.

Ce Jean de Perissault fut marié à dame Marie de Margues.

De cette union sont issus deux enfants nommés Gratian de Perissault et Marthe de Perissault.

—

Deuxième génération, du 6 juin 1702 jusqu'au 5 août 1733 et 19 septembre 1733.

Gratian de Perissault, écuyer, aussi lieutenant dans le régiment-colonel, fut marié à Anne de Ravandel, qui était originaire de Lille en Flandre.

Marthe de Perissault fut mariée en l'année 1702 à Jean de Castay, de la ville de Geaune.

Leur contrat de mariage, retenu de Me Sarramagna, notaire à Geaune, à la date du 6 juin 1702, établit la preuve de cette union. Les énonciations de cet acte prouvent aussi : 1° que ledit Jean de Perissault avait été marié à Marie de Margues, dont la famille n'a point laissé de traces ; 2° que Gratian de Perissault avait été aussi uni en mariage à Anne de Ravandel.

Du mariage de Gratian de Perissault et Anne de Ravandel sont issus quatre enfants : deux fils, Antoine et Etienne, et deux filles, dont l'une portait le nom de Marie.

1° Cette Marie fut mariée à M. d'Izote, de la paroisse de Lannux (Gers). On en trouve la preuve dans l'acte de naissance de noble Jean-Baptiste de Perissault, fils d'Antoine. La famille d'Izote est éteinte.

2° N... de Perissault, demoiselle, fut mariée à M. Dupeyron de Castandet.

IIIe *Degré*. — En 1732, noble Antoine de Perissault, seigneur de Payros, s'unit en mariage à demoiselle Marie-Anne de Basquiat, fille de noble Jean de Basquiat, sieur d'Artigon, auteur des barons de Toulouzette, et de dame Marie-Anne Dupoy de Monicane, son épouse. Les articles de mariage, à la date du 5 août 1732, signés de toutes les parties, font foi de cette union.

Noble Etienne de Perissault, chevalier de l'ordre militaire de Saint-Louis, capitaine de grenadiers royaux au régiment d'Hofilirre, s'unit en mariage en l'année 1765 avec dame Catherine Duvignau, fille de feu noble Jean Duvignau et de dame Barbe du Compte. Elle était veuve de noble Pierre de Bordeaux-Daudigeos, conseiller du roi, lieutenant-général au siége de Saint-Sever. Les articles de mariage du 12 janvier 1765, signés de toutes parties, font foi de cette union, qui est restée sans postérité.

Du mariage d'Antoine de Perissault avec Marie-Anne de Basquiat, sont issus deux enfants.

Quatrième génération, du 19 septembre 1733 jusqu'au 7 août 1794.

Noble Jean de Perissault, *alias* Jean-Baptiste, né le 19 septembre 1733, et Marie de Perissault, demoiselle, qui ne s'est point mariée et est morte dans un âge très avancé.

Ledit Jean de Perissault, chevalier de l'ordre militaire de Saint-Louis, s'était marié en premières noces avec Marie Castey. Il n'y eut point d'enfants de cette union.

Plus tard, en l'année 1789 ou 1790, le même Jean de Perissault s'est uni en secondes noces avec Marie-Anne Carenne. De cette union sont issus quatre enfants qui formeront le cinquième degré.

Cinquième génération, du 7 août 1794, jusqu'au 13 juillet 1840.

Christophe de Perissault, né le 7 août 1794, et ses trois sœurs : Marie-Louise, morte religieuse au couvent des Ursulines de Saint-Sever ; Marie-Ursule, décédée ; Madelaine-Lucie, actuellement vivante.

Christophe Perissault, ancien substitut du procureur du roi à Saint-Sever, juge de paix, s'est uni en mariage le 30 septembre 1839, avec demoiselle Marie-Louise-Adèle Lemosy, dont il a :

Dame Marie-Berthe Perissault, née le 13 juillet 1840, mariée le 18 septembre 1864, à M. Eugène Lafaurie.

Demoiselle Magdelaine Perissault, âgée de 15 ans.

Et un fils, Edmond Perissault, 6 ans révolus en 1864.

Noble Jean de Bourdeau d'Audigeos est né et a été baptisé le 7 may 1758. Il est fils légitime de Messire Bourdeau Daudijos, conseiller du roy et son lieutenant-général au sénéchal de St-Sever, et dame Catherine de Vignau. Parrain, messire Jean de Cadillon, seigneur dudit lieu ; marraine, dame Toinette de Capdeville, dame de Cadillon, sa belle-fille. A la place du parrain et de la marraine ont tenu noble Pierre Bourdeau d'Audijeos, et demoiselle Marie Bourdeau d'Audijos, qui ont signé avec moy :

   Tausin, *curé de St-Sever* ; Bourdeau Daudijos ; Marie de Bourdeau ; Bourdeau Daudijos.

Pic de la Mirandole, *en Italie et en Guienne.*

Ecartelé au 1 et 4 d'or à l'aigle de sable couronnée, membrée et becquée d'or; au 2 et 3 fascés d'argent et d'azur, au lion de gueules, armé, lampassé et couronné d'or, brochant sur le tout; l'écartelure divisée par une fasce en divise de gueules. (Jouffroy d'Eschavannes).

—

Le 4 août 1683 a été baptisé Joseph Dupoy, fils à messire Pierre-Joseph Dupoy, avocat, et mademoiselle de Pic de Blays, conjoints. Parrain, Me Joseph de Casenave, notaire royal, et marraine, Mademoiselle Marie de Nolibois, conjoints. Par moi :
P. BERNÈDE, *prestre* ; DEPOY, *père* ; CASENAVE, *parrain*. (Tartas).

Le même jour et an que dessus, 4 août 1683, a été baptisé Pierre Dupoy, fils à Me Pierre-Joseph Dupoy, avocat en la cour, et à Mademoiselle Marie de Pic de Blays, conjoints. Parrain, Pierre Dupoy, et marraine, Mademoiselle Marie-Joséphine de Casenave. Par moi :   P. BERNÈDE, *pbre* ; DUPOY, *père* ; DUPOY, *parrain*.

Le 4 février 1687 est né Pierre-Joseph de Poy, et a été baptisé le 7 dudit mois ; fils légitime de Me Pierre-Joseph de Poy, avocat ez la cour, et demoiselle Marie de Pic de Blays. Parrain, M. Me Pierre-Joseph de Chambre, lieutenant au présent sénéchal ; marraine, demoiselle Claire de Vidart. Présents, les témoins.
DUBOSC.

—

Le 1er octobre 1700, fut parrain, noble Raymond Pic de Blays (Tartas).

Le 19 juillet 1708, noble Matthieu de Pic de Blays.

Voir plus haut (*Notices de Barbotan et de Cabannes*), les noms de plusieurs seigneurs de Pic de la Mirandole, cette famille ayant étendu ses rameaux à Montréal, Bordeaux, Blaye, Mont-de-Marsan, Tartas, Aix, Labouheyre et Captieux.

Claude-Ange Domenge de Pic de Blays, chevalier, conseiller au Parlement de Bordeaux.

Pierre-Domenge de Pic de Blays, chevalier, conseiller au Parlement, seigneur de Qeyrona. (*Catalogue des gentilshommes de Guienne*, 1789).

Jean Pic de Blais fut maintenu dans sa noblesse le 31 août 1715. (*Inventaire des jugements de noblesse. Archives d'Auch*, page 10).

Pic de la Mirandolle, capitaine au régiment de Montmorin, fut nommé chevalier de Saint-Louis en 1747. (Mazas, tome I, page 402.

—

Messire Pierre d'Orthez, fils légitime de messire Joseph d'Orthez, ancien capitaine au régiment d'Auvergne et chevalier de l'ordre royal et militaire de St-Louis, et de dame Marie Pic de la Mirandolle, est né et a été baptisé le 28 octobre 1761. Parrain, messire Pierre Pic de la Mirandolle, ci-devant major du régiment de Montmorin, chevalier de l'ordre royal et militaire de St-Louis, en la place duquel a tenu noble Jean de Castaignos, écuyer, ci-devant commandant de bataillon du régiment d'Auvergne, et chevalier de l'ordre militaire de St-Louis ; marraine, dame Marie d'Ortès de Laborde-Abany, qui ont signé avec nous. A St-Sever, le 28 octobre 1761. — TAUZIN, *curé de St-Sever;* MARIE D'ORTES-LABORDE D'ABANY ; CASTAIGNOS ; *le chevalier* DE TAUZIN, *présent ;* DE LABORDE-ABANY, *maire, présent ;* BASQUIAT, *lieutenant assesseur, présent.*

P.-S. — L'acte écrit Orthèz. L'orthographe vraie est *Ortès*.

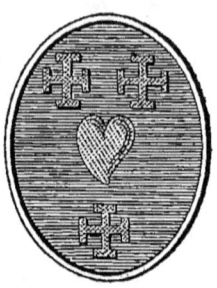

Du Poy de Monicane et Dandieu de Labarrère.

Du Poy de Monicane.

D'azur au cœur d'or accompagné de trois croix potencées du même 2 et 1. Casque timbré de front avec ses lambrequins d'azur et d'or.

Alias : D'azur à trois croix potencées d'or, deux en chef et une en pointe, d'un cœur du même posé en abyme.

Dandieu de Cazalis.

De gueules à un vol d'or.

Les représentants de ces deux familles ont été convoqués pour les élections de la noblesse en 1789, savoir : Louis-Odet-Gabriel Dandieu de Labarrère baron de Cazalis, écuyer, ancien mousquetaire du roy, etc., etc., et noble Louis-Odet Dupoy de Monicane père, écuyer, ancien officier.

Les seigneurs de Monicane descendent de Jeanne de Tuquoy, mariée en premières noces en 1614 à noble Bernard de Cabannes, aïeul direct de celui qui trace ces lignes. Leur père était noble Christophe Dupoy, capitaine au régiment royal. Le dernier des Dandieu baron de Cazalis avait pour aïeul et aïeule noble Benoît Dandieu sieur de Labarrère, habitant de Cazalis, marié vers 1660 à demoiselle Jeanne-Marie de Cabannes, fille de Monsieur Jean de Cabannes dit le Vieux, et de damoiselle Jeanne de Cloche. Les documents et indications chronologiques sur les Dandieu étant peu étendus, précéderont ce qui concerne les Dupoy.

Le registre de la paroisse de Montaut nomme mademoiselle Louise Dandieu, femme de M. de Maurenglane, et Odet d'Andieu, avocat (son frère), le 15 février 1658. — Le 9 octobre 1668, on retrouve demoiselle Louise Dandieu, mariée à Pierre de Maurenglane sieur du Hauriet, habitant de Montaut. Le 14 janvier 1646 vivait autre Pierre de Maurenglane, homme d'armes, marié à Jeanne de Lassis; enfin Pierre Dandieu, sieur de Labarrère, vivait en 1709 (Montaut).

1675. — *Testament de* PIERRE DE CABANNES, *bénédictin.*

Au nom de Dieu soit sachent tous présents et à venir que l'an mil six cent soixante-quinze et le septième jour du mois de février, à Tolose, après midy, régnant Louis par la grâce de Dieu roy de France et de Navarre, par devant moy notaire, dans le monastère de N.-D. de la Daurade des R. P. de la Congrégation de St-Maur, ordre de St-Benoist, a esté constitué en personne frère Pierre Cabanes, natif de la ville de St-Sever Cap de Gascogne, fils à feu Me Jean Cabanes, advocat en la cour, et de demoiselle Jeanne Cloche, mariés, quand vivaient habitants dudit St-Sever, à présent religieux novice dudit ordre; a fait et ordonné son testament comme s'ensuit....

Donne et lègue à demoiselle Jeanne-Marie de Cabannes, sa sœur, femme de Benoist Dandieu, sieur de Labarrère, la somme de quinze cents livres qu'il veut lui être payées par son héritier bas nommé dans trois ans prochains, à compter du jour de sa profession. Et d'autant que le chef et fondement de tout bon et valable testament est l'institution héréditaire, ledit de Cabannes, en tous et chacun ses biens, noms, droits, a fait, institué, et de sa propre bouche nommé son héritier général et universel noble Jacques de Cabanes, seigneur de Laneplane, son frère......

Ce qu'ay fait et récité en présence de M⁰ Jean de Cloche, prêtre, habitant dudit St-Sever, et de noble Jean de Marsan, aussy habitant dudit St-Sever, et Jean Chauvet, habitant dudit Tolose. Signés à la cede avec ledit testateur et moy, Pierre Balaguier, notaire à Toulouse, soussigné : — BALAGUIER. *(Archives de Cabannes).*

Noble Benoît Dandieu a eu pour enfants :

1° Marguerite Dandieu de Labarrère, mariée en 1711 à Bertrand Dupoy, écuyer ;

2° Odet Dandieu, seigneur de Lanneplan et de Labarrère, 1711 ;

3° Pierre Dandieu de Labarrère, 1709.

La génération suivante est représentée par Louis-Odet-Gabriel, dont l'acte de mariage de 1770 va être relaté.

Le cinquième novembre mil sept cent soixante-dix, après avoir publié pendant trois dimanches consécutifs, aux messes de paroisse, les bans du futur mariage entre noble Louis-Audet-Gabriel Dandieu de Labarrère seigneur de Cazalis, ancien mousquetaire de la garde du roy, et demoiselle Marie-Anne de Basquiat, habitante de la présente ville, sans avoir découvert aucun empêchement civil ou canonique, ni reçu d'opposition ; veu le certificat en forme de monsieur Darbins, curé de Cazalis, toutes les autres cérémonies de l'église préalablement observées, je les ay conjoints en mariage et leur ay imparti la bénédiction nuptiale en présence de messire Jean-Joseph d'Andrault, lieutenant-général criminel au présidial de Bazas; messire Jean-Pierre de Basquiat seigneur de Mugriet, lieutenant-général au sénéchal de St-Sever; de messire Bernard de Basquiat, chevalier, seigneur baron de Toulouzette, Poy, Patin, Miramon et Montaut; messire André de Basquiat, chevalier, seigneur et baron de Lahouse, qui ont signé avec nous et les époux :

CAZALIS, *époux;* DE BASQUIAT CAZALIS; ANDRAULT; TOULOUZETTE; BASQUIAT LAHOUSE; BASQUIAT, *lieutenant-général;* DE PERISSAULT; TAUSIN, *curé de St-Sever.*

Plaidoyer pour messire Benoît de Junca, prêtre et curé de Hontangs; Louis-Odet-Gabriel Dandieu de Labarrère, écuyer, ancien mousquetaire du roi, seigneur de Cazalis; Louis-Odet Dupoy, écuyer; noble Bernard de Busquet, conseiller, doyen du sénéchal de St-Sever et maire de ladite ville, intimés.

Contre dame Rose de Coudroy, veuve de messire Pierre Antoine de Caucabannes, chevalier de l'ordre militaire de St-Louis.

Faits. — Sur la fin du siècle dernier vivait Jacques de Cabannes, marié avec la demoiselle Lalanne de Diusse, dont il n'eut point d'enfants. Il avait quatre sœurs : Jeanne, Anne, autre Jeanne, et Jeanne-Marie de Cabannes. L'aînée fut mariée avec le sieur de Junca, père de l'une des parties au procès; la seconde épousa le sieur de Caucabannes, et a été représentée depuis par le chevalier de Caucabannes, mari de la dame partie adverse; la troisième, qui avait été mariée au sieur de Castera, mourut sans postérité; la quatrième, qui le fut avec le sieur Dandieu, eut des enfants, et elle est représentée aujourd'hui par les sieurs de Cazalis, Dupoy et de Busquet, également parties au procès.

Chacune de ces quatre filles furent dotées par son contrat de mariage d'une somme d'environ 10,000 livres.

Jacques de Cabannes, leur frère, fit son testament du 30 mai 1684. Après quelques legs faits en faveur de trois de ses sœurs, il versa l'universalité de sa succession sur la tête de la dame de Caucabannes, son autre sœur, et sur celle de son fils, neveu du testateur. Il est bon d'observer qu'il fit dans son testament l'énumération et le détail de ces biens, qui sont précisément ceux réclamés aujourd'hui, comme patrimoniaux et avitins par les enfants des autres sœurs, etc., etc. (*Archives de Périssault*).

Le baron de Cazalis n'eut qu'une fille de son mariage avec Marie-Anne de Basquiat (1). Il assista en 1789 à toutes les assemblées de la noblesse de Dax et signa le cahier des pouvoirs du député. Chargé de la procuration de noble Bernard de Busquet seigneur d'Arrimbles, son parent, il se présenta sous les noms et qualités de Louis-Odet-Gabriel d'Andieu de Labarrère, écuyer, ancien mousquetaire du roy, chevalier de l'ordre chapitral d'Arrouare, noblesse de l'empire, seigneur baron de Cazalis, en vertu d'une assignation régulière.

Dandieu-Cazalis.

Benoist, fils légitime de Jean Dabadie, charpentier, et de Marie Fabères, est né le 31 octobre 1789 et a été baptisé le lendemain. Parrain, messire Benoit de Basquiat, écuyer ; marraine, dame Marie-Anne de Basquiat, épouse de Messire Louis-Odet-Gabriel d'Andieu, écuyer, seigneur de Cazalis, qui ont signé avec nous :

Pebarthe, *curé;* le chevalier de Basquiat ; Basquiat Cazalis.

(1) Mademoiselle de Cazalis mourut avant sa mère.

Demoiselle Marie-Anne-Paule de Lau de Viocourt, fille légitime de messire de Lau de Viocourt, lieutenant de cavalerie, sous-lieutenant de maréchaussée de Navarre et Béarn, et de dame Marie-Anne-Thérèse-Rosalie de Basquiat Toulouzette, est née le 4 octobre 1789 et a été baptisée le 6 du même mois. Parrain, messire Jean-Baptiste de Perissault, chevalier de l'ordre royal et militaire de St-Louis, seigneur de Payros, à la place duquel a tenu messire Benoît de Basquiat, écuyer; marraine, dame Marie-Anne-Paule de Basquiat de Lanemas, qui ont signé avec nous :

Chevalier DE LAU DE VIOCOURT, *père;* le chevalier DE BASQUIAT, *pour le parrain;* LALANNE, *vicaire.*

N.-B. — Benoît de Basquiat, écuyer, était frère de dame Marie-Anne de Basquiat de Cazalis, et de noble Etienne de Basquiat, chevalier de St-Louis, mort à Cazères. — Issus tous les trois de noble Benoît de Basquiat, écuyer, ancien officier au régiment du roy, et de dame Anne de Lespès son épouse.

Benoît de Basquiat père était frère puîné de messire Bernard de Basquiat baron de Toulouzette, présent à l'acte de 1770.

DUPOY DE MONICANE.

Le 17 janvier 1641 fut baptisé Mathieu Dupoy, fils de noble Christophe Dupoy, capitaine au régiment de Béarn, et de demoiselle Jeanne de Tuquoy. Les parrain et marraine, noble Matthieu de Trubessé, capitaine au régiment de Béarn, et damoiselle Jeanne de Tuquoy, son épouse. Par moy : LAFFITE, *curé.*

Le 26 may 1680, naquit Quitterie de Dupoy et fut baptisée le 28 du même mois et an, fille à noble Jean Dupoy, et demoiselle Catherine Destenave. Parrain, Mᵉ Christophe de Dupoy, homme d'armes, et marraine, Quitterie de Dupoy, dame religieuse. Présents, noble Christophe de Dupoy et Benoît de Juge :

DUPOY, *père;* DUPOY, *présent;* DUPOY *parrain;* JUGE, *vicaire.*

Marie-Thérèse de Lucat naquit le 13 septembre 1709 et fut baptisée le 19 du même mois et an. Elle est fille légitime à Monsieur Ramond de Lucat seigneur d'Artiguenave, et à demoiselle Marguerite Dupoy. Parrain, Bertrand Dupoy sieur de Monicane, et marraine, Marie de Lucat. — PORTETS, *curé*.

—

3 juin 1711. Articles de mariage ont esté faits et accordés entre noble Bertrand Dupoy sieur de Monicane, ancien gendarme du roi, fils légitime de feu noble Jean Dupoy, capitaine, et de demoiselle Catherine Destenabe, habitants de la ville de St-Sever, d'une part ; et de demoiselle Marguerite Dandieu, fille légitime de noble feu Benoît Dandieu sieur de Labarrère, et de demoiselle Jeanne-Marie de Cabannes, habitante de Cazalis, d'autre. En sorte que ledit sieur Dupoy, du vouloir et consentement de ladite demiselle Destenabe sa mère et autres parents, a promis de prendre pour femme et légitime épouse ladite demoiselle Marguerite Dandieu, laquelle pareillement, avec l'assistance d'Odet Dandieu, seigneur de Lanneplan, sieur de Labarrère son frère et autres parents, a promis de prendre pour son mari et légitime époux ledit sieur Dupoy, et les parties ont promis de venir à la solemnisation dudit mariage dans les formes prescrites par l'église à toujours et heures qu'une partie en sera requise par l'autre ; et pour support des charges dudit mariage, ladite demoiselle Marguerite Dandieu, majeure et maîtresse de ses droits, s'est constituée en dot la somme de dix mille livres a elle léguées par les testaments de ses père et mère. Ensemble, la somme de cinq cent livres pour ses habits de noces ; en même faveur et contemplation dudit mariage, ladite demoiselle Destenabe, mère du sieur Dupoy, a fait et fait donation, pure et simple entre vifs à jamais irrévocable, en faveur dudit sieur Bertrand Dupoy son fils, sçavoir est de la moitié de tous uns et chacun ses biens par préciput et avantage, comme lui fait donation de tous les droits et hypothèques qu'elle a et peut avoir sur les biens dudit sieur Dupoy, futur époux, se réservant l'autre moitié de ses biens, sur laquelle moitié réservée elle déclare dors et déjà qu'elle légitime nobles Henri et Marie Dupoy, ses autres enfants, chacun à la somme de mille livres en biens,

et compris en icelle à l'égard de Marie Dupoy, cinq cent livres d'un légat fait en sa faveur par sieur Bertrand Destenabe, père de ladite demoiselle Destenabe.

Fait et passé dans la ville de St-Sever, le troisième juin mil sept cent onze, et nous sommes soussignés : — DUPOY-MONICANE ; LABARRÈRE.

Signifié par exception le 28 may 1782 à M° Bustarret, vieux. P. Par moy, MERICAMP.   (*Archives de Perissault*).

Suscription. — Copie fidèle d'articles de mariage de noble Bertrand Dupoy, et demoiselle Marguerite de Labarrère, du 3 juin 1711.

—

Le 19 février 1731, fut célébré mariage entre sieur Pierre-Joseph de Lucat, et demoiselle Catherine de Laborde, dans la chapelle d'Artiguenave, par le sieur de Lasserre, curé de Bahus, prébendier de Benquet, en présence de M. Jean Dupoy, seigneur de Monicane ; Monsieur Bernard de Basquiat, seigneur d'Artigon.

—

Le treizième jour du mois d'octobre de l'année 1731 naquit et fut baptisée le même jour Marie-Anne de Basquiat, fille légitime d'André de Basquiat, seigneur d'Arthos, et de Mariane d'Aubagnan, conjoints. Le parrain a été Charles de Laraset, conseiller et secrétaire du roy, couronne de France, et la marraine, dame Marie-Anne Dupoy de Basquiat. Présents : Jean Lamarque, avocat en la cour, et Jean Dubroca, qui ont signé avec moy et le père :

BASQUIAT D'ARTHOS, *père* ; DE POY DE BASQUIAT ; LAMARQUE, *pour le parrain* ; DUBROCA, *pñt* ; NAUTERY, *vicaire*.

—

Le 10 décembre 1732, après avoir publié les bans de mariage pendant trois dimanches consécutifs à la messe de paroisse, sans empêchement ni opposition, entre M. Antoine de Perissaut de la paroisse de Geaune, et mademoiselle Marianne de Basquiat de cette paroisse, et après avoir vu et examiné la dispense du temps prohibé accordée par monseigneur l'évêque d'Aire, scellée de son sceau, en date du dernier novembre, ils ont reçu la bénédiction nuptiale de M. Dupouy, curé de Lencoüacq, en présence de MM. Jean-Pierre Larrieu, Augustin Borrit, Estienne Tauzin et André de Basquiat d'Arthos, qui ont signé :

LARRIEU ; TAUZIN *fils* ; PERISSAUT ; DE BORRIT SAINT-GERMAIN ; MARIANE DE BASQUIAT ; BASQUIAT D'ARTHOS ; DE PERISSAUT ; BASQUIAT *père* ; — DU POY, *curé de Lencoüacq* ; VALETTE, *vicaire de St-Sever.*

Le 28 août 1741, mariage entre Louis-Odet Dupoy de Monicane, écuyer, ancien lieutenant, âgé de 29 ans, fils légitime de Monsieur Dupoy seigneur de Monicane, et de feue Marguerite d'Andieu de Labarrère, et demoiselle Marie de Laborde Meignos, en présence de sieur Odet d'Andieu de Labarrère père, de sieur noble Joseph (ou Pierre) de Laborde Meignos, écuyer, de Bernard Busquet, avocat, Jean-Pierre de Labarrère fils et autres (St-Sever Cap).

La liste électorale de 1790 cite Louis-Odet Dupoy père et Louis-Michel Dupoy fils, avocat du roy.

Ces notes nous permettent de descendre comme il suit l'échelle généalogique :

Ier *degré*. — Noble Christophe Dupoy, capitaine au régiment royal et de Béarn, marié avant 1640 à damoiselle Jeanne de Tuquoy, fille de noble Sever de Tuquoy, et de Quitteyre Dembidonnes, laquelle était veuve de Bernard de Cabannes, avocat du roy, en eut :

1º Noble Jean Dupoy, capitaine, qui suit ;
2º Noble Matthieu Dupoy, 1641-1675 ;
3º Christophe Dupoy, homme d'armes ;
4º Et probablement Quitterie de Dupoy, religieuse, en 1680.

IIe *degré*. — Noble Jean Dupoy, écuyer, capitaine, et sieur du Boué, marié à demoiselle Catherine Destenave, en eut :

1° Noble Bertrand Dupoy sieur de Monicane, qui continue la descendance;

2° Noble Marie-Anne Dupoy de Monicane (1711-1732) fut mariée en 1697 à noble Jean de Basquiat seigneur d'Artigon, ancien capitaine, etc., baron de Toulouzette, Miremont et autres lieux (1745). Leur fille, Marie-Anne de Basquiat, s'allia en 1732 à noble Antoine de Perissault seigneur de Payros;

3° Noble Marguerite Dupoy, alliée en 1701 à M. Raymond de Lucat seigneur d'Artiguenave;

4° Noble Henri Dupoy, né en 1683 :

5° Demoiselle Quitterie de Dupoy (1680).

III° *degré*, — Noble Bertrand Dupoy, seigneur de Monicane, ancien gendarme du roi, marié en 1711 à demoiselle Marguerite Dandieu, fille de noble Benoît Dandicu de Labarrère, et de demoiselle Jeanne-Marie de Cabannes.

IV° *degré*. — Louis-Odet Dupoy de Monicane, écuyer, ancien lieutenant, marié en 1741 à demoiselle Marie de Laborde-Meignos, en secondes noces à dame Marie Dolly (1758), est mentionné en 1768 dans le livre terrier des bénédictins comme possesseur de deux maisons, rue Pavie, dans la ville de St-Sever; fut convoqué en 1789 à l'assemblée de la noblesse de Dax, et vivait encore en 1790. — A laissé six enfants de ses deux mariages.

V° *degré*. — 1° Noble Louis-Michel Dupoy de Monicane, fils aîné et héritier de Louis-Odet, fut avant la révolution avocat du roy au sénéchal de St-Sever, émigra pendant la Terreur, fut dépouillé de ses biens et mourut en 1814.

2° N... chevalier Dupoy de Monicane mourut pendant l'émigration;

3° Demoiselle Dupoy de Monicane, morte à Eyres dans un âge avancé, 1840-1845;

4º Marie-Marguerite Dupoy, mariée en 1771, à M. Joseph Taillandier ;

5º Demoiselle Dupoy de Monicane, décédée à Batz en 1849, a légué sa terre à son parent M. de Perissault ;

6º Damoiselle Marie Dupoy de Monicane (1758), fille de Louis-Odet Dupoy et de Marie Dolly, sa seconde femme.

—

Armes. — Parti au premier d'azur, au cœur d'or accompagné de trois croix du même posées 2 en chef et une en pointe, qui est Dupoy de Monicane ; au second de gueules à un vol d'or, qui est d'Andieu de Labarrère.

PIÈCES JUSTIFICATIVES.

Le 4 may de l'année 1683, naquit Henry Dupoy, et fut baptisé le 5 du même mois et an, fils légitime de noble Jean Dupoy, et a demoyselle Catherine Destenave. Les parrain et marraine, noble Henry de Talasacq de Bahus, et dame Anne Delpèche. — Ledit enfant ayant esté tenu sur les fonts du baptême, en l'absence de la marraine, par demoyselle Marie Dupoy. Présents : noble Christophe Dupoy, et M. Arnaud de Lartigue, prêtre, qui ont signé avec moy :

M. de Cloche, *curé* ; Lartigue, *pbre* ; Dupoy, *père* ; Bahus, *parrin* ; Dupoy, *pnt* ; Marie Dupoy.

—

Le 29 septembre 1697, furent conjoints en mariage Jean de Basquiat sieur d'Artigon, et demoiselle Marie-Anne Dupoy. Toutes choses ayant esté préalablement et canoniquement observées, et la bénédiction nuptiale leur a esté donnée de notre consentement par M. Bernard de Perès, prestre approuvé, après qu'il nous a pareu de la dispense par eux obtenue de la parenté qui était entre eux au quatrième degré de consanguinité et insinuation d'icelle, en présence de nobles Benoist et Matthieu de Basquiat, de Saint-Jean, Dupoy et Pierre de Cabannes, advocat en la cour, et autres habitants de la présente ville, qui ont tous signé avec les tesmoins et moi :

DE MORA, *curé*; BASQUIAT ; MARIE-ANNE DUPOY ; PERES, *pbre*; DUPOY ; BASQUIAT ; BASQUIAT ; CABANES (*St-Sever*).

Le 21 juin 1701, furent conjoints en mariage, Monsieur Raymond de Lucat, advocat en la cour, et mademoiselle Marguerite Dupoy, par parolle de presans ; les bans ayant esté proclamés par trois dimanches consécutifs sans y avoir découvert d'opposition, et controllé le 25 du même mois et an par Destouet, greffier, ensuite de quoy j'ai dit la sainte messe, dans laquelle je leur ai donné la bénédiction nuptiale. Présents, sieur Jean Dupoy, bourgeois de la présente ville ; maître Christophe de Mora, advocat en la cour ; sieur Matthieu de Basquiat, bourgeois, et noble Jean Lachèze, habitant de cette ville :

LUCAT ; PORTETS, *curé* ; MARGUERITE DUPOY ; DE MORA ; BASQUIAT; DUPOUY ; LACHÈZE.

Jean de Lucat naquit le 20 mai et fut baptisé le 22 du même mois et an 1702, il est fils légitime de M. Ramond de Lucat sieur d'Artignenave, et de demoiselle Marguerite Dupoy, conjoints. Son parrain est noble Jean Dupoy sieur du Boy ou Boué, et sa marraine, Marie de Bonet, qui ont signé avec moi : — PORTETS, *curé* ; DUPOY, *parrain*; MARIE BONNET ; LUCAT, *père* ; DUPOUY, *présent* ; LACHAISE, *présent*.

Messire Jean-Gabriel de Bourdeau Daudigeos est né et a été baptisé le 30 juin 1756 ; il est fils légitime de Messire Pierre de Bourdeau Daudijos, conseiller du roi et son lieutenant général au sénéchal de Saint-Sever, et dame Catherine Duvignau. Parrain, messire Jean-Gabriel Dureigne de Launaguet, conseiller au Parlement de Toulouse, à la place duquel a tenu messire Bernard de Basquiat baron de Toulouzette ; marraine, dame Marie-Marthe de Bourdeau, à la place de laquelle a tenu demoiselle Agathe de Bourdeau, sa cousine, qui ont signé avec nous. — TAUSIN, *curé*; TOULOUZETTE; BOURDEAU ; BOURDEAU DAUDIJOS ; BEAUFORT.

Damoiselle Marie Dupoy-Monicane, fille légitime de Monsieur Louis-Odet de Dupoy-Monicane, écuyer, et dame Marie Dolly de Dupoy, est née le dixième septembre 1758, et a été baptisée le même jour à la maison étant en danger de mort; et le lendemain ayant été portée à l'église, les cérémonies du baptême luy ont été supplées. — Parrain, M. Louis-Michel de Dupoy-Monicane, qui a signé; marraine, demoiselle Marie-Josèphe de Dupoy-Monicane, qui n'a signé pour ne sçavoir, de ce requise par moi : — DOLLY, *curé de Labrit*; DUPOY-MONICANE, *père*; DUPOY-MONICANE, *parr.* (*St-Sever*).

Le 15 juillet 1771, après avoir publié pendant trois dimanches consécutifs les bans du futur mariage entre M. Mᵉ Joseph Taillandier, natif de la paroisse de Marsac, diocèse de Lectoure, et demoiselle Marie-Marguerite Dupoy de Monicane ; veu le certificat en forme de M. Poy, curé de Marsac, duement légalisé, et les autres formalités de l'église préalablement observées, les ay conjoints en mariage et leur ay pendant la sainte Messe imparti la bénédiction nuptiale. Présent noble Louis-Odet Dupoy de Monicane, escuyer, et noble Bernard de Busquet, maire de la présente ville ; noble Louis-Michel Dupoy de Monicane, escuyer; Antoine-François-Xavier de Beaugin, avocat en parlement, qui ont signé avec nous : — JOSEPH TAILHANDIER, *époux*; MARIE DUPOY, *épouse*; BEAUGIN; DUPOY-MONICANE; BUSQUET; DUPOY-MONICANE, *fils*; TAUSIN, *curé de St-Sever*.

De cet acte résulte la filiation suivante :
Père : Louis-Odet-Gabriel Dupoy de Monicane, escuyer ;
Son fils : Louis-Michel Dupoy de Monicane, escuyer ;
Sa fille : Marie-Marguerite Dupoy de Monicane.

Saint-Jean de Luz (VILLE).

Porte de gueules au navire d'or en chef et trois coquilles d'argent en pointe. (*X. Raymond*).

Saint-Jean-Pied-de-Port (VILLE).

Le sceau représente saint Jean-Baptiste, la main droite appuyée sur une tour crénelée avec la légende : *Sello y armas de San Juanis.* (X. Raymond).

De Poyusan, *à Mugron et Dax.*

D'or au chevron de gueules accompagné en chef de deux mouchetures d'hermines de sable ; et en pointe d'un coq du second émail, et une bordure d'azur chargée de douze besans d'argent.

De Saint-Julien, *écuyers, chevaliers, seigneurs, comtes et barons de Castelnau, Laminsans, Lamothe, St-Julien, Momuy, Cazalon, Cahusac, La Tardane, Tourdun, Vacquier et autres lieux,* — *en Guienne et Armagnac.*

De gueules à deux lions affrontés d'or.

Pierre de Saint-Julien est compris dans les cent hommes d'armes et quarante arbalétriers passés en revue à Nîmes, le 25 avril 1450 (*Hist. de Gascogne*, Monlezun).

Revue de neuf chevaliers et cent deux écuyers de Mgr le comte de Foix, du 14 juillet 1451 : Pierre de Saint-Julien, écuyer. En 1525, on cite Jean de Saint-Julien (*Ibidem*).

Messire Jacques de Saint-Julien, évêque d'Aire en 1550.

Autre revue faite à Nîmes, le 25 avril 1420 : Pierre de Saint-Julien.

Revue de cent lances et deux cents hommes d'armes faite en 1491 par le sire d'Albret : Fortanier de St-Julien.

Antoine de Saint-Julien seigneur de Laminsans, 1550.

Jacques de Saint-Julien, seigneur dudit lieu, 1550.

(Ces deux noms, *Monlezun*, t. VI, p. 185).

Messire Antoine de Saint-Julien, chevalier, seigneur de Lamothe et de Castelnau, en 1537 et 1555, est mentionné dans le testament de M. Domingue de Cabannes, fait à Lamothe en 1537 (*Titre de fondation de la prébende de Cabannes*).

On lit au *Trésor de Pau* de M. de Lagrèze, le dénombrement de Jean-Jacques de Saint-Julien, écuyer, pour la terre et seigneurie de Cahusac, du 16 août 1756, avec l'arrêt de vérification (Armagnac).

Cahusac Tourdun. Dénombrement de Jean-Baptiste de Saint-Julien, seigneur des lieux de Cahusac et de Tourdun, du 14 may 1787, avec l'arrêt de vérification (ibid., *Trésor de Pau*).

Sept gentilshommes du nom de Saint-Julien ont voté en 1789 avec la noblesse d'Armagnac.

Voir *de Bastard d'Estang*, pages 139 et 140. On lit dans ce même ouvrage, 121 : De Latardane.

Nous n'avons trouvé ce nom dans aucun Armorial.

Remontant à la page 47 dudit ouvrage, nous lisons : de Saint-Julien de Latardane ; ce qui signifie de Saint-Julien seigneur de Latardane. L'acte de mariage ci-dessous relaté (1766), des archives de St-Sever, établit une nouvelle affinité entre les Saint-Julien de Momuy et les Saint-Julien de Gelote et Latardane.

L'identité du nom et d'armes est certaine, et le savant Larcher, historiographe de Bigorre et du diocèse d'Aire, a eu raison d'avancer que les Saint-Julien d'Arsac Momuy et les Saint-Julien Cahusac sont de même maison.

Le lecteur excusera l'auteur de l'*Armorial des Landes*, de son invasion dans le domaine d'une province voisine. La méprise du noble vicomte déjà cité sur Latardane comme nom de famille, laissait une lacune fâcheuse dans le travail du savant historiographe de la *Noblesse d'Armagnac*. Il est surabondamment prouvé que M. de Saint-Julien, seigneur de Latardane, porte pour armes : de gueules à deux lions affrontés d'or. — La descendance des Saint-Julien Cahusac de Latardane est divisée en deux branches subsistantes.

La branche de Raymond de Saint-Julien de Momuy (1789) finit à lui; et sa fille unique, Marguerite-Françoise-Thérèse, fut mariée à M. de Betbezé de la Rue de Sauviac (*Armorial*, p. 309).

N.-B. Une ponctuation fautive marquée entre Saint-Julien et Latardane sur le procès-verbal manuscrit des assemblées d'Armagnac est cause de l'erreur de M. de Bastard. L'auteur le plus attentif n'arrive pas toujours à démêler les fautes d'un document imparfait.   C. C.

PIÈCES JUSTIFICATIVES.

Noble Bernard-Ange-Casimir de Cès est né et a été baptisé le 15 février 1759 ; il est fils légitime de noble Thomas-Casimir de

Cès, écuyer, seigneur d'Ossages et d'Agès, et de dame Marie-Anne de Cazaubon, demoiselle. Parrain, noble Bernard de Cès, écuyer, baron de Caupenne, à la place duquel a tenu Messire Jean de Castaignos, écuyer, chevalier de l'ordre militaire de Saint-Louis, ci-devant commandant de bataillon au régiment d'Auvergne ; marraine, dame Angélique du Hagon, épouse de Messire François de Casaubon, écuyer, à la place de laquelle a tenu dame Elisabeth de Cès, baronne de Momuy, qui ont signé avec moi.

TAUSIN, *curé de Saint-Sever ;* CASTAIGNOS, *chevalier de St-Louis ;* DE CÈS D'OSSAGES, *père ;* DE CÈS dame DE MOMUY.

L'an mil sept cent soixante-six et le vingt-quatrième jour du mois de novembre, après avoir publié pendant trois dimanches consécutifs, au prosne de la messe de paroisse, les bans du futur mariage entre messire François de Saint-Julien, natif et habitant de Gelotte, et demoiselle Marie-Suzanne de Saint-Julien de Momuy, native et habitante de St-Sever, sans opposition ni empêchement; et semblable publication ayant été faite par M. Me Castelbon, curé de Gelotte, comme il paraît par son certificat, en date du 3 novembre de la même année, demûré entre mes mains et légalisé par Monseigneur l'archevêque d'Auch ; nous soussigné, du consentement de M. Me de Tauzin, curé de cette ville, leur avons imparti la bénédiction nuptiale, selon les formes prescrites par l'église, en présence de noble Raymond de Saint-Julien baron de Momuy; noble Jean-François de Guichené ; noble Raymond-Joseph Dessés chevalier de Caupenne ; noble Joseph de Saint-Julien de Latardane, qui ont signé avec nous:

SAINT-JULIEN, *époux ;* SAINT-JULIEN DE MOMUY, *épouse ;* GUICHENÉ; SAINT-JULIEN DE MONMUY; DE CÉS chevalier DE CAUPENNE; SAINT-JULIEN DE LATARDANE ; SAINT-JULIEN, *chanoine de St-Girons ;* TAUSIN, *curé de St-Sever.*

Demoiselle Marie-Elisabeth est née le 22 et a esté baptisée le 22 février 1770. Elle est fille légitime de messire Raymond de Saint-Julien, chevalier et baron de Momuy et Cazalon, cy-devant capitaine d'infanterie dans le régiment royal la Marine, et de dame

Claire-Justine de Capdeville Renun. Parrain, messire Vincent de Capdeville, seigneur de Renun, et capitaine de cavalerie au régiment royal de Navarre; marraine, dame Marie-Elisabeth de Cés d'Ossages, dame douairière de Momuy; à la place du parrain a tenu sur les fonts messire Antonin de Capdeville, prêtre et vicaire de Banos, qui ont signé avec le père et nous :

TAUSIN, *curé de St-Sever ;* SAINT-JULIEN DE MONMUY ; DE CÉS DE MONMUY ; CAPDEVILLE, *vicaire.*

De Saint-Martin Lacase.

D'argent à l'arbre de sinople terrassé de même, senestré d'un lion de gueules rampant contre le fût. Supports deux lions de gueules; couronnes de marquis et de comte.

Alias : D'argent à l'arbre de sinople terrassé de même, senestré d'un lion de gueules rampant contre le fût, accolé de gueules à quatre fasces d'argent. Couronne de marquis; devise: *Deus adjutor in adversis,* qui est de Saint-Martin et Lalande de Luc.

La famille de Saint-Martin a toujours été reconnue et considérée très noble et ancienne dans les Landes. C'est un devoir et une véritable satisfaction pour l'auteur d'insérer ici les traditions constamment vivantes sur cette vieille race :

« Si la tradition pouvait être de quelque prix, je vous dirais, M. le Baron, que dès ma première enfance j'ai entendu dire, soit à des parents, soit à des étrangers, que la famille de Saint-Martin était des plus anciennes de France. Ils se distinguèrent aux côtés de Charles-Martel contre les Sarrazins. Les de Saint-Martin étaient marquis de Pontonx. On racontait aussi qu'un de nos rois, Louis VI croyait-on, allant être tué dans une embuscade, un de Saint-Martin lui fit un rempart de son corps; sa lance ayant été brisée, il saisit son couteau de chasse, pourfendit l'ennemi, dégagea le roi qui, lui posant la main sur l'épaule, lui dit : Saint-Martin, désormais tu ne t'appelleras plus Saint-Martin, tu t'appelleras Coutelas. De là le nom de Saint-Martin-Coutelas qu'ils portèrent jusqu'au moment où le château de Pouillon fut vendu à la famille Pémolier. Ils se retirèrent alors à la maison de la Case, et prirent le nom de Saint-Martin de la Case, propriété qu'ils tenaient d'une demoiselle de la Case, mariée avec un de Saint-Martin. Le fameux couteau de chasse les suivit dans cette habitation, et fut placé au faîte de la maison, où il resta jusqu'à la révolution. Ce couteau existe, je crois, mais il repose tranquillement dans une gaîne au château de Montauzet.

» Les armes actuelles des Saint-Martin remplacèrent les primitives : de gueules à cinq marteaux d'argent, lorsque le roi eut dit : désormais tu ne t'appelleras plus Saint-Martin.

» On prétendait encore que dans une autre circonstance, les armées étant en présence, les deux chefs regrettant l'effusion du sang, il fut convenu qu'un guerrier de chaque camp se battrait en combat singulier, et déciderait de la victoire. Dès que la proposition fut énoncée, un de Saint-Martin sortit des rangs français, réclamant l'honneur du combat. Il eut le bonheur de terrasser son ennemi et d'assurer par là la victoire à la France.

» M. C. DE S.-M. »

Suit la lettre que M. de Saint-Martin la Case, chevalier de St-Louis, m'écrivait peu d'années avant sa mort.

« A l'occasion de cet envoi, ma chère Corisande (les empreintes des cachets), tu me parles d'un désir bien légitime que tu aurais de connaître les détails relatifs à la famille de Saint-Martin, et dont nous avons conservé le souvenir, afin que ces détails puissent être consignés dans un recueil comprenant les particularités des maisons nobles établies dans cette province. Mais, ma chère nièce, ce que j'ai à t'apprendre sur ce point se réduit à bien peu de chose, et ce que je pourrais établir, à rien du tout; car nos titres de famille ayant été réunis et régularisés au moment où moi et mes frères étions près d'arriver à l'âge où l'on doit recevoir des emplois, se trouvaient en la possession de mon grand-père qui, effrayé de ce dépôt dans un moment où la Terreur était à Bayonne poussée au plus haut point, fit descendre tous ces papiers dans une cave et y fit mettre immédiatement le feu.

» Cependant, il reste quelques faits saillants pour qu'on les articule.

» Ainsi, on sait assez généralement que cette maison est des plus anciennes du pays.

» Il était reconnu que l'un de ses membres ayant assisté à la bataille de Poitiers entre Charles-Martel et Abdérame, commandant les Sarrazins, reçut par suite et en récompense de la conduite qu'il y tint, du pape Grégoire VII (si je ne me trompe) la dîme (*) que produisaient les paroisses de Pouillon et de Minbaste.

(*) Il est constant que Charles-Martel donna à ses guerriers les dîmes de plusieurs églises; de là peut-être l'origine des abbayes laïques ou lays. Grégoire III, pape en 731-744.

» La tradition de ce fait avait un solide appui dans cette circonstance que, dans cet intervalle qui comprend plus de onze cents ans, les Saint-Martin portaient le nom de Saint-Martin de Pouillon, tirant leur origine de cette commune de Pouillon qui porte aussi le nom de Saint-Martin, et de la terre de Saint-Martin comprise dans cette même commune dans laquelle ils ont constamment résidé, et dans cette autre circonstance, que c'est des Saint-Martin que le chapitre de la cathédrale de Dax acquit, à une date peu reculée, la dîme des deux paroisses qui leur était octroyée au commencement du VIIIe siècle.

» C'est vers cette même époque que les Saint-Martin durent vendre leur dernière propriété. La terre de Saint-Martin, obérée sans doute par cette suite de guerres parmi lesquelles il faut compter les guerres de religion si longues, si générales et si déplorables par les excès, et que, se retirant dans un très petit domaine qui leur restait, ils substituèrent le nom de Saint-Martin la Caze à celui de Pouillon ; mais ils eurent la consolation de voir la considération publique s'attacher à ce nom de la Caze, que leur possession actuelle portait.

» Voilà, ma chère cousine, tout ce que je puis t'apprendre sur ce qui nous est relatif ; tu me pardonneras mon griffonnage et de te quitter brusquement sans te parler d'autre chose que de mon bien affectueux et inaltérable attachement.   SAINT-MARTIN. »

Tout ce que l'auteur a pu recueillir des traditions historiques de la maison de Saint-Martin, confirme ce qui précède. Il n'invoquera pas le sentiment d'un de ses collaborateurs, ni de plusieurs de ses parents et amis, sur l'ancienneté et l'illustration du nom de Saint-Martin ; mais se reportant au siècle dernier, et au témoignage de ceux qui sont morts, il citera l'opinion grave de **M.** Desperiers, prieur d'Arthous et curé de Hastingues, qui prétendait que les Bedorède et les Saint-Martin étaient les plus anciennes familles du pays.

Saint-Sever

Fondation du Collége, d'après Dom Martianay, bénédictin.

« Après avoir parlé de Toulouse, il ne faut pas passer sous silence l'établissement d'un collége à Saint-Sever, petite ville de Gascogne. L'amour de la patrie, joint au respect pour saint Jérôme, me paraît un motif assez pressant dans cette occasion pour ne rien négliger de ce qui peut faire honneur au saint et contribuer à rendre recommandable le lieu de ma naissance.

» Il y a donc environ sept ou huit ans que nos pères du monastère de Saint-Sever Cap de Gascogne se virent en état d'exécuter la promesse qu'on avait faite à la ville de leur donner un collége pour l'éducation de leurs enfants. Monsieur Captan, premier maire de Saint-Sever, mon ancien et fidèle ami presque dès le berceau, ne manqua pas de profiter de la bonne disposition qu'il remarquait dans le supérieur et les officiers du monastère, et d'écrire de la part de toute la ville à notre père général, le suppliant avec beaucoup d'honnêteté d'avoir pitié de tant de jeunes enfants qui perdaient leur temps et qui allaient tomber dans la dissolution et la barbarie, faute d'avoir le secours des autres villes voisines où il y a des colléges établis depuis fort longtemps.

» Le Révérend Père Dom Claude Boistard, alors supérieur général de notre congrégation, fut ravi de la demande qu'on lui faisait. Son bon cœur, toujours porté à faire du bien à tout le monde, fit qu'il accorda sans peine la permission à nos pères pour l'établissement du collége attendu depuis tant d'années. On y mit d'abord trois de nos religieux qui devaient enseigner les humanités et la rhétorique; et depuis ce temps on a la consolation de voir les jeunes gens de Saint-Sever élevés dans leur propre ville à la piété et aux belles-lettres. Le collége fut mis sous la protection de la bienheureuse Vierge Marie, de saint Sever, martyr et apôtre du pays, et de saint Jérôme, docteur de l'Eglise. Nous ne savons pas s'il produira de grands hommes; mais nous voyons déjà qu'il empêche de grands maux et qu'il procure les commencements d'une noble éducation à des gens qui allaient tomber dans tous les désordres de la barbarie et l'oisiveté. » (*Vie de saint Jérôme*, 1706).

L'*Histoire manuscrite de Saint-Sever* ajoute ce qui suit (f° 66) :

« Depuis la réforme du monastère, dû à messire René de Pontac, l'abbaye a toujours eu de bons religieux doctes et vertueux, dont plusieurs y ont enseigné cours de rhétorique, philosophie et poésie. »

Pierre de Captan était consul de la ville de St-Sever, en 1684, et en fut plus tard maire perpétuel (1695-1698) charge qu'il exerçait encore en 1720 et transmit à son fils aîné, Antoine de Captan, chevalier de St-Louis, qualifié maire en 1724.

La fondation du collége de St-Sever ne peut pas remonter au-delà de 1697-1698.

Mont-de-Marsan.

Charles de Lobit eut l'honneur de fonder en 1656 le collége de Mont-de-Marsan lorsqu'il était maire de cette ville.

Plusieurs membres de la famille de Prugue y ont exercé héréditairement la charge de maire perpétuel au XVIIe et au XVIIIe siècles.

Le 26 octobre 1639, noble Jean-Marie de Bordenave sieur de Bargues et de Noncareilles, étant mayre de la présente ville de Marsan.... vendit et échangea une métairie sise à Campagne avec le sieur Dutastet, avocat au parlement.

Jean-Marie de Bordenave mourut en 1640 laissant un fils mineur, noble Jean-Marie de Bordenave sieur de Noncareilles, sous l'autorité de son oncle Jean-Philippe de Poyferré, prêtre. Jean-Marie, deuxième du nom, est le premier degré de filiation, ci-dessus p. 189. Jean-Marie Ier avait une sœur, Magdelaine de Bordenave, damoiselle, femme sous l'autorité de Jean de Prugue, écuyer, sieur de Caillau, capitaine d'une compagnie au régiment de Béarn (*Titres de Pausader*).

Noble Jean de Poyferré, écuyer, seigneur de Benauges, fut mayre de Mont-de-Marsan et trésorier de la ville pendant les années 1665 et 1666, après lequel temps, ayant rendu ses comptes, il se trouva reliquataire et débiteur d'une somme de 2,400 livres en faveur de la caisse municipale. D'après une ordonnance de l'intendant de Bordeaux de 1680, noble Jean seigneur de Benauges ayant été incarcéré dans les prisons de la ville, vu qu'il était insolvable, damoiselle Odette de Lassalle, épouse dudit Poyferré, par transaction du 21 juin 1680, fit cession d'une métairie sise en la paroisse de Cère, avec ses appartenances et dépendances, troupeaux de chèvres et de brebis, ruches d'abeilles, qu'elle abandonna aux administrateurs de la ville de Mont-de-Marsan pour payer la dette de son mari et le retirer des prisons. L'acte fut retenu par de Mauco, notaire royal, en présence et avec le concours de noble Joseph de Mesmes, écuyer, seigneur de Patience, mayre de la ville (1680); sieur Bernard Burriot, homme d'armes; noble Pierre-Paul de Prugue, écuyer, sieur de Caillau; et M. Jean Bernardet, procureur au présent siège, jurats; sieur Thomas du Nogué, avocat au parlement, syndic de la ville; Darmé, lieutenant-général au sénéchal, et de Lobit, procureur du roy (Expédition originale en parchemin; *Titres de Pausader*).

Bernard de Sarriac, *évêque d'Aire et de Sainte-Quitterie du Mas, conseiller du roy en ses conseils, abbé de Lieu-Dé en Picardie, et de Lescale-Dieu en Bigorre.*

Ecartelé au 1 et 4 d'or à deux vaches de gueules, accornées et clarinées d'azur; au 2 et 3 d'azur au lion couronné d'or, et sur le tout d'argent à une corneille de sable becquée et membrée de gueules (du 4 mai 1665, *Titres d'Estopignan*).

Du Souilh de Fortisson.

Copie de sentence du Mont-de-Marsan au sujet de la parenté de Monsieur du Souilh de Duhort avec Messieurs de Fortisson de Lasque et Saint-Maurice (Archives de PAUSADER-BACHEN*).*

N... assigne le sieur du Soilh pour lui payer les lots et vanthes dudit contrat de revanthe passé en sa faveur par ledit sieur Gère, sans préjudice de poursuivre l'action en main mise, intentée contre ledit sieur du Soilh pour raison de la première vanthe faite en faveur dudit Gère par le sieur de Fortisson et autres qui pourraient avoir été faites, et des fiefs et arrérages avec dépans. Bernadet, pour ledit sieur du Soilh sa partie, dit que c'est une chose notoire qu'il est parent du sieur Fortisson au quatrième degré, comme il fait voir par des pièces qu'il a en main et lettres missives; ce qui se confirme davantage en ce qu'ils portent le même nom et sont de même famille, et encore que ledit sieur de Fortisson se qualifie Fortisson; la vérité est celle-là : que feu son père, qui s'appelait *Fortis du Soilh,* fit cette élizion et changement de Fortis du Soilh en Fortisson......... sans dépens, et j'ai signé :   DARMÉ, *lieutenant-général.* »

Nous avons vu, *Armorial,* p. 14, que le sieur Darmé était commissaire subdélégué et lieutenant-général en Marsan, en 1662. Le procès entre le sieur du Soilh et le sieur Gère a eu lieu de 1650 à 1665, et prend ainsi date certaine.

Mais sur la parenté et identité d'origine entre les du Souilh et les Fortisson, nous trouvons dans d'Hozier une preuve positive qui supplée aux lacunes de la sentence de M. Darmé.

L'*Indicateur nobiliaire* du président d'Hozier, ancien juge d'armes, contient, page 229, la mention suivante :

« DU SOUIL, DE FORTISSON, DE CAZALIS, DE TAXAUSIN OU TACHOUSIN, DE BALIRAC, DE ROQUEFORT. »

qui établit les preuves de noblesse fournies en premier lieu par les seigneurs du Souilh et de Tachousin, dont les terres, situées à Duhort, sont possédées par les descendants de M. du Souil baron d'Aubagnan, présent à l'assemblée de la noblesse en 1789. Et en second lieu par les du Souil de Fortisson, de Cazalis seigneur de Baliracq, vicomtes de Saint-Maurice et barons de Fortisson, de Lasque et de Roquefort de Tursan.

Il n'est pas inutile d'observer que le berceau de la famille paraît être le Souilh et Tachousin à Duhort, et que plus tard les branches qui ont rendu célèbre le nom de Fortisson ont occupé le château et baronnie de Fortisson à Renung (Duhort et Renung dans la vicomté de Marsan) et les châteaux et terres de Fortisson-Lasque, Roquefort de Tursan dans la sénéchaussée de St-Sever.

Dans la collection des lettres de Henry IV, on remarque plusieurs missives adressées par le roi Béarnais au capitaine Fortisson, l'un de ses vaillants compagnons d'armes, du 31 janvier 1581, *au capitaine Fortisson*, au château de Tartas; du 16 décembre 1584, *au même*, à Mont-de-Marsan; lettre du 9 septembre 1588, *au même*.

Les suscriptions portent le nom de Fortisson. Ce surnom donné par le roi à Fortis du Souil est devenu le nom de ses descendants connus sous les titres de seigneurs et barons de Roquefort et Balirac, etc., etc.

Henry IV, comme roi de Navarre, était duc de l'Albret, qui comprenait Tartas; et vicomte de Marsan par héritage des comtes de Foix. C'est à ce titre qu'il donna le commandement de Tartas à Fortis du Souilh avant 1581, et qu'il lui confia en 1584 la charge importante de gouverneur du Mont-de-Marsan.

Le blason de la famille du Souil de Fortisson est d'azur à deux tours rangées d'argent. On estime que ces deux tours sont la figure des châteaux de Tartas et Mont-de-Marsan, dont Fortisson était gouverneur.

Voir sur cette famille Lachesnaye des Bois en la *Généalogie de Foix de Candalle* — *Histoire des chevaliers de St-Louis*, par Mazas et Th. Anne. — *La collection des lettres d'Henry IV*, par feu Berger de Xivrey.

Sauveterre (Basses-Pyrénées).

Le sceau représente une vache surmontée d'une croix.
(X.-Raymond).

De Tausin.

D'or au chêne de sinople accosté de deux lions affrontés de gueules.

I. — Monsieur Bernard de Tausin, bayle de la ville de St-Sever (1544-1600), fut marié à damoyselle Jeanne de Lucat, veuve en 1612, en eut :

II. — Monsieur Jean de Tausin, homme d'armes, 1624-1633, avocat au parlement, bourgeois de la ville de Saint-Sever, succéda à son père dans la charge de bayle (1626-1641), et fut marié à damoyselle Magdelaine d'Arbo (*Registre de Nervis*), dont il eut :

1° Jeanne de Tausin, née en 1633, et le suivant.

III. — 2° Pierre de Tausin, homme d'armes, fils et successeur de Jean, est présumé père d'Etienne de Tausin, qui continue la filiation.

IV. — Monsieur Maître Etienne de Tausin, conseiller du roi au sénéchal de Saint-Sever, fut marié à damoiselle Marie de Captan (1680-1690), dont il eut :

1° Noble Jean de Tausin, qui continue la descendance ;

2° Jacques de Tausin, né le 29 avril 1683 ;

3° Noble Jean-Joseph de Tausin, né en 1686, officier à l'armée d'Allemagne (1730-1735), et chevalier de l'ordre royal et militaire de St-Louis ;

4° Pierre de Tausin, né le 1er mars 1688 ;

5° Autre Jean de Tausin, né le 10 juin 1689.

V. — Noble Jean de Tauzin seigneur de Lafeurère, né à St-Sever en 1678, fut marié à dame Rose de Lespès, dont il eut :

1° Elisabeth de Tausin, née le 14 avril 1720 ;

2° Pierre de Tausin, né en 1722 ;

3° Etienne de Tausin, né en 1725, écuyer, seigneur de Lafeurère, frère de Jean-Joseph, curé de St-Sever (1770) ;

4° Jean de Tausin.

VI. — Messire Jean-Joseph de Tausin, prêtre, curé de St-Sever et prébendier de Tortigues (1768-1782), assista le 15-31 mars 1789 à l'assemblée du clergé des Landes à Dax.

PIÈCES JUSTIFICATIVES

Le 14 avril 1720 naquit Elisabeth de Tausin, fille à noble Jean de Tausin, et à dame Rose de Lespès, et fut baptisée le même jour. Parrain, M. Jean de Tausin, clerc tonsuré ; marraine, demoiselle Elisabeth de Lespès, lesquels ont tous signé avec moy :

    ELISABETH DE LESPES, *marr.* ; TAUSIN, *père* ; TAUSIN, *par.* ;
    LUBET, *vicaire*.

Le 16 mars 1722 naquit et fut baptisé Pierre de Tausin, fils légitime à M. Jean de Tausin, et à dame Rose de Lespès. Parrain et marraine, noble Pierre de Captan, maire de la ville, et dame Marie de Captan, qui ont signé avec moy :

    CASTERA, *vic.* ; TAUSIN, *père* ; CAPTAN ; DE CAPTAN.

Le 9 mars 1725 naquit et fut baptisé Etienne de Tausin, fils légitime de noble Jean de Tausin, et à dame Rose de Lespès. Ses parrain et marraine ont été noble Etienne de Captan, capitaine dans le régiment de Condé-cavalerie et chevalier de l'ordre militaire de St-Louis, et demoiselle Marie de Lespès, qui ont signé avec moy :

CASTERA, *vic.* ; TAUSIN, *père* ; DE CAPTAN ; MARIE DE LESPES.

Le 19 janvier 1633 a été baptisée Jeanne de Tausin, fille de Jean de Tausin, homme d'armes, et de Magdelaine d'Arbo, damoyselle. Parrin et marraine, M. Philibert d'Arbo, prêtre et curé d'Arrouilh, et Jeanne d'Arbo, damoiselle, sa sœur. Par moi, CARRÈRE, *vicaire*.
(*Registres de Montaut*).

Le 11 novembre 1641 naquit Jean Desclaux, fils de Pierre Desclaux et de Catherine de Cabiro, baptisé le 13 du même mois. Parrain, M. Jean de Tausin, bourgeois de la ville de St-Sever, et marraine, damoyselle Magdelaine d'Arbo, de la même ville : DESPOUYS, *prêtre-vicaire*. (*Nervis*).

Noble Jean de Tausin, âgé de 80 ans, mourut le 7, et fut enseveli dans l'église de la paroisse le 8 mars 1758. (*St-Sever*).

Le 1er avril 1688 naquit Pierre de Tausin, et fut baptisé le même jour, fils légitime de M. Me Etienne de Tausin, conseiller du roy au présent siège, et de demoiselle Marie de Captan. Ses parrin et marraine, Pierre de Tausin, prêtre, et damoiselle Catherine de Rochet. Présents, nobles Pierre de Castaignos, et Pierre de Captan, qui ont signé avec moy :

LARTIGUE, *vicaire* ; TAUZIN ; TAUSIN, *père* ; CATHERINE DE ROCHET, *marraine* ; CASTAIGNOS ; CAPTAN, *pnt*. (*St-Sever*).

Le 10 juin 1689 naquit Jean de Tausin, et fut baptisé le 11 dudit mois et an, fils légitime à Me Etienne de Tausin, conseiller du roy, et à demoiselle Jeanne de Captan. Les parrain et marraine, noble

Jean de Sort, et demoyselle Josèphe de Tausin. Présents, noble Pierre de Captan, et M. Jean Dusault, qui ont signé avec moy :

M. DE CLOCHE, *curé ;* TAUSIN, *père ;* SORT, *parrain ;* DUSAULT; TAUSIN, *marraine ;* DE CAPTAN, *pnt.*

CAPTAN-TAUSIN. — Contrat de mariage passé en 1718, entre noble Etienne de Captan, capitaine de cavalerie dans le régiment de Condé, fils de noble Pierre de Captan et de dame Catherine Leblanc de Labatut et demoiselle Catherine de Captan, fille de noble Joseph-Adam de Captan, seigneur de Monein, et de dame Josèphe de Tausin. Témoins, chevalier de Captan, C. de Captan, de Captan père, de Tausin mère, de Bourouillan-Captan, de Lartigué, Captan chevalier de St-Louis, Louise de Lartigue, de Caucabannes, Captan-Tausin, Rose de Lespès-Tausain. (*Archives de Captan*).

Le 23 novembre 1700, après la publication des bans de mariage par trois dimanches consécutifs aux messes de paroisse, sans aucun empêchement canonique, et après qu'il nous aurait apparu contrôle des bans du 17 du même mois et an, reçurent la bénédiction nuptiale noble Jean-Joseph de Caucabannes et mademoiselle Anne de Captan. Présents : noble Jean-Pierre de Caucabanes et noble Pierre de Captan, conseiller du roi et maire perpétuel de la ville ; noble Antoine de Captan, capitaine de cavalerie ; noble Adam-Joseph de Captan, qui ont tous signé.

DE CAUCABANES ; A. DE CAPTAN ; CAUCABANES ; CAPTAN ; DE BARRY, *prêtre ;* CAPTAN ; CAPTAN ; CASTERA, *vicaire.* (*St-Sever.*)

Pierre-Simon-François de Caucabane naquit le 27 octobre 1702 ; il est fils légitime de noble Jean-Joseph de Caucabane et de demoiselle Anne de Captan, conjoints. Son parrain est noble Pierre de Captan, maire de cette ville, et sa marraine mademoiselle Jeanne de Cabanes, qui ont signé avec moi.

PORTETS, *curé ;* DE CAUCABANE, *père ;* CAPTAN, *parrain ;* JEANNE DE CAUCABANES (*sic*) ; CAPTAN, *pnt ;* CASTERA, *pnt.* (*St-Sever*).

De Trinqualie ou Trenqualie,

en Armagnac et Guienne.

D'azur à un lion de gueules tenant un rameau d'olivier de sinople (de Bastard). — *Armes fautives ou a enquerre.*

M. de Bastard écrit page 146 (*Noblesse d'Armagnac*) :
Trenqualie : *D'azur à un lion de gueules ;* mais il reconnaît que le champ doit être *d'argent.*

L'auteur veut bien réparer ses omissions, mais pas en enregistrant des blasons contraires aux règles de l'art. Tels sont le blason de Trenqualie et celui de la ville d'Aire (au 2 et 3 de *gueules* au lion de *pourpre*). « Voilà, m'écrit un consciencieux héraldiste, voilà pour le coup des armes d'enquerre, du *pourpre* sur du *gueules*, ce n'est pas commun et cela ne *tranche guère ;* ou c'est une erreur de blason, ou il y a une raison historique. »

Ce faux blason n'a rien d'historique, c'est une énorme faute et voilà tout. La couleur pourpre, rejetée par plusieurs armoristes du XVIIe siècle, admise avec réserve par le P. Menestrier dans des cas exceptionnels, est un composé de gueules et d'azur. Placez un lion de pourpre sur un fond de gueules, vous aurez gueules sur gueules, car la moitié de la pièce s'amalgamera avec le fond. Les coloristes du blason de la ville d'Aire ont si bien senti l'impossibilité d'un lion de pourpre sur fond de gueules, que ce lion a été métallisé d'argent. L'affiche de la fête locale portait, si mes souvenirs d'une rapide inspection sont exacts : Ecartelé au 1 et 4 d'or au lion d'azur à la queue fourchée ; au 2 et 3 de gueules au lion d'argent ou d'or (Voir V. Bouton, *Traité de Blason*, pages 24 et 25, des exemples de pièces de pourpre sur champ de métal). L'autorité de Martin Viscay (*Armorial de Navarre*), et des raisons historiques particulières, font accepter certains blasons couleur sur couleur, par exemple Vidart et autres ; mais l'auteur de l'*Armorial des Landes* n'a pas le pouvoir de se soustraire aux règles.

Trinqualie-Marsan.

MM. Elie et Marc de Marsan et Mme de Trinqualie, tous décédés, étaient fils de M. de Marsan Lagouardère et de dame Louise-Marie de Barry, et petits-fils de noble Bertrand de Marsan et dame Jeanne de Borrit.

PIÈCES JUSTIFICATIVES.

Noble Bertrand de Marsan, ancien officier d'infanterie, et demoiselle Jeanne de Borrit, natifs et habitans de cette ville, ont épousé le 8 janvier 1759, les cérémonies de l'église en tel cas requises préalablement observées. Témoins ont été noble Jean-Benoît de Basquiat ; M. Jean Larrieu, avocat, et noble Joseph de Borrit, qui ont signé avec les époux et moi. — Broca, *vicaire ;* Jeanne de Borrit ; Marsan ; le chevalier de Basquiat ; Basquiat, *maire ;* Larrieu, *avocat ;* chevalier de Borrit. (*St-Sever*).

Etienne de Marsan, fils légitime de noble Bertrand de Marsan, officier d'infanterie, et de dame Jeanne de Borrit, est née le 30 et a été baptisé le 31 juillet 1761. — Parrain, noble Etienne de Marsan ; marraine, dame Claire de Basquiat, qui ont signé avec nous.
Tausin, *curé de St-Sever ;* Marsan, *père ;* Basquiat ; Marsan.

Extrait des registres des sépultures de la paroisse de St-Girons et Hagetmau :

Le trente-un mars mille sept cent soixante dix-sept, Monsieur Bertrand de Marsan, muni des Sacrements, est décédé âgé de cinquante et un ans, et le lendemain a été enseveli dans l'église paroissialle de St-Gerons avec les cérémonies de l'église. Témoins,

Matthieu D'Arracq et Jean Saubusse, benoîts, qui ont signé avec nous. Ainsi signés. CAPDEVILLE, *curé*; SAUBUSSE; D'ARRACQ.

———

Je soussigné, curé de St-Gerons et Hagetmau, certifie avoir fait le susdit extrait sur l'original sans y avoir ajouté ou diminué un seul mot. Fait audit lieu de Hagetmau le vingt-trois d'aoust mille sept cent quatre-vingt-deux. — CAPDEVILLE, *curé*.

———

Le 19 janvier 1770, avant midy, dans la ville de Saint-Sever, par devant moy, notaire royal soussigné, présents les tesmoins bas nommés, furent présents : Dame Claire de Basquiat, veuve de noble Augustin de Borrit, écuyer, seigneur de Saint-Germain, habitante de cette ville, d'une part ; et sieur Bertrand de Marsan, aussi écuyer, ancien officier d'infanterie, et dame Jeanne de Borrit, mariés, habitans de la ville, d'autre part :

Entre lesquelles parties a été dit et convenu que le 28 décembre 1758, il feut passé des articles de mariage entre les dits sieur de Marsan et dame de Borrit ; les dits articles signés de ladite dame de Basquiat, du sieur Etienne de Marsan père, et des futurs époux, lesquels ont été controllés et insinués à Saint-Sever par Margeon, le 15 janvier 1761. En conséquence desquels articles le mariage desdits de Marsan et Borrit a été célébré en face de l'église ; et comme lesdites parties désirent assurer l'existence desdits articles, ils les ont déposés ez main de moy, notaire, pour leur en être délivré des expéditions et être exécutées suivant leur forme et teneur. En conséquence, ladite dame de Basquiat a alloué, approuvé et ratiffié, comme elle alloue, approuve et ratiffie par ces présents la constitution dotalle de la somme de quinze cents livres par elle faite à ladite dame Jeanne de Borrit pour ses droits maternels, veut et consent qu'elle soit exécutée suivant sa forme et teneur. (N° 2)

Laquelle confirmation et ratiffication ladite dame de Borrit, authorizée par ledit sieur de Marsan, son mari, a partant que de besoin serait accepté, et ce dessus a été stipulé et accepté par les parties, qui ont promis de l'entretenir aux peynes du droit. Ez présences de M. François Lafitte, avocat en parlement, et Jean-Baptiste

Destouet, présent, habitant de cette ville. Signés à l'original avec les parties et moy. Signé Lafitte, notaire royal. L'original est controllé à Saint-Sever, par Margeon, le 26 janvier 1770, qui a reçu treize sols, compris les six sols pour livre.

S'ensuit la teneur desdits articles :

Articles de mariage qui doit être célébré à la face de l'Eglise, entre sieur Bertrand de Marsan, ancien officier d'infanterie, et de feue Jeanne demoiselle de Labat, procedant sous l'authorité et consentement dudit sieur de Marsan son père et autres parents, d'une part ; et Jeanne de Borrit, demoiselle, fille légitime de feu noble Augustin de Borrit, seigneur de Saint-Germain, et de dame Claire de Basquiat, procédant de l'assistance et avec le consentement de la dame de Basquiat, sa mère, et autres parents, d'autre part. — Lequel mariage lesdits futurs époux ont promis de solampniser à la première réquisition de l'un d'eux. — En faveur dudit mariage, ladite dame Claire de Basquiat a constitué en dot à ladite demoiselle de Borrit, sa fille, tous et chacuns, ses droits qui peuvent lui revenir sur la succession de feu sieur de Borrit, son père, pour la recherche desquels elle établit ledit sieur de Marsan, son procureur constitué. En outre, ladite dame de Basquiat constitue en dot et de son chef à la demoiselle Borrit, sa fille, la somme de quinze cens livres, et ce, pour la portion qu'elle peut avoir et prétendre, soit sur la dot à elle constituée, soit sur la dot qu'elle a gagnée par le prédécès de feu sieur de Borrit, son mari, se réservant ladite dame de Basquiat de pouvoir augmenter ladite constitution à sadite fille, s'il y arrive d'autres successions, et ledit sieur de Marsan futur époux, promet de reconnaître et affecter sur ses biens, comme il reconnaît et affecte dors et déjà, lorsqu'il en sera payé.

En faveur du même mariage, ledit de Marsan père a fait délaissement en faveur dudit sieur de Marsan, son fils, de tous les biens à lui obvenus du chef de la dite de Labat, sa mère, quelque part qu'ils soient situés, et par sondit fils payant ses dettes s'il en reste (4 f°).

Fait de plus ledit sieur de Marsan, père don et donation et à jamais irrévocable en faveur de son fils, acceptant et très humblement remerciant, de tout icellui moulin appelé de Cachon et deux métairies appelées au Barbat et au Blanc, avec les appartenances du tout, sis et situé dans la paroisse de Saint-Sever, aux quartiers de Soustras et Cachon, et ce pour les droits paternels dudit futur époux, se réservant ledit sieur de Marsan père les métairies de Lagoardère et celle de Berdin avec leurs appartenances et dépendances, situées en Banos, pour en disposer en faveur du sieur François de Marsan, son fils du second mariage, et dont il fait déjà donation pour ses droits paternels, au cas où il en disposerait autrement. De plus, le sieur de Marsan père donne et laisse aux futurs époux, son fils acceptant, la jouissance de tous ses biens et rentes pécuniaires, soit cy-dessus réservées pour ledit François de Marsan, soit à luy appartenant du chef de la dame de Milhan, sa seconde femme, et de feu sieur de Milhan, vivant, officier de cavalerie, oncle (4 f°) dudit François de Marsan, à la charge par ledit sieur de Marsan futeur époux de fournir à sondit père la nourriture et entretien tant en santé que maladie, payer les gages de ses domestiques et les nourrir, ensemble acquitter toutes les charges et impositions desdits biens donnés et réservés, et nommément la rente due pour le moulin de Milhan, et sous l'obligation encore de fournir à l'entretien du sieur François de Marsan et de lui payer jusqu'à l'âge de sa majorité une pension suffisante pour une éducation convenable à son état. Veut de plus ledit sieur de Marsan père qu'après son décès ledit futur époux prenne l'administration dudit sieur François de Marsan et de ses biens jusques à sa majorité, à la charge de lui en rendre compte.

Donne enfin ledit sieur de Marsan au futeur époux, acceptant, tout l'or et l'argent qu'il aura à son décès et la moitié des meubles qui se trouveront alors, l'autre moitié réservée à son fils du second mariage ; comme aussi donne et laisse audit futeur époux tous les arrérages des rentes qui se trouveront dues à sa mort, et demeurera ledit sieur de Marsan tenu (4 f°) de payer en seul les frais des honneurs funèbres de sondit père, qui a déclaré vouloir être ensevely par ledit sieur curé et dans l'église paroissielle où est sa sépulture. En cas de prédécès dudit futur époux, la future épouse gaignera la somme de mille livres en propriété et aura par manière de viagé et pendant sa vie la jouissance desdites deux métairies appelées du Blan et du Barbat, situées en Soustras, avec leurs appartenances et dépendances, et dans l'état où elles se trouveront alors ; et s'il y a des enfants dudit mariage, la future épouse aura l'usufruit et jouissance de leurs biens sans rendre compte ny prêter de réliqua aucun, dont et du tout le futur époux luy fait don et donation au cas qu'il luy en serait demandé.

En cas aussi de prédécès de ladite future épouse, ledit de Marsan gaignera la somme de mille livres sur tous ses biens par manière d'agencement. Et tout ce dessus a été mutuellement stipulé (4 f°) et accepté par toutes parties, qui ont promis de l'entretenir aux peynes du droit,

En foy de quoy a été fait double à Saint-Sever, le 28 décembre 1758. Ainsi signés à l'original : Marsan, Basquiat, de Borrit, Jeanne de Borrit Saint-Germain et Marsan. Ledit original controllé à Saint-Sever par Margeon, le 15 janvier 1761, qui a reçu cent livres, compris le vingtième. LAFITTE, *notaire royal*.

Pour seconde copie, la première étant en parchemin.

—

Entre nous soussignés noble Bertrand de Marsan, ancien officier d'infanterie, au nom et comme héritier testamentaire de feue dame Jeanne de Marsan, veuve de messire François de Lavie seigneur d'Arthos, sa tante, habitant de St-Girons, d'une part ; et dame Marthe de Lavie, veuve de noble Matthieu de Pausader de Bachen, habitante d'Arthos, d'autre part ; a été dit et convenu que par exploit du 16 avril 1773, ledit sieur de Marsan aurait randu assignée ladite dame de Bachen, au sénéchal de St-Sever, pour se voir condamner de luy payer la somme de vingt-sept mille livres pour la dot et agencement de ladite fue dame de Marsan, avec l'intérêt d'un côté, et celle de six cents livres pour les habits de dueil de ladite dame de Marsan, aussi avec l'intérêt d'autre cotté, sauf à déduire, sur lesdittes sommes, ce que ladite dame de Bachen justifierait avoir été payé ; et comme ladite dame prétendait avoir des reprises considérables à faire, soit à raison des dégradations et incuries survenues dans les maisons et biens délaissés par ledit feu sieur de Lavie son frère, et dont ladilte fue dame de Marsan a joui comme légataire dudit feu de Lavie, soit à raison des avances par luy faites à la prière dudit sieur de Marsan pour le sieur de Marsan son frère pendant sa minorité, soit à raisons des obmissions commises dans l'inventaire fait après le décès dudit feu sieur de Lavie, soit enfin à raison des payements par elle faits depuis ledit décès, et que son costé, ledit sieur de Marsan avait remis tous les meubles et effets compris audit inventaire, et prétendait non-seulement se deffendre contre partie des dittes reprises, mais encore que ladilte fue dame de Marsan avait fait des payements à la décharge de l'hérédité ; lesdittes parties, considérant les frais immenses et la longueur que toutes ces discussions auraient nécessairement entrené, dezirant les prévenir et terminer lesdittes contestations à l'amiable, elles auraient convenu d'arbitres; et cependant ladilte dame de Bachen aurait fait des payements à compte audit sieur de Marsan, dont il a fourni quittance ; ensuite, et par la médiation desdits sieurs arbitres et amis communs, elles ont traité et transigé sur ladite instance de la manière suivante, sçavoir : qu'après avoir calculé et supputé tout ce qui était dû audit sieur de Marsan en ladilte qualité d'héritier de ladilte dame de Marsan sa tante, et de celles à luy payées par ladilte dame de Bachen, et qu'elle peut prétendre à raison de ses reprises. Vérification faite du tout et dudit inventaire, il s'est trouvé que ladilte dame de Bachen doit encore, et pour tout reste, la somme de quatre cent quatre-vingt-huit livres, à laquelle les parties ont amiablement réglé et fixé le tout. Laquelle somme de quatre cent quatre-vingt-huit livres, ladilte dame de Bachen a réellement payé sur ces présents audit sieur de Marsan, en bonnes espèces du cours de ce jour, qu'il a reçu moyennant ce, lesdittes parties, sur ladite instance, circonstances et dépendances, se sont mises hors de prétentions à raison de ce dessus, et généralement de toutes autres affaires jusques à ce jour, demeurant néanmoins réservé audit sieur de Marsan les fiefs de la terre d'Arthos pour tout le temps que ladilte fue dame de Marsan a joui de l'usufruit a elle légué par ledit feu sieur de Lavie pour s'en faire payer par les tenanciers ainsi qu'il avisera. A cet effet, elle luy fournira, sur son récépissé, les titres qui établissent lesdits fiefs. Et ce dessus, nous avons ainsy stipulé, et accepté et promis exécuter de bonne foy, sous obligation de tous nos biens et causes présents et avenir que nous avons soumis aux rigueurs de la justice. Fait double à St-Sever, le 15 juillet 1776 (souasante-seze).

LAVIE DE PAUSADER.

D'Arbo.

D'or à un lion de gueules, écartelé d'argent à un chesne de sinople.

De Tuquoy de Tingon.

D'azur à un pélican d'or dans son nid d'argent (*Armor. de Guienne*, 1698).

La baronnie de Tingon était située dans la paroisse de Nerbis, aussi les seigneurs d'Arbo sont inscrits dans les archives depuis 1200 jusqu'à 1600. Une clef de voûte du XIII° siècle contient le nom de cette noble et ancienne famille.

Bernard d'Arbo sieur de Tingon est cité en 1560 dans l'*Histoire de Gascogne,* de l'abbé Monlezun, t. VI, p. 186. Un demi siècle plus tard, la maison d'Arbo n'était plus représentée que par les dames dont les noms vont suivre :

1° « Le 8 mars 1618, Jeanne d'Arbo de Tingon, femme de Monsieur de Labasse, s'est enrollée en laditte confrairie en laquelle a été reçue (Mademoiselle de Labasse). » —*Livre de N.-D. de Goudosse.*

2° Monsieur M⁰ Gillet de Genestet seigneur de Favaré, conseiller du roy en la cour du parlement de Bordeaux et président aux enquêtes en icelles, et noble Jeanne d'Arbo de Tingon dame de Sainte-Croix, son épouse, le 31 décembre 1619 (*Archives de Cabannes*).

3° Pierre d'Estoupignan, écuyer, prévôt royal de la ville de St-Sever, 1564-1600-1604, marié à damoiselle Marguerite d'Arbo de Tingon vers 1600, en eut : Ramon d'Estoupignan, écuyer, seigneur baron de Tingon, 1620-1630 (*Archives de Laborde-Lassalle*), dont la fille épousa en 1650 noble Jean-Jacques de Tuquoy, seigneur du Puch, baron de Montaut, etc., etc. (*Armorial* de 1863). Après la mort de Jean-Christophe de Tuquoy, dernier du nom, Tingon passa à la maison de Pichard, et était possédée au XVIII⁰ siècle par le marquis du Lyon de Campet (Pierre-Gaston, en 1750), dont l'aïeul Pierre du Lyon baron de Campet et Geloux avait épousé en 1682 demoiselle Ursule de Lassalle, fille de noble François de Lassalle seigneur de Canenx et Castelmerle. La mère du seigneur de Lassalle était de la famille d'Arbo de Castelmerle, rameau détaché en 1450 de la vieille souche d'Arbo de Tingon de Nerbis.

Dame Joséphine du Lyon, veuve de Monsieur de Lacoste, possède actuellement la baronnie de Tingon.

PIÈCES JUSTIFICATIVES.

Noble Charles Pierre d'Estopignan naquit le dernier du mois de may 1629, et fust (par nécessité), le même jour et an que dessus, baptisé par M° Bernard de Larhède, prêtre et vicaire de l'église de Nervis, fils naturel et légitime, ledit d'Estopignan, de noble Symon-Pierre d'Estopignan, escuyer, et damoyselle Jeanne d'Arbo de Tingon, et les cérémonies luy ont été appliquées par M° Barthélemy Despouys, prêtre et aussy vicaire dudit Nervis, le 4 juin an susdit. Parrain, noble Charles d'Estopignan, escuyer; marraine, damoyselle Jeanne d'Estopignan. B. DESPOUYS, *pr.*; DE LARHÈDE, *prêtre vicaire*.

———

Le 28 avril 1632 M° Ramond d'Estopignan, sieur baron de Tingon, fut parrain de Ramond de Latrie, fils de Bernard de Latrie et de Bertrande de Laborde; marraine, damoyselle Anne de Beyries, tous habitans de la présente paroisse. DE LARHÈDE, *prêtre*; (*Nervis*).

———

Noble Catherine Destopignan, aagée de deux ans ou environ, mourut le dixième de juin l'an mil six cent vingt-huit, et fut ensevelie dans l'église de céans.

———

Noble Jeanne d'Estopignan, âgée d'environ un an, mourust le onzième de juin mil six cent vingt-huit, et feust ensevellie dans l'église de céans.

———

Jean Darbo ou de Castelmerle, âgé de six à sept ans, mourut le dernier jour du mois de mars mil six cent trente-un, et fut enterré dans le cimetière de la présente église. — (*Mortuaire de Nervis*).

———

B. 3977. *Carton*. — 90 pièces papier (*Archives de Pau*), 1667.
Gages des officiers du Parlement de Navarre:

De Lavie, premier président, 1,800 livres; — d'Esquille de Gassion et de Marca, 1,200 livres chacun; — de Noguès de Loyard, de Batz, Lassalle, d'Oroignen, Mesplès, d'Abbadie, etc., conseillers, 300 livres chacun.

B. 3939. Carton. — *Etat des gages des officiers du parlement de Navarre, année* 1659 :

De Lavie, premier président ; de Noguès, de Loyard, de Batz, de Lassalle, de Capdeville, d'Oroignen, de Mesplès, conseillers. (*Archives de Pau*).

Même mention de d'Oroignen les années 1653, 1662.

—

B. 461. *Ibidem, année* 1745. — Gages de Matthieu-Philippe d'Abbadie d'Oroignen, Henry de Gassion, Dominique d'Esclaux-Mesplès et autres, présidents au parlement. (*Archives de Pau*).

—

B. 663. — XVIIe *siècle. Aveu et dénombrement des biens nobles situés dans la sénéchaussée d'Oloron* :

Jacques d'Abbadie baron d'Oroignen, Préchac et Lay. (*ibidem*, page 57.)

—

Le château d'Oroignen d'où est sortie dame Marie d'Oroignen baronne de Tingon de Tuquoy, est situé actuellement dans la commune de Dognen, canton de Navarrenx et ancien diocèse d'Oloron.

(Voir le *Dict. topographique des Basses-Pyrénées*, par M. Xavier Raymond).

—

Le 10 du mois d'octobre 1702, nous, Jean-Pierre de Barry, conseiller du roi et son lieutenant-général en la sénéchaussée des Lannes, siège de Saint-Sever, commissaire délégué par Monseigneur l'évêque d'Aire, la commission en date du 9 du présent mois, portant dispense du second et troisième ban et lettres à nous adressantes, signées : *Ludovicus Gasto, episcopus Adurensis ;* et plus bas : *De Mandato illustrissimi et reverendissimi episcopi Adurensis, domini mei de Lagognè ;* scellé du sceau épiscopal, insinué dans le registre des insinuations ecclésiastiques du diocèse d'Aire, les mêmes jour, mois et an que dessus, par Cadillon, greffier ; et après avoir vu la dispense des bans de la demoiselle Doroigne, obtenue du seigneur évêque d'Oloron, en date du 24 avril 1702, signée François-Charles, évêque d'Oloron, et plus bas par mandement de mondit seigneur évêque : Lassalle, secrétaire du seigneur évêque diocésain de ladite demoiselle Doroigne et consentement de père et mères desdites parties et parents et rehabilisant leur mariage : leur avons de nouveau imparti la bénédiction nuptiale dans notre maison et chapelle domestique, conformément à ladite commission, et lettre dudit seigneur évêque, les formalités en tel cas requises ayant été observées. Présents, Maître Jean-Pierre de Saint-Martin, prêtre et curé dans le diocèse d'Oloron ; Jean-Blaise de Marsan, avocat en la cour; Pierre Laborde, procureur au sénéchal, et Jean Vergès ; les tous présents trouvés et habitants trouvés en la présente ville, qui ont tous signé.

DE TUQUOY ; JEANNE DOROIGNE ; MARSAN, pñt ; SAINT-MARTIN, pñt ; LABORDE, pñt ; VERGÈS, pñt ; DE BARRY, prestre et commissaire délégué.

Laquelle copie, nous soussigné, prêtre et docteur en théologie et curé de la ville de Saint-Sever, certifie contenir vérité pour avoir été tirée mot à mot sur l'original qui a resté entre les mains de M. de Barry. En foi de quoi je signe les présents et signés de Jean-Pierre Castera, prêtre et vicaire de cette ville de Saint-Sever, le 11 novembre 1702. — CASTERA, pour avoir écrit ; PORTETS, curé ; DE BARRY, pñt, pour avoir retiré l'original.

On lit dans *l'Histoire de l'abbaye de St-Sever* :

« Ce monastère est encore redevable de la même réforme à feu Monsieur Jean-Jacques de Tucquoi, avocat du roi au siège de la présente ville, qui reçut le premier le Révérend Père Dom Antoine Spinas, Prieur de l'abbaye de Ste-Croix de Bordeaux, agissant ainsi en qualité de procureur du très Révérend Père supérieur général de la congrégation de Saint-Maur, pour y mettre la réforme, que le même avocat du roi aida de son crédit, de ses conseils et de son industrie, nonobstant les plaintes et les menaces que lui faisaient la plupart des autres habitants ; aussi a-t-il été affilié à la même congrégation avec sa famille. »

Du Vacquier d'Aubaignan,

Seigneurs barons d'Aubaignan et de Lartigue, en Tursan et Marsan.

D'argent à trois grenades de sinople (d'Hozier, 1700).

Cette famille a été convoquée plusieurs fois au ban de la noblesse, en 1692, 1694 et 1702, dans la sénéchaussée de St-Sever pour la baronnie d'Aubaignan, et dans la vicomté de Marsan pour la terre de Lartigue, située à Grenade.

I. — Noble Jehan du Vacquier, sieur de Bresquedieu, Aubaignan et Lartigue, vivant le 27 juin 1618, laissa un fils unique, qui suit.

II. — Jehan du Vaquier, seigneur de Bresquedieu, Lartigue et Aubaignan, allié à Catherine de Batz, damoiselle, par contrat de mariage du 20 septembre 1620. Catherine était fille de noble Pierre de Batz, conseiller du roi, lieutenant particulier au siége de Saint-Sever, et de Catherine de Laborde, damoiselle. La dot constituée fut de 6,000 livres (1). (*Titres de Batz d'Aurice*).

---

(1) Il existe à Castera une liasse assez nombreuse de papiers intéressant la famille de Bourdeaux, en qui se sont fondus, en 1695, les Bourdeaux d'Audigeos. Cette maison, originaire du Bazadois, avait de bonnes alliances dans ce pays avec les Bahus-Talazac, en 1658, les Duvacquier d'Aubaignan, en 1640, les de la Porte, en 1730, les de Spens, les de Tuquoi, les Commarieu, etc. — Le nom de Castera fut ajouté en 1755 par noble Christophe de Bourdeaux, conseiller du roi, époux de dame Noëlle de Laporte, lors de l'achat de la terre et seigneurie de Castera, près Audignon, à Messire Antoine de Barry, qui la tenait de M. de Juge de Castera. (Vte de Galard).

D'après le *Nobiliaire de Guienne,* p. 51, les de Barry, seigneurs de Castera sont : noble Louis de Barry, seigneur baron de Batz, Castera et Toujun, 1671-1699. Son fils aîné, noble Jean-Pierre de Barry, prêtre, lieutenant-général au sénéchal de St-Sever, seigneur de Castera, 1698, 1703, 1705; et le fils puîné de Louis, Antoine de Barry, écuyer, seigneur de Toujun et de Castera, 1698, 1755.

M. de Juge de Castera (Noble Pierre, escuyer) fut convoqué avec la noblesse, en 1702, sénéchaussée de St-Sever.

III. — Du mariage de noble Jean du Vacquier d'Aubaignan et de Catherine de Batz, damoiselle, sont issus :

1° Anne du Vacquier d'Aubaignan, mariée à noble Pierre de Muret seigneur de Cucurain, et veuve en 1680 lorsqu'elle fournit le dénombrement de ses biens situés en Marsan (*Archives de Pau*).

2° N... du Vacquier, écuyer, seigneur d'Aubaignan, le Brescadieu et Lartigue, marié à dame Marie de Castelnau des seigneurs de Brocas et Jupoy, ne vivait plus lorsque le dénombrement de ses biens fut fourni en 1678-1680 par ladite dame Marie de Castelnau (*Archives de Pau*).

De leur mariage sont issus :

1° Pierre du Vacquier d'Aubaignan, qui forme le quatrième degré ;

2° Et demoiselle Marie du Vacquier d'Aubaignan, alliée en 1699 à son cousin noble Joseph de Laborde seigneur d'Abany (*Archives de St-Sever*).

IV. — Noble Pierre du Vacquier, écuyer, seigneur d'Aubaignan et de Lartigue, capitaine de dragons, déclara ses armoiries à l'Armorial général de France (*Guienne*) en 1700. Marié à dame Anne-Marie de Larrazet, il en eut :

1° Noble Pierre du Vacquier d'Aubaignan ;

2° Noble Mathieu du Vacquier d'Aubaignan ;

3° Et demoiselle Marie-Anne du Vacquier, alliée en 1722 à noble André de Basquiat, écuyer, seigneur d'Arthos et de Lahouze.

IV (*bis*). — Noble Pierre du Vacquier seigneur d'Aubaignan et de Lartigue, marié en 1723 à demoiselle Marie-Magdelaine du Haget, fille de feu Charles-Joseph du Haget, chevalier de St-Louis, commandeur de St-Lazare, ancien capitaine au régiment royal, et de haute et puissante dame Marie-Thérèse de Foix de Candalle du Lau, son épouse.

V. — Noble Matthieu du Vacquier seigneur d'Aubaignan, vivant en 1720-1750, marié à dame Marie d'Abadie de St-Loubouer (1730).

Le château d'Aubaignan est aliéné en faveur de messire Pierre-Laurent de Souilh, mestre de camp de cavalerie, et l'héritière de la maison d'Aubaignan s'allia à un des seigneurs de Castelnau-Jupoy des barons de Brocas ; néanmoins, le nom du Vacquier d'Aubaignan est représenté en 1789 à l'assemblée de la noblesse de Tartas, où messire Pierre d'Antin-d'Ars baron de Sauveterre est porteur de la procuration de dame Marie-Catherine du Vacquier d'Aubaignan, veuve de messire Louis de Maurian, écuyer, seigneur de Carcen, mère et administreresse de ses enfants.

La famille de Maurian-Carcen (1) est représentée par le vicomte Valori de Vidart et les dames Pauline princesse de Broglie-Revel, Marie princesse de Broglie-Revel, ses deux filles.

PIÈCES JUSTIFICATIVES

Noble messire André de Basquiat, écuyer, chevalier, seigneur de Lahouze, seigneur d'Arthos et de Bonnegarde, fut marié par articles sous-seing-privé dans la ville de St-Sever, le 17 juillet 1722, avec demoiselle Marie-Anne de Vacquier d'Aubaignan, fille de feu de Pierre du Vacquier d'Aubaignan, écuyer, seigneur d'Aubaignan et de Lartigue, et de feue dame Anne-Marie de Larrazet. La future est assistée dans cet acte de noble Pierre de Vacquier d'Aubaignan, écuyer, seigneur dudit lieu et de Lartigue son frère (*Nobiliaire de Guienne*, t. II, p. 450).

Le second jour du mois de février mil sept cent vingt-trois, après la publication des bans et autres formalités en tel cas requises, ont

(1) Feu *Louis Maurian* et *Catherine du Vacquier* sa veuve (Tartas, Reg. de 1793).

reçu la bénédiction nuptiale : M. Pierre d'Aubaignan, et demoiselle Marie-Magdelaine du Haget, en présence de messire Bernard de Candale, chevalier, seigneur et baron du Lau, lieutenant de MM. les maréchaux de France ; de noble Victor de Laborde, écuyer, seigneur de St-Loubouer ; de noble Pierre de Lataulade, capitaine au régiment de Navarre et autres, qui ont signés avec les parties contractantes :

PORTETS, *curé*; DU HAGET (A) ; DU HAGET ; DE CANDALE DOUAZIT (B); AUBAIGNAN ; BEYNAC (C) ; LELAU DE CANDALE ; CASTELNAU-JUPOY (D) ; le chevalier DE LATAULADE ; CANDALE DU HAGET (E) ; L.-S. LOUVOY, p̃nt; DARCÈS, *prestre*.

—

Le onzième du mois de février mil sept cent vingt-quatre, naquit et fut baptisé Matthieu de Basquiat, fils légitime et naturel d'André de Basquiat seigneur d'Arthos, et dame Marie-Anne d'Aubaignan. Parrain et marraine, Matthieu de Basquiat sieur de Chicoton, et dame Marie-Magdelaine du Haget, qui ont signé avec moy :

BASQUIAT-DARTOS, *père;* CASTERA, *vicaire;* MARIE DU HAGET ; BASQUIAT.

—

Le sixième juin mil sept cent vingt-cinq naquit Matthieu de Basquiat, fils légitime d'André de Basquiat seigneur d'Artos, et dame Marie-Anne d'Aubaignan, et fut baptisé le onze du même mois de juin. Parrain, Matthieu du Vacquier, écuyer, seigneur d'Aubaignan ; marraine, demoiselle Josèphe de Basquiat, qui ont signé avec ledit sieur de Basquiat père.

BASQUIAT-DARTOS, *père;* CASTERA, *vic.;* JOSEPH DE LAMARQUE ; D'AUBAIGNAN.

(A) Messire Bernard-Laurent du Haget, frère de Marie-Magdelaine.
(B) Léon de Foix de Candale baron de Douazit, marié à dame Romaine de Lafaysse, fille de noble Pierre seigneur de Lafaysse, premier mari de dame Marie-Thérèse de Candale du Haget.
(C) M. de Beynac seigneur marquis de Montgaillard.
(D) M. de Castelnau-Jupoy baron de Brocas, dont le fils épousa plus tard Julie-Constance de Beynac marquise de Montgaillard.
(E) Marie-Thérèse de Candale, mère de Magdelaine du Haget.

Jean de Basquiat naquit le 19 août de l'année 1728 et fut baptisé le 20 ; il est fils légitime à M. noble André de Basquiat seigneur d'Artos et à dame Marie-Anne d'Aubaignan. Ses parrain et marraine ont été M. M° Jean de Lamarque, advocat en la cour, tenant en l'absence du parrain, et demoiselle Marguerite d'Aubaignan, en présence de M. Jean de Basquiat et M. Jean de Tauzin, qui ont signé avec moy :

     CASTERA, *vic.*; BASQUIAT-DARTOS, *père*; A. LAMARQUE;
     DAUBAIGNAN; BASQUIAT.

—

Le même jour de la même année (8 septembre 1729) naquit et fut baptisé le 12, Jean de Basquiat, fils légitime de M. André de Basquiat seigneur d'Artos et de Marie-Anne d'Aubaignan, conjoints. Ses parrain et marraine, M. noble Jean de Basquiat, ancien secrétaire du roy, et dame Marie Dabadie de St-Loubouer d'Aubaignan, à la place de laquelle a tenu sur les fonts mademoiselle Marguerite d'Aubaignan. Présents MM. nobles Joseph de Mugriet, assesseur dans le sénéchal, et Jean-Pierre de Lafitte qui ont signé avec moy :

 MARGUERITE D'AUBAIGNAN, *pour la marraine*; BASQUIAT, *parrain*; BASQUIAT-D'ARTOS, *père*; LAFITE; BASQUIAT, *pñt*; PORTETS, *curé*.

—

Le 3 octobre 1699, après la publication des bans de mariage, et après la fulmination de la dispense obtenue en cour de Rome sur leur parenté, et d'ailleurs toutes les formalités prescrites par notre mère la sainte Eglise ayant été observées, épousèrent sieur Joseph de Laborde et Mademoiselle Marie du Vacquier d'Aubaignan. Présents, M° Jean Crabos, marchand tailleur ; Jean Beulac ; Jacques Dabescat, et Jean Lamarque. Le premier témoin a signé avec les mariés et moi. — LABORDE-ABANY, *curé de Mazerolles*; LABORDE; MARIE DU VACQUIER ; DE MORA, *curé*.

—

Le 13 juillet 1699, naquit Marie de Laborde, fille de sieur Joseph de Laborde-Abani et demoiselle Marie d'Aubaignan, et fut baptisée le 14 dudit mois, par nous, vicaire soussigné. Parrain et marraine, Bernard et Marie de Bordenave, qui ont signé avec le père et la mère et nous. — MARIE DU VACQUIER, *mère ;* LABORDE, *père ;* CAUDINAT, *vicaire ;* MARIE DE BORDENAVE ; BORDENAVE.

———

Le 20 juin 1704 naquit et fut baptisé le 23 dudit mois et an, Jean-Pierre-Paulin de Laborde, fils légitime de Joseph de Laborde et de Marie du Vacquier. Parrain, messire Pierre de Laborde, curé de Mazerolles ; marraine, Marianne de Larrazet, et tenant en son absence Jeanne-Marie de Laborde, qui ont signé avec ledit sieur de Laborde père et moy :

PORTETS, *curé de St-Sever ;* LABORDE-ABANY, *curé de Mazerolles ;* J.-M. DABANI, *tenant pour la marraine ;* LALANNE DE LAMATHE ; LABORDE, *père.*

———

Acte portant certificat des annonces et épouzailles de Michel de Vincens et Jeanne de Batz, damoiselle, mariés ; ensemble la quittance et recognoissance des habits et joyaux nuptiaux d'icelle damoyselle (20 juillet 1625).

Comme soit ainsi que par contrat du 18 febvrier 1625, retenu et signé par Mᵉ Pierre Destanque, notaire royal et habitant de la ville du Mont-de-Marsan, pactes et accords de mariage par parolle de futurs ayant esté faicts entre sieur Michel Vincens, fils légitime et naturel de sieur Jean de Vincens, bourgeois et habitant de la présente ville, et feue Anne du Cornau, damoyselle, d'une part ; et Jeanne de Batz, aussy damoyselle, fille légitime et naturelle de M. Mᵉ Pierre de Batz, conseiller du roy, lieutenant particulier au siége de Saint-Sever, et de Catherine de Laborde, damoyselle, d'autre. Par lequel contrat ledit sieur de Batz ayant constitué à sadite fille, pour la dot d'icelle, pour tout droit de légitime part et portion qui luy pouvait compéter et appartenir — la somme de six mille livres à compter vingt sols tournois par chacune d'icelle ; le sieur de Vincens père a baillé charge et procuration expresse à Jean de Burriot, bourgeois de la ville du Mont-de-Marsan, son beau-fils, de se porter dans la ville de St-Sever et en icelle recevoir dudit sieur de Batz ladite somme de trois mille livres, moitié exigible de la dot convenue.

Les nopces desdits mariés ont esté solempnisées le matin dudit jour dans l'église paroissialle de St-Maurice, par M. M⁰ Jean du Fathou, prêtre et vicaire d'icelle, en la présence de M. M⁰ Christophe de Laborde, conseiller du roy audit siége de St-Sever, oncle et parrain de ladite demoiselle Jeanne de Batz; M⁰ Pierre du Tauzin ; Bernard et Pierre de Laborde, advocats en la cour, oncles d'icelle de Batz ; Jean du Junca, maire de la ville du Mont-de-Marsan, et Jean du Vacquier sieur de Bresquadieu et Aubaignan, ses beaux-frères; sieurs Jean Mulon et Pierre Ducornau, oncles dudit sieur de Vincens fils ; ledit sieur de Vincens père, ladite de Laborde damoiselle mère, et plusieurs autres parents et amis des parties.

Fait et passé dans laditte ville de Grenade en Marsan et maison dudit sieur de Vincens, après midy, le 20 du mois de juillet 1625, en présence de M. Jean de Lamarque le jeune, notaire royal et procureur au siége de Marsan, habitant de ladite ville du Mont-de-Marsan, et Pierre Barrière, m⁰ masson de la ville, tesmoins cognus par les parties ; lesquels ensemble lesdits tesmoins ont signé l'original des présents avec moy :

(*Coppie*)   DE VIVENSAN, *notaire royal.*

Testament de noble PIERRE DE BATZ, *lieutenant particulier.*

Je déclare avoir été conjoint en légitime mariage avec Catherine de Laborde ma femme, et que dudit mariage il est nay plusieurs enfants, cinq desquels sont encore en vie, sçavoir, trois masles et deux filles, l'une desquelles j'ai mariée avec feu Jean de Junca, et l'autre avec maistre Pierre de Cloche, advocat, ayant aussi marié feues Catherine et Jeanne de Batz mes filles, savoir, laditte Catherine avec Jean du Vaquier sieur d'Aubaignan, et ladite Jeanne avec Michel Vincens, bourgeois de Grenade, de tous lesquels mariages de mes dites filles il y a, grâces à Dieu, enfans.

Je déclare aussi que Pierre de Batz, mon second fils, m'ayant à plusieurs et diverses fois donné cognoissance qu'il désirait d'estre prestre, j'ay approuvé ce bon et louable dessein, veux et entends qu'il soit mis à exécution par ledit Pierre, auquel pour tout droit de légitime part et portion qu'il pourrait prétendre sur mes biens, je lègue et laisse toute icelle métairie appelée de Natilon, située en la jurisdiction de Sopprosse, que j'ay acquise de feu M° Jean Darbo, pbre, par contrat du 13 de mars 1631.

Comme aussi je lègue et laisse à Jean de Batz, mon troisième fils, la somme de trente mille livres pour être mise et colloquée au nom dudit Jean, mon troisième fils, lorsqu'il aura atteint et parfait l'âge de vingt-cinq ans.

Sur ce que l'institution d'héritier universel est le chef et fondement de toute disposition testamentaire, je déclare par la présente que je fais et institue mon héritier universel, en tous et chacuns mes biens, le contenu ci-dessus effectué, sçavoir est, maître Pierre de Batz, lieutenant particulier en ce siège, mon fils aîné, à la charge toutefois de faire souvent prier Dieu pour le salut et repos de mon âme.....

Pour la validité et fermeté de la disposition présente, je déclare l'avoir escripte et signée de ma main. P. DE BATZ.

(Copié sur son original par extraits. c.)

Ledit testament enregistré en la cour de la sénéchaussée des Lannes au siège de St-Sever, le mardi 19 juin 1640, par devant M. de Chèze, conseiller du roy, à la requête de Monsieur Pierre de Batz, seigneur de Lamothe et le Leuy, fils et héritier de feu Monsieur Pierre de Batz.

—

Filiation de PIERRE DE BATZ.

XXXI° degré. — Pierre de Batz premier du nom, écuyer, seigneur de Lamothe, le Leuy et Artiguebande, avocat au parlement de Bordeaux, conseiller du roy et lieutenant particulier au siège de St-Sever, marié le 4 novembre 1595 avec Mademoiselle Catherine de Laborde, damoiselle, fille de M. M° noble Christophe de Laborde, conseiller du roy au siège de St-Sever, et de damoiselle Jeanne de Pruret, — dont il eut sept enfants :

1° Pierre de Batz, dont l'article suit :

2° Pierre de Batz qui, lors du testament de son père, se destinait à l'état ecclésiastique et est qualifié docteur en théologie le 24 septembre 1641 (Notice *de Biaudos*).

3° Jean de Batz, écuyer, auteur de la branche des barons et vicomtes de Diusse et Mascaras, fut gratifié par son père d'une constitution de dot de 30,000 livres. (Voir la notice *de Diusse*).

4° N... de Batz, damoiselle, mariée au sieur Jean de Junca, maire de la ville du Mont-de-Marsan en 1625, eut 6,000 livres de dot.

5° Anne de Batz, damoyselle, mariée le 28 septembre 1625 avec M. M° Pierre de Cloche, advocat en la cour, seigneur de Lahouze, fils de M. M° Matthieu de Cloche seigneur de Lahouze, lieutenant en la prévosté royale de St-Sever, et de feue Jeanne de Merignac, damoiselle. La dot de Anne de Batz fut de 6,000 livres ;

6° Catherine de Batz, damoiselle, mariée en 1620 à noble Jean du Vacquier seigneur d'Aubaignan, Lartigue, Bresquedieu et autres places ; d'eux provinrent plusieurs enfants :

7° Jeanne de Batz, damoiselle, mariée en 1625 au sieur Michel de Vincens, bourgeois de Grenade. La bénédiction nuptiale leur fut impartie dans l'église de St-Maurice, le 20 juillet 1625, par M. Jean du Fathou, vicaire de cette paroisse. La dot constituée fut de 6,000 livres.

XXXII. — Pierre de Batz, deuxième du nom, vicomte d'Aurice, baron de Lamothe, le Leuy, seigneur d'Escoubès et de Ste-Arailhe, conseiller du roi, lieutenant particulier au siége de Saint-Sever, épousa par contract du 3 juin 1636 demoiselle Catherine Leblanc (morte le 18 mai 1676), fille de noble Alcibiade Leblanc seigneur et baron de Labatut et d'Argelouse, vicomte d'Aurice, et de demoiselle Louise de Castets sa femme. De ce mariage naquirent cinq enfants :

A Bernard de Batz, baptisé le 13 décembre 1637 ;

B Joseph de Batz, qui continue la descendance ;

C Pierre de Batz, né à Lamothe le 21 septembre 1640, baptisé le 24 septembre 1641. Son parrain, messire Pierre de Batz, docteur en théologie, et marraine, damoyselle Marguerite de Biaudos ;

D Marie de Batz, mariée à M. M° Louis de Barry, lieutenant-général au siége de St-Sever, seigneur baron de Batz, Castera, Toujun et autres places ;

E Catherine de Batz, religieuse bénédictine, née le 14 janvier 1687.

XXXIII. — Joseph-Marie de Batz, écuyer, vicomte d'Aurice, baron de Lamothe, seigneur d'Escoubès, de Sainte-Araillhe et du Leuy, conseiller du roi et lieutenant particulier au siége de St-Sever, maintenu dans sa noblesse le 2 aout 1668, avait épousé par contrat du 20 avril 1667 damoiselle Jeanne de Captan, fille de M. M° Jean de Captan, conseiller du roi, receveur et contrôleur alternatif des décimes du diocèse d'Aire, et de demoiselle Magdelaine de Tauzin sa veuve. Il fit son testament le 15 décembre 1671, et mourut avant le 7 janvier 1696, ayant eu de son mariage avec Jeanne de Captan, morte le 7 mars 1674, trois enfants qui suivent :

1° Antoine de Batz continue la descendance (V. ci-dessus, p. 173);

2° Messire Daniel de Batz, embrassa l'état ecclésiastique, fut prêtre et docteur de la maison de Sorbonne, et chanoine de l'église cathédrale d'Ayre. Le 20 janvier 1724, il sollicitait l'enregistrement de l'aveu et dénombrement qu'il avait rendu au nom de son frère aîné de la vicomté d'Aurice.

3° Louis de Batz, chevalier, seigneur de Sainte-Araille, auteur de la deuxième branche (p. 171).

—

Le 14 janvier 1657 naquit Catherine de Batz, fille à M. de Batz, lieutenant particulier et baron de Lamothe, et demoiselle Catherine de Labatut. Les parrain et marraine, M. de Norton sieur de Montbrun, et demoiselle Catherine de Laborde. Et ladite fille a été baptisée le 4 mars 1657, par moi :   M. DE CLOCHE, *curé.*

De Muret.

D'argent chargé d'une corne d'abondance de sable d'où

sort une grenade de gueules, feuilles de sinople, accompagnée d'un lion de sable tenant une hache de même. Devise : *Coupe*.

En l'année 1538, hommage rendu à Henri II, roi de Navarre, par Jean de Muret, seigneur de Cocurenx (à Grenade, en Marsan). (*Archives de Pau*).

Jean de Muret, seigneur d'Arcet en 1550. (Montlezun, tome 6, page 186).

Gabriel et Etienne du Muret, seigneurs d'Arcet en 1569-1570 (Verbal de Charles IX). Gabriel était fils d'Etienne (*ibidem*).

Pierre de Muret, seigneur de Cuquerain, à Grenade, marié à Anne du Vacquier d'Aubaignan, 1670-1680.

M. de Muret, seigneur de Cuquerain, convoqué au ban de la noblesse du Marsan, en 1692-1693.

M. de Muret assista, en 1764, au mariage de Louise de Cabannes de Cauna avec noble Joseph de Pomiès, seigneur de Bourdens. Les autres témoins : MM. de Lavergne père et fils, M. du Rou, 19 juin 1764. (Livre du baron Jean-Ignace de Cauna).

Messire Antoine de Muret, écuyer, seigneur de Cuqueren, à Grenade en Marsan, le 11 août 1789. (*Archives de Saint-Sever*).

La famille de Muret est représentée aujourd'hui par quatre générations vivantes.

DE CASTELNAU.

Messire François de Castelnau, chevalier, seigneur baron de Brocas et Jupouy, habitant de Jupoy, en Chalosse, et demoiselle Jeanne de Lassalle de Roquefort, fille de Messire Jean-Martin de Lassalle, baron de Roquefort et président au Parlement de Bordeaux, et de dame Jeanne de Mons, ont épousé, le 1er Juin 1722, et en la messe reçu de mon consentement la bénédiction nuptiale de M. Mᵉ Matthieu Lespès, docteur en théologie, curé de Nervis. Veus les certificats et congés en bonne et deue forme, sçavoir de M. le curé de Puypaulin, du 10 de mai dernier, ainsi signé Lapause, curé de Puypaulin, domicille dudit seigneur de Lassalle et sa famille, et de M. le curé, du 26 du mois aussi de may dernier, ainsi signé Dupeyron, curé de Vielle et de Jupouy. Présents messire Pierre du Lyon, chevalier, seigneur baron de Campet ; Messire Jean-Martin de Lachabanne, chevalier, trésorier de France, habitant de Bordeaux ; Messire Pierre du Vacquier d'Aubaignan, seigneur d'Aubaignan ; noble Jean-Baptiste du Rou, écuyer, habitant de Saint-Sever. Signés avec ledit curé de Nervis et moy.

JEANNE DE LASSALLE : CASTELNAU JUPOY ; DE LACHABANNE (1) ; DE ROQUEFORT-LASALLE ; CAMPET ; AUBAIGNAN ; CASTELNAU ; DUROU ; le chevalier DE LASALLE ; POYFERRÉ, *curé ;* DE LESPÈS, *curé de Nervis.* (Registre du Mont-de-Marsan).

(1) On écrit aussi de Mons de Lachavanne.

ARMORIAL

DE GUIENNE, GASCOGNE ET BÉARN

EXTRAIT DES MANUSCRITS DE LA BIBLIOTHÈQUE IMPÉRIALE.

D'Abadie *(Guienne)*.

64. Jean D'ABADIE, seigneur d'Anbleville et chanoine de ladite église (Bordeaux). Porte d'or à un pin de sinople et un chef de gueules chargé de trois étoiles d'or.

75. D'ABADIE, conseiller audit parlement et président aux enquêtes (Bordeaux). Porte d'or à un pin de sinople et un chef de gueules chargé de trois roses d'or.

105. DABADIE, conseiller en ladite Cour des Aydes et finances : — *Idem.*

332. Dominique D'ABADIE, seigneur de Saint-Loubouer. Porte d'argent à un lion de gueules, écartelé d'azur à une aigle éployée d'or.

783. Dax. Jean DABADIE LAFUSUN, écuyer, curé d'Igos. Porte d'or à un pin de sinople et un levrier de gueules passant devant le pied de l'arbre.

851. François D'ABADIE, curé de Bruch : — D'azur à

trois pals d'argent accompagnés de quatre croisettes d'or posées en face.

1161. Mont-de-Marsan. Jean DABADIE de LACOSTE : — D'azur à une rose d'argent.

Dabadie *(Béarn)*.

7. César DABADIE PARTAVIN, conseiller du roi dudit parlement. Porte d'or à la bande d'azur chargée de trois besans d'or.

33. Henry DABADIE, abbé lay de Bastanez, seigneur de la maison noble de Capdeville de Bugnain et ses dépendances. Porte d'azur à une bande d'argent chargée de trois étoiles d'azur et accompagnée de deux lions d'or lampassés de gueules posés l'un en chef et l'autre en pointe.

53. Marie D'ESPALUNGUE (1), femme de N... D'ABADIE baron d'Arbouenne (*sic*).

75. Jean D'ABBADIE, conseiller du roi, payeur des gages de Messieurs les officiers du parlement de Navarre : — Fuselé d'or et de sinople à deux fasces de gueules.

79. Pierre DABBADIE, capitaine : — De gueules à un écusson d'argent à deux barres de sinople.

83. Jean-Jacques DABBADIE, curé d'Artiguelotan : — Le même que 75.

102. N... D'ABADIE baron d'Arboucave : — D'azur fretté d'argent à une fasce d'hermines.

107. Anne DABBADIE, veuve de Pierre de Pinsun : — De sinople fretté d'argent à une fasce d'hermines.

118. David DABBADIE, abbé de Camlong : — *Comme D'Abbadie, capitaine*, 79.

---

(1) D'ARBOUCAVE. Marie d'Espalungue était mariée à noble Isaac d'Abadie d'Arboucave, en 1668.

123. Marie-Isabeau Dabbadie, femme de N... de Vic de Bordes : — *Idem*.

127. Pierre Dabbadie, abbé d'Izeste : — *Idem*.

165. Isaac Dabbadie, abbé de Bordères et procureur au parlement de Navarre. — Losangé d'argent et de sinople flanqué de sable.

Guienne.

825. Blaise D'Acosta Teilles, marchand portugais : — D'azur à un pal d'or accosté de deux lys au naturel.

376. Rolland Daguerre l'aîné, bourgeois et homme d'armes au Château-Neuf de cette ville (Bayonne) : — Ecartelé au 1 d'azur à deux étoiles d'or rangées en face ; au 2 de gueules à un croissant d'argent ; au 3 de gueules à une flèche d'or ferrée et empennée d'argent, posée en pal la pointe en bas ; au 4 d'argent à cinq tourteaux de sable posés en sautoir.

596. Jean D'Aguerre, écuyer, sieur de la maison de la Salle : — Ecartelé au 1 de gueules à un léopard d'or ; au 2 d'azur à une teste et col de cheval d'argent bridée de sable ; au 3 d'azur à une aigle le vol abaissé d'argent ; au 4 de gueules à un sanglier passant d'or.

12. Antoine Deydie et Antoinette-Renée de Gruel de la Fust sa femme : — De gueules à quatre lièvres courant l'un sur l'autre d'argent, écartelé d'or à trois pals de gueules, contre-écartelé aussi d'or à deux vaches passantes l'une sur l'autre d'azur, accornées, accolées et clarinées d'azur ; accolé d'argent à trois fasces.

428. Blaise Daidie, seigneur de Bernardière et Moureulh : — De gueules à quatre lapins d'argent courant l'un sur l'autre.

430. Armand Daidie, seigneur de Vaugoubert. Porte d'a-

zur à une bande d'or chargée de deux lions de sable et accompagnée de deux rochers d'argent.

550. N... de Vaugoubert : — De sable à quatre lapins d'argent.

1075. Henry Deydie, écuyer, seigneur comte de Riberac : — D'or à un lion de gueules couronné d'argent.

1018. D'Albessard, avocat au parlement : — De gueules à une croix ancrée d'or.

Abidos *(Béarn)*.

Jean D'Abidos. Porte d'azur à un oiseau appelé osefrée *(sic)* d'argent hupé de même, becqué et membré de gueules, perché sur un os de mort d'argent posé en fasce.

113. Jeanne de Planterose, veuve de N... Dabidos : — D'azur à une rose d'argent tigée et feuillée de sinople.

D'Alesme *(Guienne)*.

32. Marie Dalesme, épouse de Jacques de La Boirie, conseiller au Parlement de Bordeaux et garde-des-sceaux de la chancellerie près ladite cour : — D'azur à un chevron d'or accompagné en pointe d'un croissant d'argent à un chef cousu de gueules chargé de trois étoiles d'or.

115. Philibert Dalesme, conseiller du roi et son procureur audit bureau des finances de Bordeaux : — *Mêmes armoiries*.

532. François-Joseph Dalesme, écuyer et seigneur de Limaül ou Limerüil : — *(Néant)*.

651. Ignace Dalesme, écuyer, seigneur de la chapelle Gounague : — D'argent à trois étoiles de gueules posées deux et une et un croissant d'azur en abîme.

802. Henry-Darrerac Dalesme, écuyer : — D'azur à un lion d'argent couronné d'or.

1074. François DALESME, prêtre, chanoine de l'église cathédrale de Saint-Etienne, de Saint-Front : — D'argent coupé d'azur à une croix ancrée de l'un et l'autre.

D'Alon *(Béarn)*.

1. Raymond D'ALON, conseiller du roi en tous ses conseils, premier président au parlement de Navarre : — D'or à deux cœurs vuides et entrelacés de gueules, au chef d'azur chargé de trois étoiles d'or.

73. N... D'ALON, chanoine du chapitre de Lescar : — De sable à un chef d'or chargé d'un soulier de sable, le talon de gueules.

39. Guienne. Pierre D'ALPHONCE DE PETREPAUL : — D'azur à un pal au pied fiché d'argent supporté d'une roche d'or en pointe.

150. Béarn. Dominique D'AINCILDEGUY, seigneur dudit lieu : — Losangé d'argent et de sinople à une fasce d'or.

288. Guienne. André de SAINT-ANDRÉ MOMMEJAN, chevalier de St-Lazare, lieutenant des vaisseaux du roi : — De gueules à un lion passant d'argent, coupé d'azur à une étoile d'or qui est accostée et soutenue de trois besans d'argent et une fasce en danse (*endentée*) d'argent, brochant sur le coupé.

43. Joseph D'ANDRAUD, écuyer : — D'azur à une cloche d'argent bataillée de sable, à un chef de gueules chargé d'une étoile d'or à dextre et d'un croissant d'argent à senestre.

75. D'ANDRAULT, conseiller audit parlement de Bordeaux : — *Mêmes armoiries.*

819. Raymond ANDRAUD, conseiller du roi, receveur des consignations de Saint-Emilion : — D'azur à trois étoiles d'or posées deux et une.

1055. Elie Andraut, bourgeois de Libourne : — Bandé de gueules et d'argent de six pièces.

1210. Bergerac. D'Arbelade de Tartas : — D'or à trois grenouilles de sinople.

272. Dax. Darbo, seigneur de Pedepeyran, a présenté l'armoirie qui suit. Porte d'or à un lion de gueules, écartelé d'argent à un chêne de sinople.

1155. Mont-de-Marsan. N... Darbo : — D'or à une croix ancrée de sable.

909. Bordeaux. Noël Armaignac, conseiller du roi, maire, propriétaire de la ville de Meïllan : — D'azur à une arche de Noé d'or en chef, et en pointe deux arbres de même mouvants des deux flancs de l'écu sur une terrasse de sinople.

354. Condom. François Darqué sieur D'Escudé, suivant l'état du 24 février 1698 — D'azur à un centaure d'argent tenant son arc d'or encoché d'une flèche de même.

760. Mont-de-Marsan. Jean-Baptiste Dartix, capitaine au régiment de Bretagne, suivant l'ordre du registre du clergé. Porte écartelé au 1 et 4 d'or à un lion de gueules, au 2 d'azur à un croissant d'argent, et au 3 d'azur à deux fasces ondées d'argent et un chef cousu aussy d'azur chargé de trois étoiles d'argent.

1196. Dax. N... vicomte D'Apremont : — D'or à deux bandes d'hermines.

1197. Dax. N... baron D'Apremont : — Losangé d'argent et de gueules.

786. Dax. Jean D'Aspremont, chevalier, seigneur vicomte d'Orthe. Porte d'or à un lion de gueules et écartelé de sable à un ours d'or, et sur le tout de gueules à une croix d'argent.

335. Mont-de-Marsan. Henry Dartiguenave, seigneur de

Vielle. Porte de sinople coupé et ondé d'argent à un lion naissant d'or lampassé et armé de gueules.

952. Agen. N... D'AUBERT, écuyer : — D'azur à un cheval d'or et un chef engreslé de gueules.

Dax. N... BADET, de la paroisse de Gousse : — De gueules à un chevron d'argent accompagné de trois roses d'or.

1152. Mont-de-Marsan. Agnès de COLONGES, veuve de N... de PAUSADER DE BACHEN : — D'or à un cerf de gueules.

260. Mont-de-Marsan. Fortanier de LABADIE (1), écuyer. De gueules à deux lions affrontés d'or rampants contre une montagne d'argent, et un chef cousu d'azur chargé d'une colombe essorante d'argent.

976. Mont-de-Marsan. Jean LABADIE DE LUCQ, procureur d'office de Louvigny : — De sable à une barre componée d'or et de gueules et un chef d'argent.

3. Bordeaux. Gabriel DE BASTEROT, écuyer, conseiller secrétaire du roi, maison et couronne de France en la chancellerie de Guienne. Porte d'argent à un arbre terrassé de sinople, supporté à dextre par un lion contourné de gueules.

13. Bordeaux. LA BARTHE DE BACALAN, écuyer. Porte d'azur à une tour d'argent maçonnée de sable.

1132. Agen. N... DE LA BARTE DE SAUVAGE : — D'azur à trois aigles d'or.

310. Agen. DE BEYSSABAT, lieutenant-colonel du régiment de la Marche. Porte de gueules et un lion d'or.

950. Joseph BASTEROT, avocat en la cour et juge au commun paréage de la ville de Bazas : — D'azur à une ancre d'argent et accosté de deux poissons de même.

665. Périgueux. Adrien DE LA BASTIDE, sieur de CHOME, conseiller du roi. Porte d'azur à une tour d'argent.

802. Bordeaux. DE LA BASTIDE, veuve de N... DE LABAS-

(1) On écrit aussi l'Abadie.

TIDE, écuyer : — D'azur à un croissant d'argent accompagné de trois étoiles de même.

120. Jean BAUDUER, professeur royal en l'Université de Bordeaux. Porte d'azur à un triangle d'argent accompagné de trois étoiles d'or, une en chef et deux en pointe.

802. Bordeaux. Marguerite de LESPAU, veuve de Louis BAURIE, écuyer : — De sable à un pal d'or accosté de deux épées d'argent.

961. LA VILLE DE BAYONNE : — De sable à une bayonnette d'argent la poignée d'or mise en pal la pointe en bas.

933. LA VILLE DE BAZAS : — De gueules à une décollation de saint Jean-Baptiste représenté à genoux devant la porte d'une prison tendant le col à un bourreau contourné qui a le bras levé pour décoller avec son coutelas, le tout d'or. (15 août 1699, signé d'Hozier).

33. Bordeaux. Jean DE BEARNAC, écuyer, gouverneur du château de Joux, en la ville et bailliage de Pontarlié en Franche-Comté, chevalier de l'ordre de St-Louis. Porte d'azur à un lion d'or et un chef d'argent chargé de trois tourteaux de gueules.

923. Périgueux. Marie-Anne DE BEAUFORT, damoiselle : — Ecartelé au 1 et 4 d'azur semé de fleurs de lys d'or à deux tours d'argent maçonnées de sable ; au 2 et 3 d'azur à cinq barres.

402. Agen. DE BEDORA, conseiller et procureur du roi au sénéchal de Tartas. Porte d'azur à une autruche d'or et un chef d'argent chargé de trois étoiles de gueules.

561. Dominique DE BEHIC, bourgeois et marchand de Bayonne. Porte de gueules à trois gerbes d'or posées deux en chef et une en pointe, soutenues chacune d'un croissant d'argent.

854. Joseph BEGUÉ, conseiller du roi au présidial de Con-

dom : — D'azur à un pelican d'or avec sa piété dans son aire de même.

1194. Dax. N... Bedourech, curé de Donnesse et la Harye : — De sable à une bande losangée d'argent.

1203. Dax. N... Bedora-Brac, de Tartas : — D'argent à trois bandes d'azur.

512. Bergerac. Jeanne de Baynac de Tayac, veuve de N... Danthaugnes, écuyer, a présenté l'armoirie qui suit. Porte d'or à cinq fasces de gueules.

919. Périgueux. Armand de Beynac, écuyer, sieur de la Taillade : — D'azur à cinq bandes d'argent et un lion de gueules brochant sur le tout.

206. Mont-de-Marsan. Jean de Labeyrie sieur du Casalieu, juge de Mugron, Poyalé et Lorquen. Porte d'azur à un chevron d'or surmonté d'une étoile de même et accompagné en chef de deux lions affrontés aussi d'or et en pointe d'une croix de même, la croix avec une banderolle de guirlandes et un chef d'argent chargé de trois merlettes de gueules.

971. Mont-de-Marsan. Bertrand de Beyries, écuyer, sieur de Hauriet : D'argent à un lapin d'azur courant en bande.

156. Bordeaux. Arnaud de Belcier, écuyer, seigneur de Croix et de Belcier. Porte d'azur à une bande d'or ondée de gueules.

160. Bordeaux. Pierre de Labeylie. Porte d'or à trois feuilles d'ormeau de sinople tenant à une branche posée en pal.

787. Bordeaux. Jean-Raymond de Bellepeyre, lieutenant en la juridiction de Saubusse. Porte d'or à trois chevrons de gueules écartelé d'argent et un épervier d'azur chaperonné et longé de gueules, perché sur un rocher de sable.

297. Agen. Marquis de Belsunce. Porte écartelé au 1 et 4 d'or à deux vaches passant une sur l'autre de gueules, accornées, accolées et clarinées d'azur ; au 2 et 3 d'argent et une hydre à trois têtes de sinople.

809. Bordeaux. Pierre Bergeron, conseiller secrétaire du roi, maison couronne de France près la Cour des Aydes de Guienne : — D'azur à un chevron d'or accompagné de trois moutons d'argent, deux en chef et un en pointe.

543. Pierre Bernada, chanoine de l'église Saint-André de Bordeaux. Porte d'azur à un chiffre composé des lettres de son nom entrelassé d'or.

843. Fort Dubergier, bourgeois et marchand de la ville de Bordeaux : — D'or à trois arbres de sinople rangés sur une terrasse de même.

912. Pierre du Bergier l'aîné, bourgeois et marchand de la ville de Bordeaux : — D'azur à un pont de quatorze arches d'or maçonné de sable sur lequel un berger d'argent tenant de sa main dextre une houlette d'or fait passer ses moutons d'argent à dextre d'un arbre d'or mouvant du flanc, et deux étoiles de même rangées au côté senestre du chef.

972. Mont-de-Marsan. Marc-Antoine de Bernadet, conseiller et avocat du roi au sénéchal de Marsan : — De sinople à un rat d'argent.

1204. Dax. Bernadet sieur de Laclaverie et de Loreyte : — D'or à une bande d'azur chargé de trois croissants d'argent.

161. Bordeaux. Antoine du Bernet, écuyer et seigneur de Garosse. Porte d'azur à un pal d'or chargé d'un arbre arraché de sinople et cottoyé de deux licornes saillantes et affrontées d'argent.

407. Bertrand Dubernet de Majecq, conseiller du roi, lieutenant assesseur au présidial de Condom. Porte d'azur à

un pal d'argent chargé d'un chêne arraché de sinople accosté de deux licornes saillantes et affrontées d'argent.

944. Condom. N... Dubernet, procureur d'office de Pourac (sic, illisible) : — De sinople à un lion d'or et un chef bandé d'argent et de gueules de six pièces.

785. Dax. Salvat de Betbeder, écuyer. Porte d'argent à un chêne de sinople terrassé de même, écartelé d'azur à trois étoiles à six rais d'or, posées deux et une.

1151. Mont-de-Marsan. Pierre Betbeder, prêtre, curé de Castandet et de Maurin : — D'argent à une bande de sable.

969. Dax. N..., veuve de N... de Betbeder, conseiller secrétaire du roi : De gueules à un arbre arraché d'argent et une montagne de sinople en cœur brochant sur le tout.

7. Arnaud de Blair, conseiller du roy au parlement de Navarre. Porte de sable au chevron d'argent ou d'or accompagné de trois besans de même.

737. Dax. N... du Blair (1), veuve de N... Dorion, dame de Lahontan, a présenté l'armoirie qui suit. Porte d'argent à un chevron de gueules accompagné de trois merlettes de même, deux en chef et une en pointe.

105. Bordeaux. Leblanc, conseiller en la Cour des Aydes et finances de Guienne. Porte d'azur à un chevron d'or surmonté d'un croissant d'argent et accompagné en chef de deux étoiles d'or et en pointe d'un pin arraché d'argent.

167. Marthe de Boireau, veuve de N... de Loupers, conseiller au Parlement de Bordeaux. Porte d'azur à trois tours d'argent deux et une.

1215. Dax. N... Bonnefon, juge de Lon : — Vairé d'argent et de gueules.

213. Jean La Borde l'aîné, bourgeois et homme d'armes

(1) Dame Marie de Blair, mariée à noble Charles de Cazemajor, abbé d'Orion, baron de Lahontan, 1684-1694.

du Château-Neuf de Bayonne. Porte d'argent à un arbre de sinople sur une terrasse de sable, soutenu de deux lions affrontés de gueules.

1197. Dax. N... DE LA BORDE, veuve : — D'argent chappé de sable.

1197. Arnaud BORDES, lieutenant en la justice royale de Sorre : — Fascé d'argent et d'azur de six pièces.

321. Agen. Jean BARGUES DE BORDENAVE, écuyer. Porte losangé d'or et de gueules ; parti de gueules à un lion morné d'or et un chef de sable.

1155. Mont-de-Marsan. Pierre DE BORDENAVE sieur DE PETUCOLLE : — De gueules à trois besans d'or.

Nicolas DE BORDENAVE (1), bourgeois et ci-devant jurat de la ville du Mont-de-Marsan : — D'azur à une bande de sable cotoyée de deux cotices de même.

15. Bordeaux. Jean-François BOUCAUD. Porte de gueules à un lion d'or accompagné de trois étoiles de même rangées en chef et un croissant d'argent en pointe.

28. Bordeaux. DE PICHON, veuve DE BOUCAUD. Porte d'azur à un chevron d'or accompagné en chef de deux molettes et en pointe d'un croissant de même surmonté d'un mouton passant d'argent.

1721. Guienne. Octavier DU BOUZET sieur DE MADIRAC, ci-devant commandant un bataillon du régiment de Champagne. Porte d'argent à un lion d'azur couronné d'or et lampassé de gueules.

174. Condom. Joseph DU BROCA, seigneur de Trinqualéon : — D'argent à un lion de gueules, écartelé d'azur à trois chevrons d'or.

(1) Nicolas de Bordenave sieur de Lamarque fut convoqué au ban de la noblesse, en 1692, et mourut à Mont-de-Marsan, le 17 janvier 1707.
POYFERRÉ, *curé*.

372. François du Brocq, bourgeois, homme d'armes et 1er échevin de la ville de Bayonne. Porte d'azur à une licorne saillante d'argent, parti de gueules à trois pals d'argent.

373. Jean-François du Brocq, bourgeois et homme d'armes de la ville de Bayonne. Porte d'azur à trois aubépines d'argent rangées à dextre et une montagne à senestre, le tout sur une terrasse de sable sur laquelle coule un ruisseau d'argent en fasce accompagné en chef d'un soleil d'or naissant de l'angle senestre.

635. Daniel-François Brochon, avocat et bourgeois de Bordeaux. Porte écartelé au 1 d'azur à cinq étoiles d'or posées en sautoir, au 2 de gueules à un lion d'or, au 3 d'argent à un lévrier de sable, et au 4 d'argent à trois fasces de gueules.

1210. Dax. N... Brocha, avocat au Parlement : — De gueules à trois trèfles d'argent.

1228. Condom. N... Dentes, veuve de Jean de La Burthe, sieur de Paichars : — D'or à un phénix au naturel, le vol étendu posé sur un bûcher ardent de gueules, couronné d'une couronne de fleurs au naturel, soutenue de deux branches d'olivier posées en sautoir.

950. Pierre La Burthe, bourgeois de la ville de Bazas : — D'or à trois croix ancrées de gueules posées deux et une.

584. La ville de Bordeaux. Porte de gueules à un château d'argent maçonné de sable, la porte et fenêtres ouvertes et ajourées du champ, surmonté d'un lion passant d'or et un chef semé de fleurs de lys d'or.

1161. Bernard Buriot, ci-devant jurat de Mont-de-Marsan : — D'or à une bande d'azur chargée de trois croissants d'argent.

330. Mont-de-Marsan. Henry de Cablane, écuyer, baron de Garlède. Porte d'argent à un arbre de sinople sur une

terrasse de même, lequel est supporté par deux lions affrontés de gueules et un chef d'azur chargé d'un croissant d'argent qui est accosté de deux étoiles d'or.

333. Mont-de-Marsan. François DE CAFAGET, écuyer, seigneur de Hournieux. Porte écartelé au 1 et 4 de gueules à une belette d'argent posée en bande ; au 2 et 3 d'or à une tête de More de sable liée d'argent.

1075. Périgueux. Jean DE CAMAIN, écuyer, seigneur de Rimousignac : — De gueules à une bande de vair.

248. Bordeaux. Raymond DE CAUMONT, écuyer, seigneur de Gachet. Porte parti au 1 d'azur à trois étoiles d'or posées en pal l'une sur l'autre, au 2 tiercé en bande d'or, de gueules et d'azur.

470. Dax. Pierre-Etienne DU CAMP, conseiller du roi et son avocat au sénéchal de Tartas. Porte d'argent à un arbre de sinople sur une terrasse de même, soutenu par deux lions affrontés de gueules et surmonté d'un croissant aussi de gueules, accosté de deux étoiles de même.

159. Bordeaux. Louis DE CAMPET DE SAUJON, seigneur baron de La Rivière. Porte d'azur à une fasce d'argent accompagnée en chef d'un croissant et en pointe d'une coquille, le tout d'argent.

759. Mont-de-Marsan. Matthieu DE CAMPET DU LION, écuyer. Porte d'or à un lion d'azur surmonté en chef d'un lambel aux trois pendants de gueules.

256. Mont-de-Marsan. Jean DE CANDALLE, écuyer, baron du Lau et du Hort. Porte d'argent à trois pals de gueules, écartelé d'or à deux vaches passant l'une sur l'autre de gueules accolées et clarinées d'azur.

1209. Dax. N... DE CHAMBRÉ, avocat au Parlement : — De gueules à une licorne d'argent.

969. Dax. Pierre DE CHAMBRE, écuyer, conseiller du roi, lieutenant-général au siège de Tartas : — De gueules à un

sautoir d'or accompagné en chef d'une tête de lion du même.

968. Bertrand DE CHAMBRE, écuyer, conseiller du roi, lieutenant-criminel au siége de Tartas : — *Même blason que dessus.*

917. Condom. Jean-Baptiste CHANTEGRIL, maire de Mezin : — De gueules à une main dextre d'argent soutenant un faucon s'essorant d'or chaperonné d'argent.

974. Mont-de-Marsan. N... DU CORNAU MENJOUTICQ : — De gueules à un cornet d'or.

975. Mont-de-Marsan. Jacques DU CORNAU DE POY : — De gueules à un massacre de bœuf d'or accorné d'azur.

1165. Mont-de-Marsan. Joseph DU CORNAU sieur DE BRASSENX : — D'azur à trois coqs d'or.

1198. Mont-de-Marsan. Jean CASTAIGNÈDE, procureur du roi à Sorre : — D'azur à une fasce d'argent chargée de trois roses de gueules.

165. Bordeaux. Pierre DE CASTELNAU, écuyer, sieur de la Mauvissière. Porte parti au 1 d'azur à trois chevrons d'or et au 2 de gueules à un château d'or, girouetté d'argent ; coupé d'argent à deux loups passants de sable.

1394. Bordeaux. Pierre DE CASTELNAU, conseiller du roi, maire perpétuel de la ville de Langon. Porte de gueules à un château crénelé d'argent, maçonné et ajouré de deux fenêtres de sable, flanqué de deux tours rondes pavillonnées et girouettées d'argent et maçonnées et ajourées de sable, le château bâti sur une rivière d'azur et accosté d'un lion rampant contre la tour à senestre.

815. Pierre DE CASTELNAU, conseiller du roi au Parlement de Bordeaux : — De gueules à un château donjonné de trois tours d'argent maçonnées de sable.

217. Dax. Raymond DE CAPDEVILLE, prêtre, curé de la paroisse d'Orist. Porte de sable à un losange d'or chargé en

cœur d'un croissant d'azur qui est accosté de deux étoiles, surmonté d'une autre étoile du même et soutenu d'un levrier passant de gueules.

324. Mont-de-Marsan. Pierre DE CAPDEVILLE, écuyer. Porte écartelé au 1 et 4 d'or à un lion de gueules lampassé et armé de même, au 2 et 3 de gueules à une bande d'argent qui est accompagnée de deux étoiles d'or.

631. Marie CADEVILLE veuve DE GEOFFRET, trésorier de l'hôtel de ville de Bordeaux, qui a porté l'armoirie qui suit. Porte d'argent à une croix ancrée de gueules, à un chef d'azur chargé de deux oiseaux affrontés d'argent.

785. Dax. Antonin DE CAPDEVILLE, écuyer, sieur D'ARRICAU. Porte écartelé au 1 d'or à un lion gueules, au 2 et 3 d'azur à un baston d'or peri en bande accosté de deux étoiles de même, et au 4 d'or à un cœur de gueules percé de trois flèches de sable les pointes ensanglantées de gueules.

930. Dax. Bernard DE CAPDEVILLE, escuyer, seigneur DE POY : — D'azur à un lion d'or écartelé de gueules, à une bande d'argent accompagnée de deux étoiles de même l'une en chef, l'autre en pointe.

1152. Dax. Antoine DE CAPDEVILLE sieur D'ARRICAU : — D'or à une bande de sable.

1152. Dax. Raymond DE CAPDEVILLE, curé d'Orist : — D'argent à deux léopards de gueules.

1156. Mont-de-Marsan. Jean DE CHARPS sieur DE HILLON : — D'argent fascé de gueules (*Guienne*).

PARIS, *Armorial général*, t. I.

Pierre DE CHARS, inspecteur des manufactures de dentelles de Malines établies par le roy : — D'azur à un chevron accompagné en chef de deux étoiles, et en pointe d'une Foy tenant une ancre par le milieu de sa stangue; le tout d'or.

GUIENNE.

272. Dax. Louise DE CASTRA veuve de Jacques D'ARBO sieur DE PEDEPEYRAN, a porté l'armoirie qui suit. Porte d'or à un lion de gueules écartelé d'argent à un chesne de sinople.

372. Jean DE CASTERA, avocat au parlement, et juge garde royal de la monnaie de la ville de Bayonne. Porte de gueules à un chevron d'or accompagné de trois croix pattées d'argent deux en chef et une en pointe, et un chef cousu d'azur chargé de trois étoiles d'or.

887. Mont-de-Marsan. Jean-Marie DE CASTBA, écuyer : — De gueules à un château d'argent donjonné de trois pièces.

974. Mont-de-Marsan. Jean CASTRA seigneur DE LABARRÈRE, du corps de ville : — De gueules à un casque d'argent accompagné en chef de deux épées de même passées en sautoir.

1217. Dax. N... DE CAULE, juge de la Harie : — D'or à une bande componée d'argent et de sable.

1194. Dax. N... COMMARIEU, curé de Misson : — D'argent à trois jumelles de gueules.

1117. Bergerac. Pierre CAZIMAJOU, marchand au bourg de Bouguiagus : — D'azur à deux fasces d'argent.

1188. Périgueux. Jean DE CASTÉJA, écuyer, chanoine de Dax : — De gueules à la croix dentelée d'argent.

325. Mont-de-Marsan. Pierre DE CASTAIGNOS, écuyer, seigneur de Mirando. Porte d'or à une aigle à deux têtes de sable becquée et onglée de gueules, supportée par un chastaigner de sinople et accostée en fasce d'une épée au naturel à dextre, et d'une étoile d'azur à senestre.

856-864. CHAUMONT : — D'azur à une montagne d'or surmontée d'un soleil de même.

1034. Pierre ABIET, M^d bourgeois de Bordeaux : — De gueules à une croix ancrée d'or.

971. N... Dagès veuve de Marc-Antoine de Bernadet, conseiller et avocat du roy au sénéchal de Marsan : — D'azur à une dague d'argent mise en barre, parti de sinople à un rat d'argent.

405. Jean Dairosse, conseiller honoraire au siége présidial de Dax. Porte d'or à un lion de gueules écartelé d'argent à deux pals de gueules, et sur le tout de sinople à une rose d'argent.

320. Bernard Daire, conseiller du roi et son lieutenant-général au siége de Mont-de-Marsan. Porte d'azur à une étoile d'or écartelé de gueules à un levrier courant d'argent accolé d'or.

1156. Mont-de-Marsan. Agne Darricau veuve de Charles de Monval : — D'argent à trois fasces de gueules surmontées de trois aigles de sable.

1157. Mont-de-Marsan. Arnaud Darricau, juge de Samadet, Mont et Monségur : — D'azur à un chevron d'argent accompagné de trois roses de même.

883. Dax. N... Destrac, écuyer, seigneur de Meez et Montbrun : — D'argent à un lion de gueules.

884. Dax. Antonin Destrac, écuyer, seigneur de Lannes : — D'argent à un lion de gueules.

635. Bordeaux. N... Destenave veuve de Martial Mounier, avocat en la cour du parlement de Bourdeaux, a présenté l'armoirie. Porte d'azur à trois brochets (brochettes) d'argent en fasce l'un sur l'autre, celuy du milieu étant contourné.

932. Tarbes. Philibert d'Angosse : — D'argent à une fasce de gueules accompagné en chef de deux étourneaux de sable affrontés et becquetant un cœur de gueules, et en pointe de trois épées rangées de même.

1196. Dax. N... Dabesse : — D'or à trois membres de griffon de gueules.

317. Agen. Samuel Descages, écuyer. Porte d'azur à un cheval effrayé d'argent.

321. Mont-de-Marsan. François D'Arbos de Castelmerle, écuyer, sieur de Castera. Porte d'or à un lion de gueules écartelé d'argent, à un chesne de sinople englanté d'or.

701. Daniel Dabladie, conseiller du roy, contrôleur et contre-garde à la monnaie de Bayonne. Porte d'azur à un rasoir ouvert en forme de chevron renversé d'argent, accompagné de quatre étoiles d'or, une en chef, deux aux flancs et une en pointe.

1139. Bordeaux. Marie Duvigneau veuve de Matthieu Capdan, receveur des tailles d'Agenois : — D'or à un chien braque de gueules accolé d'or bouclé d'argent.

254. Darbo : — D'argent à un arbre de sinople soutenu d'un croissant de sable.

885. Guienne. Daudignon : — D'or à une aigle de sable et un chef d'azur chargé d'une croisette d'or accostée de deux étoiles de même.

326. Marguerite de Diusse, veuve de Jean-Jacques de Cabanes, écuyer, seigneur de Lanneplan. Porte d'azur à une tour d'argent sommée d'un lion naissant d'or lampassé et armé de gueules.

3. Béarn. Jacques-Joseph de Doat, seigneur de Doat et autres lieux, conseiller du roi, président à mortier audit Parlement. Porte d'azur à trois hérons d'argent deux en chef et un en pointe.

Guienne, *suivant l'ordre du registre des bourgeois de l'Etat du 21 février 1698.*

5. Jacques Douat, marchand : — D'argent à une chèvre debout de sable accostée en pointe de deux mouches de même.

Ibidem 973. Martin Douat, bourgeois et jurat de la ville de Mont-de-Marsan : — De gueules à trois pals d'argent chargés chacun de trois quintefeuilles de sable.

594. Dibusti : — D'argent à un arbre de sinople planté sur une terrasse de sable soutenu par deux chiens affrontés de gueules et surmonté de six croissants de sable entrelacés trois à trois ; parti d'azur à un chevron d'or accompagné en chef de deux étoiles de même et en pointe d'un oiseau d'argent.

320. Mont-de-Marsan. Joseph Deit, seigneur de Saint-Gor. Porte écartelé au 1 d'or à un croissant de sable, au 2 et 3 d'argent à deux lions passants l'un sur l'autre de gueules, au 4 fascé, ondé d'argent et d'azur.

118. Philippe Le Doulx, avocat au Parlement et jurat de la ville de Bordeaux. Porte de gueules à un arbre d'argent terrassé de même, supporté à senestre d'un lion et accosté à dextre d'un agneau pascal d'argent contourné et passant sur la terrasse, et un chef d'azur chargé de trois étoiles d'or.

60. Bordeaux. Henry Du Bosq, archiprestre de Lesparre. Porte d'or à trois fasces de gueules.

169. Bordeaux. Gaillardine Texier veuve de Du Bosq, conseiller du roy, conseiller général des finances de Guienne. Porte d'or à cinq arbres de sinople posés sur une terrasse de même et un levrier de sable passant au pied des arbres.

118. Guillaume Du Bosq, écuyer, clerc et secrétaire de la ville de Bordeaux. Porte d'or à trois arbres de sinople, terrasses de même, le tronc de celui du milieu traversé d'un levrier courant de sable et un chef d'azur chargé de trois étoiles d'argent.

119. Du Boscq, clerc et secrétaire de la ville de Bordeaux, reçu en survivance : — *Même armoirie.*

247. Bordeaux. François Dubosq, écuyer, seigneur de Canteloup. Porte d'or à trois fasces de gueules, parti d'azur à un loup d'or.

826. Jean Delbosco, bourgeois et marchand de la ville

de Bordeaux : — D'argent à un loup de gueules et sortant d'une forêt de sinople sur une terrasse de même.

1185. Dax. Bernard Du Bosq, prieur et curé de Taller : — D'azur à trois croix potencées d'or.

1199. Dax. N... Duboscq, conseiller au sénéchal de Tartas : D'or à une croix ancrée de sable.

1209. Dax. N... Du Bosq, de la paroisse de Habas : — D'azur à une croix endentée d'or.

515. Sarlat. Pierre Du Faure, écuyer, sieur de Lagrange. Porte d'azur à un lion d'or armé, lampassé et couronné de gueules.

547. Jean-Baptiste Dufaure, seigneur de Lajarte, procureur en la cour du Parlement de Bordeaux. Porte d'argent à trois couronnes ducales d'or enfilées d'une bande d'azur.

629. Jean-Blaise Dufaur de Duval, avocat en la cour du Parlement de Bordeaux : — D'azur à deux forts d'argent, chacun donjonné d'une tourelle pavillonnée de même et un chef cousu de gueules chargé de trois étoiles d'argent.

1175. Sarlat. Isaac Dufaur, bourgeois de Montpazin : — D'azur à six besans d'or posés 3, 2, 1.

196. D'Espalungue : — De gueules à une tour d'argent maçonnée de sable supportée par deux lions affrontés d'or lampassés et armés de gueules.

23. Thérèse D'Estignols : — Losangé d'or et d'azur et au chef d'or chargé de trois roses de gueules ; écartelé d'azur à un lion d'or, contre-écartelé de gueules à un château d'argent maçonné de sable.

25. D'Estignols de Lancre, écuyer : — Ecartelé, au 1 losangé d'or et d'azur à un chef d'or chargé de trois roses de gueules ; au 2 et 3 d'azur à un lion d'or, contre-écartelé de gueules à un château d'argent, et au 4 d'azur à trois ancres d'or.

533. Marie D'Estignols : — Ecartelé, au 1 et 4 losangé d'or et d'azur à un chef d'or chargé de trois roses de gueules ; au 2 et 3 d'azur à un lion d'or, contre-écartelé de gueules à un château pavillonné d'argent flanqué de deux tours pavillonnées de même.

95. Fayet, conseiller au Parlement de Bordeaux. Porte d'azur à une fasce d'or remplie de sable, chargée d'une coquille d'argent accostée de deux étoiles d'or la fasce accompagnée en chef d'un levrier courant d'argent accolé de gueules, bordé et bouclé d'or et de trois losanges de même rangés en pointe.

25. Bordeaux. François de Ferron de Carbonnieux, écuyer. Porte de gueules à un chevron d'or accompagné de trois étoiles de même rangées en chef, et d'un croissant d'argent en pointe surmonté d'un besan d'or.

26. Bordeaux. Raymond de Ferron, écuyer. Porte de gueules à un chevron d'or accompagné de trois étoiles de même rangées en chef, et en pointe d'un croissant d'argent surmonté d'un besan d'or.

323. Mont-de-Marsan. Jean de Ferron de Carbonieux d'Ambruix, écuyer. Porte de gueules à un chevron abaissé d'or accompagné de trois étoiles du même rangées en chef et d'un croissant d'argent en pointe surmonté d'un besan d'or.

17. Bordeaux. Suzanne-Henriette de Foix de Candale, princesse de Buch, dame de Montpâon ou Montpain. Porte d'or à trois pals de gueules, écartelé d'or à deux vaches passantes l'une sur l'autre de gueules, accornées, accolées et clarinées d'azur.

759. Mont-de-Marsan. Feu Joseph-Henri de Candale de Foix, seigneur de Doazit, suivant la déclaration de Marie de Senaud, sa veuve. Porte d'or à trois pals de gueules, écartelé d'or à deux vaches passantes une sur l'autre de sable, ac-

colées de gueules.

870. Guienne. Daniel DE FABAS, sieur DE PORTATO (sic) ou PORTETS : — D'or à un chevron d'azur accompagné en chef de deux étoiles de même et en pointe d'une plante de fève de sinople, garnie de trois gousses.

329. Etienne DE FORTISSON : — D'azur à deux tours d'argent posées sur une terrasse de sable.

333. Pierre DE FORTISSON, seigneur de Saint-Maurice : — D'azur à deux tours d'argent maçonnées et crénelées de sable, rangées en face.

GIRARD : — D'argent à une croix engrelée de sable.

117. Béarn. GESTAS : — De gueules à un dextrochère d'argent et un chef dentelé d'azur.

156. Bordeaux. Marie GIRARD, veuve de Joseph DE LANDRIEU, capitaine du régiment royal des vaisseaux. Porte parti au 1 d'argent à trois feuilles de chêne de sinople, 2 et 1 ; coupé d'azur à une botte de cavalier d'or éperonnée de même, au 2 d'azur à un lion d'or.

1121. Bergerac. François GIRARD, juge de la juridiction de Brivoire : — D'argent à trois fasces d'azur.

1132. Agen. Catherine DU THILLET, veuve de Léon GIRARDE, seigneur de Chatelsagrat : — D'or à trois têtes de lion arrachées d'azur.

227. Bergerac. N... DE GOULARD, écuyer, sieur de Dument. Porte de gueules à une bande d'argent, écartelé d'or à trois corneilles de sable deux et une.

228. Bergerac. Etienne DE GOUSLARD, écuyer, sieur de Dument, sur la déclaration d'Anne Lejunier, sa femme. Porte de gueules à une bande d'argent écartelé d'or à trois corneilles de sable deux et une.

383. Tarbes. Anne-Victoire DE GAULARD DE TARRAUBE, veuve de Jean-Jacques DOZEN et tutrice de ses enfants. Porte

d'azur à trois chardons d'or mouvants d'une même tige, celui du milieu plus haut que ceux des côtés ; parti d'argent à trois rocs d'azur deux et un.

497. Condom. Ester DE GOULARD DE BALARIN, veuve DE PAMBLAN, écuyer, a apporté l'armoirie qui suit : — D'or à trois corneilles de sable becquées et membrées de gueules deux en chef et une en pointe (qui sont ses propres armes).

259. Mont-de-Marsan. Ester DE GASSION marquise de Poudenx, épouse de Henry de Poudenx, chevalier, brigadier des armées du roy. Porte écartelé au 1 et 4 d'azur à une tour d'argent massonnée de sable, au second d'or à trois pals de gueules, et au troisième d'argent à un chien de gueules courant devant un arbre de sinople.

181. Condom. Hector DE GOUALARD, escuyer, seigneur de Balarin. Porte d'or à trois corneilles de sable, becquées et membrées de gueules, deux en chef et une en pointe.

73. DE GOURGUES, président à mortier au parlement de Bordeaux. Porte d'azur à un lyon d'or lampassé et orné de gueules.

881. Agen. Charles DE GOUTS, écuyer et sieur de Bressure : — De gueules à un chef endenté d'argent.

16. Bordeaux. Joseph DE GRAILLY, escuyer. Porte d'or à une croix d'azur chargée de cinq coquilles d'argent.

40. Bordeaux. Jean GRAILLY, escuyer. Porte de sable à une croix d'argent chargée de cinq coquilles d'argent.

902. Bordeaux. N... DE GRELLY, escuyer, seigneur de Ste Terre : — D'or à une croix de sable chargée de cinq coquilles d'argent.

902. Bordeaux. N... DE GRELLY, escuier seigneur de Lavagnac : — D'or à une croix de sable chargée de cinq coquilles d'argent.

492. Condom. Frédéric-Maurice DE GRAMOND, escuier,

sieur de Villemontès. Porte d'azur à un lyon d'or lampassé et armé de gueules.

969. Dax. N... DE GRAMOND D'OSSAGES : — D'or à un chef d'azur chargé d'une montagne d'argent.

1152. Mont-de-Marsan. François GUICHENÉ, écuier, ci-devant capitaine dans le régiment de Guiche : — D'azur à un chevron d'or accompagné de trois étoiles de même.

201. Joseph GRATELOUP, bourgeois marchand à Bordeaux. Porte écartelé au premier et quatrième d'argent à une teste et col de loup coupée de sable, au 2 et 3 d'or à un chevron d'azur.

1202. N... GRATELOUP, marchand bourgeois de Dax : — D'argent à une fasce d'azur chargée de trois estoiles d'or.

741. Dax. N... DE LA GOUEYTE-DUPIN, habitant de la paroisse de Isozze. Porte écartelé au premier et quatrième d'or à un arbre de sinople et deux lyons affrontés de gueules rampant contre le fust, au 2 et 3 d'or à un chevron de gueules accompagné de trois estoiles de même, deux en chef et une en pointe.

1209. Dax. N... GOUEYTES, maire de Sordes : — D'or à un aigle de sable.

738. Dax. N... DE LA GOYTE, maire de Dax. Porte d'or à un arbre de sinople accosté de deux lyons affrontés de gueules, écartelé d'azur à un chevron d'or accompagné de trois étoiles à six raies de même, deux en chef et une en pointe.

474. Dax. N... DE LA GOEYTE DE CARSEN. Porte d'argent à deux lions affrontés de gueules posés sur une terrasse de sinople, et surmontés d'un croissant aussi de gueules et un chef d'azur chargé de trois molettes d'argent, et party d'or à un arbre de sinople sur une terrasse de même et supporté par deux lions affrontés de gueules.

— 446 —

784. Dax. N... DE LA GOEYTE, curé de la paroisse d'Arengosse. Porte écartelé au 1 et 4 d'or à un arbre de sinople sur une terrasse de même, accosté de deux lions affrontés de gueules rampant contre le fût, au 2 et 3 d'azur à un chevron d'or accompagné de trois estoiles de même deux en chef et une en pointe.

494. Bordeaux. Guillaume GINESTET, receveur des consignations de l'ordinaire de Coutras. Porte d'azur à deux lions affrontés d'or soutenant de leurs pattes de devant un cœur de même et surmontés chacun d'une étoile aussy d'or accompagné en chef d'une colombe volante d'haut en bas d'argent, portant en son bec une couronne de laurier d'or, et en pointe d'un croissant d'argent.

792. Picardie. Jean BOUILLY, bailli de Gouy, Vernon, St-Pol : — D'azur à une bande d'or chargée d'or et annelée de gueules.

968. Dax. Etienne DE LALANDE-FAVAS, écuyer : — D'or à un lion d'azur lampassé de sinople et armé de gueules.

1034. Guienne. Jean LAFITAU, marchand bourgeois de Bordeaux : — D'azur à six besans d'argent, 3, 2, 1.

1208. Guienne. N... LAREILLET, bourgeois de la paroisse d'Habas : — D'azur à une rose d'argent.

21. Jeanne-Marie DE SEGUR, femme de GILLET DE LACASE, président à Bordeaux. Porte d'azur à un levrier rampant d'argent accolé et bouclé d'or, écartelé d'argent à trois molettes de sable ; sur le tout de gueules à trois bandes d'or, contre-écartelé d'hermines à une bordure d'or.

905. Bordeaux. Pierre D'ISLE ou ISLET sieur DE LAMOTHE-NIVELLE. Parti au premier fascé de gueules et d'argent de six pièces, au 2 d'azur à un lion d'or et un chef d'argent brochant sur le parti chargé de trois étoiles de sable.

471. Guienne. Joseph DE LABORDE, sieur d'Arcet et Mei-

gnos. Porte d'azur à un chevron d'or accompagné en pointe d'un lion de même.

325. Mont-de-Marsan. Sainte DE LA BORDE, veuve de Matthieu Destoupignan, écuyer, lieutenant du roi de la citadelle de Tornay, seigneur de Couhin et de Projan. Porte d'azur à trois pommes de pin d'or.

397. Bordeaux. Jean DE LA BORDE, avocat ez la Cour et lieutenant de la ville de Bourg. Porte d'argent à un chêne de sinople et un chef d'azur chargé de trois roses d'argent.

471. Dax. Joseph DE LA BORDE, écuyer, sieur DE LASSALLE. Porte d'azur à un chevron d'or accompagné d'un lion de même en pointe, écartelé de gueules à trois pommes de pin d'or deux et une.

688. Agen. Jean-Urbain LABORDE, seigneur de la Cassaigne, ci-devant capitaine au régiment de Picardie. Porte d'azur à un lion d'or lampassé de gueules, écartelé de sable à un aigle d'argent becqué et membré de gueules.

705. Mont-de-Marsan. Jean-Baptiste LABORDE, juge royal de Gabardan. Porte d'azur à une fasce d'or sommée d'un lion naissant de même, accompagnée en pointe d'un croissant d'argent.

976. Mont-de-Marsan. Catherine DE PRUGUE, veuve de Joseph DE LABORDE, sieur de Pedeboulan : — D'argent à une fasce d'azur accompagnée en chef de trois poires de gueules.

1032. Pierre LABORDE, marchand bourgeois de Bordeaux : — D'azur à un sautoir d'or chargé de cinq coquilles de sable.

1060. Bordeaux. Jean LABORDE, bourgeois de Bourg : — D'or à trois pals de sable.

1159. Mont-de-Marsan. Jean-Michel LABORDE, juge de Buannes et lieutenant du juge de Montgaillard : — D'azur à une fasce d'or chargée de trois tourteaux de gueules.

1163. Mont-de-Marsan. Pierre LABORDE-BALAZIN : — D'argent à trois pals d'azur.

1164. Mont-de-Marsan. N... LABORDE, procureur au sénéchal de Saint-Sever : — D'azur à cinq besans d'argent posés en sautoir.

1174. Sarlat. François LABORDE, avocat en la Cour : — Losangé d'or et de sinople.

1196. Dax. N... DE LA BORDE : — D'azur à un chevron d'or accompagné d'une rose de même.

375. Jean DE LA BORDE, bourgeois et homme d'armes au Château-Vieux, à Bayonne. Porte d'argent à un arbre de sinople posé sur un tertre de sable supporté par deux lions affrontés de gueules et soutenus d'un croissant d'azur.

309. Agen. Jean-Joseph seigneur comte DE LAU marquis de Luzignan et autres places. Porte losangé d'or et d'azur.

448. Périgueux. Armand DU LAU, escuyer, seigneur Duhambre. Porte d'or à un laurier de sinople le tronc traversé par devant d'un lion passant de gueules et une bordure d'argent semée de tourteaux d'azur.

919. Périgueux. Armand DU LAUD, escuier, sieur de Montandy : — D'or à un laurier de sinople et un lion de gueules passant au pied du laurier et un chef de gueules chargé de besans d'or sans nombre.

947. Périgueux. N... DULAUD, fille : — De gueules à un laurier d'or et un chef de sable.

1189. Dax. N... DE LAU, curé de St-Jeours d'Arribat : — D'azur à un cygne d'argent becqué et membré d'or.

1185. Dax. Pierre LESBATS, curé de Castets : — D'or à une croix fleuronnée de gueules.

505. Bazas. Jean DE LARRIEUX, escuyer. Porte de gueules à un rocher d'argent sur une onde de même.

160. Bordeaux. Marguerite DE MESNIER, veuve de LESCOURS, écuyer. Porte de gueules à une croix d'or.

756. Bayonne. Marthe DE LARREZET, femme de Jean de Bonnatet, conseiller, secrétaire du roy. Porte écartelé au 1 et 4 d'argent à trois tourteaux de sable, au 2 et 3 d'or à une bande d'azur et un chef cousu d'argent chargé de trois merlettes de sable.

294. Agen. Jean-François DE LESPÈS DE CASTELNAU, seigneur de Rocquicot. Porte d'argent à une fasce de gueules accompagné de trois roses de même.

299. Agen. Jean-Guillaume de LESPÈS, seigneur de Fairac. Porte d'argent à une fasce de gueules accompagnée de trois roses de même.

374. N... DE LESPÈS DE HUREAUX, conseiller du roy et lieutenant-général de la ville de Bayonne. Porte d'argent à trois coquilles de sable 2 et 1, écartelé d'azur à un léopard d'or.

472. Dax. Matthieu DE LESPÈS, prestre, curé de la paroisse de Nervis. Porte d'azur à une pyramide d'argent soutenue d'un croissant d'or et accompagnée en chef de deux étoiles, et en flanc d'une pomme de pin à dextre et d'un lion à senestre, le tout d'or.

888. Mont-de-Marsan. N... DE LESPÈS, conseiller du roy, lieutenant criminel au sénéchal de St-Sever : — D'azur à trois espées d'argent, deux passées en sautoir et une en pal brochant sur les autres.

975. Mont-de-Marsan. Charles DE LESPÈS DE COULOUMAI ou COULOUMÉ — D'azur à une épée d'or en pal accostée de deux pigeons affrontés d'argent.

1154. Mont-de-Marsan. Matthieu LESPÈS, banquier (*sic*) (Benquet) à St-Sever : — D'azur à trois pals d'or.

1209. Dax. N... LESPÈS DE TARTAS : — Echiqueté d'or et de gueules.

1228. Condom. Joseph Lespées, écuyer : — D'azur à deux épées d'argent passées en sautoir surmontées d'un croissant de même, accosté de deux étoiles d'argent, coupé d'hermines à trois chevrons de gueules rompus.

1203. Dax. N... Des Lous sieur de Hobernet de Dax : — De sinople à une tour d'argent.

326. Mont-de-Marsan. Pierre du Lion, chevalier baron de Campet, Geloux et Garein : — Porte d'or à un lion armé et lampassé d'azur.

327. Mont-de-Marsan. Alexandre du Lion, écuier, sieur de Besle, en Marsan. Porte d'or à un lion lampassé et armé d'azur qui est surmonté d'un lambel à trois pendants de gueules.

717. Sarlat. Isaac du Lion, écuyer. Porte d'or à un lion de gueules lampassé et armé de sable.

174. Condom. Jean-François de Lissalde seigneur de Casteron, capitaine au régiment de Picardie. Porte d'argent à une salamandre d'azur couronnée d'or et posée sur deux flammes de gueules, parti d'or à trois merles de sable becquées et membrées de gueules posées 1 et 2.

700. Bayonne. Bertrand de Lissalde, chevalier, commandeur du St-Esprit d'Audignon, seigneur de Larramendy. Porte d'azur à un lion d'or armé et lampassé de gueules.

1191. Dax. N... Lonné, curé de Nousse et Gibret : — Bandé d'or et d'azur de six pièces.

399. Bertrand Lugat, commis à la recette des tailles de l'élection d'Agen. Porte d'or à un lion de sable lampassé et armé de gueules soutenu d'un croissant de mesme et un chef d'azur chargé de trois estoiles d'argent.

862. Périgueux. François de Lort, prestre, curé de la paroisse d'Avanthiat : — D'or à un arbre de sinople sur une terrasse de mesme, accosté de deux roses de gueules ti-

gées et feuillées de sinople mouvantes aussi de la terrasse.

348. Mont-de-Marsan. Norbert DE LURBE, prestre, docteur en théologie et archiprestre du Plan. Porte d'azur à un dextre chef (dextrochère) d'argent ganté d'or mouvant du flanc senestre de l'écu et supportant un faucon d'argent chaperonné et longé de gueules surmonté d'un lambel de trois pendants d'argent.

1041. Pierre LASSERRE, m^d bourgeois, à Bordeaux : — De gueules à un lion passant d'argent.

852. Condom. Charles LUSTRAC, escuyer, seigneur de Lyas : — De sable à un chevron d'or accompagné de trois trèfles de même, deux en chef et un en pointe.

1110. Bergerac. Isaac LABESSE, marchand à Bergerac : — D'or à trois fasces ondées d'azur.

879. Agen. N... DE LACHÈZE, escuyer, seigneur de Taille: — D'argent à un lion de sable couronné de gueules.

184. Bordeaux. Thomas-Alexis DE LANEFRANQUE, escuyer. Porte d'azur à trois bourdons d'or rangés en pal, surmontés de trois coquilles d'argent rangées en chef, écartelé de gueules à un cœur d'or duquel sont mouvants trois lys de mesme et un chef d'argent chargé de trois étoiles de gueules.

193. Bordeaux. Thomas-Alexis LANEFRANQUE, écuyer. — *Mêmes armes.*

1020. Pierre LANEVÈRE, conseiller en la cour du parlement de Bordeaux : — De sinople à trois macles d'argent.

347. Mont-de-Marsan. Pierre LANGON, prestre, chanoine et vice-gérant ez-officialité d'Ayre. Porte de gueules à une flesche d'or ferrée et empennée d'argent posée en pal.

95. DE LALANNE, conseiller au parlement de Bordeaux. Porte de gueules à un lion d'or écartelé d'azur à deux levriers courant d'argent l'un sur l'autre.

368. DE LALANNE, évesque de Bayonne, tant pour luy que pour ledict évesché. Portent d'azur à un lion d'or écartelé de gueules à deux levrettes d'argent.

475. Henry-François DE LA LANNE, escuier, seigneur baron de Castelnau et Donzacq. Porte écartelé au 1 et 4 d'azur à trois coquilles d'argent deux en chef et une en pointe, au 2 et 3 d'or à trois bandes de gueules, et sur le tout d'argent à un chesne de sinople et un sanglier de sable passant au pied.

535. DE LA LANNE, président. Porte d'argent à un chevron de gueules chargé de sept besans d'or, accompagné en pointe d'un rocher ou montagne de sinople.

553. Dax. Jean-Jacques DE LA LANNE DU BOUSQUET, écuyer, capitaine au régiment royal. Porte d'azur à trois fasces d'or.

622. Pierre DE LANES, écuyer. Porte d'azur à une croix d'argent cantonnée de quatre lions d'or.

692. Agen. Louis DE LA LANNE, écuyer, sieur de Gaujacq. Porte écartelé au 1 et 4 d'azur à trois coquilles d'argent posées en pal, au 2 et trois d'or à trois fasces de gueules, et sur le tout d'or à un chesne de sinople sur une terrasse de même et un sanglier de sable passant devant le pied de l'arbre.

835. Bordeaux. N... DE LA LANNE fils, juge de Cadillac : — D'azur à trois demi vols d'argent posés deux et un.

911. Bordeaux. Guillaume DE LA LANNE, juge de Podensac, Cadillac et Rions : — D'azur à une balance surmontée des lettres G et L, le tout d'or entouré de deux branches de laurier de mesme.

1028. Bernard DE LA LANNE, bourgeois de Bordeaux : — De gueules à un croissant d'argent.

1061. Etienne LA LANNE, avocat en la cour : — D'azur à trois plumes à écrire d'argent.

52. Bordeaux. Alexandre DE LANSAC (1) marquis de Roquetaillade, baron des Angles, premier baron de Bazadois, grand sénéchal et gouverneur d'Albret, colonel d'un régiment d'infanterie. Porte de gueules à un lion d'or vairé d'or et d'azur.

360. N... abbé de LANSAC, chanoine de Bayonne. Porte d'argent à un lion de gueules écartelé d'un vairé d'or et d'argent.

546. Bergerac. Jean DE LANSAC DE CHAUNAC, écuyer, sieur de Cernes. Porte d'argent à un lion de sable couronné, lampassé et armé de gueules.

748. Sarlat. Jean DE LANSAC DE CHAUNAC, écuier, seigneur de Sibeaumont et de Turax. Porte d'azur à un lion d'or lampassé, armé et couronné de gueules.

806. Bordeaux. N... DUPERIER, écuyer, sieur marquis de Lansac de Roquetaillade : — D'argent à un poirier de sinople fruité d'or.

972. Bordeaux. N... DE LANSACQ (2) dame douairière de Banos : — D'or à un levrier de sinople.

1147. Jean LARETEGUY, m^d bourgeois de Bayonne : — D'azur à une fasce vairée d'or.

1174. Sarlat. N... LABATUT, médecin à Martignac : — D'or à un aigle de sable.

18. Bordeaux. Jean DE LUXE, écuyer : — Porte d'or à un chevron de gueules.

379. Sarlat. Eleazard DE LUX seigneur de la Piare et autres lieux, conseiller au parlement de Guienne. Porte de gueules à trois chevrons d'or.

---

(1) N.... DE LANSAC, chevalier baron de Roquetaillade, député de l'Albret (Tartas-Nérac), en 1651.

(2) Joseph DE NAVAILLES, chevalier baron de Banos et de Dumes marié en 1670 à damoiselle Marie de Lansacq.

402. Agen. Lartigue, advocat en la cour. Porte d'argent à un pélican d'azur et un chef aussi d'argent chargé de trois estoiles aussy d'azur.

407. Jean de Lartigue, conseiller du roy, lieutenant particulier au siége présidial de Condom. Porte de gueules à un lion d'or.

496. Condom. Bernard de Lartigue sieur de La Grange. Porte party au 1 de gueules à un lion d'or lampassé et armé de sable, au 2 de sable à trois bezans d'argent deux et un.

910. Jacques Lartigue, marchand de la ville de Bordeaux : — D'argent à un cœur de gueules enflammé de même, percé de deux flesches d'or passées en sautoir et accompagné en chef d'une étoile étincelante de gueules, et en pointe d'un croissant d'azur et aux flancs des lettres J et L de sable.

1013. Bordeaux. Jean Lartigue, avocat au parlement : — D'azur à un lion passant d'argent.

1151. Mont-de-Marsan. N... Fouert de Sion veuve d'Armand de Lartigue seigneur de Pelesté et Maupas : — D'azur à un lion assis d'or tenant de sa patte dextre une fleur de lys d'argent.

138. Bordeaux. Raymond de Las, advocat. Porte d'azur à un agneau pascal d'argent, la croix et la bandelette d'or.

1128. Agen. Jean-Joseph de Lac seigneur de Bremont : — De gueules à trois étoiles d'argent.

381. Sarlat. de Langlade de La Gazaille seigneur de Langlade et Viernac. Porte d'azur à deux barbeaux d'argent posés en face l'un sur l'autre.

325. Mont-de-Marsan. Pierre de Marsan, écuyer, seigneur de La Badie. Porte d'azur à un lion d'or lampassé et armé de gueules.

1007. Bordeaux. Catherine de Marsan veuve de Léonard

DE LAROQUE, écuyer. Porte au 1 de gueules à trois tours d'argent massonnées de sable rangées sur une terrasse de sinople, celle du milieu plus élevée que les deux autres, et au 2 d'azur à un poisson d'argent posé en face sur une mer de même ondée de sinople, et un chef d'or chargé de trois molettes de gueules.

471. Dax. Matthieu DE MARSAN, prestre et curé d'Audignon. Porte d'argent à un lion de gueules.

1163. N... MARSAN LAGARDÈRE : — D'argent à un lion de gueules couronné d'or.

915. Condom. Jean-Louis MONTAUT : — D'or à trois colombes d'azur deux et une.

272. Sarlat. N... MONTETON, écuyer, seigneur de La Fleurye. Porte d'or à un chesne de sinople terrassé de même, un sanglier de sable passant au pied de l'arbre et un chef d'azur chargé de deux étoiles d'or.

1185. Dax. Dominique MORA, curé à Saugnac : — D'argent à un lion d'azur lampassé et armé d'or.

1208. Dax. N... MORA, juge de Castelsarrazin : — D'azur à une croix ancrée d'or.

373. Jean DE MORACIN, bourgeois et homme d'armes de la ville de Bayonne. Porte d'argent à un écureuil rampant de sable.

1124. Guienne. Joseph MONTBEROL : — De gueules à un aigle d'argent.

959. Antonin MURAILLE, greffier en chef de l'élection d'Agen : — De gueules à une fasce d'argent crénelée de trois pièces et deux demies et maçonnée de sable.

560. Sarlat. François DE MIRANDOL, écuyer, seigneur dudit lieu. Porte d'argent à un aigle à deux têtes de sable becqué et onglé de gueules et un chef d'azur chargé de trois étoiles d'or.

761. Sarlat. Joseph DE MIRANDOL, écuyer, seigneur de Pechaut : — *Comme dessus*.

510. Sarlat. Jeanne DE LACOMBE, veuve de Samuel DE MIRANDOL, écuyer, seigneur de Peyruse, a présenté l'armoirie : Porte d'argent à un aigle à deux têtes de sable becqué et onglé de gueules, et un chef d'azur chargé de trois étoiles d'or.

1052. Bordeaux. N... DU MUGRON, marchand bourgeois de Libourne : — D'azur à trois lions d'or passant l'un sur l'autre.

730. Mont-de-Marsan. Anne DE MOISSAN veuve de Gratian D'ABSAC, écuyer, seigneur de Lasserre, a présenté l'armoirie. Porte d'argent à trois chevrons de sable.

1207. Dax. N... MOYSUN, procureur au sénéchal de Tartas : — De gueules à trois aigles d'or.

708. Mont-de-Marsan. Jean MOLENES, bourgeois. Porte d'azur à une tour crénelée de trois pièces d'argent massonnée et fermée de sable accompagnée en chef de trois étoiles d'or.

465. Dax. Jean DE SAINT-MARTIN, écuyer, seigneur de Castaignos. Porte d'or à un chesne de sinople sur une terrasse de mesme, soutenue par deux lions affrontés de gueules.

657. Périgueux. Marguerite DE SAINT-MARTIN veuve de N... DE LAVIGNAC. Porte d'azur à un lion morné d'or.

844. N... DE SAINT-MARTIN, courtier royal de la ville de Bordeaux : — D'azur à un lion ravissant d'or.

910. Joseph SAINT-MARTIN, bourgeois et marchand de la ville de Bordeaux : — D'azur à un Saint-Martin à cheval partageant son manteau à un pauvre qui luy demande l'aumosne, le tout d'or soutenu en pointe des trois lettres capitales J S et M de mesme.

— 457 —

930. Bayonne. Jeanne DE MANIBAN veuve de N... DE SAINT-MARTIN marquis de Pontonx : — Ecartelé au 1 d'azur à un lion d'or, au 2 et 3 d'argent à deux bourdons de gueules passés en sautoir accompagné en chef d'un croissant d'azur et de trois larmes de mesme deux au flanc et un en pointe, et au 4 d'or à un sanglier de sable.

969. Dax. Jean-François DE SAINT-MARTIN chevalier seigneur marquis de Pontonx : — De gueules à cinq marteaux d'argent posés trois et deux.

856. Périgueux. Jean-Captal DE SAINT-MARTIN, écuyer, sieur de La Fayardie : — D'azur à un chevron d'or accompagné en chef de deux épées d'argent les pointes, les gardes et poignées d'or, et en pointe d'une ancre d'argent la trabe d'or.

1093. Périgueux. Catherine DE MORILLIÈRES dame DE SAINT-MARTIN veuve de N... DE SAINT-MARTIN : — D'argent à un griffon de gueules couronné et armé d'or.

1143. Bayonne. N... DE SAINT-MARTIN, écuyer : — D'or à un cœur enflammé de gueules percé de deux flesches de sable passées en sautoir.

1186. Dax. N... DE SAINT-MARTIN, curé de Morsans : — D'azur à deux bandes d'or.

1196. Dax. N... DE SAINT-MARTIN, écuyer, conseiller, secrétaire du roy : — D'azur à un lion assis d'or et tenant de sa patte dextre une fleur de lys d'argent.

1217. Dax. N... DE SAINT-MARTIN, juge du Pouy : — D'argent à une croix ancrée d'azur.

469. Michel DE MAUMAS, conseiller du roy, président au présidial d'Acqs. Porte écartelé au 1 et 4 d'or à trois testes de lions coupées et posées dans un mesme rang de gueules coupé d'argent à un pin de sinople sur une terrasse de même, et au 2 et 3 d'azur à une tierce posée en bande d'ar-

gent accompagnée de deux agneaux pascals de même, un en chef et l'autre en pointe.

1190. Dax. N... Maumen, chanoine de Dax : — D'azur à deux lions affrontés d'or.

1199. Dax. N... Maurian, lieutenant assesseur à Tartas : — De gueules et une fasce d'argent chargée de deux roses de gueules.

1015. Bordeaux. Pierre de Maurian, avocat en la cour, juge de Castres et Arbanats : — De gueules à un aigle d'argent becqué et membré d'or.

873. Bazas. Jean-Joseph Meilhan, chanoine du chapitre de l'église de St-Michel de La Réole : D'azur à une croix d'or cantonnée au 1 et 4 d'une abeille de mesme, et au 2 et 3 d'une ruche aussy d'or.

1201. Meilhan, lieutenant criminel à Dax : — D'or semé de croisettes de sable à un lion d'argent brochant sur le tout.

18. Bordeaux. Marc-Antoine de Mérignac, escuyer. Porte d'azur à cinq besans d'or posés en sautoir accompagné de trois croisettes de même écartelé de gueules à deux pals d'or.

341. Bordeaux. Toussaint de Mérignac, escuyer. Porte d'azur à cinq besans d'or posés en sautoir et quatre croisettes de même posées en croix entre les besans, écartelé de gueules à deux pals d'or.

533. Bordeaux. Marie Destignols veuve de Charles de Mérignac seigneur de Renon et autres places : — Armoirie déjà expliquée.

968. Dax. Joseph Mérignac, écuyer, sieur de Mallet : — D'argent écartelé d'azur à un sautoir de l'un en l'autre.

322. Mont-de-Marsan. François de Mesmes, écuyer, sieur de Lucbardès. Porte écartelé au 1 d'or à un croissant de

sable, au 2 et 3 d'argent à deux lions passant l'un sur l'autre de gueules, au 4 d'or à une étoile de sable, coupé en pointe ondé d'azur et un chef de gueules; le grand écu brisé en chef d'un lambel aussi de gueules.

644. Condom. Géraud Mibielle, conseiller du roy, juge royal de la ville de Montréal. Porte d'argent à trois fasces ondées de sable, écartelé de gueules à une croix de St-Esprit d'argent.

102. de Minvielle, en la cour de Bordeaux. Porte d'azur à une tour d'or posée sur un rocher de mesme.

146. Bordeaux. Jean Minvielle Bessan, bourgeois. Porte d'azur à une tour d'or posée sur un rocher d'argent.

1140. Bayonne. N... Moisset, ci-devant gouverneur du Château-Neuf : — D'argent à un croissant de gueules accompagné en chef d'une rose de mesme.

134. Bernard La Molère, advocat au parlement de Paris, conseiller du roy, directeur particulier et trésorier de la monnoye de Bordeaux. Porte d'azur à un griffon d'or lampassé de gueules et un chef de même chargé de trois meules d'or percées en losange aussy de gueules.

471. Dax. de Momas, escuier, seigneur de Cazalon. Porte d'azur à une tierce d'argent posée en bande accompagnée de deux agneaux pascals de même l'un en chef l'autre en pointe.

15. Bordeaux. Françoise de Monneins. Porte de gueules à une croix d'or.

160. Bordeaux. Marguerite de Monneins veuve de N... de Lescours, escuyer. Porte de gueules à une croix d'or.

994. Bayonne. Monségur de Serres, contrôleur de la Coustume de St-Jean-de-Lux : — D'argent à une fasce de gueules surmontée de trois roses de même.

86. de Mons de La Tour, conseiller au parlement de Bor-

deaux. Porte d'azur à trois molettes d'or et un chef de gueules chargé d'un lion passant d'or.

89. Jacques DE MONS, conseiller au parlement de Bordeaux et commissaire aux requestes du palais. Porte d'azur à trois molettes d'or et un chef de gueules chargé d'un lion passant d'or.

166. Bordeaux. Jacques DE MONS D'ANGLADE, écuyer. Porte d'azur à trois molettes d'or deux en chef et une en pointe, à un chef de gueules chargé d'un lion léopardé d'or lampassé et armé de mesme.

638. Bordeaux. N... DE MONS veuve de N.. MEYNARD, conseiller au présidial de Libourne. Porte d'argent à un rocher de sable surmonté d'un aigle de même.

1006. Bordeaux. Pierre MONTALIER, écuyer : — D'or à trois aigles de gueules.

1209. Guienne. MAIGNOS (ou Maignes plutôt) père ? marchand bourgeois de Dax : — D'azur à cinq besans d'argent posés en sautoir.

944. Guienne. MAIGNOS DE BIAUTZ, bourgeois de Nérac : — D'argent à une main d'azur.

496. Guienne. N... DE MAIGNOS DE MELIGNAN : — De gueules à un lion d'or écartelé d'argent à un aubépin de sinople.

59. Bordeaux. N... DE MARANS, prieur de St-Georges en l'Isle d'Oléron, tant pour luy que pour la juridiction dépendante dudit prieuré. Porte fascé contre-fascé d'or et d'azur de six pièces et un chef palé de deux pièces au milieu et gironné aux deux cantons de mesme, et sur le tout un petit écusson d'argent.

77. DE MARANS, conseiller en la grande chambre au parlement de Bordeaux. Porte comme le précédent.

542. Jean DE MARANS, chanoine de l'église St-Seurin de Bordeaux. Porte fascé contre-fascé de six pièces d'or et d'a-

zur et un chef palé d'azur et d'or adextré d'un tranché d'or sur azur et senestré d'un taillé d'azur sur or et un écusson d'argent posé au point d'honneur.

814. Bordeaux. Barbe DE MARAN veuve de N... GUIONNAS, écuier, seigneur de Montbalen : — Palé contre-palé d'or et d'azur et un chef d'or chargé d'une molette de sable.

796. Bordeaux. Louis-Mauléon DE SAVAILLAN, trésorier et chanoine du chapitre de Saint-Seurin : — De gueules à un lion d'or.

8. Bordeaux. Marie DE GACHEN veuve de Marguarin DE SAINT-JULIEN, écuyer. Porte écartelé au 1 d'azur à trois tours d'argent, au 2 aussi d'azur à une étoile d'or, au 3 de gueules à trois étoiles d'or, et au 4 aussi de gueules à trois coquilles d'or.

330. Mont-de-Marsan. Estienne DE SAINT-JULIEN, écuyer, seigneur de Momuy. Porte de gueules à deux lions affrontés d'or.

328. Mont-de-Marsan. Joseph DE JUNCA, escuyer. Porte écartelé au 1 d'azur à trois bandes d'or, au 2 de gueules à une espée d'argent posée en pal, au 3 lozangé d'argent et de gueules, au 4 d'azur à un lion d'or lampassé et armé de gueules.

551. Dax. Jean-Pierre JUNCA, écuyer, seigneur de Monget et Burgaux. Porte d'azur à une tour crénelée d'argent.

803. Bordeaux. Pétronille DU JUNCA : — Fascé d'or et de gueules de six pièces.

810. Bordeaux. Anne DE JUNCA veuve de N... COSAGER, écuyer : — De gueules à un lion d'or et un chef cousu d'azur chargé de trois croissants d'argent.

846. Bordeaux. Jean DE JUNCAT, bourgeois : — Fascé d'argent et d'azur de huit pièces à une cottice d'or brochant sur le tout.

1051. Bordeaux. N... Junca, mᵈ bourgeois de la ville de Libourne : — D'azur à un chevron d'or chargé de trois croissants de gueules.

987. Bordeaux. N... Junca, écuyer, seigneur de Pelcougot : — D'argent à une bande d'azur à un chef de gueules chargé d'un soleil d'or.

1165. Mont-de-Marsan. Magdelaine de Bransinx (Brassenx) veuve de N... Junca du Fray : — D'argent à un croissant de gueules accompagné de trois étoiles de même.

1200. Dax. N... Junca de Laurède : — D'argent fascé de gueules.

913. Bordeaux. Marguerite Juge veuve de N... Barenguit, bourgeois marchand : — D'or à une fontaine de sable à deux bassins jallissante son eau d'argent à dextre et un pommier de sinople à senestre, fruité de gueules qui est accosté de deux troncs d'arbre écotés de sable posés en pal l'un de chaque costé.

970. Mont-de-Marsan. Zacarie de Juge, prestre et curé de Toulouzette : — De gueules à six billettes d'or en chef posées 3 et 3, accompagnées en pointe d'une balance de même.

BÉARN.

144. N... seigneur d'Apat : — Losangé d'or et de sinople à une fasce d'argent.

141. Pau. N... baron d'Arberats : — Losangé d'or et d'azur à une fasce de gueules.

143. Pau. N... femme de N... d'Arberats : — Losangé d'or et de sable à une fasce d'argent.

164. Pau. Jacques d'Arberats, prestre et curé de Saint-Gladie et Guinarte son annexe : — Losangé d'argent et de sinople flanqué d'or. (1)

Pau. N... d'Arbouet. Porte écartelé au 1 d'or à un loup de gueules attaché à un pin au naturel, au 2 d'or trois oyes de sable 2 et 1, au 3 d'or à une bande de gueules chargée de trois étoiles d'argent, et au 4 aussi d'or à trois tourteaux d'azur 2 et 1. (2)

143. Pau. N... baron d'Armendaritz : — Losangé d'or et de gueules à une fasce d'azur. (3)

150. Pau. Félicien d'Arehts, sieur de la maison noble d'Arehts du lieu de Cherraute et conseiller, procureur du roy au siége du sénéchal de St-Palais : — Losangé d'argent et de sinople à une fasce d'argent.

81. Pau. Jean d'Arrac de Gan : — D'or à un écusson losangé d'argent et d'azur.

86. Pierre Darricault seigneur dudit lieu : — De sable à un écusson losangé d'or et de sinople.

---

(1) Arberaz : De gueules à dix coquilles d'argent posées en trois pals 4, 3, 3 (Martin Viscay).

(2) Arbuet : D'argent à une bande de gueules chargée de trois étoiles du champ (Martin Viscay).

(3) Armendariz : Ecartelé au 1 et 4 d'azur à un château d'argent, au 2 et 3 d'or à deux vaches de gueules, clarinées de sable, passantes l'une sur l'autre (Martin Viscay).

88. Henry d'Arroix, chevalier, baron d'Auriac : — D'argent à un chef barré de gueules et d'or de six pièces.

126. Pierre de Lample d'Arrois : — D'argent à une lampe de gueules.

93. Marguerite d'Arsaut femme de Jacques de Terride et de Floride, gouverneur de la ville de Lembeye : — D'or fretté de gueules et une fasce d'azur brochée sur le tout.

134. Jean Dartez Menguavin sieur de Sabathé de Menen : — Losangé d'or et de sable à un pal de gueules.

158. N... de Loyard du Lavo veuve de N... d'Artigues, conseiller en la chambre des comptes de Navarre : — Losangé d'or et de sinople flanqué de sable.

19. Jacques d'Apremont, abbé de St-Clade et Vielle. Porte de gueules à une croix d'argent.

92. Pierre Dastis, abbé de Anoye : — D'or fretté de sinople à une fasce d'azur.

120. Pierre de Bachoués sieur de Baraute : — D'argent et un bateau de gueules.

121. N... femme de Pierre Bachoué seigneur de Baraute : — Fuselé d'or et de sinople et un chef d'azur.

112. Isabeau de Badet femme de N... Saffren de Landresse : — De gueules à une barre ondée d'or.

125. Jean Badet sieur de Plasence : — De sinople à un chef d'argent chargé d'une fontaine de sinople.

33. Jean de Bailleinx seigneur du château d'Andrein. Porte d'azur à une tour maçonnée, ouverte et percée de sable, écartelé d'argent à trois flammes de gueules rangées en fasce.

52. Béarn. Gaillard de Balagué seigneur de la maison noble de Domenjadure appelée de Balagué de Momein, en Béarn. Porte d'argent à un lion de gueules et un chef d'azur chargé de trois fers de pique d'or.

152. Arnaud-Jean DE BAILLARD, prêtre et curé de Gens et St-Gouins, son annexe : — Losangé d'or et de sinople flanqué d'argent.

15. DE DEBATS, conseiller du roy au parlement de Navarre. Porte de gueules à la croix d'or, écartelé d'or à un lion de gueules.

48. Jean-Pierre DE BATZ seigneur de Diusse, en Béarn. Porte d'azur à un chevron d'or accompagné de trois chicots de même posés en pal deux en chef et un en pointe, et un chef d'argent chargé d'un lion naissant de gueules.

98. Clément DE BATZ, archiprestre de Mont et Diusse :— D'argent fretté d'azur à une fasce de vair.

101. Jeanne DE BATZ femme de Pierre D'ARROS baron d'Argelos : — D'azur fretté d'argent à une fasce de même.

138. N... DE DEBAT, archiprestre du Lucq : — Losangé d'argent et de gueules à un pal de sable.

143. LA VILLE DE LA BASTIDE CLERANCE : —Losangé d'or et de gueules à une fasce d'or.

74. Pierre DE BATSALLE seigneur de Lée : — De sable à une patte de griffon d'argent mise en bande.

158. Jeanne DE FRECHO veuve de Jean DE BATSALLE seigneur de Lée : — Losangé d'or et de sinople flanqué de gueules.

107. Tristan DE BAURE seigneur de Lasalle de Berenx : — De sinople fretté d'argent à une fasce de gueules brochée sur le tout.

108. Jeanne DE BAURE veuve de N... DE SEGURE, conseiller, secrétaire du roy : — De sable fretté d'or à une fasce d'argent.

16. LA PROVINCE DE BÉARN. Porte d'or à deux vaches passantes de gueules accornées, accolées et clarinées de même.

49. GOUVERNEMENT DE BÉARN. Porte écartelé au 1 d'or à

deux vaches passantes une sur l'autre de gueules accornées, accolées, clarinées et onglées d'azur ; au 2 et 3 d'argent à un lion passant de pourpre, et au 4 de gueules à une tour crénelée et donjonnée d'or.

88. Théophile DE BÉARN : — D'argent à une fasce d'azur frettée d'or.

153. Jean DE BELLACQ, prêtre et curé de Chavre : — De gueules à trois croissants d'or adossés en cœur.

5. Estienne DE BONNECASE, conseiller au parlement de Navarre. Porte de gueules au croissant d'argent, à un chef de sinople chargé de trois étoiles d'or, écartelé d'azur à une tour d'argent maçonnée, crénelée et ouverte de sable.

82. Germain DE BONNECASE, curé de Masserolles : — D'azur à un écusson d'or et de sable.

50. Jean DE BONNECASE, avocat au parlement, concierge et garde meuble du roy au château de Pau, abbé de Landresse. Porte parti au 1 de gueules à un croissant d'argent et un chef cousu d'azur chargé de trois étoiles d'or ; écartelé d'azur à une tour d'argent maçonnée de sable, au 2 d'or à un pin arraché de sinople accosté de deux lions affrontés d'azur rampant contre le tronc de l'arbre.

101. Magdelaine DE BLAIR femme d'Henry d'ARROS seigneur de Tinen (ou Viven) et Auriac : — D'azur fretté d'or à une fasce de vair.

5. David DE BORDÈRES seigneur de Mazères, conseiller au parlement de Navarre. Porte écartelé au 1 d'argent au sanglier passant de gueules ; le 2 et 3 d'azur à trois croissants d'or, et au 4 d'or à un lion de gueules.

47. Daniel DE BORDÈRES seigneur de Bordères. Porte écartelé au 1 d'argent à un sanglier passant de gueules, et au 2 et 3 d'azur à trois croissants d'or 2 et 1, et 4 d'or à un lion de gueules.

91. Pierre DE BORDÈRES, prestre : — D'or fretté de sinople à une fasce de sable.

26. Jean-Ciprien DE BORDENAVE, conseiller du roy au parlement de Navarre. Porte d'azur à un chevron d'argent accompagné de trois coqs d'or deux en chef affrontés et un en pointe, et un chef cousu de gueules chargé de trois étoiles d'or.

11. Pierre BORDES, conseiller en la cour du parlement, comptes, aydes et finances de Navarre. Porte de gueules à une maison d'or, les portes et fenestres d'azur, écartelé d'argent à trois violettes d'azur 2 et 1.

117. Louis DE BORDES sieur DE CAMOU : — De sinople à une bordure componée et contre componée d'or et de sable.

102. Jean DE BORDENAVE seigneur de de Sevres (Serres) et de Mongenard : — De gueules fretté d'or à une fasce d'argent.

109. N... DE BLAIR femme de N... BORDENAVE-CASSE DE CATETTURBE ou CASTETARBE : — De sable fretté d'argent à une fasce de même.

117. Pierre DE CAMOU et D'OSSENS : — D'argent à un chameau de sinople et un chef de même.

32. LA VILLE DE BRUGES (en Béarn). Porte d'or à une vache passante et contournée de gueules, accolée, accornée et clarinée d'azur, sortant d'un bois de haute futaye de sinople.

151. Charles DE CANGUILHEM, prestre et curé de Jasse et Bivenes : — Losangé d'argent et de sinople et une fasce de sable.

71. N... DE CAPLANE, chanoine du chapitre de Liveac (Lescar) : — D'argent à une chapelle de sinople.

90. Bernard DE CAPLANE baron de Mondebat : — D'or fretté d'azur à une fasce d'hermines.

15. Candau Peborde, conseiller du roy au parlement de Navarre. Porte d'argent à un pin de sinople sur une terrasse de même; party d'argent à trois bandes d'azur, au chef de gueules chargé de trois hures de sanglier de sable.

94. N... de Candeau femme de N... La Barthe Barincou : — D'argent fetté de gueules et une fasce d'or brochant sur le tout.

103. N... de Candau, ancien conseiller au parlement de Navarre : — De gueules fretté d'or à une fasce de sinople brochant sur le tout.

162. Jean de Caumia, advocat au parlement de Navarre : — Losangé d'or et de sable flanqué de vair.

111. Jean de Casemajor seigneur de Riannes : — De sable fretté d'argent à une fasce d'hermines.

111. Jeanne de Mesplès d'Aren femme de Jean de Casemajor seigneur de Riannes : — D'or à un chevron d'azur accompagné en chef de deux merlettes de sinople.

119. Pierre de Casemajor, conseiller du roy, juge au sénéchal de Sauveterre : — D'or à un heaume de sable.

136. Marie Casemajour femme de Jacques Dandoins de Labat d'Estos : — Losangé d'argent et d'azur à un pal de vair.

124. Charles Casemajor, abbé d'Orion : — D'or à un heaume de sable.

110. Jeanne de Goueyte femme de N... d'Espouey seigneur d'Arams (ou Aramis) : — De sable fretté d'argent à une fasce de gueules broché sur le tout.

149. Pau. N... de Goyheneche, conseiller du roy, assesseur au siége de St-Palais : — Losangé d'argent et de gueules à une fasce de gueules.

52. Jean de Laborde de Sarporans seigneur de la maison noble de La Lanne de Castetarbe. Porte d'or à un chevron

de gueules accompagné de trois flammes de même, deux en chef et une en pointe.

112. Pau. Philippe baron DU LAUR : — De sable à un pal ondé d'or.

80. Pau. L'EVESCHÉ DE LESCAR : — Ecartelé d'or et de sinople à une croix engreslée de l'un et l'autre.

138. Pau. N... DE LA SALLE D'EYSUS femme de N... LURBE : — Losangé d'argent et de gueules à un pal d'hermines.

71. Pau. Marc-Henry DE MAREINX seigneur de Sus et Montgaillard : — D'argent à un lion de gueules chargé sur l'épaule d'un écusson palé d'or et de sable de six pièces.

133. Pau. Clément DE LAAS LURBE : — Losangé d'or et de sinople à un pal de gueules.

132. Pau. Bernard DE LAAS DAIGNOS, major de Navarreinx : — Losangé d'or et de gueules à un pal d'azur.

25. Pau. LA VILLE DE SAINT-JEAN-PIED-DE-PORT. Porte d'azur à un château donjonné de trois pièces d'argent, massonné, ouvert et pavé de sable, senestré d'un saint Jean-Baptiste aussy d'argent tenant sa main dextre appuyée sur un des donjons, et de l'autre une longue croix posée en pal de même.

ARMORIAL GÉNÉRAL

TOULOUSE. — MONTAUBAN.

360. Auch. Matthieu d'Ayrens, procureur juridictionnel de Basoles (Bezoles). Porte d'or à une corneille de sable becquée et membrée de gueules.

351. Auch. Arnaud d'Armau sieur de Bernède. Porte écartelé au 1 et 4 d'or à un lion de gueules armé et lampassé de même; au 2 et 3 d'azur à trois fasces engrelées d'argent.

361. Auch. Michel d'Armau seigneur de Pouydraguin. Porte écartelé au 1 et 4 d'or à un lion de gueules armé et lampassé de même, au 2 et 3 d'azur à trois fasces ondées d'argent.

1409. Auch. N... femme de Michel d'Armau sieur de Pouydraguin : — D'or à deux bandes de sable et deux barres d'argent brochant sur le tout.

1715. Auch, Montpellier, Montauban. Jean-François d'Armagnac seigneur baron de Termes. Porte d'or à un lion de gueules.

1224. L'Isle-Jourdain. N... de Barbotan seigneur de Mormets, Carrits et autres lieux : — De sinople à trois canards d'argent posés en bande.

323. Fleurance. DE BASSABAT DE PORDEAC femme (*rayé*) de Claude DE PERSIN marquis de Montgaillard. Porte d'argent à trois corneilles de sable becquées et membrées d'or posées deux et une.

648. Alby. Jean BAYONNE, marchand, bourgeois de la ville d'Alby : — D'argent à la lettre capitale B de sable.

1073. Pamiers. Pierre-Hippolyte DE BÉON (1) seigneur et baron de Saint-Paul-Cazaux. Porte d'or à deux vaches passantes de gueules accolées, clarinées, accornées et onglées d'azur.

342. Auch, Toulouse, Montauban. Paul DE BATZ DE CASTELMORE, écuyer, gouverneur pour le roy de la ville et citadelle de Navarrenx. Porte écartelé au 1 et 4 d'or à un aigle éployé de sable, au 2 et 3 d'azur à un château à deux tours d'argent massonné de sable.

62. Alby. Augustin DE CHARS, prestre, chanoine et archidiacre de l'église métropolitaine d'Alby, prieur de la Bastide-Monfort. Porte d'azur à un chevron d'or accompagné en chef de deux étoiles d'or, et en pointe d'une Foy de carnation empoignant une ancre d'argent.

1264. Mirande. N... DE CLARENS seigneur dudit lieu : — De sinople à une aigle d'argent éclairée de gueules.

1322. Pamiers. N... CLARAN, marchand, à Tarascon : — D'azur à une aigle d'or éclairée de gueules.

1238. Auch. Arnaud CLÉRISSE, bourgeois dudit lieu d'Auribat : — D'or à trois clefs d'azur posées deux et une.

1255. Guillaume DANTIN DE GOZAX : — D'azur à une bande d'or chargée de trois artichauts de sinople.

1024. Tours. Pierre DESMÉE, march^d à Saumur : — De gueules à une tour d'or.

---

(1) La famille de Béon avait plusieurs branches dans les Landes.

1484. Tours. Martin Desmée, bourgeois de la ville de Laval : — D'or à trois anses d'azur posées deux et une.

1257. Toulouse, Montauban. Pierre Esclassan de Pavie : — D'argent à trois bombes de sable posées deux et une.

320. Pierre Izarn, résidant à Castres. Porte d'argent à une fasce d'azur accompagnée de trois tourteaux de même rangés en chef et d'un croissant aussy d'azur mis en pointe ; écartelé de gueules à une croix pommetée, vidée et clichée d'or.

1210. Rodez. Jean d'Izarn de Fraissinet seigneur de Goulinhac : — D'azur à un lion d'or écartelé de gueules à un chien passant d'argent.

258 Milhau. Jean-Antoine Izarn, avocat. Porte d'azur à trois arcs d'or posés en fasce, deux en chef un en pointe.

609. Antoine Izarn, procureur en la cour de Toulouse : — Gironné de sable et d'argent.

616. Toulouse. N... Izarn, prestre, ancien aumosnier du cardinal de Bonzy : — Barré d'argent et de sable de quatre pièces.

761. Bas-Montauban. François Izarn, bourgeois de la ville de Lavaur : — De sable écartelé d'argent à une croix de l'un en l'autre.

375. Montauban. Jacques Izarn, avocat et n^{re} à Caylus : — De sable à une barre d'or chargée de trois limaçons de gueules.

1014. Montauban. Estienne Izarn, avocat à Cahors : — D'argent à un lézard de sinople.

1130. Rodez. Jean-Claude de Poujole et N... d'Izarn, sa femme : — Accolé de sable à un paule d'or (poule d'or).

Flandre, f° 1296, n°s 13-14. Jacques-Joseph d'Izarn de Monthieu sieur de Villefort, gentilhomme de Languedoc, à présent major de Mons, et Marie-Suzanne de Valicourt, sa femme : — D'azur à une fasce d'or; *alias* d'argent accompagnée en chef de trois (*alias* deux) besans rangés et en pointe d'un croissant de même; accolé : d'azur à un lys (de jardin) d'argent sur une terrasse de même et accosté de deux moutons aussi d'argent passants sur cette terrasse et un franc quartier d'hermines (*Alias* d'azur au franc canton d'hermines) (*Borel d'Hauterive*, p. 306).

Dauphiné. 27. Grenoble. Nicolas DE LANGON seigneur du dit lieu, baron d'Uriage, capitaine de dragons dans le régiment de Saintièré. Porte de gueules à une tour d'argent massonnée de sable, crénelée de quatre crénaux et la porte ouverte.

389. Grenade. Estienne DE LONJON, écuyer, seigneur de Saint-Sardou. Porte d'or à une bande de gueules.

1200. Fleurance. Jeanne D'ESTIULEC veuve de Jean LONJON seigneur de Ricaumont : — D'or à un chevron de sable chargé de deux espées d'argent.

1280. Grenade. N... femme d'Etienne LONJON DE SAINT-SARDOU : — D'argent à un tresfle de sinople.

1310. Pamiers. N... LOZE : — D'azur à un chevron émoussé d'hermines.

Montpellier, Montauban. 1496. René DE LOZE, m^d à Narbonne : — De sinople à une fasce fuselée d'argent et de sable.

357. Paul-Auguste DE MERITENS, chanoine du chapitre de l'église métropolitaine de Sainte-Marie-d'Auch. Porte d'argent à un levrier de gueules accolé de même et attaché par le collier à un pin de sinople.

1345. Montrejeau. N... DE MERITENS sieur d'Eyne : — De gueules à un chien passant échiqueté d'argent et de sable.

1347. Montrejeau. N... DE MERITENS D'ARGILAS : — De sinople à un bande d'or accompagnée en chef d'un hibou de même.

403 et 404. Montpellier, Montauban. Jacquette DE PAULE veuve de Joseph-François DE MARAST, conseiller au parlement, a présenté l'armoirie. Porte de gueules à un paon rouant d'or sur une gerbe de même, à un chef d'azur chargé de trois étoiles d'or ; écartelé d'or à deux loups passants l'un sur l'autre de gueules.

25. Toulouse. Marie DE MARRAST veuve de Simon DE NOEL, conseiller au parlement de Toulouse, seigneur de Saint-Sernin et de Gressac. Porte d'azur à un chevron d'or accompagné en chef de deux étoiles de même, et en pointe d'une colombe d'argent volant, becquée et onglée de gueules portant en son bec un rameau d'olivier de sinople.

1091. Villefranche. Françoise DE MARRAST veuve de N... de Molineux : — D'azur à trois dauphins d'argent mal ordonnés.

SUPPLÉMENT.

D'Abadie d'Arboucave.

Après l'abbé Monlezun, nous avons écrit que Bernard d'Abbadie d'Arboucave était curé de Marsolan, diocèse de Lectoure, avant d'être évêque de Dax.

M. l'abbé Duvoisin, dans la *Vie de M. Daguerre,* page 493, note 39, relate ce qui suit :

« Bernard d'Abbadie d'Arbocave ou d'Arboucave appartenait à une ancienne famille de Béarn ; il était curé de *Mazeclac* au diocèse de Lectoure, lorsque Louis XIV le nomma à l'évêché de Dax, le 15 août 1690. »

D'après des mémoires historiques plus exacts que ce qui précède, Bernard d'Abbadie d'Arboucave était en 1690 curé de *Maslacq*, au diocèse de Lescar, en Béarn. Le château patrimonial des d'Abbadie d'Arboucave est à Maslacq, siége d'un archiprêtré. Le chef de la maison d'Arboucave, de 1650 à 1700, a été noble Messire Isaac d'Abbadie baron d'Arboucave, conseiller du roi au Parlement de Pau (1668), marié à dame Marie d'Espalungue. (Voir l'*Armorial des Landes,* notice d'Armaignac, p. 95; l'*Armorial de Béarn,* 1698 ; les *Archives de Pau,* X. Raymond ; et la *Statistique des Basses-Pyrénées,* de Picamilh).

Andouins, *en Béarn.*

D'or au lion de sinople, au chef cousu d'or chargé de trois pals de gueules.

D'Artagnan de Montesquiou, *abbé de Sordes*.

D'or à deux tourteaux de gueules. Couronne de comte, surmontée de la crosse et de la mitre; supports deux griffons.

De Barbotan.

Le 26 septembre 1737 naquit et fut baptisé noble Jean-Marie de Barbotan, fils légitime de noble Joseph de Barbotan, et de dame Marie-Anne d'Arcet. Parrain, Jean-Marie de Barbotan, noble Antoine Sever a tenu à sa place; marraine, dame Louise de Lartigue, qui ont signé avec le père et moi :

BARBOTAN, *père*; LARTIGUE DE BARBOTAN; LEGLISE, *vicaire*; DE BARBOTAN.

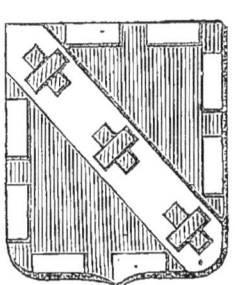

De Basquiat, *chevaliers, seigneurs d'Artigon, Coïton, Espaigne, Chicoton, La Mirande; barons de Lahouze, Arthos, Sainte-Eulalie, Bonnegarde, Larbey, Baigts, Toulouzette, Montaut, Poy, Patin, Miremond, en Guienne.*

Matthieu de Basquiat, *chevalier, baron de Lahouze.*

De gueules à une bande d'argent chargée de trois flanchis du champ à la bordure componée de 20 pièces d'argent et de gueules. Le blason peint sur une croix de saint-Lazare. Couronne de marquis; cimier, un lion naissant couronné à l'antique.

Les branches de Toulouzette et Montaut, Lahouze et de Pehosse furent représentées aux assemblées de 1789.

VIII. — Noble Jean-Bon de Basquiat sieur d'Artigon, marié le 30 décembre 1600 avec Marthe d'Arnès d'Embidonnes, damoiselle, fille de feu noble d'Arnès d'Embidonnes et de Jeanne de Pausader, demoiselle. En eut Bernard, qui continue la descendance, et autre Bernard, né en 1621.

II. — Bernard de Basquiat sieur d'Artigon, marié le 15 juillet 1622 avec Quitterie de Marrein, damoiselle, fille de noble Pierre de Marrein, et de feue Magdelaine de Poyferré, fut affilié, ainsi que ses descendants, à la congrégation de St-Maur (1), ordre de St-Benoît. Sa veuve, vivant encore en 1689, fut marraine de noble André de Basquiat, son arrière petit-fils. Ils laissèrent un fils :

III. — Bernard de Basquiat seigneur d'Artigon, épousa en premières noces, vers l'an 1650, Jeanne de Betbedat, demoiselle. De ce premier mariage, plusieurs enfants, et entre autres :

Matthieu de Basquiat, et Jean.

Devenu veuf, Bernard se remaria avec demoiselle Catherine Darbo (qui n'avait pas moins de 52 ans). De ce second mariage :

Jean de Basquiat.

Matthieu et Jean formeront deux branches : Matthieu, celle de Lahouze ; Jean, celle de Toulouzette.

I. — Matthieu de Basquiat, écuyer, seigneur d'Artigon

(1) Les bénédictins de Saint-Sever, refusant de se soumettre à la réforme de la congrégation de St-Maur, chassèrent de leur monastère les religieux envoyés pour leur proposer l'adoption de la nouvelle règle. Les pères réformateurs trouvèrent une généreuse hospitalité dans la demeure de Bernard de Basquiat sieur d'Artigon, avocat en la cour. Il parvint à leur faire rouvrir les portes du couvent, et à faire accepter la réforme par les moines récalcitrants. En reconnaissance de ce bienfait, nos bénédictins, convertis et réformés, affilièrent à leur ordre Bernard de Basquiat et sa postérité, par acte du 11 juin 1647 (Extrait d'un Mss. des bénédictins).

et de Chicoton, épousa en 1688 demoiselle Marie de Campet, fille de feu noble Philibert de Campet, et de demoiselle Cécile de Cloche, héritière en sa partie des biens d'Arthos et de Lahouze. De ce mariage :

Noble André de Basquiat seigneur d'Arthos, né en 1689, épousa Marie-Anne du Vacquier d'Aubaignan, 1722. De ce mariage :

A. Matthieu de Basquiat, chevalier, baron de Lahouze, né le 9 septembre 1724 (C'est ce Matthieu qui a été ambassadeur en Danemark), marié à Elisabeth Fabre de Genève. Il mourut à Bagnères de Bigorre, en 1793, sans postérité.

B. Benoît de Basquiat, connu sous le nom de chevalier de La House, capitaine à la suite du régiment de Béarn-infanterie, etc., décédé à St-Sever dans les premiers jours de janvier 1823 sans postérité.

C. Matthieu de Basquiat, chanoine du chapitre de Lille (Flandre).

II. — Noble Jean de Basquiat (fils de Bernard de Basquiat, et de Catherine Darbo), écuyer, seigneur baron de Toulouzette, Miremont, Poy, Patin, maire perpétuel de la ville de St-Sever, épousa le 29 septembre 1697 demoiselle Marie-Anne du Poy de Monicane, sa cousine au quatrième degré (des dispenses furent nécessaires pour ce mariage), laquelle était fille de noble Christophe Dupoy, et de Catherine de Larrieu. Ce mariage fut célébré en présence de Benoît de Basquiat, Matthieu de Basquiat, du Poy et Pierre de Cabanes, avocat en la cour. De ce mariage :

A. Bernard de Basquiat, qui suit ;

B. Benoît de Basquiat, lieutenant au régiment du roi, marié à demoiselle Marie-Anne de Lespès (rameau de Péhosse) ;

C. Marie-Anne de Basquiat, mariée à noble Antoine de Perissault seigneur de Payros, 1732 ;

D. Claire de Basquiat, mariée à noble de Borrit seigneur de Saint-Germain;

E. Josèphe de Basquiat, religieuse au couvent de Sainte-Ursule de Mont-de-Marsan.

III. — Bernard de Basquiat, chevalier baron de Toulouzette, fils de Jean de Basquiat et de Marie-Anne du Poy, épousa le 11 décembre 1742 Marie de Beaufort, fille de messire Joseph d'Hertault comte de Beaufort, et de dame Marie-Bérénice de Lacamoire. La bénédiction nuptiale fut impartie par Paul-Robert d'Hertault de Beaufort, évêque et seigneur de Lectoure, grand oncle de Marie de Beaufort. De ce mariage.

A. Benoît-Clément de Basquiat baron de Toulouzette, capitaine au régiment de Navarre, chevalier de St-Louis, né le 23 novembre 1745, marié en mai 1804 à demoiselle Rose-Luce Thoré, décédé le 31 mai 1838.

B. Léonard-François de Basquiat, officier au régiment de.....; il avait fait la guerre d'Amérique et fut décoré de l'ordre de Cincinnatus; sans postérité.

C. Joseph-Simon-Léonard de Basquiat de Miremont, garde du corps des rois Louis XV et Louis XVI, pendant l'émigration grand prévôt de l'armée de Condé, chevalier de St-Louis (1), marié à demoiselle Puyo de Lafitole, fille de M. de Lafitole, président au Parlement de Pau; sans postérité.

D. Marie-Anne-Paule de Basquiat, mariée à noble Jean-Baptiste de Brethous de Lannemas.

E. Marie-Bérénice de Basquiat, mariée à noble Bernard de Marsan-Meilhan, ancien mousquetaire du roi; sans postérité.

(1) En 1815 M. de Miremont était qualifié Colonel retiré.
C'est à tort que M. O'Gilvy attribue cette charge de grand Prévôt à M. de Basquiat de Cazères.

F. Marie-Anne-Thérèse-Rosalie de Basquiat, mariée à noble Dulau de Viocourt.

G. Jeanne de Basquiat, mariée à M. François Lafitte, avocat et procureur impérial au tribunal de Saint-Sever; sans postérité.

De Basquiat, *seigneurs d'Artigon et Mugriet.*

De gueules à la bande d'argent chargée de trois croisettes du champ, à l'orle de dix billettes d'argent. Couronne de baron ; cimier, un lion couronné à l'antique ; supports deux syrènes, et la croix de Saint-Louis appendue au bas de l'écu, qui est de Toulouzette.

De gueules à la bande d'argent chargée de trois flanchis du champ, à la bordure componée d'argent et de gueules de 20 pièces, qui est de Basquiat. — Ecartelé d'argent au coq de gueules perché sur une branche de sinople et regardant un soleil naissant d'or mouvant du chef dextre de l'écu, qui est de Garnit. Couronne de marquis ; cimier, un lion couronné à l'antique ; supports, deux syrènes, qui est de Basquiat Mugriet.

VII. — Noble Jean II de Basquiat, écuyer, épousa en 1547 à Saint-Sever, dame Marie de Salis, fille de noble Hippolyte de Salis et de dame Ursule de Sarraziet ; il laissa deux fils.

VIII. — Noble Jean-Bon de Basquiat, seigneur d'Artigon, marié en 1600 avec Marthe d'Arné d'Embidonnes, 1622, laissant :

IX. — Noble Bernard de Basquiat, seigneur d'Artigon, marié le 15 juillet 1622 avec Quitterie de Marrein, demoiselle, fille de noble Pierre de Marrein et de feue Magdelaine de Poyferré ; il laissa :

VIII. — Noble Pierre de Basquiat, avocat au parlement, nommé dans le testament de son père, 11 août 1598, eut pour fils, 1630-1650 :

IX. — Jean-Jacques de Basquiat seigneur de Mugriet, marié à demoiselle Marie de Garnit dame de Mugriet, fille de noble Joseph de Garnit et de damoyselle Saubade de Sanguinet. 1640-1660. De ce mariage.

X. — Noble Bernard de Basquiat, seigneur d'Artigon, marié en 1650 avec demoiselle Jeanne de Betbedat, en eut : Matthieu, auteur des seigneurs de Lahouze, Joseph, Jean ; épousa en secondes noces damoiselle Catherine d'Arbo, veuve en 1679, laissant :

XI. — Noble Jean de Basquiat, seigneur d'Artigon, baron de Toulouzette, coseigneur de Montaut, maire perpétuel de la ville de Saint-Sever, 1696-1750, allié à damoiselle Marie-Anne du Poy, sa cousine au 4º degré ; laissa : Bernard, l'aîné, et Benoît, chevalier de Basquiat-Pehosse, lieutenant au régiment du roi, maire perpétuel de Saint-Sever, allié à Marie-Anne de Lespès, 1746, dont il eut Marie-Anne de Basquiat, alliée en 1770 à noble Louis-Odet d'Andieu baron de Cazalis, et noble Étienne de Basquiat, écuyer, chevalier de St-Louis en 1814, ancien officier au régiment royal, marié le 19 novembre 1786 à sa cousine demoiselle Anne-Catherine d'Andrault.

XII. — Messire Bernard de Basquiat, chevalier, baron de Toulouzette, Poy, Patin, Miremont, Montaut, épousa en 1742 demoiselle Marie de Beaufort.

XIII. — Messire Benoît-Clément de Basquiat, baron de Toulouzette, Miremont, Montaut, chevalier de Saint-Louis, épousa en 1804 dame Rose Luce-Thoré.

XIV. — Alphonse de Basquiat, baron de Toulouzette, allié à sa cousine, dame Elisabeth de Basquiat-Mugriet.

X. — Noble Benoît de Basquiat seigneur de Mugriet, convoqué au ban de la noblesse de St-Sever en 1693 et 1702, subdélégué de l'intendant de Guienne, épousa dame Marie de Jegun, de la maison noble de Cagès de Bordeaux.

XI. — Noble Jean-Joseph de Basquiat seigneur de Mugriet, conseiller du roi, lieutenant assesseur, marié en 1720 à dame Sainte de Marsan, en eut :

1º Jean-Pierre, qui suivra ;
2º Jean-Joseph de Basquiat Mugriet, auteur de la branche subsistante dans la Gironde ;
3º Bernard de Basquiat, chanoine du chapitre d'Aire, assiste en 1789 à l'assemblée du clergé des Landes ;
4º Jean ou Benoît de Basquiat, père jésuite ;
5º Marie de Basquiat épousa Michel de Portets seigneur de Belloc (1746).
Marie II de Basquiat épousa M. de Poyusan (1763).
Marie III de Basquiat épousa M. de Cès (1763).

XII. — Noble Jean-Pierre de Basquiat seigneur de Mugriet, lieutenant-général au sénéchal, épousa en 1756 demoiselle Marie-Thérèse de Batz d'Aurice, fille de noble Jean-B^{te} de Batz vicomte d'Aurice, et de dame Rose de Caupenne d'Amou. Deux fils :

Alexis, qui continue la descendance, et Jean-Joseph de Basquiat, officier d'infanterie en 1789, vota avec la noblesse, père de Alexis de Basquiat ; et de demoiselle Amélie de Basquiat.

XIII. — Alexis de Basquiat, écuyer, seigneur de Mugriet et Horsarrieu, lieutenant-général au sénéchal, député du tiers aux

31

états généraux de 1789, marié à dame Augustine Pujos.

XIV. — Paul de Basquiat-Mugriet, ancien magistrat, marié à dame Thérèse-Désirée Poydenot, décédés.

Demoiselle Virginie de Basquiat, alliée à son cousin noble Achille-Charles de Labadie d'Aydren ;

Marie-Paméla de Basquiat, veuve de Monsieur François de Morancy ;

Dame Octavie de Basquiat-Mugriet, mariée à M. François Marrast, ancien député ✻ ;

Marie-Elisabeth de Basquiat-Mugriet, alliée à son cousin Alphonse baron de Basquiat de Toulouzette.

PIÈCES JUSTIFICATIVES.

Le 5 septembre 1621 a été baptisé noble Bernard de Basquiat, fils de noble Jean-Bon de Basquiat et Marthe Dembidonnes, ses père et mère. — DEZEST, *curé*.   (Saint-Sever).

Le 8 janvier 1654 a été baptisée Jeanne de Basquiat, fille à M. Bernard de Basquiat d'Artigon et Jeanne de Betbedat, damoiselle. Les parrain et marraine, M. Mᵉ Pierre de Marrein, prêtre et curé, de L. Le Bert, et Jeanne de La Morère, damoiselle, et laditte fille âgée de deux ans huit mois. Fait par moy : — DE CLOCHE, *curé*.

Le 27 février 1654, Bernard de Basquiat sieur d'Artigon, et Jeanne de Trubessé, damoiselle, furent parrain et marraine de Bernard Soubaigné.   ROCHET, *prêtre*.

Le 8 avril 1655 a été baptisé Jean de Basquiat, fils de M. Bernard de Basquiat, et de Jeanne de Betbedat, damoiselle. Les parrain et marraine, M. Jean Dubernet, curé de Cauna, et Odette de Serré, damoiselle. Ledit enfant âgé de 4 mois, baptisé par moy :

ROCHET, *prêtre*.

Le 22 may 1656 a esté baptisé Joseph de Basquiat, fils de M. Bernard de Basquiat sieur d'Artigon, et de Jeanne de Betbedat, damoiselle. Les parrain et marraine, M. Ramon de Basquiat, escolier, et Quitteyre de Basquiat, damoiselle. Fait par moy : — A. DE LAMARQUE, *pbr*. DURIS, *témoin*.

———

Le 27 juillet 1657 nasquit et fut baptisée Odette de Basquiat, fille à Monsieur Bernard de Basquiat sieur d'Artigon le jeune, et à damoiselle Jeanne de Betbedat. Les parrain et marraine M. Ramon de Basquiat, et damoiselle Odette de Basquiat. Par moy :

DE CLOCHE, *curé*.

———

1689. — Le 9 du mois de septembre 1689 naquit et fut baptisé André de Basquiat, fils légitime de noble Matthieu de Basquiat seigneur d'Artigon, et de demoiselle Marie de Campet. Parrain et marraine, noble André de Campet, et demoiselle Quiteire de Marrein. Présents : Pierre de Laborde, prêtre, et Joseph d'Arbo qui ont signé avec moy, sauf la marraine, qui ne sçaurait signer à cause de son grand âge. — M. DE CLOCHE, *curé* ; CAMPET, *parrain* ; LABORDE-ABANY, *pbre* ; BASQUIAT, *père* ; DARBO, *pñt*.

———

Le 26 may 1695, après la publication des bans de mariage par trois dimanches consécutifs aux messes de paroisse sans aucun empêchement légitime, reçurent la bénédiction nuptiale sieur Jean de Basquiat, écuier, et mademoiselle Jeanne-Marie de Labat. Présents : noble Matthieu de Basquiat et Michel Dubroca, bourgeois et marchand de la présente ville, qui ont signé avec moy. Fait par moy :

CASTERA, *vicaire*.

———

Le 29 janvier 1747 naquit et fut baptisé le lendemain noble François-Léonard (de Basquiat), écuyer, fils légitime de messire Bernard de Basquiat, chevalier, baron de Toulouzette, et de dame Marie de Beaufort. Parrain, messire Léonard de Beaufort, chevalier, prévôt général d'Auch et Béarn ; marraine, dame Anne-Marie de Basquiat Lespès, qui ont signé avec le père et moi.

Marie-Anne de Basquiat, fille légitime à noble Benoît de Basquiat, écuyer, et à dame Marie-Anne de Lespès. Parrain, noble Jean de Tausin, premier jurat de cette ville ; marraine, Marie-Anne de Dupouy de Basquiat, est née et a été baptisée le 23 septembre 1747. Le parrain et la marraine ont signé avec le père et moi :

Boby, *vicaire* ; Tauzin ; de Dupoy de Basquiat ; Basquiat, *père*.

Marie-Anne-Thérèse de Basquiat, fille légitime à messire Bernard de Basquiat seigneur de Toulouzette, et à dame Marie-Anne de Beaufort, naquit le 14 septembre 1748 et fut baptisée le 16 du même mois. Parrain, noble Antoine de Perissault, écuyer, seigneur de Payros, absent, et noble Jean de Basquiat, écuyer, maire perpétuel de cette ville, tenant pour ledit sieur de Perissault ; marraine dame de Beaufort Dumus, habitante de Narbonne, absente, et dame Marie-Anne du Poy de Basquiat tenant pour ladite dame de Beaufort Dumus. Les parrains ont signé avec moy :

Boby, *vicaire* ; Basquiat ; Basquiat-Toulouzette, *père* ; de Dupoy de Basquiat.

Noble Jean de Basquiat Lahouse, âgé d'environ 25 ans, lieutenant d'infanterie, est mort le 3 et a été enseveli dans l'église de la présente paroisse le 4 février 1758. Témoins : Jean Broca et François Cadillon, prestres, qui ont signé avec moy :

Broca, *pr.* ; Cadillon, *pbre* ; Tausin, *curé de St-Sever.*

INSCRIPTION

Relevée sur le monument du cardinal d'Ossat, à l'église de Saint-Louis des Français à Rome, par les soins de M. Gustave Dufour, médecin major de 1ʳᵉ classe aux hôpitaux de la division française à Rome, chevalier de la Légion-d'Honneur et de l'ordre de Pie IX.

MONVMENTVM.
ARNALDO. OSSATO. PRESBYTERO. CARDINALI.
OB. INSIGNIA. IN. SVOS. REGES. VNIVERSAMQ.
CHRISTIANAM. REMPVBLICAM.
MERITA.
INGENTI. APVD. OMNES. FAMA. ADMINISTRO.
DVDVM. JAM. A. PETRO. BOSSV. ET. RENATO. COVRTIN.
VTROQVE. A. SECRETIS.
AN. CIƆIƆCIV. VIX. AB. OBITV. IPSIVS. EXCITATVM.
SED. ÆVITATE. NOVAQVE. TEMPLI. MOLITIONE. DISIECTVM.
COMES. MATTHÆVS. DE. BASQVIAT. DE. LA. HOVSE.
ET. DE. BONNEGARDE. EQVES. HIEROSOLYMITANVS.
PRIDEM. AD. VTRIVSQVE. SICILIÆ. REGEM.
MOX. AD. P.P. CLEMENTIS. XIII. LVDOVICI. XV. ORATOR.
AD. PERENNANDAM. CONTERRANEI. SVI. MEMORIAM.
ET. AD. GALLICI. NOMINIS. SPLENDOREM.
RESTITVIT.
TITVLVMQ. CUM. IMAGINE. OPERE. MVSIVO.
ÆRE. SVO. PONI. FECIT.
ANNO. CIƆIƆCCLXIII.

—

Ce tombeau, élevé à Arnauld d'Ossat, cardinal prêtre, en l'an 1604, et peu de temps après sa mort par Pierre Bossu et René Courtin, ses secrétaires, pour honorer les services insignes rendus à ses rois et à toute la république chrétienne, par ce ministre dont la grande renommée s'est partout étendue, détruit par le temps, et par suite de la reconstruction du temple, Matthieu de Basquiat, baron de La Houze et de Bonnegarde, chevalier de Malte, ambassadeur du roi Louis XV, naguère auprès du roi des Deux-Siciles, depuis auprès du très pieux Clément XIII, pour perpétuer la mémoire de son compatriote et pour la gloire du nom français, l'a rétabli, et de ses deniers a fait placer cette inscription avec un portrait en mosaïque, l'an 1763.

De Batz, *en Béarn.*

De gueules, parti d'azur au lion d'or dressé sur cinq pointes de rocher d'argent posées 3 et 2. (J. d'Eschavannes).

Bergoing, *chanoine de Dax.*

De gueules au château d'argent ouvert et crénelé, donjonné à dextre et senestre de deux tours du même. Couronne de comte.

De Betbeder, *curé de Labatut.*

D'or au lion ravissant ; l'écu surmonté d'un casque à cinq grilles.

Bourdeau-Daudijos.

Demoiselle Marie-Jeanne-Thérèse-Victoire, fille à M. de Bourdeau Daudijos, conseiller du roy et son lieutenant-général au seneschal de cette ville, et de dame Catherine du Vignau, ses père et mère, mariés ensemble, naquit le 23 décembre 1748, et a esté baptisée le lendemain. Le parrain a été M. Jacques de Bretagne, et la marraine, demoiselle Marie-Jeanne-Thérèse-Victoire de Bourdeau, et à leur place ont tenu l'enfant M. Raymond Dabadie, et dame Marie-

Noële de Laporte de Bourdeau, qui ont signé avec moy :

DE LAPORTE BOURDEAU; DABADIE; BOURDEAU DAUDIJOS; BASQUIAT; DE LAPORTE DE SPENS, CAILLEBA, *curé de St-Sever*.

NOBLE **Jean de Castellan**, *seigneur cavier de Siest* (1) a voté avec la noblesse, en 1789.

Ecartelé au 1 et 4 d'argent au chevron de gueules ; au 2 et 3 d'azur à un lion d'argent lampassé de gueules.

De Cès.

Le 3 aoust 1691 nasquit Jeanne de Cès, fille de M. Me Bernard de Cès, conseiller du roy et son procureur au siége de St-Sever, et de Marguerite de Lalanne, demoiselle, et fût baptisée le 5 du même mois et an. Parrain et marraine, Me Raymond de Cès, ancien archiprestre de Doazit, en son absence tenue par M. Me Bernard de Cès, bachelier en théologie et prébendier, et demoiselle Jeanne de Cès. Présents M. Pierre de Lalanne et noble Bernard de Cès, qui ont signé avec moy :

M. DE CLOCHE, *curé;* JEANNE DE CÈS ; B. DE CÈS ; B. DE CÈS ; DE CÈS ; DE CÈS ; LALANNE. (St-Sever).

Me Arnaud de Cès, syndic de St-Sever, fut élu député en 1614 par le Tiers-Etat comme suppléant et coadjuteur de Me Daniel de Barry, lieutenant-général au sénéchal (*Archives de St-Sever*).

Me Arnaud de Cès, juge de la baronnie de Doazit (1624).

Le 23 septembre 1646. M. Bernard de Cès, avocat au parlement, juge de Doazit (*Archives de Montaut*).

Me Raymond de Cès, curé de Larbey et Maylis (1658).

Noble Bernard de Cès, vice sénéchal des Lannes, etc., etc., auteur de la branche des barons de Caupenne dont le descendant vota avec la noblesse en 1789.

Il existe aux archives d'Auch mention d'un jugement de maintenue de noblesse en faveur de Bernard de Cès le 7 décem. 1712. c.c.

(1) Siest est une caverie de la vicomté d'Orthe.

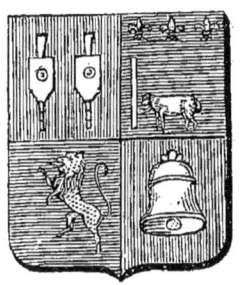

De Cloche.

Noble Pierre de Cloche, seigneur cavier de Tucbon, vivait en 1491. (Notice de Basquiat, *Nob. Guienne*).

Jean de Cloche, sieur du Banquet, était en 1550 l'un des principaux seigneurs de la sénéchaussée de Saint-Sever. La seigneurie du Banquet est située entre Grenade et Saint-Maurice, d'après une carte de la Guienne.

Bernard, seigneur du Banquet, était capitaine de la ville de Monségur en 1470. (*Manuscrits de la Biblioth. impér.*).

Matthieu de Cloche, seigneur de La Houze, lieutenant-général en la prévôté de Saint-Sever, marié à Jeanne de Mérignac, damoiselle (1600), eut un fils et deux filles.

N... de Cloche, alliée à Me Jean de Marsan.

Jeanne de Cloche, alliée à Jean de Cabannes, dit le Vieux, fils de noble Bernard de Cabannes et de damoiselle Elisabeth de Batz.

Noble Pierre de Cloche, seigneur d'Arthos et de Lahouze, fournit plusieurs dénombrements de ses terres nobles devant la chambre des Comptes de Pau. De son mariage avec Anne de Batz, damoiselle, il eut Marie et Cécile de Cloche.

1° Marie de Cloche, alliée à noble Odet de Lavie, 1654-1655. Leur descendance fut représentée en 1700-1736 par noble François de Lavie, seigneur d'Artos et Lahouze, décédé sans postérité de son mariage avec Jeanne de Marsan.

2º Marthe de Lavie, alliée au baron de Bachen ;

Et 3º un chevalier de Lavie, mort au service du roy vers 1755, décoré de l'ordre militaire de St-Louis.

IIIe *Degré*. — Cécile de Cloche, cohéritière d'Arthos et Lahouze, fut mariée à noble Philibert de Campet, dont elle eut : 1º Noble André de Campet, seigneur d'Arthos, allié à dame Louise de Lartigue-Pelesté ; et 2º celle qui suit :

IVe *Degré*. — Demoiselle Marie de Campet, alliée en 1688 à noble Matthieu de Basquiat, seigneur d'Artigon et Chicoton, fut mère de noble André de Basquiat, né en 1689.

Ve *Degré*. — Noble André de Basquiat, seigneur baron de Lahouze, seigneur d'Arthos et Bonnegarde, marié à demoiselle Marie du Vacquier d'Aubaignan en 1722 ; transigea le 23 juillet 1730 avec François de Lavie, écuyer, sur le partage de la succession à eux dévolue par moitié, de Pierre de Cloche, seigneur d'Arthos et Lahouze, comme représentants de demoiselles Marie et Cécile de Cloche ; il laissa plusieurs enfants.

VIe *Degré*. — Haut et puissant seigneur messire noble homme Matthieu, des anciens chevaliers de Basquiat et Engomez, de la province de Guipuscoa, en Espagne ; chevalier seigneur baron de Lahouze et de Bonnegarde ; seigneur d'Espaigne et de la Mirande ; baron haut justicier de Sainte-Eulalie, Sainte-Arailhe, Larbey, Baigtz, Pouylehaut et autres lieux ; né le 11 février 1724 ; successivement chevalier honoraire de l'ordre de Malte ; chevalier des ordres royaux hospitaliers du Mont-Carmel et de Saint-Lazare de Jérusalem ; ministre plénipotentiaire et chargé d'affaires de Sa Majesté près les cours de Parme, des Deux-Siciles, d'Espagne, du Saint-Siége, de Danemark ; gouverneur de la ville de Grenade, en Marsan. — Le 11 novembre 1764, devant Daugreilh, notaire royal, il reçut donation de la seigneurie d'Espaigne, en la paroisse de Sainte-Eulalie, en Gascogne, que lui fit son cousin, messire François de Lavie, chevalier, seigneur baron d'Arthos, seigneur d'Espaigne, habitant de la ville de Saint-Sever. Il fut nommé commandeur des ordres royaux, militaires, hospitaliers, de Notre-Dame du Mont-Carmel et de Saint-Lazare de Jérusalem, et fit pour cela ses preuves de noblesse et d'âge devant Louis Phelypeaux comte de Saint-Florentin, ministre et secrétaire d'Etat, etc.; il fut reçu en cette qualité le 30 mars 1765 et nommé conseiller d'Etat le 23 janvier 1770 ; il épousa, par contrat signé par le roi et la famille royale, le 17 avril 1775, demoiselle Elisabeth Fabre de Favens.

2º Noble Benoît de Basquiat, chevalier de la Houze, capitaine à la suite du régiment de Béarn-infanterie et conseiller délégataire du roi près les princes et états du cercle de la basse Saxe, 1780 ; — sans postérité.

3º Noble Jean de Basquiat de Lahouze, officier d'infanterie, mort à Saint-Sever vers 1700.

N.-B. Les articles d'André de Basquiat et de Matthieu baron de Lahouze sont extraits du *Nobiliaire de Guienne*.

Contrat de mariage de Pierre de Cloche sieur de La House avec Mademoiselle Anne de Batz. 1625.

Au nom de Dieu saichent tous presans et advenir que cejourd'huy bas escript, par devant moy, notaire royal soussigné, et en la présence des témoins bas nommés, pactes et accords de mariage par parolles de futur ont été faits, acceptés et stipulés de part et d'autre entre maistre Pierre de Cloche, avocat ez la cour du parlement de Bordeaux, fils légitime et naturel de M. maître Matthieu de Cloche, sieur de Lahouze, et naguères lieutenant de la prévosté royale du présent siége, et de feue Jeanne de Mérignac, damoyselle, d'une part ; et Anne de Batz, damoyselle, fille légitime et naturelle de M. maître Pierre de Batz, conseiller du roy et lieutenant particulier au dit siége, et de Catherine de Laborde, damoyselle, d'autre, en la forme et manière que s'ensuit : premièrement, que ledit sieur de Cloche fils, du vouloir, autorité, consentement de sondit père, advis et assistence de M. maître Jean de Marsan, lieutenant assesseur criminel audit siége, et Jean de Cabannes, advocat en ladite cour, ses beaux-frères et autres ses parents et amis, a promis, etc., et ladite de Batz, demoiselle, du vouloir, autorité et consentement de ses père et mère, avis et assistance de ses autres parents et amis, etc. Ledit Pierre de Cloche se constitue la seigneurie de Lahouze, située en Saint-Aulari et Saint-Maurice, achetée du sieur de Marrocq et rachetée du sieur d'Auzole, et des métairies en Eyres, Audignon, Sainte-Colombe, Hagetmau et Horsarrieu.

Fait et passé en la ville de Saint-Sever, maison dudit sieur de Batz, le 29 septembre 1625, en présence de Pierre Dauzole sieur de Lamothe, maître Jean du Tauzin, M. Bertrand de Cloche, advocat en la cour, Jean Dauzole sieur de Horsarrieu.

Duhaut.

1682. Le 17 décembre de l'année susdite naquit Christophe Duhaut et feust baptisé le 18 du même mois et an, fils légitime à noble Louis Duhaut seigneur de Lanneplan, et à dame Françoise de Lassalle. Les parrain et marraine, M. Christophe de Lespès, et demoiselle Denise de Girard. Présents noble Jean-Joseph de Lassalle seigneur de Sarraziet, et M. Jean de Lespès, qui ont signé avec moy :

LARTIGUE, *vicaire;* CR. DE LESPÈS ; DENISE DE GIRARD ; DUHAUT ; LESPÈS.

—

Le 27 février 1684 naquit Jean Duhaut, fils légitime à noble Louis Duhaut, et à demoiselle Françoise de Lassalle, et fut baptisé le 28 du même mois et an. Parrain et marraine, M. Jean de Lespès sieur du

Couloumé, et demoiselle Françoise de Girard. Présents M. Christophe de Lespès et noble Jean de Lassalle qui ont tous signé avec moy : — M. L. Depont, *vicaire;* Duhaut, *père;* Lespès, *parrain;* L. de Lespès *pt.* ; F. Girard ; Sarrasiet, *p̃nt.*

Le 1ᵉʳ avril 1685 naquit Mathieu de Duhaut et feut baptisé le 2 du même mois et an, fils légitime à noble Louis de Duhaut, et demoyselle Françoise Lassalle de Bordes. Les parrain et marraine, M. Matthieu de Lespès, et demoyselle Marguerite de Brethous. Présents M. Jean de Lespès et Arnaud de Lartigue, escolier, qui ont signé avec moy : — M. Lespès ; Duhaut, *père;* Lartigue, *vicaire;* Lespès ; Lartigue, *présent;* Marguerite de Bretous.

De Jullien-Lassalle (*Voir p.* 501).

De La Lanne de Castelnau *baron de Gaujacq,*
Castelnau et autres lieux (représenté en 1789).

Ecartelé au 1 et 4 d'azur à trois coquilles d'argent posées en pal, au 2 et 3 d'or à trois fasces de gueules, et sur le tout d'or à l'arbre de sinople et un sanglier de sable brochant sur le fût, qui est de Lalanne ; accolé d'azur à une maison adextrée d'une levrette d'argent, qui est de Casenave de Labarrère (?). — Devise : *Hoc virtutis opus.*

De Navailles-Banos.

Articles de Navailles (page 328).

Nommer ainsi le troisième enfant de Nicolas-Jean-Baptiste baron de Navailles-Banos :

3º Marie-Angélique de Navailles-Banos, mariée le 25 janvier 1842 avec noble Jean-Joseph-Alexandre de Laborde-Lasalle, veuve le 23 juin 1843, morte le 25 mars 1845.

XVIIᵉ *degré :* — On a mis en doute le grade de maréchal

de camp du baron de Navailles, inspecteur des gardes nationales du département des Landes ; — rien de plus facile que de copier l'*Almanach royal* de 1816 et celui de 1817.

1816, page 378. — « Inspecteurs dans les départements ayant rang de maréchaux de camp dans la garde nationale.

» *Département des Landes. Noms des inspecteurs :* le baron DE NAVAILLES-BANOS (*Extrait de l'Almanach royal*).

» 1817. *Landes.* M. le baron DE NAVAILLES-BANOS, *inspecteur.* — M. DE LAAS (O✻), *chef d'état-major.* — *Commandants d'arrondissement,* le baron D'OLCE, à Dax ; DE CAPTAN ✜, à St-Sever. »

D'Ortès.

Le 24 du mois d'octobre 1689 naquit Catherine d'Orthès et fut baptisée le 26 du même mois et an, fille légitime de Philibert d'Orthès seigneur d'Estoval, et de demoiselle Marguerite de Brethous. Parrain et marraine, noble Bernard de Pausader, et demoiselle Catherine de Barros. Présents noble Daniel de Cloche et Joseph Darbo, qui ont signé avec moy :

M. DE CLOCHE, *curé* ; MAULÉON (1) ; DORTÈS, *père* ; PAUSADER ; DARBO, *présent* (2) ; CATHERINE DE BARROS.

La famille d'Ortès de Benquet et Saint-Sever, en Chalosse, est connue depuis Arnauton d'Ortès, jurat de la ville de Saint-Sever en 1476.

Les quatre principales alliances de cette famille sont :

1° 1680-1700, Philibert d'Ortès, capitaine, et Marguerite de Brethous ; le seigneur de Spens d'Estignols et noble Pierre de Girard d'Onnès sont alliés aux sœurs de Madame d'Ortès.

2° 1720-1730. N... d'Ortès et demoiselle de Castaignos.

3° 1760. N... d'Ortès et Pic de La Mirandolle.

4° 1790-1800. N.. d'Ortès et demoiselle Bugeaud de la Piconnerie. Nous avons déjà dit que la famille des barons d'Ortès subsistait.

(1) Daniel de Cloche était seigneur de Mauléon.
(2) Joseph Darbo, clerc et prébendier.

Pomiés.

11 Juin 1764. — Ce sont les articles de mariage entre messire Joseph de Pomiés, chevalier, seigneur de Bourdens, y habitant, paroisse de Perquie, sénéchaussée de Marsan, fils légitime de messire Jean-Marie de Pomiés, seigneur dudit Bourdens, et de dame Anne de Lucmajour de Barbuscau et d'elle assisté, d'une part ; et demoiselle Louise de Cabanes de Cauna, fille légitime de messire Jean Ignace de Cabanes seigneur baron de Cauna, habitant à son château, susdite paroisse, sénéchaussée de St-Sever, et de lui assistée et de dame Marguerite de Barbotan ; — lesquels se sont promis en mariage, dont les bans ont été publiés pour la première fois, ils promettent mutuellement solemniser en face de l'église catholique, apostolique, romaine, à peine de tous dépens, dommages et intérêts contre le refusant. En faveur et contemplation duquel mariage le dit sieur de Cabanes constitue en dot à la dite demoiselle sa fille, future épouse, la somme de onze mille livres de vingt sols chaque livre, au-delà de quoi ladite demoiselle future épouse se constitue de son chef particulier la somme de trois mille livres dont il lui a actuellement été fait présent de la main à la main par messire Clair Joseph de Barbotan, son oncle maternel, ici présent et assistant, aux conditions ci-après convenues ; laquelle dite somme de trois mille livres que la future épouse s'est constituée de son chef, a tout présentement été payée audit sieur de Pomiés, qu'il a reçue en espèces de cours et dont il a fait quittance à la future épouse, qui se réserve par exprès de disposer de celle de mille livres, ainsi et comme elle avisera, dérogeant en ce à la coutume du présent siège de St-Sever, suivant laquelle les autres deux milles livres demeurent affectées en cas de reversion, de même que les autres onze mille livres constituées pour droits paternels et maternels et sur lesquelles dites onze mille livres ledit sieur de Cabanes a tout présentement payé audit sieur de Pomiés celle de mille livres qu'il a reçue et retirée et dont il acquitte ledit sieur de Cabanes, et lesdites dix mille livres restantes seront payables à la volonté dudit sieur de Cabanes, toutefois avec l'intérêt depuis le jour des noces.

Et ladite demoiselle de Cabanes, du consentement dudit sieur son père et de celui dudit sieur de Barbotan son oncle, fait pareillement donation audit sieur de Pomiés pour agencement et pour autant qu'il vivra, de la jouissance des sommes à elle constituées et qu'elle s'est constitué de son chef ; et s'il y a des enfants dudit mariage et que la future épouse survive le futur époux, elle sera leur tutrice et administreresse sans rendre compte ni prêter reliquat, dont en tant que de besoin serait donation lui en est faite. S'associent les futurs époux par moitié aux acquêts qu'ils fairont pendant leur mariage pour en disposer en faveur des mâles qui en proviendront, sauf la liberté du choix entre eux. Lesquels présents accords chacune des parties promet en droit soi observer et entretenir à telles peines que de droit.

Fait et passé au château de Cauna, le 11 juin 1764, dont a été fait cinq doubles : un pour servir audit sieur de Cauna, l'autre pour la dame de Lucmajour, le troisième pour ledit sieur de Pomiés, le quatrième pour la demoiselle de Cabanes et le cinquième pour ledit sieur de Barbotan ; chacun des doubles signés des futurs époux, dudit sieur de Cabanes, de la dame de Lucmajour et dudit sieur de Barbotan. — DE POMIÉS. LOUISE DE CABANES. CABANES DE CAUNA. GASSION DE POYANNE (*). LUCMAJOUR DE POMIÉS. Marie-Louise DE CABANES, *sœur*. Elizabet DE CABANE, *sœur*. DE BARBOTAN, *oncle*. Le chevalier DE BARBOTAN (**) *oncle*. DUROU, *oncle assistant*. Vte DE JULIAC, *assistant*. LAVERNHE DE BRUILHET, *oncle*.

Le seize may mil sept cent quarante-cinq naquit Louise de Cabanes, fille légitime de M. Jean-Ignace de Cabanes, écuyer, et de dame Marguerite de Barbotan, et fut baptisée le lendemain. Parrain, M. Pierre-Daniel de Cabanes, prêtre, et marraine dame Louise de Pelesté de Barbotan, et a été tenu sur les fonts par M. Christophe de Cabanes baron de Cauna, lieutenant-général d'épée de la sénéchaussée de Saint-Sever ; en présence de demoiselle Jeanne de Cabanes et de Françoise Poudens, veuve, qui ont signé avec moy. Ainsi signés à l'original : — DE MORA, *curé*. PELESTÉ DE BARBOTAN. CABANES CAUNA. JEANNE DE CABANES.

(*) Marion de Gassion de Poyanne était la mère du dernier marquis de Poyanne. Léonard de Baylenx, chevalier des ordres du roi et lieutenant-général de ses armées (1748-1770).

(**) Le chevalier de Barbotan, Antoine, chev. de St-Louis, capitaine de dragons.

Du Poy et Larrieu.

Le 17 novembre 1681 naquit Jean-Jacques Du Poy et fut baptisé le 20 du même mois et an, fils de noble Jean de Du Poy, et de mademoiselle Catherine Destenave. Parrain et marraine, noble Jean-Jacques de Tucquoy, escuyer, seigneur baron de Montaut et de Tingon, et demoiselle Marie Du Poy. Présents M. Me Christophe de Tucquoy, prêtre, docteur en théologie, et Jean de Laval, escolier, qui ont signé avec moy :

Du Poy; M. de Cloche, *curé*; J. J. Tucquoy; C. de Tucquoy, *prieur d'Orist, présent*; Marie Du Poy; Pierre Laval, *présent*.

—

Le 19 novembre 1684 naquit Joseph-François Du Poy et fut baptisé le 21 du même mois et an, fils légitime à noble Christophe Du Poy, et à demoiselle Marguerite de Larrieu. Les parrain et marraine, M. Bernard de Pérès, et dame Quitterie de Du Poy, religieuse, et ledit enfant a été tenu en l'absence des parrain et marraine par noble Jean de Chèze, et demoyselle Marie Du Poy, qui ont signé avec moi. Présents Arnauld Lartigue, prêtre, et Ambroise Duperié.

M. de Cloche, *curé*; Du Poy, *père*; Cheze, *substitué*; Lartigue; Ambroise Duperié; Marie Du Poy.

—

Le 19 novembre 1685 naquit Marguerite-Ursule Du Poy, et fut baptisée le 20 du même mois et an, fille de noble Christophe Du Poy, et de demoiselle Marguerite de Larrieu. Parrain et marraine, M. Pierre de Cabannes, avocat, et demoiselle Marguerite-Ursule de Larrieu. Présents M. de Larrieu, jurat de la ville, et François Barbères, qui ont signé avec moy :

M. de Cloche, *curé*; Marguerite de Larrieu; Du Poy, *père*; Cabanes, *parrain*; Larrieu (1); Barbères.

—

(1) La signature de M. de Larrieu, jurat, est celle de M. Jean de Larrieu, avocat, gendre de Jean de Cabanes et beau-frère de noble Christophe Dupoy, lequel Christophe Dupoy était frère utérin de M. Jean de Cabannes.

C. C.

Le 11 may de l'année susdite 1680, naquit et fut baptisé J.-J. Dupoy, fils à noble Christophe Dupoy et à demoiselle Marguerite de Larrieu. Les parrain et marraine, M. Mᵉ Jean de Cabannes, advocat, et demoiselle Jeanne de Cabannes. Présents, M. Jean de Larrieu, advocat, et M. Arnaud Lartigue, prestre, qui ont signé avec moy : — M.-E. DE CLOCHE, *curé ;* DUPOY, *père ;* JEANNE DE CABANES; LARRIEU, *pñt ;* LARTIGUE, *pñt ;* CABANES ; DE BARRY, *lieutenant-général.*

Le 10 juillet de l'année susdite 1681, naquit Jean-Jacques de Dupoy et fut baptisé le 19 du même mois et an, fils à noble Christophe de Dupoy et à demoiselle Marguerite de Larrieu. Parrain, noble Jean-Jacques de Tuquoy, seigneur de Montaut, et marraine, Marie de Larrieu, dame religieuse, et à sa place demoiselle Jeanne de Trubessé. Présents, noble Jean de Chèze et M. Jean de Larrieu, qui ont signé avec moy : — DE CLOCHE, *curé* ; DUPOY, *père* ; J.-J. TUCQUOY, *parrain* ; DE TRUBESSÉ ; CHÈZE, *pñt*; LARRIEU, *pñt*.

Le 25 mars 1681 naquit Pierre de Larrieu et fut baptisé le 27 du même mois et an, fils de M. Jean de Larrieu, advocat, et demoiselle Jeanne de Cabanes. Parrain et marraine, M. Mᵉ Pierre de Barros, pbr., docteur en théologie et curé de Sansac, et demoiselle Jeanne-Marie de Cabannes. Présents, noble Christophe Dupoy, et maître Jean Duris, qui ont signé avec moy : — DE CLOCHE, *curé ;* LARRIEU, *père* ; BARROS, *parrain;* DURIS ; DUPOY, *présent ;* J.-M. DE CABANNES.

Le 30 mars 1682 naquit et fut baptisée Catherine de Larrieu, fille de M. Jean de Larrieu, et à demoiselle Jeanne de Cabannes. Les parrain et marraine, M. Jean Duris, et demoyselle Catherine Destenave. Présents noble Christophe Dupoy et Martin de Brethous qui ont signé :

LARTIGUE, *vicaire ;* DURIS, *parrain ;* C. DESTENAVE ; LARRIEU, *père ;* DUPOY ; DE BRETHOUS.

Le 28 juin 1683 naquit et fut baptisé Bernard de Larrieu, fils légitime à M. Jean de Larrieu, advocat en la cour, et à demoiselle Jeanne de Cabanes. Parrain et marraine Monsieur Bernard de Perès, escolier, et demoiselle Marguerite de Larrieu. Présents M. Bernard de Labat et Pierre de Tausin, prestre, qui ont signé avec moi :

LARTIGUE, *vicaire* ; LARRIEU, *père* ; PERÈS, *parrain* ; P. TAUSIN, *présent* ; LABAT, *pñt.*

—

Le 28 décembre 1685 naquit et fut baptisé Bernard-François de Larrieu, fils légitime à M. M° Jean de Larrieu, advocat en la cour, et à demoyselle Jeanne de Cabanes. Les parrain et marraine, M. Bernard-François de Lespès sieur de Prous, et demoyselle Anne de Larrieu. Présents M. Joseph de Laborde et M. Arnaud Lartigue, qui ont signé avec moy :

M. DE CLOCHE, *curé* ; LARRIEU, *père* ; LESPÈS PROUS, *parrain* ; A. ANNE DE LARRIEU ; DE LABORDE MAIGNOS, *présent* ; LARTIGUE, *pñt.*

(*Voir* les notices de Tuquoy, de Cabanes et Du Poy de Monicane).

—

Le monastère de Sainte-Ursule de Saint-Sever, fondé en 1634, compte parmi ses dames supérieures :

Mesdames de *Tuquoi*, de *Larrieu*, de Marrein, de Labat, de Labarthe, de Castaignos, de Mora, d'Estoupignan, de Trubessé, de Basquiat, de Monda, de Navailles, de Laborde-Lassalle - Lanevère - Peboué - Arbrun, de Junca, de Caucabanes, de Classun, de Laporterie, de Laburthe, de Capdeville Darrican, de Lafitau, de Lalane, de Lespès, etc. (*Extrait du prospectus*).

De La Roche-Aymon, *archevêque de Toulouse, abbé de Sordes.*

De sable au lion d'argent, l'écu semé de toiles. Couronne de marquis surmontée en cimier d'une croix pastorale.

Seigneuries de Tingon et de Sainte-Croix

(*Suite.* Voir page 405).

Pierre d'Estoupignan, *écuyer, seigneur de Bouilhon et autres lieux, prévôt royal de la ville de Saint-Sever* (1564-1604) épousa en premières noces demoiselle Marguerite d'Arbo de Tingon et de Sainte-Croix ; et en secondes noces, demoiselle Catherine de Chambre. — Du premier lit :

II.

Symon-Pierre Destoupignan, écuyer, marié à demois^{lle} Jeanne d'Arbo de Tingon (1628-1629) fut père de Charles-Pierre Destoupignan et de Pierre D'Estoupignan, écuyer, lequel fit exécuter des saisies et arrêts sur la terre de Tingon en 1628. — Ce Pierre, marié à damoiselle Jeanne de Garnit (7 septembre 1625), donna naissance à Saubade Destoupignan, mariée en 1650 à noble Bernard de Laborde, capitaine.

La descendance de cette branche de Tingon D'Estoupignan est aussi représentée en 1650 par dame Magdelaine d'Estoupignan, mariée à noble Joseph de Marsan, seigneur de Sainte-Croix. — On croit qu'ils ont eu pour fils noble Jean de Marsan seigneur de Ste-Croix, vivant en 1680-1681, ayant pour coseigneur de la baronnie de Sainte-Croix, noble Jean-Jacques de Tuquoi, écuyer, baron de Tingon et de Montaut. En effet, il existe un contrat d'achat fait par Pierre de Cabanes, avocat, d'une métairie appelée de Mareignanx ; de Jean-Jacques de Tuquoy, escuyer, et de noble Jean de Marsan seigneur de Ste-Croix, le 17 mai 1681.

Les deux nobles de Tuquoy et de Marsan étaient seigneurs de Ste-Croix comme descendants

II.

Ramon d'Estoupignan, écuyer, baron de Tingon, marié en 1631 à damoiselle Isabeau de Poyusan, en eut : Elisabeth d'Estoupignan, — Marie, décédée avant 1650, — Jeanne d'Estoupignan, née en 1635.

Isabeau d'Estoupignan de Tingon, damoiselle, mariée en 1650 à noble Jean-Jacques de Tuquoy, écuyer, baron de Montaut et le Puch, auquel elle apporta la baronnie de Tingon et une partie de la baronnie de Ste-Croix.

Dame Isabeau d'Estoupignan de Tingon, épouse de messire Jean-Jacques de Tuquoy, écuyer, seigneur baron de Montaut, Tingon et autres lieux : icelle fille et héritière de feu Ramon d'Estoupignan, héritier contractuel bénéficier de feu noble Pierre d'Estoupignan, prévost royal de la ville de St-Sever, et demoiselle Marguerite d'Arbo de Tingon, procédant sous l'autorité de la cour, suivant jugement d'icelle, du 8 août 1675 ; reprenant l'instance à la place desdits Raymond d'Estoupignan et dame Isabeau de Poyusan, ses père et mère, appelans des saisies et criées faites à la requête de feu Pierre d'Estoupignan, écuyer, sur la terre de Tingon et biens en dépendant par les procès-verbaux ou ayant-droit de noble Marguerite d'Arbo de Tingon, mariée à Pierre d'Estoupignan seigneur de Bouilhon, et de noble Jeanne d'Arbo de Tingon, mariée à Simon-Pierre d'Estoupignan en 1628. Il nous reste à relater la transmission de la terre de Ste-Croix à la famille de Le Doulx, venue de Bordeaux depuis 1700; mais les documents nous font défaut. On croit qu'une héritière de Tingon de Marsan s'allia à Philippe de Ledoulx, jurat de Bordeaux, et lui apporta la baronnie de Sainte-Croix.

des 14 mars et 3 may 1628, d'une part, et Saubade d'Estoupignan, damoiselle, veuve de feu noble Bernard de Laborde, écuyer, sieur de Lassalle, comme héritière de feu Pierre d'Estoupignan, son père, intimés.
(*Titres de Laborde*).

De Saint-Pée, *en Labourd.*

Ecartelé au 1 et 4 d'or à trois pals de gueules; au 2 et 3 d'azur à trois chaudières d'or, deux et une.

Devise : *Bortitz eta on* (courageux et bon).

De Vergès, *bourgeois de Sordes.*

D'argent au pommier de sinople fruité de même, deux étoiles en chef et deux croissants en pointe.

Timbre taré de profil avec ses lambrequins d'argent et sinople.

De Jullien-Lassalle.

D'azur à trois fleurs (juliennes) d'or, qui est de Jullien : parti d'argent à la bande en devise d'azur enfilée dans trois couronnes ducales d'or, qui est Dufourc de Chaumel (Menestrier); coupé de gueules à un lion d'or. Supports deux aigles soutenant de leurs aîles une couronne de comte.

Les seigneurs de Jullien-Lassalle ont voté en 1789, avec la noblesse du Marsan.

TABLE DES NOMS

De la 1ʳᵉ Livraison Clergé et Noblesse.

A.

	pages
d'Abbadie,	16, 40, 53, 83.
Affre,	16, 20.
d'Agès de Lie,	5, 13, 31, 49.
d'Agos,	29, 32.
d'Ailhencq,	66, 84, 86.
d'Aire,	38, 39.
Alemend,	71.
Alenet,	48.
d'Ambres,	6, 7.
d'Ambrux,	33, 49, 52.
d'Amou,	61.
d'Andiran,	12.
d'Antin,	21, 24.
d'Aon de Hontanx,	30, 35, 40.
d'Apate,	92, 94, 96.
d'Arbo,	21.
d'Arconques,	11.
d'Argelouze (Leblanc),	13, 49.
Artigole,	50.
d'Artois,	27, 28.
d'Aspremont,	14.
d'Aubaignan,	34, 37.

B.

	pages
Babé,	49.
Bachelier,	22.
Badière,	16.
de Baffoigne,	5, 15, 20, 25.
Bagieu,	15.
Balade du Puch,	12.
de Barbotan,	5, 56, 57.
de Bardin,	9, 11, 55.
Barre,	48.
de Barrière,	11, 12.
de Barry,	104.
de Bartharèz,	4, 7.
de Bartheau,	30, 34.
de Bastanès,	96, 97.
Batbedat,	15.
de Batz,	14, 21, 25, 26, 27, 28, 33, 63, 68.
de Baudignan,	30, 35.
Bauzève,	79, 80.
Bayle,	96, 97.
de Baylenx de Poyanne,	3.
de Baylin,	12.

	pages		pages
de Beaumont,	15.	de Brassier,	35.
de Beaupuy,	12.	de Brat,	99.
de Beauregard,	50.	de Bretous,	50, 63, 65, 82.
de Bedorède de Bourg,	4, 5, 6, 7, 87.	de Brizac,	11.
		de Brocas (baron)	29, 32.
de Behic,	88, 90, 91.	de Brocas-Tampoy,	30, 36, 49.
de Belbade,	13.	de Brocha,	16.
de Bellepeyre,	5, 11.	Broune,	41.
de Benier,	12.	Bruguière,	18.
de Béon,	40.	Brun,	17, 20.
de Bereau,	49.	Brunet,	104.
Berès,	12.	la Brunetière,	12.
Bergeron de Baigtz,	50, 84, 97.	Brusse,	18, 20.
Bergey,	17.	Brustis,	48.
de Bergougnan,	34.	Bruyères,	22.
Bernède,	39.	de Budos,	48.
de Berragaing,	94, 95.	Burguerieu,	63.
Bertin,	29, 32.		
de Bessabat,	24, 26.		
de Betbeder,	96, 97.	**C.**	
de Bethune-Sully,	21.		
de Beuis,	14.	Cabannes de Cauna,	21, 56, 57, 58, 64, 66, 67, 68, 71.
de Beynac,	49, 60.	de Cafaget,	29, 31.
de Bezolles,	11, 32, 49.	de Caillavet,	6.
Bias,	33.	Calmeil Poyanne,	48.
de Biaudos-Castéja,	5, 13.	Camales,	50.
de Birac,	12.	Cambes de Persy,	49.
de Blossier,	30.	Camiade,	16, 20.
Bonnaventure,	98.	Campagno,	50.
de Borda,	5, 24, 54, 55, 87, 91.	de Campet,	36, 50.
de Bordenave,	29, 32, 33.	Camy,	16, 18, 20.
de Bordes,	12, 32.	de Canteloup,	33, 48, 49.
de Borrit,	82, 83.	Cantin,	91, 92, 15.
de Boucaud,	48.	de Captan,	58.
Bougeroux,	98.	de Capdeville-Poy,	13, 24, 70, 80, 81
de Bouillon,	21, 22.		
de Bouglon,	40.	de Carrère,	38, 40.
de Bouneau,	16.	de Carrier,	51.
Bourdeaux,	104, 105.	de Carrits,	7.
de Bourdens,	32.	Casajoux,	17.
du Bourg,	40.	de Casaubiel,	97.
de Bourgade,	12.	de Castaignet,	34.
Boussat de Salle,	88, 92.	de Castandet,	4.
Boutault,	1, 41, 47.	Castelmerle,	13.
Brahène,	32.	de Castelnau,	59, 60.
de Branne,	48.	Castelnau de Laloubère,	50.
de Brassens,	34, 37.		

de Castelnouvel,	49.
de Castera,	32, 104, 105.
de Casterens,	35.
de Casteron,	12.
Castetja,	7, 13.
Castetja de Caule,	50.
de Castres,	85, 86.
Caubin,	16.
Caubios d'Andiran,	12.
Cauboue,	50.
de Caucabane,	30, 34, 35.
de Caumale,	35.
de Caumont.	30.
de Caupenne,	61.
de Cazaux,	9, 10, 11.
Cazenave,	18.
de Cazenoue,	96, 97, 98.
de Cès-Horsarrieu,	87.
Cezeracq,	50.
Chalais,	21.
de Chambre,	1, 2, 3, 7, 10, 11, 22, 96, 97.
la Chapelle,	79.
de Chapotot,	87.
Charlié,	88.
Charrein,	49.
de Charron,	12.
de Chars,	37.
Châteauneuf,	48.
Chérit,	30.
de Cist,	32, 33.
de Claverie,	77.
de Cloche,	36, 61.
de Cocorron,	96, 97.
du Codroy,	102, 105.
Colom,	49.
Commarieu,	82, 104, 105.
Compaigne,	33, 40.
de Corados,	8, 23, 26, 27, 39.
Corbin,	49.
Cornes,	48
de Coudroy,	59, 60.
Counesacq,	49.
de Courbian,	12.
du Courneau,	40.
de Cours,	36, 40, 62, 66.
Courson de Nouaille,	
de Croignac,	51.
Croisac de Flechou,	50.
Crozat,	26.
Cuquerain,	30, 34, 104, 105.
Curé Dumontier,	22.

D

Dadou,	35.
Dagès,	31, 49.
Daignelous,	35.
Dailhencq,	84, 85, 86.
Dandiran,	80.
Dandiran-Caubios,	12.
Dando,	65.
Dapatte,	92, 93, 94, 95, 97.
D'Appelvoisin,	60.
Dargelouze,	49.
Darmé,	34.
Darnaudin,	96, 07.
Darrac,	104.
D'Art,	70.
de Dartez,	69.
Dartigue,	34.
Dartiguenave,	5.
Darzac,	30.
Daubar,	16.
Daubes,	20.
Daygrand,	9.
Dayre,	31, 39, 111.
Dayries,	16.
Debats ou de Batz,	11.
Deits,	30, 33.
Demanote,	50.
Demartin,	10, 11.
Dembidonnes,	9.
Demonmeuge ou de Montmège, 48.	
Demons,	50.
Denthomas,	9.
Desbiey,	15.
Descages,	50.
Deslix,	9, 11.
Deslou,	13.
Despalais,	30.

	pages.		pages.
Despelette,	92, 94, 95.	Dunoguès,	48.
Desperiers de Lagelouse,	83, 85, 86, 87, 96, 97, 98.	Dupin,	68.
		Dupont,	17, 20.
Despouys,	16, 18, 20.	Dupoy,	5, 24, 25, 25, 68.
D'Estignols,	13, 68, 102, 105.	Duprat,	17, 40.
Destouesse,	3, 5, 6, 9, 11.	Duprat Deyres,	36.
Destoupignan,	70.	Dupriret,	8, 11.
Deyris,	25.	Dupruilh,	11, 18, 7.
Dinnarre,	84, 88, 91, 97.	Dupuy,	11, 18.
Do y,	59.	Dupuy-Candresse,	13.
Domage,	50.	Durefort,	12.
Doria,	49.	Durfort de Castelbayac,	50.
Dosque,	30, 34.	Duris,	69.
Dourdaigne,	50.	Duroy.	12.
Dousse,	18, 19, 87, 91.	Durper de Camin,	49.
Doyhenart,	92, 94, 95.	Du Sault,	54.
Dubalen,	41.	Dutandon,	50.
Dubarry,	54.	Dutasta,	12.
Dubayle,	25.	Dutertre,	17.
Dubernet,	69.	Dutil,	12.
Dubos,	35.	Dutournier,	81.
Duboscq,	84, 97.	Dutremart,	51.
Duboys,	15.	Dutroy,	64, 65.
Dubroca,	10, 15, 24, 25, 26.	Duviella,	15.
Ducamin,	5, 7, 9.	Duvin,	79.
Ducamp, 2, 6, 7, 10, 11, 17, 20, 22, 24, 25, 27, 28.			
Ducanelle,	18, 20.		
Ducasse,	12.	**F**	
Ducassère,	81.		
Duchateau,	49.	Fabreau,	12.
Ducos,	90, 92.	du Faget,	97.
Ducourneau,	23, 34, 87, 91.	de Fargues,	35.
Dufau,	16, 69.	de Faujan,	11.
Dufaur de Gavardie,	63.	Fauquier,	20.
Dufaux.	11.	Faure,	41.
Dufilho,	16.	Fauthoux,	71.
Dufourcq,	54, 55, 98.	de Feitis,	12.
Dufraysse,	57.	de Ferron de Carbonnieux,	62, 63.
Duhart,	18.		
Duhaut,	65, 66, 71.	de Feuliage,	12.
Dulon du Basque,	11.	de Filhot,	37.
Dulor,	11.	de Fillucat,	29, 32.
Dumartin,	1, 105.	de Flamarens,	12, 49.
Dumas,	48.	de Fortisson,	35, 62, 64.
Dumont,	86.		
Dumontier,	22.		

	pages.		pages.
G		**J**	
de Gagean,	50.	Jaure,	49.
de Garbus,	49.	Joly de Castera,	48.
de Gardera,	49.	Jonnizière,	48.
de Gaube,	40.	de Juliac,	12, 37.
de Gaubère.	30, 34.	de Julien,	40, 83.
de Gayon-Lalande,	73.	de Junca,	29, 31, 37.
de Gentes,	5, 7.	de Jusanx.	
de Geres,	48.		
de Gillet,	37.		
de Gombaut-Rollye,	23.	**L**	
Goullard de Pellehaut,	51.		
de Goualard,	14.	de Laas-Lataulade,	68.
de Goueytes,	86.	Labadie,	50.
Gouze,	16.	Labarchède,	33.
de Gramon,	94.	Labarque Sauviac,	33.
de la Gravette,	12.	Labarthe-Malide,	12.
Gravier,	18.	de Labarthe,	33.
Guayrose.	14.	de Labaste,	86.
de Guchen,	57.	de Labastide,	12, 35, 48, 50.
Guichené-Bonloc,	50.	de Labat,	12, 33.
		de Labatut,	49.
		Labecède de Seguin,	48.
		La Bègue,	9, 11.
H		de Labeyrie,	81.
		de Laborde, 12, 18, 20, 59, 60,	
de Hajudet,	37.	67, 83, 96, 97.	
Harran de Borda,	88, 89.	Laborde-Lissalde,	24.
de Harsan,	7, 6.	de Labrouche,	15.
du Hillet,	33.	La Bruneire,	48.
d'Hirumberry.	90.	Lacalcinie,	50.
de Hontans,	33.	de Lacassaigne,	12.
Hosseleyre,	16.	de Lachapelle,	49, 50, 79.
de Hosta,	93, 96.	Lachepoulie,	48.
de Hoursolle,	92, 96.	Lachèze,	68.
Houvilliers,	2.	de Lacoste,	83.
d'Hozier,	78.	Lacouture,	18.
		Ladebade,	1, 11.
		de Lafargue,	33, 85, 86, 89.
		Laferrade,	13.
I		Lafilusterie,	50.
		de Lafitte, 12, 14, 25, 41, 47,	
Isle de Lalande,	73.	79, 80.	

Lafitte-Macau,	33.
Laforès ou Laforce,	35.
Laganterie d'Aulaigne,	49.
Lagardère,	6. 9.
Lagoeyte,	5, 8, 11, 13.
Lagrace,	17.
Lagrange,	48.
de Lahontang,	50.
de Lahouze,	37.
de Lalande,	13, 33, 51, 72, 73, 74, 75, 84.
Lalanne-Maluin,	11.
de Lalanne,	33, 88, 90, 92.
Lalanne, notaire,	98.
Lallemand,	15.
de Laluque,	6, 87, 91.
Lamaignère,	18.
de Lamarque,	78.
Lamartonie,	49.
de Lambertie de Taugen,	49.
de Lamondey de Gastebois,	49.
de Lamorague,	50.
Lamote de Vassal,	49.
de Lamothe,	5, 7, 12, 92, 93, 94, 95, 97.
Landrieu,	33.
de Lanevère,	
Langalerie,	36.
Langon (revue de),	48, 51.
Lanoguarède,	49.
de Lanusse,	16, 17, 19, 20.
Lapeyrie,	54.
Lapomerie,	49.
de Laporte,	68, 104.
Largelère,	33.
Laroque de Rouquin,	50.
Laroque d'Iquem,	48.
Larqué,	33.
Lareilhet,	96, 97, 98, 99.
Larrieu,	17, 49, 57, 58.
de Larrhède,	82.
de Larroche-Gajean,	11.
Larrouture,	15.
de Lartigue,	29, 32, 57, 80.
La Sègue,	34.
de La Serrade,	35.
de Lassalle,	12, 15, 17, 20, 29, 30, 31, 32, 37, 60, 67, 70, 78, 79.
Lassalle-Béron,	49.
Lassalle-Caillau,	48.
de Lassalle Saint-Pée,	94.
de Lastoux,	11.
de Lataulade,	68, 76.
de Lateulère,	35.
Latour,	49.
de Latuque,	11.
du Laur,	30, 51.
Laurans,	11.
Lavalette,	23, 68.
Lavie,	82, 83, 84.
Lavidau-Batz,	30, 33.
Lavielle,	84.
Leblanc de Labatut,	4, 5.
Lebastiment,	49.
Leburon du Sault,	48.
Le Doulx de Sainte-Croix,	22.
Léglise,	56.
Le Rabley,	49.
Le Reper-Maleret,	49.
Lesbazeilles,	16.
Lescale,	48.
de Lescar,	85, 86.
Lescarret,	16.
Lescours II,	76.
de Lescout,	12.
de Lespée,	11.
de Lespès,	6, 67, 70, 71.
Lesplaces,	18.
Lestage,	18, 20.
de Levèze,	12.
de Lhaux,	34.
Liès,	50.
Lianse,	50.
de Lignerottes,	12.
de Limoun,	11.
de Lisle,	12.
de Logras,	93, 96.
de Loubens,	35.
de Loubère Carrère,	38.
Loudun (édit de),	102, 103.
de Loustaunau,	12.
de Lucat,	16, 20.
de Lugbardès-Mesmes,	31.

de Luppé, 13, 23.
Luxe Gouvran, 48.
du Lyon de Campet, 23, 29, 32, 36.

M

Machecoulom, 48.
de Madiran, 35.
de Magelassy, 50.
de Maignos, 30, 35.
Maisonneuve de Brison, 50.
de Malide, 11.
de Malthe (commandeur), 18.
de Maluin de Merlet, 12.
de Mancamp, 6, 7, 10.
de Mansan, 50.
de Marche, 12.
de Marquet, 12.
de Marreing, 66.
de Marsan, 30, 57, 59, 69, 81, 82, 83, 84, 105.
de Marsillacq, 25.
Martiac, 23.
Martin Belcize, 48.
Martinet de Cabusse, 12.
Massie, 15, 20.
de Mauléon, 5, 7, 17, 20.
de Maurian, 1, 4, 6, 7, 11, 21, 26.
Mauvoisin, 26.
Mazelières, 10, 12.
Menlac, 12.
Menou, 18, 20.
de Mérignac, 4, 5, 7, 13, 22, 23.
Merlan, 13.
de Mesmes. 29, 31, 36.
Mibielle, 35.
Mimo Bruet, 50.
Miremont, 17.
Molia, 10.
Momuy, 33, 49.
Monbabon, 49.
Mondit de Meillan, 49.
Monlezun, 50.
Monrepos, 11.

de Montcassin, 12.
de Montesquieu, 12.
Montesquiou de St-Arailles, 51.
Montesquy de Montgaillard, 12.
de Montferrand, 48.
de Montholieu, 5, 13.
de Monval, 1, 64.
de Mora, 56, 57.
Moras, 86.
de Muret Cucurein, 30, 34.

N

Nadonnet, 48.
Natur ou Nautery, 50.
Navailles-Banos (*préface*), II.
Navière, notaire-royal, 96.
de Neich, 40.
Nérac (ville), 2, 4, 5, 6, 11.
de Neurisse, 10, 11, 87, 91.
Nolibois, 15, 18, 20.
de Noncareilles de Bargues, 29, 32.
de Nonères-Lartigue, 20, 32.
de Nouaillan, 30, 35.
de Nozeilles, 29, 32.

O

d'Oro de Pontonx, 23.

P

Palu, 36.
de Parabère, 34, 50.
de Paraige, 85.
du Parquet, 12.
Paty, 48.
de Pausader, 30, 36, 69.
de Pédesclaux, 11.
Pélissier, 16, 20.
Pellehaud de Goulard, 51.
Penin, 50.

Peireau,	50.	Saintamont,	98.
du Perron,	63.	de Saint-André,	24.
Persillon,	33.	de Saint-Angel,	62, 99.
Peyguillem,	40.	de Saint-Cristeau,	86, 88, 89, 92, 96; 97, 104, 105.
de Peyralède,	12.		
de Pichard,	12.	de Sainte-Croix,	85, 86, 98.
Pizany,	48.	de Saint-Genez,	88, 89, 90, 91.
Planter, 16, 17, 18,	19.	Saint-Go Deits,	30.
Plaisance-Lagny,	34.	Saint-Jean,	21.
de Podenas,	35.	de Saint-Julien,	58.
Pomadère,	35.	de Saint-Martin, 4, 5, 6, 11, 13, 24, 49.	
Pombouroux,	49.		
de Pomiès-Bourdenx,	30.	Saint-Martin Daumecq,	50.
de Pontonx,	13.	Saint-Orens,	30, 37.
de Portets,	68, 82.	Saintourenx,	28.
de Poudenx,	13, 23.	de Saint-Pau,	12.
Poy-Cablane,	13.	de Saint-Paul,	13, 22.
Poy-Capdeville,	13.	de Saint-Pée,	13, 94.
du Poy de Bedorède,	61.	Saint-Quentin du Dehès,	50.
de Poyferré, 32, 37, 41, 62, 63, 64, 65, 77, 78.		Saint-Sulpice,	50.
		Sainte-Terre,	48.
du Priret,	6.	de Salba,	92, 96.
de Prugue, 29, 31, 41, 79,	80.	Salignac,	48.
Puiredon,	49.	de Salles,	12, 85.
		de Sanguinet, 9, 11, 36, 38, 39, 40, 54, 55.	
R		Saubau,	20.
		Soubat,	40.
de Ragueneau,	48.	Saubion,	79.
de Raoul,	98.	de Sarrautes,	33, 40, 49, 50.
de Rastignac,	49.	du Sault,	55.
de Ravignan,	68.	de Sebie,	78, 79.
Raymond,	49.	Segfrier,	81.
de Raymond de Lalande, 74,	75.	de Segonzac,	14.
Richet,	30, 35.	de Sescousse,	6, 11.
Rigal,	17.	Seurac,	50.
de Rimbles,	30.	de Sillacq,	50.
Rogère de Mares,	12.	de Sorbando,	95, 94, 95.
de Roll-Montpellier,	24.	Sorhoette,	8, 11.
de Roquefort,	60.	de Sort,	70.
de Rouffignac,	76.	Soubiran,	18, 20.
Roux,	24.	de Spens,	82, 102, 103, 104.
Rozes,	50.	de Suarès d'Aulan,	87, 81.
S		**T**	
Saas,	8.	Talance,	12, 30.

de Tampoy-Brocas,	20, 36, 49.
de Taret,	30, 35.
de Tastet,	32.
Taudias,	48.
Tausin,	59, 60, 83.
Ternade de Monsecq,	49.
Testas de Paragua,	50.
du Tilh,	86.
Tinet de Millet,	50.
de Torrebren,	12.
du Tournier,	81.
du Truilh,	86.
de Tucquoy,	68, 69.
de la Tuque,	11.
Turon,	19, 20.

U

d'Uza, 13.

V

du Vacquier d'Aubaignan,	21.
Vallier,	13, 23.
de Vandufel,	22.
Vergès,	15.
de Verneuil,	60.
de Veyres,	66.
de Vicq,	18.
Vidart,	11, 13, 16, 17, 20, 23, 25, 26, 27.
de la Vie,	23.
de Vielcastel,	83.
Vigneau,	15, 13, 26.
de Vignolles,	7, 4.
Villemontès,	12.
de Vincens,	34.
de Vios,	5, 7, 17, 20, 24, 26, 27, 37.

ADDITIONS ET ERRATA

DE CLERGÉ-NOBLESSE (1re Livraison).

Page 6, ligne 1 : le sieur Dubourg. — Ce député était un de Bedorède, seigneur de Bourq, à St-Martin de Hinx.

Page 6, ligne 5 : Castaignon dans le manuscrit. — Le vrai nom est Castaignos.

Page 6, ligne 10 : Horseru. — Nom inconnu ; peut-être Hoursan ou mieux Harsan, comme plus bas, p. 7.

Page 8, ligne 30 : Laas et Angoumès. — Lisez Saas et Angoumès (voyez la table des noms).

Page 17, ligne 18 : Bernard Saubo. — Lisez Bernard Faubo.

Page 68, ligne 30 : Livre terrier des reconnaissances des Bénédictions. — Lisez livre terrier des reconnaissances des Bénédictins de St-Sever Cap.

Page 70, ligne 18 : jurat de l'armée. — Lisez jurat de l'année.

Page 74 : Jean de Lalande, seigneur de Luc et de Borriotte. — Lisez Berriots et effacez Biarrotte. Cette variante indiquée par l'armorial ne peut être admise. Biarrotte n'avait point de seigneur autre que le baron de Gosse ; aucun Lalande avant Bernard baron de Magescq n'a possédé terre à Biarrotte.

Page 100 : Saint-Pée, devise Borritz et ton. — Lisez Bortitz eta on. Le dessin de ces armoiries contredit le texte ; les chaudières sont mal ordonnées 1 et 2 au lieu d'être posées 2 et 1, selon la règle générale.

Page 101, dernière ligne : de azur. — Lisez de azul.

Page 112, ligne 8 : 1600, 1703. — Lisez 1660, 1703.

TABLE DES NOMS

CONTENUS DANS CE VOLUME

(2ᵐᵉ Livraison Clergé et Noblesse).

A.

d'Abadie de Monget, 32, 53,
d'Abadie de Saint-Loubouer, 410. 412.
Abadie ou Abbadie, 170, 276.
d'Abadie, 31, 55, 58, 84, 85, 86, 87, 92, 95, 96, 161, 162, 164, 165, 196, 198, 215, 219, 228, 229, 234, 241, 265, 266, 406, 486, 487.
d'Abbadie d'Arboucave, évêque, 241, 242, 475.
l'Abbesse de Ste-Claire, 312.
d'Abidos, 275.
d'Abos, 295.
d'Abzac, 296.
d'Acqs, 329.
d'Agès, 340.
d'Aguerre, 331.
d'Ahons, 312.
d'Aignan d'Orbessan, 252.
d'Aire, seigneur de Loubens, 314.
d'Albessard, 169.
d'Albret, 182, 339.
Alemand, 277, 306.
d'Ambrux, 30, 285.
d'Ancos de la Camoire, 235.
d'Andouins, 297.
d'Andrault, 368, 481.
d'Angoulême (duc), 250.
Anselme (abbé), 136.
d'Antin, 31, 57, 59, 75, 86, 183, 184, 185, 410.
d'Appatte, 262, 337.
d'Aramitz, 318.
d'Arbins, 37, 367.
d'Arblade-Benquet, 164.
d'Arbo, 63, 88, 93, 224, 243, 245, 269, 305, 306, 307, 392, 394, 403, 404, 405, 415, 481, 483, 493, 499, 500.
d'Arcangues, 66, 104.
d'Arche, 174.
d'Argelos, 32, 46, 52, 83.
Arismendy, 47.
d'Armagnac, 298, 475.
d'Armana, 54, 93, 94.

— 514 —

d'Armendaritz, 315, 316.
d'Armenonville, 184.
d'Armentieu, 171.
d'Arnès d'Embidonnes, 477.
d'Arrac de Vignes, 64, 65, 85, 87, 88, 93, 94, 269, 335.
d'Arribehaude, 323.
d'Arroue de Saint-Martin, 315.
d'Art de Luzanet, 196, 213, 214, 215.
d'Arthez, 314.
d'Artigues, 171.
d'Artigues d'Ossaux, 64, 86.
d'Artois (cte) 120, 121, 124, 125, 126, 127, 128, 129, 130.
d'Aspes, 275.
d'Aspremont, 51, 160, 183, 333, 341, 342.
d'Astarac, 318.
d'Auban, 312.
d'Aubaignan, 173, 227, 281, 372.
d'Aubeterre, 304.
d'Aubigné, 181.
Audaux, 319.
Audé, 50.
de Aula, 294.
d'Auzole, 491.
d'Aydie, 311, 313.
d'Ayrosse et Eyrose, 242, 245, 246, 342.

B.

de Bachelier, 28, 50. 53, 54, 83, 84, 85, 88, 91, 92, 96, 102, 103, 183.
de Bachen, 32, 312, 313, 489.
Bacler d'Albe, 164, 165.
Badet, 325.
de Bahus, 32, 313, 375.
Baisecourt, 44.
Balaguier, 366, 367.
Balthazar, 299, 304.
Baqué, 37.
de Banos, 31.
de Baradat, 312, 313.

Barbe, 47, 81, 82.
Barbères, 496.
de Barbotan, 31, 56, 73, 74, 75, 76, 86, 87, 88, 89, 93, 94, 100, 102, 162, 168, 207, 209, 210, 212, 213, 268, 329, 476, 494, 495.
Baron, 48, 81, 82.
Barrère, 195.
de Barret, 345.
de Barrin de la Galissonnière, 288.
de Barros, 493, 497.
de Barry, 32, 42, 59, 214, 222, 274, 275, 277, 311, 395, 397, 406, 407, 416, 497.
du Barry de Malaubert, 172, 173.
Le Bas de Girangy de Claye, 335.
de Basquiat, 31, 32, 41, 61, 63, 65, 87, 88, 93, 94, 100, 103, 174, 204, 205, 206, 227, 235, 236, 254, 256, 257, 272, 273, 306, 307, 308, 309, 361, 364, 367, 368, 369, 370, 372, 373, 374, 375, 376, 397, 398, 399, 401, 409, 410, 411, 412, 486, 487, 489, 490.
de Bassillon, 297.
de Bastard, 163, 201, 379.
Basterot, 175, 358.
de Batz, 32, 57, 58, 61, 86, 87, 88, 93, 94, 105, 126, 182, 183, 211, 212, 213, 230, 231, 232, 403, 408, 409, 413, 414, 415, 416, 417, 481, 488, 490.
de Baudignan, 311.
de Baure, 343.
Baylacq ou Belac, 35, 79.
de Bayle, 262, 264, 338.
de Baylenx-Poyanne, 178, 184, 255, 292, 319, 495.
de Bayron-Gauzièdc, 44, 45, 81, 82.
de Bazats, 160.
de Bazin de Bezons, 67, 83, 85, 93, 94, 169, 174, 217, 226, 344.

	pages
de Béarn,	294, 301, 303.
de Beaufort,	31, 88, 93, 203, 204, 376, 481, 483.
de Beaugin,	377.
de Beaujeu,	248.
de Beaumets,	127.
Beaumont le Roger,	294.
du Becq,	248.
de Bedora,	35, 242, 245.
de Bedorède,	28, 53, 83, 84, 103, 174, 178, 179, 183, 184, 185, 262, 322, 332.
de Begbeder,	319.
Behola,	49.
de Belcier,	319.
de Belhade (Cte),	27.
de Bellepeyre,	358.
de Belsunce,	315.
de Benesse,	343.
de Benquet,	303.
Berger de Xivrey,	391.
de Bergeron,	247.
Bergey,	35, 79.
Bergoignan,	47, 81, 82.
Bergoing,	35, 79.
Bernard d'Acqs,	160.
de Bernadet,	348, 389, 390.
Bernède,	45, 81, 82, 363.
de Bernet,	311.
de Berraut,	177.
Berterot,	37.
de Berwet,	179, 180.
de Bessabatte,	177, 184, 185, 311, 313, 350, 356.
de Betbedat,	477.
de Betbeder,	243, 344.
de Betbezé de La Rue de Sauviac,	380.
de Bethune-Sully,	57, 86.
de Beynac,	175, 411.
de Beyries,	266, 405.
Bezin,	82.
de Bezolles,	295.
de Biaudos-Castéja,	252, 262, 416
de Biensans,	209.
de Bigorre (Cte),	289, 301.
de Biron,	314.

	pages
Boby,	484.
Boistard,	386.
de Bombelles,	181.
Bontemps-Dubarry,	175.
de Borda,	28, 35, 40, 51, 53, 55, 70, 73, 74, 75, 76, 81, 82, 84, 85, 89, 90, 91, 92, 94, 95, 96, 97, 102, 162, 178, 183, 184, 208, 243, 263, 264, 271.
Bordaller,	314.
de Bordenave,	48, 161, 162, 207, 215, 265, 343, 358, 388, 412, 413.
de Bordes,	271, 278, 279.
de Borrit,	31, 256, 257, 373, 397, 398, 399, 401, 479.
de Bossecourt,	179.
du Bosc,	247, 262.
Bossu,	485.
du Boué,	37.
Boulon,	338.
Bounat de Castain,	325, 326.
de Bourdeau,	31, 56, 57, 227, 361, 362, 370, 408.
de Bourdeilles,	312, 313.
du Bourdieu,	235, 239, 278, 279.
de Bourgogne, (duchesse).	181.
de Bourouilhan,	395.
Boust de Buscat,	312.
de Boutet,	295.
de Boyrie-Narcastet,	189, 207, 210.
de Bretagne,	486.
de Brethous,	38, 196, 223, 227, 230, 235, 236, 237, 309, 355, 492, 493, 497.
Brethous de Lanemas,	31, 206, 479.
Brocas-Perras,	195.
de Broglie (duc),	218, 410.
de Broisse,	340, 341.
Broqua,	280.
Broustet,	46, 81, 82.
Bruignac,	358.
de Bruix,	32, 59, 60, 73, 74, 75, 76, 85, 87, 88, 89, 90, 93, 99, 237, 276, 332, 360.

— 516 —

Brunet, 44, 81, 82, 230.
Brusse, 39, 82.
Bugeaud de la Piconnerie, 493.
Burguerieu 38, 79.
de Buros, 311.
de Burosse, 288.
de Burriot, 389, 413.
de Busquet, 32, 73, 358, 369, 373, 377,
Bydarei, 65.

C.

de Cabannes, 32, 43, 63, 88, 93, 94, 164, 167, 168, 182, 188, 189, 190, 191, 192, 194, 196, 199, 209, 210, 211, 212, 213, 214, 215, 246, 267, 270, 272, 273, 282, 286, 303, 304, 329, 352, 363, 365, 366, 367, 368, 371, 373, 376, 379, 395, 418, 478, 488, 491, 494, 495, 496, 497, 498, 499.
de la Cabanne, 331.
de Cabiro, 190, 268, 273.
Cadillon, 43, 44, 362, 484.
de Cahusacq de Caux, 34, 77.
Cailleba, 487.
Caillé, 43.
de Calaumon, 295.
Camicas, 266.
de Campet, 245, 267, 269, 478. 483, 489.
de Camps, 252.
Camy, 36.
de Candalle, 32, 319.
Candau, 73, 83.
Candide de Bougue (St) église, 36
Cantin, 39, 70, 81, 82, 101.
de Capdequi, 312.
de Capdeville, 32, 40, 43, 46, 57, 59, 62, 75, 81, 82, 86, 87, 93, 94, 99, 101, 205, 273, 274, 306, 307, 351, 362, 382, 398, 406, 498.
de Capfaget, 311.

de Caplane, 32, 74, 85.
de Captan, 31, 39, 58, 166, 171. 173, 200, 204, 255, 359, 386, 387, 392, 393, 394, 395, 417, 493.
de Caraignet, 213, 214, 215.
de Carenne, 209, 362.
de Carrère, 57, 162, 168, 188, 189, 192, 195, 196, 394.
de Carthe, 348.
de Casamajor, 333.
de Casanabe, 312.
de Casaubiel, 249.
de Casenave, 363.
de Cassaignet, 316.
de Cassajus, 36.
du Castain, 31.
Castaignet, 46.
de Castaignos, 31, 32, 59, 62, 87, 88, 93, 94, 169, 170, 172, 269, 350, 352, 353, 358, 364, 381, 394, 493, 498.
de Castay, 360, 362.
de Castéja, 184, 343.
de Castelbon, 381.
de Castellan, 45, 55, 81, 82, 86, 102.
de Castelnau, 63, 175, 199, 220, 286, 287, 292, 293, 299, 409, 410, 411, 418, 419.
Castelpugnon, 341.
de Castera, 166, 206, 265, 269, 306, 309, 311, 308, 393, 394, 395, 407, 411, 412, 483.
de Castets, 312, 313, 416.
de Castillon, 160.
Castineau, 49.
de Caucabane, 173, 368, 395, 498
Caudinat, 413.
de Caule, 178, 184.
de Caumia-Baillenx, 51, 86, 88, 91, 92, 334.
de Caumon, 284, 285.
de Cauna, 32, 194, 298, 314, 493
de Cauna (Jean), évêque, 290.
de Caunègre, 321.
de Caupenne, 31, 34, 51, 60,

83, 85, 88, 93, 94, 104, 174, 243, 292, 294, 296, 297, 481
de Cazade, 199.
de Cazalis, 368.
de Cazalis-Fortisson, 171, 231.
Cazaubon, 36, 269, 381.
Cazaux, 43, 71, 81.
Cazenave de Labarrère, 31, 52, 58, 61, 87, 92, 95, 96, 170, 206, 231, 260, 266, 492.
de Cazeneuve, 342.
Cazenoue, 247.
Cazères (ville de), 312.
Celières, 35, 69.
de Cès-Caupenne, 32, 47, 64, 81, 82, 93, 94, 280, 281, 381, 382
de Cès-Horsarrieu, 203, 255, 256, 257, 352, 355, 380, 381, 382, 481.
Chabeau ou Chabo, 39, 81, 82.
de Chalais, 31.
de Chambre, 31, 58, 86, 132, 262, 263, 363, 499.
Charlemagne, 140.
Charles-Martel, 383, 384.
Charles VII, 294.
Chauvet, 367.
de la Chétardie, 186.
de Chèze, 496, 497.
de Chibreton, 291.
de Chinans, 314.
de Choiseul, 219.
de Classun, 211, 498.
de Claverie, 31.
Clément XIII, 485, 486.
de Cloche, 45, 65, 88, 93, 94, 218, 220, 224, 227, 236, 237, 238, 246, 256, 269, 273, 274, 305, 319, 351, 355, 366, 367, 375, 395, 414, 416, 417, 478, 482, 483, 487, 496, 497, 498.
du Clos de Lafond, 184.
Cohepé, 157.
de Colombots, 104.
de Colonges, 349, 350, 353, 355.
de Commarrieu 56, 200, 201, 408
de Comminges, 301.

de Compaigne, 167, 168, 208, 212
du Compte ou du Conte, 203,
de Corados, 245.
de Cornulier, 283, 288.
de Corolles, 180.
du Cossoo, 276.
Costedoat, 43, 81.
de Coudroy, 45, 173, 286, 309, 368.
de Courcelles, 348.
du Cournau de Pebarthe, 43, 65, 68, 69, 72, 81, 82, 369.
de Cours, 31, 59, 164, 167, 188, 189, 198, 199, 250, 282.
de Courson, 189.
Courtin, 485.
du Cros (voir Ducros), 87.
de Crussol d'Uzès, 200, 204.
de Cursay, 186.

D.

Dabos, 235, 236, 237.
de Dadot, 312.
Daguerre, 49, 51, 104.
Dailbencq, 217, 225.
Dalincourt, 34, 48, 49, 72, 77.
Dalon, 174.
Dandieu de Cazalis, 32, 73, 88, 93, 94, 171, 481.
Danglade, 37.
Darbins, 49.
Darbo, 210, 224, 238, 305, 477.
Darcet, 39, 164, 166, 167, 211, 239, 411.
Darensette, 49, 82, 102.
Dargoubet, 28, 54.
Darmaignac, 195, 197, 198, 286.
Darmé, 389, 390.
Darracq, 36, 70, 79.
Darrac-Bieilh, 37, 79, 80.
Darralde, 34.
Darregui, 52, 162.
Darricau, 193, 194, 354, 355.
Darricutort, 213, 254.
Darrigan, 47, 249.
Darrigol, 48, 71, 82.

— 518 —

	pages
Darroze,	263, 264.
Daubert,	249.
Daugareil,	45.
Daugreilh,	490.
Daunat-Castets,	36.
Delpèche,	375.
Dembidonnes,	373, 482.
Depont,	274.
Desbarbès,	81, 82.
Desbazeilles,	47.
Desbordes,	38, 79, 102.
Deschars,	216, 220, 222, 223, 228.
Desclaux,	246, 332, 337, 394.
Descors,	38.
Desgoarrebaque,	311, 313.
D'Espalungue,	475.
Desperiers,	38, 35, 38, 70, 79, 386.
Despillos.	213.
Despons,	210.
Despouys,	46, 394, 405.
Desquille,	405.
Dessenault,	346.
Dessus.	234.
Destandeau,	28, 53.
Destenave,	370, 371, 372, 373, 375, 496, 497.
Destoupignan	166, 223, 228, 246, 272, 273, 274, 277, 305, 389.
Destrac,	271.
Dezest,	482.
Dibarrart-Hirigoyen,	66, 104.
Diparraguerre,	49.
Diris,	46.
de Diusse,	31, 58, 64, 86, 94, 169, 196, 230, 231, 232, 233, 246, 416.
Dizès,	31.
Dolhabeyriague,	48, 71, 81, 82.
Dolly,	257, 374, 375, 377.
Dombidau de Crouseilles,	53.
Domec,	37, 50, 68, 69, 72, 79, 102.
Domenger,	245.
Donissan de Citran,	213.
Dosque,	256.
Dousse,	39, 41, 79, 102.

	pages
Dubasque,	42.
Dubernet,	191, 211, 482.
Dublanc,	358.
Dubois,	312, 313.
Duboscq,	44, 363.
Dubosq de Peyran,	283.
Duboscq de Taret,	170
Dubroca,	38, 49, 79, 483.
Ducamp d'Orgas,	173.
Du Casse,	38, 45, 81, 82.
Du Casse de Hinx,	348.
Ducos,	39, 82, 195, 199, 312.
Du Cournau de Plassiat,	46, 81, 82.
Du Cousso,	32, 64.
Du Cournau de Poy,	45, 60, 81, 82, 86.
Du Cournau,	46, 210, 413, 414.
Ducros de Belbeder,	28, 54, 87, 88, 91, 96, 97.
Dufathou,	414, 416.
Dufau,	164, 165, 199, 265.
Dufaur de Gavardie,	173.
Dufour,	314, 485.
Dufourc,	501.
Dufourcet,	38, 80.
Dufraisse,	166, 204, 205.
Dugarry,	41.
Duhalde,	104.
Duhaut,	48, 191, 210, 222.
Dulau,	71, 81, 82, 230.
Dulau d'Allemans	41.
Dumessié,	37.
Dumintier,	80.
Dupeiron,	311.
Duperié,	496.
Dupeyron,	419.
Dupiellet,	46.
Dupin,	236, 247, 281, 312.
Dupin de Juncarot,	31, 43, 44, 64, 81, 82, 273.
Dupin Dinge,	184.
Dupont,	209, 246.
Dupouy,	37, 38, 43, 80.
Dupoy,	44, 65, 80, 81, 82, 102, 323.
Dupujeau de Bouncau,	323.

Dupuy, 39.
Dupuy de Sauvescure, 54, 75, 86, 87, 94, 254.
du Règne de Launaguet, 376, 497
Duris, 211, 483, 497.
Du Sault, 42, 81, 82, 166, 205, 266.
Dusserer, 42, 82, 284.
Dussière, 40.
Dutastot, 312.
Dutertre, 44, 71, 81, 82, 233.
Dutilh, 35, 79, 273.
Du Vignacq, 264.
Du Vigneau, 44, 81, 376.
Du Voisin, 475.
Dyesse, 312.

E.

d'Echaux, 316.
Edouard Ier roi, 273.
Edouard II, 339.
d'Eschavannes, 486.
d'Esclaux, 406.
d'Esgoarrabaque, 300, 313.
Estarac, 38.
Esteffen, 45.
d'Estoupignan, 166, 349, 389, 404, 405, 498, 499, 500.
d'Estrade, 37.
d'Evreux, 294.

F.

Fabre, 490.
de Fanget, 32, 63.
de Farbaust, 312, 313.
de Faudoas, 295.
de Faurets de Baure, 276.
Faussats ou Fossats, 42, 46, 71, 81, 82.
Fautoux, 234.
de Favars, 329, 338.

Ferradou-Roqueville, 347.
de Ferron d'Ambruix, 198, 285, 286.
de Filartigue, 313.
de Filhot, 41, 175.
de Fleurigny, 300.
de Florance, 172.
de Foix de Candalle, 31, 53, 64, 83, 255, 268, 275, 276, 289, 299, 300, 302, 311, 312, 317, 319, 320, 351, 409, 411.
de Foix (Cte), 292, 379.
Forgères, 40.
de Forges, 258, 259, 361.
Fornieux ou Hournieux, 314.
de Fortagé, 213, 215.
de Fortisson, 31, 32, 52, 60, 83, 85, 92, 96, 231.
de Fos, 312.
de Fouert de Sion, 164, 167, 268, 277.
de Francisqui, 61.
de Fransures, 179.
des Friches-Doria, 181, 187.

G

de Gabasbielle, 349.
Gabaret, 49.
de Gabastou, 297.
du Gac, 66.
de Gaillères, 313.
de Galard, 204.
de Galiot, 240.
Ganduque, 264.
de la Garenne, 270.
Garlin, 311.
de Garnit, 264, 480, 499.
de Garralon, 209, 212.
de Garric d'Uzech, 58, 86, 328.
de Garro d'Urtubie, 104, 183.
Gasparn, 49.
de Gassiat, 247.
de Gassion, 317, 327, 405, 406, 495.
de Gelas, 295.

	pages
Gelos,	49.
Genestet de Chayrac,	348.
Gillet de Genestet,	314, 404.
O'Gilvy,	479.
de Girard,	491, 492.
de Girard d'Onnès,	214, 215.
Gouchen Rivière,	49.
Courby Noguès,	72.
Goueytiacq,	48.
de Gourgues, 215, 283, 312, 346.	
de Gouy, d'Arsy,	179, 184.
Goze, 37, 79, 100, 101, 102.	
de Gramont (duc), 27, 30, 33, 176, 177, 184, 297, 300, 339, 342.	
de Gramont de Castera,	104.
de la Grange,	184.
de Grateloup,	168.
Grégoire III. VII,	384.
D. de Grenade,	311.
Gros,	41, 81, 102.
de Guarrigues,	329.
Gueheneuc de Lanno, 66, 84, 85, 93, 94.	
de Guichené,	381.
Guillaume duc de Gascogne, 301	
de Guillerme,	179, 184.
de Guiraud,	313.
de Gyron,	263.

H.

du Haget,	409, 411.
du Hagon,	381.
de Haitze,	66, 104.
de Haraneder, 34, 69, 77, 78, 260, 262.	
Hardouin de Beaumois,	252.
de Haudy,	104.
Hennequin,	295.
Henri II, roi de Navarre, 311, 312, 313.	
Henri IV, 120, 121, 124, 298, 300	
Hertault de Beaufort, 63, 94, 205, 235, 479.	

	pages
de Hinx, 28, 66, 85, 104, 266.	
de Hiriart,	38, 79, 331.
de Hiton, 169, 172, 220, 230.	
Hocquart,	334.
Hontarrède,	41.
de Houdreville,	180.
d'Hozier,	347, 348.
Huchet de la Bedoyère,	248.
Huibercelith,	237.
de Hunard,	248.

I. J.

Ibarboure,	337.
d'Ibusty,	332.
Inval de Parthenay,	184.
Izotte,	38, 79, 361.
de Jacquiers Rosée,	180, 184.
de Jegun, 306, 307, 356, 481.	
Joanin,	206.
de Joge,	305.
de Juge,	370.
de Juliacq,	30, 56, 495.
de Julien-Lassalle,	208, 329.
de Junca, 199, 215, 265, 266, 286, 287, 368, 498.	

L.

de Laas, 28, 54, 66, 88, 91.	
de Labadie d'Auzac,	298.
de Labadie, 32, 63, 86, 87, 218, 220, 228, 332, 337, 482.	
de Labarre,	283.
de Labarrère,	31, 373.
de Labarthe,	313, 498.
de Labasse,	195, 404.
de Labat, 41, 44, 305, 306, 312, 399, 483, 498.	
Labbé,	41, 71, 81.
de Labernède ou Labernade, 32, 45, 63.	
Labeyrie,	34, 45, 81, 82.

pages

de Laborde et Laborde, 31, 32, 34, 37, 38, 46, 55, 63, 65, 66, 79, 86, 88, 93, 94, 104, 205, 216, 228, 262, 280, 306, 309, 328, 364, 372, 373, 374, 404, 405, 408, 411, 412, 413, 414, 415, 417, 483, 491, 492, 498, 499, 500.
de Labrit, 160.
de Labrouche. 38.
Laburthe, 81, 82.
Lacamoire, 235, 239, 254, 255, 356, 257, 280, 479.
Lacassaigne, 39.
Lacaze, 287, 288.
Lachèze, 376.
de Lacoste, 41, 47, 82, 280, 283, 309, 404.
de Lacourt, 182.
Lacouture, 41, 70, 81.
de Ladoue, 32, 58, 88, 89, 93, 94, 167, 217, 220, 222, 223, 224, 225, 226, 227, 228, 273.
Lafaurie, 362.
de Lafaysse, 182, 267, 411,
de Lafitte, 44, 166, 243, 245, 246, 295, 306, 309, 328, 370, 398, 399, 401, 412, 480.
de Laffitaut, 216, 225, 498.
de Lafitolle, 254.
de Lafont, 35, 79.
Lafosse, 44, 81 82.
Lafourcade, 37.
Lagardère, 40, 70.
de Lago, 267, 268, 316.
de Lagoeyte, 169, 173.
Lagoffun, 324.
de Lagogué, 407.
Lagrace, 36, 79.
Lahite Jusanx, 49.
de Lahouse, 31, 75, 488, 489, 490
La Lande de Luc, 183, 184.
de Lalande, 52, 84, 85, 92, 95, 96, 102, 104, 183, 184, 185, 270, 271, 320, 321, 322, 326, 335, 337, 338, 342.
Lalanne, 38, 47, 66, 104, 169,

pages

177, 184, 235, 239, 257, 281, 358, 368, 370, 413, 487, 498
de Lalanne de Castelnau, 31, 58, 86, 170, 231, 452.
Lalanne de Six, 28, 55, 73, 88, 91, 92.
Lallemand, 34, 69, 78, 79.
Laloubère, 312.
de Laluque, 31.
Lamagnère, 43, 81, 82.
de Lamarque, 48, 100, 101, 102, 103, 355, 372, 411, 412, 414, 483.
de Laminsans, 299, 312, 313.
de Lamoignon, 217, 224, 226.
de Lamorère, 482.
de Lamothe, 319, 338.
de Landrieu, 196, 215, 312, 314.
de Lanefranque, 45, 81, 82, 245, 274.
de Lanéluc, 312, 313.
de Langon, 44.
de Lanne, 37, 80, 184, 321, 322.
de Lannevère, 39, 68, 69, 72, 79, 235.
de Lanzac, 268.
Lapause, 419.
Lapeyre, 36.
Lapierre Moro, 38, 80.
de Laporte, 166, 200, 202, 204, 408, 487.
de Laporterie, 162, 498.
de Laragnet, 46.
de Larrazet, 372, 409, 410, 413.
Larrey, 36, 169, 250.
Larreyre, 79.
Larrhède, 168, 203, 234, 273, 306, 405.
de Larrieu, 208, 209, 223, 326, 372, 373, 397, 478.
de Larroque, 40.
de Lartigau, 312, 314.
de Lartigue, 64, 86, 164, 167, 203, 210, 224, 237, 246, 305, 306, 311, 352, 355, 375, 394, 395, 491, 492, 495, 496, 497, 498.

34

	pages
de Lassalle,	31, 56, 66, 87, 199, 235, 236, 235, 236, 271, 273, 278, 282, 301, 388, 404, 405, 406, 407, 418, 419, 491, 492.
de Lassalle de St-Palais,	316.
de Lasserre,	372.
de Lassis,	366.
de Lataulade,	28, 53, 83, 85, 92, 96, 103, 235, 411.
de Latour,	311.
Latourette,	209.
de Latrie,	405.
de Lau de Viocourt,	370, 479.
de Ledoulx,	500.
de Lespès,	209, 222, 370, 393, 394, 395, 419, 478, 481, 483, 484, 491, 492, 498.
de Lobit de Monval,	56, 87, 93, 94, 196, 213, 265, 286, 287, 355, 387, 389.
de Lons,	169, 172, 282.
de Lorraine (duc),	302.
Louberie,	285.
Louis XIV,	243.
Louis XV,	485, 486.
Loutaunau,	46.
de Loyard,	405, 406.
de Loze,	313.
Lubet,	31, 34, 255, 393.
de Lucat,	216, 225, 371, 371, 372, 374, 376, 392.
de Lucmajour,	494, 495.
de Lucmau,	32, 209, 211, 212, 311.
de Lucpeyroux,	296.
de Lucq de St-Martin,	184.
de Lupé,	27, 247.
de Lurbe,	169.
de Lur d'Uza,	296.
de Lusignan,	299.
du Lyon,	31, 57, 75, 167, 195, 196, 213, 214, 215. 346, 404, 419.

M.

de Macaye,	66, 104.

	pages
du Maine (duc),	252.
de Maintenon (Mme)	179, 181, 184
de Maisonnave,	329.
Malluqué,	44.
de Mangoiague,	337.
de Maniort,	264.
de Marca,	405.
de Margues,	360.
Marimpoy,	39.
Marjouan,	36, 70, 79, 102.
de Marque,	326.
de Marrac,	330.
de Marrast,	195, 482.
de Marreing,	268, 480, 482, 498.
de Marrocq,	491.
de Marsan,	31, 62, 87, 88, 93, 94, 160, 211, 214, 222, 236, 245, 269, 303, 310, 367, 397, 398, 399, 401, 407, 481, 488, 489, 491, 499. 500.
Martianay (dom),	386.
du Martin,	31, 54, 75, 263, 305.
Massie,	37.
de Massot,	184.
Matran,	213.
de Maubec,	330.
de Mauco,	388.
de Mauléon,	40, 164, 165, 283, 287, 288, 493.
de Maurenglane,	366.
Mauvezin,	36, 37, 79.
Mauvoisin,	35.
Mayrac,	32.
Meillan,	328, 400.
de Mellet de Labarthe,	32, 64, 88, 93, 94, 297, 302, 321, 322.
Mercier,	250.
de Mérignac,	416, 488, 491.
de Meritens,	267.
Mesplède (Théodose),	35, 48, 79, 102.
Mesples ou Mesplet,	32, 63, 88.
de Mesmes,	188, 189, 282, 294, 311, 314, 388.
de Mezières,	252.
de Midot,	178.
Miquel,	42, 81, 102.

	pages
de Mirambeau,	184.
Mitchélana,	49.
Minvielle,	248.
de Moisset,	331.
de Molès,	314.
de Molia,	245.
de Monbeton de Bourouillan, 166, 167, 171.	
de Monda,	498.
Mongelour,	281.
de Moneins,	315, 316.
Monet (de Sabres),	323.
de Monin,	180.
de Monlezun,	311.
de Monlezun-Pantaignan,	32, 94.
de Mons,	418, 419.
de Mont,	278, 279.
de Montault-Bénac,	297.
de Montauzer,	184, 265.
Montauzié,	38, 80.
Mont-d'Uzer,	298.
de Montboissier,	123.
de Montesquiou,	173, 315, 320.
de Montferrand,	43.
de Montguillem,	214.
de Montluc,	297.
de Montolieu,	292, 341.
de Montpezat,	170.
de Montréal,	51, 83, 86.
de Mora, 44, 210, 211, 237, 495, 498.	
Moreau,	80.
de la Morinerie,	163.
Morlane,	36, 37.
du Moulin, 32, 62, 65, 86, 87, 93, 94.	
de Mugron,	329.
Mulon,	414.
de Muret,	409, 417, 418.
de Mussot,	184.

N.

Naudy ou Naury,	46, 81, 82.
Nautery,	45, 81, 82, 228, 372.
de Navailles,	58, 86, 160, 164,

	pages
165, 208, 235, 269, 299, 301, 302, 303, 317, 318, 319, 329, 332, 453.	
Navarre (Jean, roi de),	321, 322.
Navarre (Henri II, roi),	418, etc.
de Nays-Candau,	170.
de Neurisse, 25, 40, 47, 54, 62, 67, 68, 74, 80, 83, 89, 90, 93, 235, 236, 239.	
de Niac,	311, 314.
de Niort,	342.
de Noaillan,	295.
de Noailles,	125.
de Noé,	164, 165.
Nogué,	39.
du Nogué,	389.
du Noguès, 32, 50, 60, 81, 82, 87, 169, 405, 406.	
de Nolibois,	363.
de Norton,	417.
Novion (notaire),	321, 322.
de Nozeilles,	198, 265.
de Nyert,	336.

O.

d'Olce,	27, 330, 333, 493.
d'Ordotigoity,	331.
d'Orgueilh,	312.
d'Oroignen-Tuquoy,	173, 405, 406, 407.
d'Ortès, 59, 73, 74, 75, 76, 86, 88, 89, 90, 93, 94, 218, 227, 228, 230, 238, 349, 350, 352, 364.	
d'Orthe,	27, 160, 169, 329.
d'Ossat (cardinal),	485.

P.

de Parage,	312, 313.
Paravis (N.-D. de),	312, 313.
de Pardaillan,	294, 295, 360.
de Pascal,	358.
de Pausader,	62, 169, 220, 235,

237, 238, 239, 319, 389, 401, 403, 477, 493.
de Peich, 32, 53, 195, 353, 354, 358.
de Pellot, 225, 344, 350.
de Pemolier, 27, 52, 91, 92, 102
de Pérès, 375, 376, 496, 498.
Pérès-d'Artassens, 31.
de Perissault, 31, 63, 256, 257, 369, 370, 372, 374, 375, 478, 484.
du Petit, 358.
de Peyre, 317.
de Peyrelongue, 312, 314, 337.
du Peyron, 361.
Phelipeaux de St-Florentin, 490.
Philippe-Auguste, 290.
Pic de la Mirandolle, 168, 213, 214, 215, 493.
de Pichard, 183, 404.
De Pichon, 350, 352, 353, 356, 357, 358.
du Pin de Juncarot, 31, 43, 273.
de Pinsun, 56, 65, 84, 85, 92, 95, 96, 422.
Planté, 36, 38.
Planter, 40, 70.
Plieux de Diusse, 170.
de Pomiès et de Pommiers, 56, 76, 87, 167, 208, 311, 313, 418.
de Pommereu, 345.
Pons de Pons, 36, 263, 264, 300, 301.
de Pont, 493.
de Pontault (Ch.), 311.
de Pontac, 387.
Porquet, 329.
Portes, 46.
de Portets, 31, 58, 166, 172, 173, 203, 204, 210, 255, 256, 307, 309, 371, 376, 395, 407, 411, 412, 444, 481.
de Poudenx, 31, 55, 56, 88, 92, 96, 97, 292, 327, 495.
de Poulard de Lalande, 179, 184 252.

de Pouy, 31.
de Poy et du Poy, 262, 263, 264, 337, 363, 377, 481, 484.
du Poy de Monicane, 31, 256, 257, 361, 478, 479.
de Poyanne, 31, 184, 255, 292, 315, 360, 495.
de Poydenot, 482.
de Poyferré, 162, 188, 189, 195, 198, 388, 419, 477, 480.
de Poyloault, 296, 340.
Poyolat, 34, 79.
de Poymiro-Lanusse, 304.
de Poyusan, 40, 274, 481, 499.
de Pratferré, 60, 86, 87, 93.
de Preissac d'Esclignac, 316, 317.
de Prie, 179.
de Prignan, 278.
Prisonnier, 212.
de Prouères-Barenne, 172.
de Pruères, 268.
de Prugues, 31, 32, 57, 59, 88, 93, 94, 188, 189, 190, 191, 195, 214, 215, 282, 284, 285, 286, 287, 304, 306, 312, 349, 388, 389.
de Pruret, 415.
de Puch d'Estrac, 219, 229, 230.
Pujo de Lafitolle, 479.
de Pujolé de Juliacq, 56, 164, 167, 283, 287, 495.
Pujos, 482.

Q.

de Quélen, 334.

R.

Rambaud de Maillon, 40, 70, 81, 82.
de Ranteau, 276.

— 525 —

	pages
du Rau,	342.
de Ravandel,	360.
Raymond de Vignolle,	358.
Raymond de Sallegourde,	358.
Rèches (frère),	42.
de Reynal,	65, 88, 93, 94.
du Ribaud,	174.
de Ribes,	217, 222, 225.
Richard 1er,	290.
de Richelieu (cardinal),	242.
Rimejou-Lagrave,	48, 81, 82.
Rivié,	252.
de Rivière,	82, 288.
Rochet,	394, 482.
de la Roche-Aymon,	498.
de Roll-Montpellier,	66, 104, 333, 334.
de Roquefort-Lassalle,	30, 32, 76, 418, 419.
Rouby,	37.
du Rou de Lanneplan,	31, 61, 418, 419, 495.
du Roy,	352, 356, 357, 358.
Ruillié de Beauchamp,	347.

S.

de Saboulin,	104.
de Saint-Astier,	297.
de Saint-Aubin,	291, 295, 312.
de Saint-Cristau,	55, 87, 88, 91
de Sainte-Croix,	247, 292, 331, 499.
de Saint-Esteben,	47.
de Saint-Genez,	45.
de Saint-Gords (St-Geours),	160.
de Saint-Jacques,	329.
de Saint-Jean,	305, 375.
de Saint-Jignan ou Tignan,	279.
de Saint-Julien,	32, 58, 86, 87, 93, 94, 164, 235.
Saint-Marc,	42.
de Saint-Martin,	27, 52, 72, 86, 87, 91, 92, 103, 183, 184,

	pages
	262, 265, 315, 343, 344, 345, 346, 407.
de Saint-Paul,	55, 87, 88, 91, 92.
de Saint-Pée,	500.
de Saint-Silvestre,	184.
de Saint-Simon,	346, 347.
de Salagnac,	296.
Salcour,	46.
de Salha,	34, 60, 66.
de Salis,	480.
de Salles,	36, 66, 79.
de Salomon de Poulard,	252.
de Samadet,	166, 203, 308.
Samanos,	36, 49, 79.
de Sanguinet,	245, 480.
Sansoube,	67, 83.
de Sarraute,	60, 65, 87.
de Sarraziet,	480, 492.
de Saubescure,	184.
Saubusse,	398.
de Sault,	47.
de Saulx d'Estignols,	272.
de Saxe (maréchal),	217, 218.
de Saubanère,	245.
Segas,	38.
de Seguey,	35.
de Seguin,	160, 291.
de Segur,	184, 296.
le Sénéchal de Carcado,	288.
de Sentout,	346.
Serré,	482.
de Serres,	312, 313.
Sescousses,	36, 79.
de Sesmaisons,	288.
de Sève,	344.
de Seze,	175.
de Six de Goulard,	333.
de Soler,	45.
du Sorber,	269.
de Sorbets,	32.
Soret,	40.
Sorhaindo,	337.
de Sorhoette,	66, 104.
de Sort,	217, 222, 225, 311, 395
Soubaigné,	482.
de Souhy,	104.

du Souil, 31, 36, 62, 86, 228, 410, 531.
de Sourbé, 199.
Sourdois, 37.
de Soustra, 36, 56, 79, 85, 92, 96, 263, 264, 338.
de Souvart, 330, 332.
de Sparre, 252.
de Spens, 204, 205, 310.
de Spens d'Estignols, 30, 48, 56, 88, 93, 94, 166, 170, 205, 214, 215, 227, 308, 309, 408, 487, 493.
Spinas (Dom), 407.
Stanislas de Lorraine 180.
de Sully, 31.
de Susmion, 333.

T.

de Tachoires, 35, 79, 275.
de Tachon, 239.
Taillandier, 375, 377.
de Talazacq, 59, 212, 375, 408.
de Talhouet, 200, 204.
de la Targerie, 311, 313.
de Tartas (Robert), 160, 290.
Tarteron de Montier, 252.
de Tauloresse, 314, 315.
de Tausin, 168, 205, 211, 212, 222, 228, 229, 230, 273, 309, 310, 362, 364. 368, 376, 377, 381, 382, 397, 412, 498.
Tauzia, 47, 81, 82.
de Tauzin-Bonnehé, 64, 88, 93, 94, 217, 223, 414, 417.
Tellary, Tehary ou Tuhary, 49, 72, 81, 82.
de Tercis, 27.
de Thiac, 39.
Thomas, 38, 39.
Thoré, 479.
de Tilh, 329.
de Toulouzette, 31, 75, 206, 235

de Tousents, 256, 257.
de Trenqualie, 166.
de Trubessé, 32, 64, 370, 482, 497, 498.
de Tuquoy ou Tucquoy, 41, 70, 81, 82, 183, 272, 274, 280, 370, 373, 408, 496, 497, 498, 499.
Turon,. 36, 50, 79.

U. V.

d'Urtubie, 34, 65, 104, 183, 184, 185, 315.
du Vacquier-d'Aubaignan, 489.
Valette, 190, 266, 287, 373.
de Valier, 183, 255, 265.
de Vanduffel, 34, 65, 66, 88, 333.
Van-Ostrom, 66, 254, 258.
de Ventadour, 332.
de Verdusan, 183, 184.
de Vergès, 35, 37, 66, 79, 347, 407, 500.
du Vergier, 331.
de Versoris, 199.
de Verthamon, 50, 83.
de Vidart, 50, 222, 363, 410.
de Viellar ou Viella, 231, 300.
du Vigier, 174.
de Vigneau, 34, 40, 79, 203, 204, 361, 362, 486.
de Vignolles, 295.
de Ville, 345.
de Villevielle (évêque), 32.
de Vincens, 413, 414.
de Vios, 36, 79, 82, 262.
Vital, 43.
de Vivensan, 414.
Vivès, 38.
de Wignacourt, 184, 185.

TABLE

par ordre de matières

DE L'ARMORIAL & CLERGÉ ET NOBLESSE DES LANDES.

	pages
Revue de la noblesse des Landes (1600-1700), lettres B, C, L, M, N, O, P, R, S, T, U, V, Y.	1—24
Assemblées du clergé et de la noblesse (1789).	25—103
Assemblée du pays de Labourt.	104
Cahiers de la noblesse de l'Albret.	105—149
Catalogue de la noblesse d'Albret de M. de Laroque. . .	149—154
Géographie du Labourt.	155—156
Benquet-Mauco.	156—157
Topographie de la vicomté d'Orthe.	157—160

Armorial : NOTICES PRINCIPALES.

d'Abadie.	161—162
de Barbotan.	163—168
de Batz.	168—176
de Biaudos.	176—187
de Bordenave.	188—199
de Bourdeau d'Audijeos et de Castera.	200—203
Brethous de Lannemas.	205—206

	pages
de Cabânnes.	206—215
de Castaignos.	216—234
de Cès-Horsarrieu	235—239
d'Esclaux de Nerbis.	240—246
Desperiers de Lagelouze.	247—250
de Galard.	251
de Gouy-d'Arsy.	251—252
d'Hertault de Beaufort.	253—259
de Lalande de Hinx.	260—266
de Lartigue.	267—277
de Lassalle de Bordes.	278—281
de Lasserre Cantiran.	281
du Lyon.	282—288
de Marsan.	289—311
Hommages du Marsan (1538).	311—314
de Montréal.	314—317
de Meritens.	317—320
de Montolieu, caverie.	320—327
d'Olce de La Lande.	330—336
d'Ibusti.	336—338
de Navailles-Banos.	327—329
d'Oro de Pontonx.	339—349
de Pausader de Bachen.	349—358
de Perissault.	359
Pic de la Mirandolle.	363
du Poy de Monicane et Dandieu.	365—377
de Saint-Julien.	379—382
de Saint-Martin.	382—386
Saint-Sever (notice municipale).	386—387
Mont-de-Marsan, id.	387—389
du Souilh.	389—392
de Tausin.	392—395
de Trinqualie-Marsan.	396—403
de Tuquoy.	403—408

	pages
du Vacquier-d'Aubaignan.	408—415—419
de Muret.	417—418
Armorial de Guienne, Gascogne et Béarn.	421—469
Toulouse, Montauban.	470—474

Supplément à l'Armorial des Landes.

d'Abadie.	475
de Basquiat.	476—486
de Cès.	487
de Cloche de Lahouze.	488—491
du Haut.	491—492
de Navailles.	492—493
d'Ortès.	493
de Pomiés.	494—495
du Poy de Monicane.	496—498
de Tingon et Sainte-Croix.	499—500
Table des noms propres.	503—526

ADDITIONS ET ERRATA.

Page 19, lettre R : noble Jean de Ravignan, *lisez* noble Jean de Melignan, seigneur de Maignos. (Voir l'*Armorial de Guienne*.)

Page 27, ligne 1re : de la Benne de Magescq, *lisez* de la Benne, de Magescq.

Page 36, ligne 18 : Saint-Candède de Boutges, *lisez* Saint-Candide de Bougue.

Page 44, ligne 14 : Dominique Tauzièdc de Beyron, *lisez* Gauzièdc de Bayron.

Page 45, ligne 15 : Gozièdc Beyron *lisez*, Gauzièdc Bayron.

Page 53, lignes 6 et 7 : Marie Dabadie dame de Monget, *lisez* Marie Dabadie dame de Monget, épouse de Jean-Pierre de Dombidau. (*Catalogue* de M. de Laroque.)

Page 62, ligne 28 : D'après M. de Laroque (*Catalogue de Gascogne*), M. du Souilh était seigneur baron de Batz et non d'Aubate comme porte le manuscrit.

Page 63, ligne 2 : J.-J. d'Heurtault, *lisez* d'Hertault.

Page 104, **Pays de Labourt** : Il existe dans la publication de M. de Laroque une liste plus étendue des gentilshommes du Labourt (19 avril 1789, pages 33 et 34).

Page 146, ligne 10 : Le *Catalogue de Tartas* de M. de Laroque cite parmi les gentilshommes de l'Albret : 1º d'Artiguenave baron de Vielle ; — 2º Louis de Maurian, écuyer, procureur du roi honoraire au sénéchal de Tartas (page 41). Ces deux noms manquent à notre verbal de Tartas 1789 (page 21), Clergé noblesse 1864.

Page 154, ligne 4 : de Seudat, *lisez* de Sendat.

Page 159 : Gestède-Cauneille, *lisez* Gestède ; Cauneille.

Page 162, lignes 9 à 12 : La qualité de chevalier de Saint-Louis, attribuée à Louis de Carrère, écuyer, doit être effacée comme inexacte.

Page 164, ligne 11 : 1700-1710, *lisez* 1715-1725.

Page 215, lignes 8 et 9 : Noble Louis de Carrère de Loubère, écuyer, Carrière, *lisez* Noble Louis de Carrère de Loubère, écuyer, petit-fils d'Amanieu, etc.

Page 220, ligne 20 : A défaut de documents : lorsque l'auteur écrivait ces lignes et la biographie de Fortanier, il n'avait pas encore trouvé la filiation de la branche aînée de Castaignos.

Page 223, ligne 3 : Deschards, *lisez* d'Eschars.

Page 230, ligne 13 : Voir l'*Armorial des Landes*, *ajoutez* 1863, tome I.

Page 318, ligne 10 : Garsic Arnaud IV, *lisez* Garsie Arnaud IV.

Page 327, ligne 11 : X... R^d... — L'archiviste des Basses-Pyrénées se nomme M. Paul Raymond.

Page 328, ligne 12 : Voir le supplément (page 492) sur le baron de Navailles.

Page 374, ligne 3 : Marie-Anne Dupoy de Monicane... La filiation de la dame Dupoy de Basquiat est rectifiée et éclaircie dans la notice des barons de Toulouzette et dans les pièces justificatives de Dupoy et Larrieu, au supplément.

Page 389, ligne 3 : Jean Bernardet, *lisez* Bernadet.

Page 406, ligne 26 : de Lagognè, *lisez* de Lagogüé.

Page 418, ligne 22 : Antoine de Muret, écuyer. Une réunion de la noblesse de Mont-de-Marsan du 6 avril 1789 (M. de Laroque, *Catalogue de Gascogne*, p. 36), mentionne, parmi les gentilshommes, M. de Muret, M. de Cours baron de Signac, le baron de Pomiers

Puyo, MM. Lormand, d'Ognoas, d'Arthès, d'Eyres et M. Boyrie de Gaube (d'Hozier, *Indicat. nobiliaire*, p. 160. — Dans une assemblée précédente on remarque M. Duprat. Les archives de Saint-Sever-Cap mentionnent le 11 août 1789 : Messire Jean-Paul Duprat, escuyer à Villeneuve-de-Marsan; Messire Jean-Marie-Alexis de Boyrie seigneur et baron de Gaube à Gaube. — La famille de Boyrie de Gaube vient de s'éteindre et a été connue pendant deux cents ans sous les noms de Boyrie de Caumale.

Page 427 : Badet, de la paroisse de Gousse, déjà nommé (p. 325). — Jean-Charles Badet, bourgeois d'Ousse en 1748, est le descendant du sieur Badet qui figure à l'Armorial.

Page 449, ligne 1re : Marg. de Mesnier ou de Mosnier.

Page 479, ligne 20, c. : M. de Miremont assista à l'assemblée de la noblesse de Bigorre sous le nom de chevalier de Basquiat-Toulouzette. (de Laroque, p. 20.)

Page 452, No 692 : Louis de Lalanne, sieur de Gaujacq. Le manuscrit porte : L. de Lalanne, sieur de Gounin. Quoi qu'il en soit, Louis de Lalanne était des mêmes noms et armes que François de Lalanne de Castelnau, et Gaujacq a appartenu aux de Lalanne de Castelnau. (Voir la noblesse de Dax en 1789.)

www.ingramcontent.com/pod-product-compliance
Lightning Source LLC
Chambersburg PA
CBHW070831230426
43667CB00011B/1760